叢書・ウニベルシタス　863

ヨーロッパ意識群島

アレクシス・フィロネンコ

大出敦／大庭克夫／川那部保明／栗原仁
清水まさ志／西原英人／藤井陽子　訳

法政大学出版局

どこまでも寛容の生を生きた
アンリ・シアロムの思い出に。

ヨーロッパ意識群島／目次

序

ヨーロッパの人々が、互いを結びつけている精神的凝縮力をさらに深化させること。それが、今後のヨーロッパをたんなるかりそめの利害集団以上のものになしうる唯一の道であると私は信じているが、それでは、ヨーロッパ人たちを結びつけている共通の財産は、何だろうか。そう考えて私は、この問いへの答えとして考えられるいくつかのテーマを検討してみた。

たとえば、ラテン語。周知の空間的広がりの範囲内においてではあるが、ローマ帝国の言語としてそれは当時すでにヨーロッパを、いわば連合させていた。ついでこの言語は、ローマ・カトリック教会の言語でありつづけたゆえに、「ヨーロッパ」諸地域で権力を打ち立てようとする者の、必須の道具となった。あのギリシャ語をこよなく愛したアッティラ〔三九五―四五三、フン族の王〕でさえラテン語を習い覚えねばならなかったといわれていることからも、この言語の力がいかに大きかったかがわかる[1]。しかし「帝国」と呼べるほどのラテン語の支配も、時代が宗教改革にいたると、脆くも崩れ去ってしまった。それにこの、ヨーロッパ文化のラテン的解釈を採用すると、ロシアはどの程度までヨーロッパかという、気がかりでかつ微妙な問題に、答えを見いだせなくなってしまう。

ほかにもいくつか、ヨーロッパなる意識を明確にさせるのに役立ちそうな糸口をあげることはできるが、しかしそれらはいずれも現在消滅途上のものばかりだ。農業はどうかと、考えてもみた。農民たちの活動様式と思考様式である。ほとんどのヨーロッパ人は数世代さかのぼれば、農耕生活のただなかに生きていた。だがその農業は、遠隔の人々を互いに結びつけるよう作用してきたわけではなく、むしろ長いあいだそれぞれの人々が自己閉鎖的な世界に閉じこもるように働いてきたといえる。それに後述するように、農業からみたヨーロッパの歴史はなによりも土地の消滅の歴史だったのであって、現在では農民的思考はまさに闇へと転落するばかりと思えるのである。

かくして私は、次のような視点をとることにした。つまり、ヨーロッパとはまず第一に形而上学の大陸なのであって、それ以外の定義はすべて狭すぎるか広すぎるかである、と。考えてみれば私は、プラトンからルソーやカントまで、フィヒテやヘーゲル、ショーペンハウアー、フォイエルバッハからハーマン・コーエン、ベルクソンまで、マキャヴェリからシェストフまで、哲学史家として哲学思想の偉大な名前を遍歴してきたが、それは同時に、ヨーロッパという意識がいかに自らの運命を決定してきたかの道筋をたどってきたということでもある。実際、プラトン以来のヨーロッパにおいて、形而上学はどんな時どんなところでもつねに存在しつづけ影響を及ぼしつづけてきた。それはいわば、ヨーロッパを包み込む赤い境界線のようなものだ。ヨーロッパのなかではどこでも、同一とまでは言わなくとも少なくともヨーロッパ流とわかるような似通った問いの立て方をするし、しかもそれは、観念論と唯物論、経験論と合理論といった違いを越えてさえそうなのだ。形而上学的思考は根本において思考への信頼に支えられており、そしてその思考が、人間を苦悩や苦痛から解放してくれるのである。形而上学を形而上学たらしめているのは、この思考の優越という考え方であって、そしてまさにそのような優越性としての思考の存在が、ヨーロッパというものを原則的に定義づけているのである。

このような原則の上に立てば、ヨーロッパは世界地図上に、もろもろの表象や概念や問いを包み込んだ思考の空間として現れてくる。この思考の空間が、ヨーロッパ意識そのものなのである。ヨーロッパ意識は思考空間である、と断言すること。それはつまりその意識を、種々雑多な内容の蓄積した構成体（structure）とみなすことであって、実際ヨーロッパ意識にはただ並べてみせるほかない種々の内容が無秩序につめこまれており、そこに機能（fonction）と呼びうる全体的な統一性は存在しない。ヨーロッパ意識は人を導く規則というよりむしろ、そこで人が生き、動きまわる環境なのである。したがって私はこの空間を一つの構成体として考察しようとしたわけだが、それは根本的な体系化の努力を放棄することでもあり、私自身も、哲学という巨大システムの研究でこれまで用いてきたとは異なる文体を探し出さねばならなかった(2)。

加えてこの思考空間は、独自の歴史を背負っている。ヨーロッパ思考空間の歴史。それはたとえば、絶滅収容所の地獄が書き込まれた歴史だ。純粋な記憶と化した地獄、だが記憶は消えないゆえ、ヨーロッパ意識の一部としていまでも残っている地獄。その歴史はまた先述のように、農民的思考が少しずつ消えてゆく歴史でもあり、さらに、今日そう信じる余地は幸運にもありそうだが、戦争の排除の歴史——ヨーロッパ外への排除なのだが——でもあろう。

ところで、ある意識についてそれが機能をもっておらず、ただ互いに無関係の雑多な内容からなる構成体、歴史としてあると言うとき、もはやその全体を総合的に概観できる真の統一原理の発見は、放棄されている。だがまさにそのときにこそ、構成体・歴史としてのヨーロッパ意識は、私の目に生きた現実としてみえてくることになるのだ。そしてそれは生きた現実の常として、自然発生的組織体に固有の、決して統御しきれない多様性を内包しているのである。本書で私は、この自然発生的組織体がそのままのかたちで現れてくるように、意図したつもりである。そのために私は、ただ鏡だけを提示するという、そのことのみに徹することとした。さまざまな出来事とその契機とをきちんと映し出せれば、それで十分であろう。したがって鏡の歪みは、極力なくすべく努力した。もろもろの出来事や契機を力ずくで結びつけたり、生きた全体の自然な組織体を巨大理論へと取り込んで別種の論理で歪めてしまうことなどは、極力避けるようにした。本書で私の提示する鏡が、全体的な統一性に欠けるのは、そういう理由からである。そして、ヨーロッパ意識を構成する多様な現実の広がりのすべてに目を向けつつ、私は自分の文章にも同じ多様性の痕跡を刻みたかった。だからある場合には個人的体験の内部でヨーロッパ意識を語り、別の場合にはエドガー・ポーやゾラの作品の考察から語ることになった。こうした、体系的でも組織的でもない雑多な語り口により、この私の試論は、超越論的哲学よりむしろ、ドイツで「通俗哲学（philosophie populaire）」と呼ばれているものに近いといえる。もちろん超越論的な傾向、不幸へと開かれた文化が育ててきた哲学の傾向、なかでも私はとりわけフィヒテの考えにひかれているのだが、そういった傾向が不在というわけではない。だがその傾向は、現れるとしてもごく控えめにである。鏡としての語り口が、そう要請しているのだ。

　したがって本書で行うのは超越論的哲学の展開ではなく、経験的な事実の点検ということになる。たとえば、食料の問題がヨーロッパ意識においてどんな役割を担っているか、というような。ヘーゲルの思弁哲学の仇敵フォイエルバッハにこういった行論の先例をみることができる[3]。経験的現実はそれに言及しようとした瞬間に崩壊してしまうことを示そうとしたヘーゲル、そうやって感覚的なものを乗り越え概念へと出てゆこうとした『精神現象学』のヘーゲルとは逆に、フォイエルバッハは、経験的事実こそが真実であると、精力的に唱えつづけたのである。この一切れのパンは、その純粋な単一性において言及不可能である、しかしまさにそれ——das Unsagbare Brot「その言及不可能なパン」——が私を養うのであって、概念が養うのではない。そしてしばしばフォイエルバッハは断言するが、こういった単純明快な真理は、空気汚染の都会に窒息し思弁の森の闇に迷い込んで哲学している脳ミソには、理解できないことなのである。

へーゲル的な氷の国、雲上彼方の国を離れなければ理解しえない、これら単純明快な真理について、私は語りたいと思う。ある小論文でフォイエルバッハ[4]は「未来の哲学」の原則に触れつつ軽い調子で、未来の哲学はほかでもない、食料の哲学となることだろうと言っている。そしてシュティルナーとの論争においては、一見するよりはるかに深い射程の言葉遊びをはくのだ、Der Mensch ist was er isst.「人は彼が食べるところのものである」と。不愉快な真理、容赦のない真理、しかし、いかに低俗な事実であっても意味や価値のない事実などないということに注意を向けさせてくれる真理だ。知らずにその上を歩き無慈悲にも踏みつけてしまった一片の草が物理学全体よりはるかに豊かで複雑だという考えを表明した人は、現実と観念とのあいだにありもしない対立を設定することで明晰を欠いてはいたけれども、しかし正当にも、事実の注視はつねに報われると強調していたのである。このような事実の注視、さらに言えば有意義な事実の、それゆえ単純明快な真実の注視をこそ、私はこの試論で行ってみたいのである。

しかし単純明快な事実の探求それ自体は、単純なことではない。私にとってはこれまでどおり《ロゴス》という祖国に身を置くほうが、ずっと簡単ではあったろう。実際この、単純明快な事実を注視せんとする通俗哲学には、有意義な事実が見つからないのではなくむしろ多くありすぎるというところに、特有の困難がある。たとえばフォイエルバッハとその食料の哲学なる考えに先ほど触れたが、その哲学も即座に際限のない連鎖と化し、——本書の飢餓の章で詳述することになるが——未来の哲学とかひとときの自由への理解とか、さまざまな事柄につながっていってしまうのである。どこでどのように「切る」べきか。どの事実をヨーロッパ意識の真の構成要素として取り上げ、どの事実を落とすべきか。この試論は哲学的人類学の様相を帯びているが、哲学的人類学などおそらく夢であろうことは認めねばならない。人間精神の構造はたえまなく変転しており、とりわけ今日では十二年もたてば人の見ている世界は一変してしまうとすら言える。だから私は、このような作業にあたって論理を最優先させることなく、ヨーロッパ意識の歴史のなかから、あれやこれやを取捨選択せねばならなかったのだ。またこの、有意義な事実の無限の連なりに起因する困難からも必然的に理解されようが、本書の諸章では、相互にほとんどつながりのないいくつもの諸領域が扱われることになる。すべての個人——ヨーロッパ意識は個人性としてある——は、論理的統一なき諸価値の出会いとしてある。瞬間（moment 契機）と瞬間の連続は、どこに行くのか。どこに、断絶は現れるのか。たしかに人間は人間のままであり、そしてつねに死が、すべての人間を貫いてありつづけるとは言えよう mors ultima rerum linea est。しかしあらゆる時代の人間を一つの共通の運命に結びつけるような絶対的な限界点に言及したところで、人間の多様な歴史を照らし出すことはできなかろう。

さて、ヨーロッパ意識の成立の決定的モメントとなった単純明快な諸事実を映し出す鏡を、当のヨーロッパ意識に対して提示するというのが、私の計画であるが、この計画をうまく運ぶためには、エリュル〔一九一二—九四、フランスの思想家、神学者〕の提案になるある概念が重要な意味をもってくると思える。それは、ゼロ・ポイントなる概念だ。エリュルの定義によるとゼロ・ポイントとは、そこから人々のある一つの思考・行動領域の全体が開かれるような行為や事実、考えのことである。たとえばフランス革命は、そこを起点にいくつもの出来事が関連して起こってくるようなゼロ・ポイントを生み出した。もちろんフランス革命自体にも原因はあって、そのことがフランス革命の起点としての性格を減じるようにみえるかもしれない。とはいってもやはりこの革命は、渦中にいた人々の多くがそのように理解しなかったにせよ、それがあってはじめてフィヒテのごとき壮大な形而上学の出現が納得できるような、ある潜在力の衝撃的な顕在化の過程なのである。ヘーゲルの哲学さえ、J・リター〔一九〇三―七四、ドイツの哲学者〕が論証したように、フランス革命への反作用として把握しなければ解釈しえないのだ。ロシアでかくも重要視されたショーペンハウアーの仕事も同様であって、あらゆる革命思想の拒否をそこに見てとらずして、その内容を正しくつかむことはできない。そしてそのショーペンハウアーからトルストイへ、さらには新たな哲学的思考のかたちへと、移行は容易かつ必然である。かくして、イデオロギーをとおしてヨーロッパ意識にこのうえなく大きな影響を及ぼしてきたこれらすべての哲学は、肯定するにせよ否定するにせよフランス革命というゼロ・ポイントとの関係によって、位置を定められているのである。

ほかにも、ゼロ・ポイントはある。一九四五年八月六日の原子爆弾の炸裂も、その一つだ。それによって一つの絶対的な境界線が引かれ、そしてその事実が、たとえば哲学的思考の重要な一分枝となるカタストロフの理論の根底にある。あるいは、エジソンがレバーを押して電球を光らせたあの行為をあげてもよいだろう。エジソンはそれによって、その後のもろもろの技術の発展を可能にし、人類の幸福と不幸を増大させるような新たな世界を、創造したのである。

ゼロ・ポイントの数は多く、重要さもさまざまだ。軍需産業において武器製造と新技術の最重要モメントとみなせるうちのいくつかは、ゼロ・ポイントとしてはそれほどの評価を与えることはできない。弩〔おおゆみ、中世の鋼鉄製のバネじかけの弓〕は、はじめて製造されたときには、ゼロ・ポイントほどの画期となるともみなされた。その精度と威力に驚愕し、この殺人機械を用いた者は誰であれ破門に処すと脅したローマ法王さえいたのだ。このようなことは往々にして起こるのであって、またそれがゆえに、ヨーロッパ意識形成の考察にさいしてどれをゼロ・ポイントとして選べばよいか、選択の作業が難しくなる。われわれがゼロ・ポイントと考えているこれこれのものは、実はさらに巨大な進歩のなかのごく小さな一モメントでしかなかったかもしれず、また加えて言えば、ゼロ・ポイントは必ずしも肯定的価値をもっていなくてもよく、そこからある種の進歩が想定できるような画期点でなくてもよいのだ。停止としてのゼロ・ポイントもあるのであって、なによりも収容所体制、あるいはE・コゴン〔一九〇三―八七、『親衛隊国家』の著者〕の言う「親衛隊国家」がそれにあたる。こういった否定的なゼロ・ポイントを、人は避けて通ってほしいと望むかもしれない。そうすればヨーロッパ意識を語る文章は穏やかになり、ものの見方はより協調に満ちたものとなるだろう。だがその場合には、いかに暗くとも確実にヨーロッパ意識の風景の一部をなしているいくつかの部分を、取り落とすことになってしまうのである。

かくして私は、単純明快ないくつかの真実、あるいはゼロ・ポイントを求めながら、ヨーロッパ的思考空間の調査を行ってゆくことになる。この空間は、機能性により整序されてはいないので、一つのまとまった全体としてではなく、群島のごとくに描かれることとなるだろう。そしてその島々――いくつかは上陸の暇さえないだろうが――の不連続性をとおしてわれわれは、これまで海中に飲み込まれていたさまざまな世界の出現に、立ち会うことになる。まさに海面上に姿を現す瞬間に立ち会う世界もあるだろう。あるいは、われわれの眼前に突如謎に満ちたヴィジョンの全体を立ち現す世界もあるだろう。ともあれ、旅立ちの準備をしようではないか。(5)

I 記憶

F……のことを考えながら

われわれは、ヨーロッパ的思考という空間に入り込んで、これから航海することになる。しかしその旅をあたかも終わりから始めようとするのだ。われわれが最初に立ち寄る島は、かの非人間的な島、絶滅収容所という島なのだから。

レオン・ポリアコフは、『反ユダヤ主義の歴史、ヴォルテールからワグナーまで』という立派な著作の結論部で、親切にも次のように書いている。

「A・フィロネンコ氏はこう考える。現代において、〈同語反復〉に陥らずにユダヤ人を定義することは不可能であり、その原因は次のような逆説にある。〈ユダヤ人が他民族に同化しよう、すなわちユダヤ人であることをやめようと努力してみたところで、しばしば［……］正反対な結果になる。〉フィロネンコ氏はこの結論を検討して、続ける。〈この逆説のせいで、ある複雑な事象をそれが含むさまざまな特性の一つにより規定するという方法で、ユダヤ人を唯名的に定義することができなくなっているのではないか［……］。なぜならばあらゆる用語は二重の意味＝方向に用いられる可能性があるのだから［……］。ユダヤ人の唯名的定義に関して言えば、それはつねに、他民族がユダヤ人の意識について得る意識の態度を表すものであり、また同時に、ユダヤ人自身の意識の態度を表すものでもあるといえよう。そしてそれは、ユダヤ人の意識が、あらゆる人間の定義に息づく否定の意志に抗して、自分自身のユダヤ‐存在から自由になろうとするのか、反対にユダヤ‐存在を主張しようとするのか、による。こういうわけでユダヤ人という名称——私は定義という語すら用いない——は、何にでも自由に同化するという印象を与え、あるいは逆に、外部者を拒絶すると思われもすることになる。こういったことが、極端なまでの同化と、不条理極まりない差別との根底にはあるのである。〉このように、哲学的な議論のレヴェルにおいて、典型的なアンビヴァレントな感情が見いだされる。この感情を、昔からキリスト教徒はユダヤ人に対して抱いてきたのであり——さらにユダヤ人が解放されてからは、等しくユダヤ人自身も抱くようになった(1)。」

自分の立場を知ってもらうため、以上の文章を私は引用した。というのも、ホロコーストに関して書くことは、責務の一つだが、そこには根本的な危険がつきまとっているからだ。この言語を絶する恐怖体験が、記憶の必然として、ヨーロッパ意識の本質部分に刻印された、わざわざこう説明せねばならないだろうか。私はそうは思わない。要は、なぜヨーロッパ意識にこの恐怖が刻印されたのか、またそれにより何が意味されるのか、この二つの問題を理解することにある。この仕事は困難を極める、それほどこの言語を絶する恐怖は、ほとんど絶対的といってよいくらい、精神ではとらえきれない。

アウシュヴィッツが存在した。トレブリンカ、マウトハウゼン、ブーヘンヴァルト、ベルゲン＝ベルゼン、さらにダッハウ……が存在した。レオン・ポリアコフの著書〔『反ユダヤ主義の歴史』全五巻（一九五五—七五刊）〕は『憎しみの聖務日課書』という深い意味をもった題がついている。恐怖の小粒の玉はロザリオを作れるほど沢山あって、恐怖を思い出すたびに祈りを唱えずにはいられないというわけだ。Konzentrationslager〔強制収容所〕の分布に関して言うべきことは何もないが、付け加えることがあるとするなら、悪名を馳せた収容所マウトハウゼンが信心篤いカトリック教国オーストリアにあったことと、それゆえローマ法王ヨハネ＝パウロ二世がこの有名な場所でオーストリア首相クルト・ヴァルトハイムの付き添いを断ったということ、おそらくこの二つだけだろう。

　この言語を絶する歴史を考えるのに役立つ操作概念は多くない。しかしながら、私の意見では、きっぱりと遠ざけなければならない操作概念が一つある。それは野蛮［barbarie］という操作概念であり、その言葉はわれわれの言語では幾多の思い違いに包まれている。だがある操作概念を遠ざけるにあたっては、まずはその概念の内実を体系的に詳しく確認しておく必要がある。

　ヨーロッパが自らをヨーロッパとして自覚するさいに、「野蛮」の語の古代から受け継いだ意味が、近代的な思考とたえず絡み合うことになる。近代的な思考においては、野蛮と残酷［cruauté］は単純に同一視されているが、しかし古代的な意味もこの語に若干とどめられていて、その結果たとえば商品について舶来という意味も残されている(2)。この古代的な意味と近代的な意味の交錯は今日の用法においても依然として見受けられ（それでその概念から操作的価値を奪うことになるのだが）、用いられる意味はたえず一方から他方へと飛躍してしまう(3)。そのうえ、下級を示すという規定が、元来はその語に含まれていなかったのに(4)、ヨーロッパの自覚時以来その語に付け加えられることになった。このように、この概念は多元的な意味を帯び、用いることが難しくなった。

　メンデルスゾーンやビュフォン、カントを読むと、一連の考察が浮かび上がってくる。その考察ラインをたどると、いまわれわれの取り上げている問題がずっと実り豊かなものになると私は思う。カントの時代でも、依然として人々は地上の人口分布を説明しようと躍起になっていて、しかも一つの根本的な謎にぶつかっていた。恐ろしくも悪条件の北極の国々になぜ人が住んでいるのだろうか。いったいどうしたというのか。この問題は、人間のコミュニケーションや文明といったずっと難しい問題とは別である。地上の人口分布がまずあって、そのあとに文明が生まれ出るのだから。だから、北方地方にも人々は存在してはいる。「グリーンランド人、ラプランド人、サモイエド人、ヤクート人……」、だが「わからないのは、なぜ一般に人間がそのような土地で生活しなければならなかったのか」(5)。ここでの順序によく気をつけておこう。そこにわれわれが扱う問題を解く非常に重要な入り口がある。すなわち、1グリーンランド人、2ラプランド人、3サモイエド人、4ヤクート人。

グリーンランド人は、レオン・ポリアコフの記述に従うと、人間以下の人々(6)という栄誉をしっかりと担っている。このことは、きちんと説明しておかねばならない。つまり、われわれはここにおいてUntermensch すなわち「下等人間」の誕生に立ち会っているのである。ご存知のようにカントは「存在するのは一つの人類だけだ!」(7)と叫んだ。だが突如、下等人間がたち現れてくるわけだ。

下等人間は野蛮人とは異なる。彼は二重な意味で別ものだから。すなわち彼の住む空間が野蛮人と同様ヨーロッパとは別であり、しかも彼は劣等という他性をもつのだから。カントは北方-世界-存在の問題を検討するとき、独断論的合目的性を批判するという文脈において、神学的な解釈を遠ざける。というのも、その解釈に従えば、神が地上全体に人を住まわせることをお望みになったのだろう、ということでけりがついてしまうから。こういったカントの拒否は、いろいろな専門的理由に従うものであるうえに(8)、こう解釈すると北方の悪魔的な性格が消えてしまうという事実に基づいている。北方とは寒冷地である(9)。寒冷地であるがゆえ、北方は privatio entis et bonis、すなわち存在と財産の剥奪を意味する。古い言い伝えでは、両者の剥奪は最も厳しい罰にあたるのだ。それゆえ、ダンテの地獄でも、大罪人たちは業火に焼かれていないことを思い出さねばならない。形而上学の誘惑に負けた罪で罰せられたユリシーズは、業火に焼かれても居心地がよさそうだが〔地獄篇第二六歌〕、反対に自分の子供たちを食べた罪で罰せられたウゴリーノ伯は、氷に閉じ込められている〔地獄篇第三三歌〕。しかも地獄の奥底、ユダやブルータス、カッシウスを貪り食っている、三つの顔をもったサタンが閉じ込められている場所もまた、完璧このうえない氷塊のなかである〔地獄篇第三四歌〕。それゆえ、グリーンランド人という下等人間は、永遠に罰せられた存在であり、寒冷地に住むよう宣告された存在ということになる。

だが、下等人間は何の罪で罰せられているのか、下等人間を北方へ締め出す理由をどう説明すべきなのか。カントはこう答える。「人間同士が互いに排他的だったので、この不毛な地域にまで彼らはばらまかれた。」それゆえ、動力原理は戦争である。戦争のせいで、はじめから敗者のグリーンランド人は、北方、すなわち地上の最果ての場所に撃退されてしまった。いつも負けてばかりいたので、グリーンランド人は下等人間となり、身についた下等人間性が彼の本質をなすにいたった。この下等人間性によって、グリーンランド人が人間の歴史から脱落したことが表される。このように、グリーンランド人は歴史を-剝奪された-存在である。すなわちグリーンランド人は、歴史の余白に存在する（そうなのだ、グリーンランド人は存在するのであって、実存するのではない）。歴史の余白に存在するとは、自由もなく和解の見込みもなく、[10]意味＝方向という基本範疇がない空間で、降りしきる雪のなかにおのずと消えてしまう道をたどることを意味している。歴史の余白において、あらゆる道はおのずと消えてしまい、その結果、歴史に残る生の記憶とは決してならない。雪の-降る-道で、判読できるものといったらたった一つだけ。それは死——しかしどのような死でもいいというわけではない。何の意味もない死。グリーンランド人は、下等人間として、言語を絶する道にいて（ここから言語を絶する歴史が始まるのだが）、彼はたとえ死んだとしてもどうでもいい、無価値な存在である。グリーンランド人は、歴史から脱落した以上、意味のないただの生成物にすぎないのだから。

それゆえ、下等人間はわが「同胞」Nebenmensch ではない。ここはドイツ語で書く必要があるが、命題 Motto は次のごとくだ。人間にとって、下等人間は、まさに余白に存在している以上、同胞ではない。Der Mensch betrachtet nicht den Untermensch als Nebenmensch（「人間は下等人間を同胞とはみなさない」）にせよ、さらに Der Untermensch ist nicht für den Mensch ein Nebenmensch（「下等人間は人間にとって同胞ではない」）にせよ。ドイツ語を使用しなければならない理由がおわかりだろう。三つの契機（人間、下等人間、同胞）のいずれにも、Mensch という語が現れるのだ――フランス語だと三つの単語のうち一つだけがその他の二つとはまったく異なるので、すべてが台無しとなる〔フランス語はそれぞれ homme, sous-homme, prochain〕。Mensch、Untermensch、Nebenmensch――これは悲劇の舞踏であり死の舞踏である。死んでもどうでもいい存在は、人間の共同体から追放される。

したがってまず第一に、存在論的総体としての存在から、下等人間は追放される。たとえば、フォイエルバッハは存在を言い表したいとき、「存在とは共同体である」（Sein ist Gemeinschaft）と書いた。人間の共同体は絶対として仮定されるのであり、この共同体からの追放こそ、下等人間の運命的失墜（Verfallen）を物語る。フォイエルバッハはさらにこうはっきり言う。絶対的対-自-存在を考えることはできないし、共同体-外-存在も不可能である、と。[11] だが下等人間の表象が刻印されている論理の上では、次のような留保をつけねばなるまい。すなわち、フォイエルバッハの語ることは、人間については正しいが、下等人間には当てはまらない、と。下等人間というたんなる存在は、実存でありうるはずもなく、余計で取るに足りないものである。そして余計で取るに足りないものは、何ら価値のない生命にすぎないわけではなく、即自としても対自としても――さらにまた歴史が純粋であるためにも――取り除かなければならない生命である。ここに一八世紀は、無意識のうちに、言語を絶する歴史が可能だと認めた。私は再びその歴史に立ち戻るため、Mit-Mensch〔仲間〕、すなわち共-存在という中心概念を展開することにしよう。

われわれがいまその出現に立ち会ったこの下等人間をもっと子細に考えてみよう。ビュフォン〔一七〇七―一七八八、フランスの博物学者〕の『博物誌』の「人間について」に、こうある。「こういった目的で地上の表面を歩きまわり、手はじめに北方に足を向けると、ラプランドに一種族が見受けられる。その種族は、身長が低く、奇妙な顔をしていて、その容貌は風俗と同様に粗野である。[12]」ビュフォンはここで北極地方のあらゆる人間を論じるのだが、彼がたえず思い浮かべているのは、その地方の際立った典型といえるグリーンランド人のことだ。

「こういったすべての民族は、幅広く平板な顔をもち、鼻は低くつぶれている。目の虹彩は黄土色で黒に近い。[13]まぶたはこめかみのほうに引っ込んでいて、頬はきわめて高く、口は非常に大きい。[14]顔の下の部分は狭く、[15]頭は大きい。髪は黒く滑らかで、肌は浅黒い。[16]彼らは小柄でずんぐりしていて、しかし痩せている。大部分が高さ四ピエ〔約一二〇センチ〕しかなく、最も大きな人でさえ四・五ピエ〔約一四六センチ〕しかない。[17]」

この種族は、ご覧のとおり、他の種族とは実に異なっている。それはまるで特殊な一種であり、個体のすべては出来損ないでしかないように思われる。そしてもし仮にこれらの民族のあいだでも多様性が存在するなら、その多様性とは奇形の大小の違いのうちにしかないように思われる。たとえば、ボランド人はラプランド人よりさらに小さい。それは人間種なのか、それとも動物-人間種なのか？　続きを読んでみれば、ほとんど疑いを残す余地はない。

「こういったすべての民族では、女性も男性と同じくらい醜く[18]、さらに双方があまりに似ているので、はじめはどちらだか見分けられない[19]。グリーンランド人の女性はかなり小柄だが、均整のとれた体をしている。彼女たちはまた、サモイエド人の女性と比較すると、髪の黒さではまさるが、肌の滑らかさでは劣っている。乳首はたれて、あまりに長いので肩越しに子供に乳をやる[20]。乳首は石炭のように黒く[21]、また体の皮膚はとても濃いオリーヴ色をしている。旅行者数名の話によれば、彼女たちは頭の上にしか毛がなく[22]、周期的な生理に見舞われるということがない[23]という。幅広い顔をもち、目は小さく、真っ黒でとても生き生きとしている。足も手と同様に短い[24]。その他の点ではサモイエド人の女性に似通っている[25]。」

　私の考察に従えば、ビュフォンが「……それはあたかも特殊な一種だ」と書くさいに、それが何を意味しているかおわかりになっただろう。フィンランド人とグリーンランド人とのあいだで交配することが可能な以上、グリーンランド人は明白に人間である。だがあまりに動物的なので、人間ではあるけれど人類に含めることはできない。あるいは人類の余白にしか含めることはできない。というわけで、別の「はみ出しもの」に関して一五三〇年八月二九日、エラスムスはこう書いたのである、「こういうわけで〈おさらばだ！〉今後ユダヤ人種には！」

　付け加えておくと、ビュフォンの言説の論理に従って、もし仮にグリーンランド人が動物に近いとするなら、当然、猿はこの人間に近いものとなり、下等人間には「スーパー猿」のごときものが対応することになる。実際、オランウータンを扱った記事にこう書いてある。

「それはあらゆる猿のなかで人間に最も似た猿であり、したがっていちばん観察する値打ちがある猿である。われわれは小さなオランウータンというか生きたジョッコを見たし、さらにその剝いだ皮もとっておいた。しかしわれわれがポンゴ、または大きなオランウータンを話題にしようにも、旅行者たちの証言に頼るしかない。仮にその証言が忠実で、難解な点や間違いをほとんど含まず、誇張もほぼないとすれば、疑いなく、それは、ジョッコとは異なる種であり、ジョッコよりもずっと完全で、人間種にさらにいっそう隣接した種に属していると思う。ボンティウスは、バタヴィアの主任医師だった人で、インド諸地方のこの分野の博物誌に関する優れた観察記録をわれわれに残してくれた人だが、彼は明確に述べている。彼はこの種の個体数匹が直立歩行しているのをほれぼれと目撃した。特に一匹の雌を図に示している。見知らぬ人間たちを見て、その表情は恥じらっているかのようで、手で身を守り、泣いたり、呻いたり、その他いろいろと人間的に振る舞っている。したがってその雌に足りないものといえば言葉だけなようにみえた。ヒュープやその他数名の旅行者の証言に基づいて、カール・リンネ氏〔一七〇七―七八、スウェーデンの博物学者〕が語るところでは、言語能力そのものがオランウータンには備わっていて、オランウータンは思考したり、口笛を吹くことで、話したり自分の気持ちを表現したりもできるとのことだ。氏はオランウータンを夜の人間と名づけている(26)。」

ビュフォンは、先ほど私が指摘したとおり、生理の有無を話題にして、グリーンランド人女性が女らしくないと匂わせていた。彼は、ここで反対に、オランウータンの雌の女らしい恥じらいを話題にする。

私がこのテクストを長々と引用したかった理由がおわかりであろう。それらは際立った重大さをもっている。身体的な次元で、下等人間の誕生を示しているのだから。さらにグリーンランド人の死が無価値なのは、グリーンランド人とは人間のなかに潜む獣性が存在の表面に現れ広がっているような人間だからである。あたかも精神の輝く素晴らしいギリシャ彫刻を木蔦がじわじわと広がってばらばらにしてしまうかのように。ここにおいて道が開け、次の文章が導かれることになる。

「下界とは」、L・フォイヒトヴァンガー〔一八八四―一九五八、ドイツの作家。一九四一年アメリカに亡命。ブレヒトの友人〕が書くところによると、「虚栄心、色つきの泡、風を追い求めることでしかない。しかし私はたえまなく下界に飛び込まなくてはならない。行為は馬鹿げていて恥ずべきもので、獣じみている。しかも行為の後味は味気なく、悪い。しかしたえず飛び込まなくてはならないのだ、行為のなかへ、虚栄心のなかへ、運動のなかへと。お願いだから、阿呆なまま放っておいてくれ。汚れて獣じみたままにしておいてくれ。私が魂よりも髭の手入れにいそしむままにしておいてくれ［……］」。こういった冒瀆の言葉が、賢者や軽率なラビの、説得力に満ちた雄弁な唇から、静かに流れ出すのだった。(27)」

獣じみて、雪の下に消えてしまう道の途上で見失われたグリーンランド人から、真の歴史の外側のこの「下界」、すなわちたんなる「風を追い求めるもの」までの距離は、ほんの一歩でしかない。以下がそのあいだを取り持つものである。

「われわれは第三紀の諸人種の歴史を非常にわずかしか認識していない。白人種に関しては、人間の年代記のごくはじめの曖昧模糊とした時代においてのみ、いくつかの点でこの状態にあるのが垣間見られるが、その状態はどこにおいても長続きしなかったと思われる。この選ばれた人種は文明化しようとする傾向をもち、それで白人種はその他の民族と交じり合おうとした。黄色型と黒人型に関して言えば、いまもかの第三紀状態で見いだされ、その両方のタイプは歴史をもっていない。未開人だからである。(28)」

最終的な危険はもちろん性的な結びつきであろう。グリーンランド人とフィンランド人、ゲルマン人とユダヤ人との性的結合。血の相続から、優れた種族は堕落するのだから。それゆえ、この「取るに足りないやつ」、形而上学的な観点でいえば「余計もの」を皆殺しにする必要がある。そいつの死など、結局のところ価値も意味もなく、歴史にはいっさい無関係なのだから。それらの存在は実存しない、せいぜい存在するのが関の山……。そもそも彼らが何かを行うところをみてもらいたい、いったいあれが行為と言えるだろうか。「たんにこれらの民族は」、とビュフォンは書く、「醜さや背の低さ、髪と目の色の点で似ているばかりでなく、これらの民族に共通の習慣がある。等しく皆下品で迷信深く、馬鹿である。(29)」ビュフォンが選んだ語の意味に気をつけなくてはならない。「下品な（grossier）」という語は、『トレヴー』〔一八世紀につくられたフランス語辞典〕でみると、とりわけ「習慣や作法の上で趣味も礼儀もみられず、科学や美術が育成されることもない」時代を指し、あるいはさらに「何も教えることのできないような」人間たちを指している。「馬鹿な（stupide）」という語は、言い換えると「ぼうっとしていて、鈍く、のろま」ということで、「精神」を備えておらず、「憂鬱で、遅鈍で、怠惰な動物たち、特にロバ」にふさわしい。「迷信深い人間」は、結局、「たえず不安な状態にある」。それゆえにビュフォンは、ただちにこう話を続ける。「デンマークのラプランド人は、大きな黒猫を一匹飼っていて、彼らはその猫に自分のすべての秘密を話し、自分の関心事のあらゆることを相談する。関心事といっても、その日狩りに行くべきか、それとも釣りに行くべきか、そのどちらかにすぎないのだが。(30)」

ユダヤ人についてなら、たった一つの関心事、すなわちお金しか彼らの心をひきつけない、といわれることだろう。話はさらに単純になるだろう……。

余談

青春時代、自分がいつか高名な学者の思想を一ページずつ書き留めてゆく、そんな本を著すだろうとは思ってもいなかった。私は北極圏へ向かって旅立った。そして当時可能だった交通手段を使って、シュピツツベルク〔北緯八〇度付近のグリーンランド東方の島。ノルウェー領。〕の近くまでたどりついたところで、列車は——仮にそれを列車と呼ぶことが可能だったとして——停車を余儀なくされていた。トナカイが通り過ぎていたからだ。待つ以外にはなかった。そのとき私はラプランド人夫婦と知り合いになった。彼の身なりは申し分なく、見事な金の縁取りがしてある赤いチュニックを着て、頭には縁なし帽。その縁なし帽は驚くべき出来栄えで、作るには何時間も何時間も必要とするにちがいなかった。さらに奥さんを再び見ると、生き生きとして微笑んでいる。言葉が通じないとき、人間は手で話し合えるという驚くべき天分を発揮するのか、あるいはわれわれのうちの一方が他方を理解する能力をもっていたのか、二つのうちのどちらかだ。われわれはとてもこみいった事柄について語り合ったのだから。もしも誰かが彼を下等人間扱いしたならば、どうしようもない怒りに私はとらわれたことだろう。彼は友情や、ごく当たり前な人間的価値を理解し、彼なりにÜbermensch〔ニーチェの「哲人」、話語で「完全無欠な人」〕だった。[31]

　私は再び南下して、ナルヴィーク〔ノルウェー中北部の港町。北緯六八度。〕のフィヨルドに戻ってきた。一九四五年が暮れようとしていた。そこでまた私はあいもかわらぬ人間たちの、ビュフォンに感嘆されたあの歴史を作る能力を備えている人間たちの行ったことを、目の当たりにした。沈没船からはまだ重油が滲み出ていた。水に飛び込んだ私は、重油の汚れを落とすためガソリンで身体を洗わなければならなかった。なんと残念なことか！　その頃まで北極地方は、科学技術が引き起こす大惨事を免れていた。しかし、現在はまだであるとしても、いずれその時は訪れるだろう。その時すべてのフィヨルドは汚染され、フィヨルドの生命が失われる。下等人間は罪人ではなく、犠牲者となる。とすればまさにその場所でこそ、こう言われてしかるべきだろう、Vae victis!〔敗者に不幸あれ！〕と。

*

フランス語に翻訳不可能なフォイエルバッハの語呂合わせの話題に再び戻ることにしよう。すなわちDer Mensch ist was er isst、「人は彼が食べるところのものである」。ビュフォンは言う、「彼らはみんなでアーミン狩りに行く［……］、そしてアーミンの毛皮と、大好物のブランデーやタバコを交換する」。なんたる馬鹿者たち、なんて頭の悪いやつら！　彼らはブランデーと交換に高価な革を与えてしまうのだ。さらにビュフォンはこう続ける。「彼らの食物は、干し魚や、トナカイの肉か熊の肉である。パンにあたるものは魚の骨の粉末で、それを砕いてから松の木か樺の木の柔らかい樹皮を混ぜ合わせる。彼らの大部分は塩を使わない(32)。飲み物は鯨油か水で、そのなかにセイヨウネズの種を煎じて飲む(33)」

次の二点に気づくだろう。まず、グリーンランド人は塩を食べず、それゆえ塩を所持することもない以上、彼が塩を贈ることはできない。次に、「魚の骨の粉末」はパンとはいえないから、パンを贈ることもありえない。パンと塩、この二つは、人間同士のあいだで交わされる、交易とそれに伴う相互感謝の気持ちを象徴するものであり、言うなれば人間性の象徴であるが、下等人間には知る由もない。この意味で、グリーンランド人は同胞でありえないし、また尊敬の念が欠けているので、der Mensch betrachtet nicht den Untermensch als Nebenmensch、「人間は下等人間を同胞とはみなさない」。

また次のことにも気づくだろう。ビュフォンは、下等人間の火の使用を頑なに否認してはいないが、彼らが食料を煮炊きするということは認めない。「すべてのなかでいちばん醜い」カルムック族と同じく、グリーンランド人は「天日に干した魚」を食べる（第三巻三〇三頁）。「生のものと煮炊きしたもの」、この有名なフレーズを、ビュフォンはレヴィ＝ストロースに先立って提示している。Der Mensch ist was er isst、人は彼が食べるところのものである。グリーンランド人は、動物と同じく、生のまま食べる。ところで、火の意味を説明しておかなければならない。ビュフォンはグリーンランド人が火を使うことを認めざるをえない。「夜が数カ月にもわたって続くので、グリーンランド人は明かりを保っておかなければならない。［……］ランプのようなもの(34)を用い、飲み物としても役立つ鯨油を燃料にしている。夏のあいだ、グリーンランド人が冬より快適だというわけではない。なぜならば煙が立ち込めるなかでずっと生活しなければならないのだから。羽虫に刺されないように、グリーンランド人が思いついたのはこの方法だけだった［……］。夏のあいだ中、たえず煙で目を燻されて盲目となり、大部分の人は齢をとるにつれて両目を失明する。(35)」

　このように、プロメテウス神話は逆転されている。火は、失明をもたらすことにしか役立たない。

　しかしわれわれはいまやグリーンランド人の食べ物が何であるかを知っているので(36)、ビュフォンのテクストをその文脈のなかでもう一度取り上げてみれば、グリーンランド人の存在のありようを明確にすることができる。

「飲み物は鯨油か水で、そのなかにセイヨウネズの種を煎じて飲む。彼らは、言うなれば、宗教や至上者といった観念を持ち合わせていない。大部分は偶像主義者で、それゆえ皆非常に迷信深い。彼らは未開というよりはむしろ下品で、勇気もなければ、自分自身を敬う気持ちもなく、羞恥心も持ち合わせていない。この卑しむべき民族の風俗はただ十分な軽蔑に値するばかりだ。彼らは裸で、娘たちと男の子たち、母親と息子、兄弟と姉妹を問わず皆一緒に入浴する。しかもこの状態を人に見られているのではないかと心配したりはしない(37)。このきわめて熱い入浴から出ると、とても冷たい川に飛び込みに行く(38)。彼らは自分の妻や娘を異邦人に差し出し、他人が妻や娘と寝たがることを大きな名誉に数えている。この慣習は、サモイエド人やボランド人、ラプランド人のもとでも同じように一般的だ……。グリーンランド人と北極地方全般に住む未開人は［……］それゆえ同じ種族の人間といえる。というのも奇妙な慣習の点で［……］互いに似ているのだから。異邦人に自分の妻を贈る慣習、しかも他人が自分の妻を使用したがることを大変嬉しがるなどといった慣習、この慣習が出来上がったのも、彼らが自分自身の奇形と妻の醜さをよく知っているからであろう[39]。」

自分自身を敬う気持ちがない！　カントは『道徳形而上学原論』の第二章でこう書いている。「人間性が、あなた自身の人格およびあらゆる他人の人格に例外なく存在している以上、あなたはその人間性を目的として扱わなければならず、決してたんなる手段として扱ってはならない[40]。」下等人間は、自分自身を敬う気持ちをもたず、いずれ消え去る途上で、純粋にかつ単純に自己を手段として扱う。彼らの生命は歴史の外側に投げ出され失墜しており、その死も何の意味もないものであれば、それは当然の結果である。

これでおしまいなのか？　残念ながらそうではない！　食生活――ビュフォンは後段でそのことを再び話題にする。「彼らは皆狩人であるか漁師であり、ただ自分の殺した獲物でのみ生計を立てている[41]。主食はアザラシやトナカイである。それらの動物の血は温かいまま飲み、その肉は干してから食べる。また魚も干してから食べる[42]。」次に服装と衛生について。「母親と乳母たちが着用している衣服みたいなものは、背中にかなりゆったりと余裕があり、そこに自分の子供たちを入れている。この服は毛皮でできていて、暖かく、産着と揺りかごの役目を果たしている。そこに生まれたての赤ちゃんを素っ裸で入れておくのだ。一般にひどく不潔なので、彼らに近づくと嫌悪を催さずにはいられない。腐った魚の臭いがする。女たちは、このひどい臭いをさらに悪くするかのように、尿で体を洗い、一方、男たちは決して体を洗わない……[43]。」

さらにもうひとこと付け加えている――これで最後なのだが、またいっそう毒のある言い分だ。「少しでもこの北極圏からヨーロッパへと南下しさえすれば、人間性あふれる最高に優れた人種が見いだされる。デンマーク人、ノルウェー人、スウェーデン人、フィンランド人、ロシア人［……］、ドイツ人［……］。しかしながら、ロシア人がシベリア全土やロシア周辺地方に住むようになって以来、ロシア人とタタール人のあいだで混血が急速に進み、その結果、いくつもの民族の容貌と風習が驚くほど変化した［……］。今日のオビ族の髪が金髪であるとすれば、もはや今日のオビ族が以前のオビ族とは違うということだ。なぜならば以前は皆黒髪で顔立ちもほぼサモイエド人に近かったのであるから[44]。」

私はこの血による遺伝の問題を細述するつもりはない。ビュフォンがどれほどこういった「混血」を嫌っているか、そんなことを説明するまでもない。ビュフォンの弄するおぞましい駄弁の分析を締めくくるために、私はさらに先に進み、犬のことを話題にしておく必要がある。ビュフォンの長々しい冒頭陳述のなかから、次のような数行をここで取り上げることにしよう。「この種《しゅ》が自然の秩序のなかでどれだけ重要な位置を占めているか、この種がまったく存在しなかった場合を想定してみれば、その重要性に気づくことだろう。人間が、もし犬の助けを借りなかったとしたら、その他の動物たちをどうやって征服し、飼い馴らし、隷属させることができたであろうか。さらに今日、人間は野生の有害な獣たちをどのように発見し、追い払い、絶滅させることができるであろうか。自らを安全な場所に置き、しかも生物界の主となるため、手はじめに他の動物とのあいだに一つの派閥を作り、優しくもてなし愛撫をしてやることで、ある動物たちの好意を得る必要があった。その目的は、人間に愛情を抱き服従してくれる動物たちと、その他の動物たちを対立させることにあった。それゆえ人間の最初の技術とは、犬を教育することであった。そしてこの技術がもたらした成果は、大地を征服し平和的に所有することだった。(45)」

ルソーなら次のように書いたであろう。「はじめて犬を躾けようという気になった人間は、世界に手を伸ばしたのだ。」〔ルソー『不平等起源論』第二部冒頭のもじり〕それはそれとして、とにかく犬にもいろいろな品種があり、そこでビュフォンはこう書く。「さまざまな犬の品種に関する歴史や説明を私は述べてきたが、それによってわかったことは、牧羊犬の品種が、その他のあらゆる品種の共通の始祖というか祖先にあたるように思われるということだ〔……〕。牧羊犬が系統樹の根幹である。この犬は、北方の厳しい気候の地に持ち込まれ、ラプランド人に飼われたことで醜くなった〔……〕。アイスランド犬は、唯一耳がぴんと真っ直ぐ伸びていない犬である。(46)」ビュフォンはこう続ける。「人種は、北方の凍りついた気候のせいで、田舎じみ、奇形となり、小さくなったと思われる。ラプランド、グリーンランド、そして極端に寒い国々では、小さくて酷く醜い人々が見られるばかりだが、次に、隣接したそれほど厳しくない気候の土地では、突然フィンランド人、デンマーク人などといった美しい人種が現れるのに出くわす。彼らは、その顔をとっても、肌の色をとっても、さらにその高い背丈といい、たぶんあらゆる人々のなかでも最も美しい人々だろう。犬の品種の場合でも、以上のような人間の分布と同様の序列と関係が見受けられる。ラプランド犬は、とても醜いうえ酷く小さく、長さ一ピエ〔約三二・五センチ〕以上はない〔……〕。一方、隣接した気候では、先に話題にしたとおり美しい人々が見受けられるのだが、犬の場合にも最も美しく最も大きな犬が見受けられる。タタール、アルバニア、ギリシャ北部、デンマーク、アイルランドの犬たちは、すべての犬のなかで最も丈夫で力強い。それで車を引くのに用いられている。(47)」反対に、「大部分のグリーンランド犬は白いのだが、黒いのや分厚い毛並みのものも見いだされる。その犬たちは、吠えるというよりもむしろ、唸り声を上げたり遠吠えをしたりする。すなわち馬鹿で、狩猟のたぐいにまったく適していない。それでも、橇を引くのには用いられ、四匹か六匹を橇につなぐ。グリーンランド人はその肉を食べ、毛皮で服を作る。[48]」

グリーンランド人に関するテクストとグリーンランド人の犬に関するテクスト、この両者の比較を、私は読者にお任せしたいと思う。ある手紙では――どの一節だったか見つけられなかったが――、ビュフォンは、グリーンランド犬は「その犬を食べる主人と同じく醜い」と語ってさえいる。

下等人間の誕生にまつわる悲劇的な歴史の物語はここでほぼおしまいである。

*

ところでルソーも、『言語起源論』において、北方の人間のことを話題にしている。「外を歩きまわることあたわず、厳しい寒さのせいで彼らが足をとどめるとき、必要上からまた退屈をもてあますゆえ、彼らは互いに結びつく。氷のあいだに埋まっているラプランド人や、あらゆる民族のなかで最も未開なエスキモー人も、冬季は洞穴に集まってくるが、夏になるやもうばらばらでお互いを見分けることもない。彼らがもう一段階進歩し、知識を増やせば、彼らは永久に団結したままでいられる。」一段階がすべてなのだ。なぜなら、ド・ボーモン伯爵に宛てた手紙のなかで、ルソーはこう説明しているのだから。「私はしたがって次のように考えるのです。人間の精神は、進歩もなければ教育も教養もない、自然の手から出たままの状態では、自力で神性という崇高な概念に達することはできない……。[49]」それゆえエスキモーは一段階分が欠けている。エスキモーは劣っていて、すなわち下等人間なのである。もしもエスキモーがこの段階を乗り越えるとしたなら、どうなるであろうか。神に見守られた人間同士の交わり。「彼らがもう一段階進歩し、知識を増やせば、彼らは永久に団結したままでいられる。」しかしこの段階をエスキモーは乗り越えることができるだろうか。

　ユダヤ人にもかかわらず精神という法廷のなかに入ることを許された哲学者、モーゼス・メンデルスゾーン〔一七二九―八六、ドイツ啓蒙期の哲学者。作曲家メンデルスゾーンの祖父〕は、それができると思っている。しかしながら、彼は恐るべき一事を書くことになる。最後の著作、『レッシングの友たちへの手紙』のなかで、彼は次のごとく記す。

「皆があのグリーンランド人の論法を知っている。グリーンランド人は、ある晴れた朝に氷原を散歩し、切り立った氷の壁のあいだできらめく曙を見ていた。そして彼は［沈黙を守っていた（著者附言）］宣教師にこう言った。〈兄弟よ、昼が生まれようとしているのをご覧なさい。こんなことをする人は、きっと美しい人にちがいない！〉グリーンランド人の――宣教師によって彼の悟性が歪められてしまう以前の――この論法はあまりに説得力をもっていたので、その論法の影響力から私はいまでも逃れられない。このグリーンランド人の論法は、いまでも私には、詩篇作者ダヴィデの単純で技巧のない論法と同じような力をもっているように思われる。

耳を植えた方は
よく聞こえたにちがいない。
目を造った方は
見えないということがあろうか？

人間という子に知識を与えた方
神は、人間の計らいも知っておられる。〔詩篇九四〕

この論証は自然で子供っぽいものだが、揺るぎない証拠ならではの、余すところのない明証性と〔……〕力がそこに含まれているように思われる(50)。」

さらにメンデルスゾーンの話題は幾何学にすら及ぶ。とするとルソーは間違っていることになる。あらゆる人間のなかで最も未開な人間が神の実在を証明するのだから。

このテクストは悲劇的である。カントは、『純粋理性批判』において、神の実在に関する物理‐神学的な証明を批判しつつ、その論法を尊敬すべきものだと判断していた。そしてその論法が「もっと精妙な神人同形論」で示されることを期待していたのだが、それこそまさに先に引用した文章中でメンデルスゾーンが行っていることである。わかりやすく言えば、グリーンランド人さえ神の実在に到達している以上、絶対者は、more geometrico〔幾何学的に〕証明される。難しく言えば、グリーンランド人の論法がびくともしない証明と同じなのは、その論法が、人間のなかでも最低の人間によって、知性のまったくない人間によって述べられているからである。まさにびくともしない証拠。なぜなら、ご存知のように、「馬鹿者たちの王〔極端な馬鹿〕を退位させるチャンスはほとんどない……」のだから。

哀れなグリーンランド人よ、お前にとってそれは最悪のことだ。お前は馬鹿者たちの王なのだ。絶対不変の、馬鹿者たちの王とは何か。それは人間の極限を意味している。『キリスト教の本質』の冒頭で、フォイエルバッハは神を「人間の極限」と名づけた。メンデルスゾーンの観点から言い直すと、神の極限が人間であるなら、その人間の極限がグリーンランド人となる。グリーンランド人は人間の境界を越えていて、道なき道に迷い込み、ユダヤ人のようにさまよっている。この極限の極限状態に存在する、ただそれだけですでにグリーンランド人は、十分冒瀆とみなされるのである。

メンデルスゾーンは、自分が言語を絶する恐怖と歴史を告げているなどと思いもしなかった。

*

いまここに数ページにわたるユニークな原稿がある。それは、カントの未発表作品の一つである。ベルナール・ガニュバン氏は、私がジュネーヴ大学で教鞭をとる予定だった当時、私にその原稿を渡してくれた。それで私はそれを読んでみたくなった。その題名が重要な意味をもつ。「人類が最善の状態に向けて進歩するとはどういうことなのか」。カントはその問題に関して綜合的な論述をかつて一度も行ったことはなかった。そのテクストにはまったく理解不能な文章がいくつも顔を出していて、そんなテクストを書いたのもカントが年老いていたせいだと思う。ここで私は、われわれの興味をそそる一節を、おおよその翻訳で紹介する。

「未来においてたえずずっと優良な人間が生まれつづけるだろう、あるいは、人間は（自らの行いを通じて）たえず進歩してゆくだろう、一般にこう考えることができる。進歩も初期段階でならば、自然の力で新たな人種か優良な人種が発達し、または別々の二つの人種が混ざり合うことでそういった人種が生み出されたにちがいない。しかし、いまやこの観点に期待はできない。なぜならば自然は、もうすでに、土地と気候にうまく適合する人種形体を全部作ってしまっているのだから。そのうえで、たとえばアメリカ人とヨーロッパ人の雑種、またはドゥルース派〔中東のイスラム教シーア派の一分派〕と黒人の雑種を作ってみても、良い人種を堕落させるだけで、悪い人種を相対的に高めることにはならないのだから。こういう理由で、メキシコ総督は、人種の混交を優遇するスペイン法院の法令を、賢明にも取り消した。優良な人間が生まれ人間の性質が進歩してゆく、このことを必ずしも期待できない以上、問題は道徳的でしかありえない。したがって、時間が続いていきながら二つの民族が隣り合ったままでいるなかで人類がおのずから将来生み出すもの、これをこそ推測してみなければならない……。」

手稿全体に太い線が三本、斜めに引かれている。

カントは優良人種と劣悪人種が存在することを認めている。ただしこの観点は尊重することもでき適切でもある。それに関する説明は、一七八八年のカントの著作『哲学における目的論的原理の使用』[51]のなかにある。たとえば、アフリカにおいて、黒人は優良人種である。黒人は、濃い肌の色と流れる汗のおかげで、太陽の激しい暑さや虫刺されから自分を保護している。このようなカントの記述が、事実として正しかろうが間違っていようがこのさいどうでもいい。本質を考えれば、カントは正しい。彼の意図は、順応としての合目的性という観点に基づいている。それは、合目的性を独断論的に利用してしまうこととは正反対である[52]。そこからカントは以下の結論を引き出す、混血は一つも良いことではない、と――面食らわされるどころか不安にさせられる結論ではないか。なぜならば一般的に次のように信じられているのだから。すなわち人種同士を道徳的に和解させるためまず異人種間で交配を行う。できた存在は、より良く順応したおかげで、以前に比べずっと優れた友愛意識を身につけている。要するに、そこで一つの実践が行われるのだが、この実践は、科学によって実証され、しかも道徳的にも同意されている。しかしながら、カントの心におこっていることを理解しよう。犬同士をかけ合わせはするが、人間は自由な存在である以上、人間同士をかけ合わせたりはしないだろう。だからといって、メキシコ総督のように、人種の混交を優遇するというスペイン法院の法令を取り消す必要があったのだろうか。ある考えが浮かび、カントはペンを走らせる。「メキシコ総督は賢明にも取り消した……。」次いで彼は文章を抹消する。この考えは否定されるためだけに生じたのであり、カントは筆を持ち上げ、太い三本線を斜めに引いた。彼は突然理解したのだ、血の交配が退廃を生むという考えは不条理である――なぜならば、人類は一つしかないのだから。それゆえ、総督がその法令に関してどう考えるにせよ、スペイン法院の法令は尊重されなければならない。なぜならば、その法令を取り消せば、殺人的で衝撃的な考えに門戸を開くことになるのだから。それはすなわち人種の改良と保護という考えである。そして、あるときから、手に入った高等人種を守る最上の手段は、その他のあらゆる人種を殺すことになるのだ。

カントの文章を削除したこの三本の大きな斜線は、広大で絶対的な意味を含んでいる。下等な人間、Untermensch など存在しない。グリーンランド人や、グリーンランド人以降下等人間扱いされるあらゆる人々は、人間なのであり、いかなる保留もなく、人間社会に含まれる。

カントがこれらの文を線を引いて打ち消したとき、彼はヨーロッパ意識の誉れであった。しかしこの誉れは、人間が隠しもつ際立った狂気の流れのなかに打ち沈んだ。私が言いたいのは、絶滅収容所のことである。

＊

私は長々とグリーンランド人について書いた。なぜならば、グリーンランド人が下等人間の完璧な見本となっているからである。さらに、このような見本を示すことで、私はあの本に書き込まれている恐怖を唱えずに済ませられるからである。あの本とは、ハイデガーの『存在と時間』と並んでヨーロッパ意識を根底から揺るがした本、すなわちヒトラーの『わが闘争』。第三帝国の独裁者がユダヤ人に関して語ったことと、ビュフォンが北極圏の人間に関して記述したことは、同じである。

ナチスのイデオロギーはそっくりそのまま、私が指摘し直すまでもなく、人種に基づいていた。さらに誰でもご存知のように、ヒムラーは鶏の雛を育てることで自らの人種理論を着想した。一方、プラハで射殺されたハイドリヒの葬儀で起きた出来事はあまり知られていない。ナチス親衛隊長官ヒムラーは、自分の両手のそれぞれに、「金のけだもの」が残した二人の子供それぞれの片手を握っていた。「金のけだもの」とはハイドリヒのあだ名で、彼が残酷かつ優れた（特に剣の）腕前をもち、そして金髪だったことに由来する。儀式のあいだ中、ヒムラーは怒りで震えていた。というのも、ヒムラーはハイドリヒがユダヤ人のハーフなのではないかと疑っていた。だとすればユダヤ人のクウォーターである子供たちの手を握るという簡単な接触でさえ、ヒムラーを引き攣らせるのに十分だった。葬儀が終わるや、ヒムラーはシャワーを浴びに急いだ。最高に冷たく混じりけのないシャワーの水だけが、汚れを消し去るにふさわしいものだった。

ヒトラーは、『わが闘争』の冒頭でこう書く。「私には疑念を差し挟む余地がなかった。ここで問題となる対象は、ある特定の宗派に属するドイツ人ではなく、ある民族全体である。というのも、私がこの問題に取り組みはじめ、ユダヤ人に注意を向けたところ、ウィーンの印象が以前とは一変したからである。私の行きつけの場所で実際にユダヤ人を見かけた。そして見れば見るほど、彼らと他の人間との区別が、ますますはっきりとわかってきた。特に市の中央部とドナウ運河の北部の区域に、容貌がドイツ民族とは似ても似つかない民族が密集していた。」

一つの詩句、たった一行の詩句でいま述べた文章を要約することができる。「うるわしき公爵夫人様、ネズミどもが街に入って参りました。」ネズミはほとんど人間並みに頭がいい。それゆえネズミを駆除する必要がある。Untermensch、下等人間に直面したナチスのイデオロギーの内的原理とはこういうものだった。

ダンテが言うとおり、禁裏内では、恐怖を記述するどころか想像することすら不可能である。

しかし私の前に一冊の下手な版画選集がある。表紙には交差した両手が天に懇願している。手首は鉄条網で締めつけられている。左手にブレスレットをしていて、そこに62,978と書かれている。表紙から四ページ目に下向きの赤い三角形があり、これはドイツの政治犯を意味している――強制収容所にはじめのうち収容された人々は実際ドイツ人だったのだから。結論のページにはこうある。「ナチスの収容所に抑留されたフランス人の総数。抑留者、二二万八〇〇〇人、帰還者、三万八〇〇〇人、収容所内での死者、二〇万人、本国に送還されてからの死者、一万三〇〇〇人」（M・プティ『マウトハウゼン』）。虐殺されたユダヤ人の数は、全部で五〇〇万人あるいは四五〇万人と見積もられている。

最初の問題。どういう意味においてこの数字は重要性をもつのか。なぜこの数字が注目をひくのか。カントの意見を読んでみよう。「なるほど、大きさを数学的に評価するとき、いかなる大きさにも最大値はない（なぜなら、数の大きさは無限に進むのだから）。しかし大きさを美的に評価するとき、たしかに大きさにはある最大値がある。だから私は大きさの最大値についてこう説明する。すなわち、大きさの最大値が、それ以上大きい基準が主観的に（判断する主観にとって）ありえない、そういう絶対的基準として判断されるなら、それは崇高なものの観念を含み感動を引き起こす。その感動は、数によって大きさを計る数学的な評価では引き起こされえない（そのとき、想像力上でこの根本的な美的尺度が生き生きと保たれている場合は可能かもしれないが）。というのも、数学的な評価は、つねに他の同種のものと比較することで、相対的な大きさを表現するにすぎないが、美的な評価は、心がその大きさを直感においてとらえることができるなら、純粋で単純な絶対的な大きさを表現するからである[53]。」

そしてカントは自らの意図をこう説明している。「このことから、サヴァリが『エジプトからの手紙』で指摘した以下のことの説明がつく。すなわち、ピラミッドの大きさに完全に感動するためには、ピラミッドにあまりに近づきすぎても、またあまりに離れすぎていてもいけない。なぜなら、あまりに離れすぎていると、感じ取れる要素（積み重ねられた石）がはっきりと現れていず、だからその光景は主観が美的に判断するさいに何ら効果をあげないからである。だがあまりに近づくと、土台から頂点まで完璧に把握するために、眼はしばらく時間を必要とする。このような理解の場合、想像力が最後のものを理解する前に、最初の一部分はつねに忘れられてしまい、だからすべてが総括的に完璧に理解されることは決してない。──ローマの聖ピエトロ教会を訪ねる拝観者が最初の一歩をそこに踏み入れるとき、狼狽あるいは当惑のたぐいに襲われるという、そのことを説明する場合にも十分役立つ。これは想像力が対象に十分適合していないからだが、別な観点からすると想像力が最大値に達しているしるしでもある……。想像力は自らのうちに再びたちもどるが、このようにして想像力はある感動的な充足感へと変わる。」

しかし最後の文章を、われわれならこう書き変えることにしよう。それは充足感ではなく、恐怖感であると。こうすることで、われわれは数学がどういう意味で重要性をもつのか理解できる。五〇〇万──ヨーロッパ意識の誉れであるカントは正しい。この数字を、概念によってとらえることならできるだろうが、視覚や観念によってとらえることはできない。どうしたら想像できるだろうか、五〇〇万の下等人間が整然と整列し、後ろの者が前の者の背中を押し、墓穴に突き落とす様子を。それゆえ、ある意味で、数字は根本的なものを何も含んでいない。ワラキアの王子は、串刺し屋とあだ名され、一日に二万三〇〇〇人を串刺しの刑に処した。タメルランは、おそらくシャーベットの発明者なのだが、頭蓋骨でピラミッドを建造させた。ワラキアの王子と比較すると、アッティラは、カタラウヌム平原ではだらしなかったけれども、実のところずっと多くの人間を皆殺しにした。たしかに数字は重要である。しかしそれは概念でしか理解できないし、人間の想像力には限界があるので、いずれの場合も結果は同じだが、それでも同じところへ戻るわけではない。

二番目の問題。どういう意味において方法は重要性をもつのか。ナチスは組織的だったとよくいわれる。唯一の例は、オイゲン・コゴン〔『親衛隊国家』の著者〕によって報告され、その他の情報源によっても裏づけられているもの。ナチス親衛隊のある将校が、一人のユダヤ人に強制して、死ぬまで銃殺刑用の柱に登らせ続けた。その男はよじ登った、まるで猿か Untermensch 下等人間のように。そして鞭打たれ何度も繰り返させられた、二回、五回、五三回――男はたぶん心臓発作で死んだのだろう。鞭は、ナチス親衛隊将校がこの人間を好んでいなかったことを証拠立てる。その将校は鞭の犠牲者を面白がっていた。しかし将校はそのユダヤ人を憎んではいなかったにちがいない。たんに憎しみが個人的な関係を想定するものだからではない。おわかりになるとおり、この場合死刑執行人は犠牲者とははじめから知り合いではないのだから。たんに二人はすれちがい、一方がもう一方に突きあたった――これがこの組織的処刑の唯一の理由だ。特に次のことに注目しなければならない。処刑は憎しみを伴わなかった。なぜならば下等人間、すなわち半ば人間で半ば動物である存在を憎むことはできないのだから。まさにそれゆえこの存在を殺すことができる。われわれは動物に対して義務はない、こうカントが『美徳の原理』で語るのももっともだ。死刑執行人は、何度も何度もよじ登るこの哀れな存在を、有罪だとも無罪だとも思っていなかった。この存在は憎しみの対象以下であり、倫理的カテゴリーに含まれる存在以下であった。憎しみの対象以下の存在ほど最悪なものはない。子供が面白がって踏み潰すアリみたいなものだ。子供もその意味で残酷ではあるが、しかし子供は残酷さを自覚していない。黒服の男は自覚していた。どういう意味でこの殺し方が重要性をもっていたのか、そのことを見極めるため、次のことを付け加えておく必要がある。この場合、死は、悪にさえ達しない憎しみによってロボットの身振りに還元された生の運動そのものによって与えられていることを。

カントは人間に潜む悪を三つの段階に区別している(54)。まず「脆さ」が存在する。これに関してここで論評する必要はなかろう。次に、化学的な意味で（純金が話題にされる場合の意味で）「不純」が存在する。人間の心の不純さとは次のようなことだ。「たとえ客体からみて［……］（行動の）格率〔主観的・個別的な実践原則〕がおそらく善であり、行動するのに十分な力をおそらくもつとしても、しかしその格率は純粋に道徳的ではない。」最後に、「悪性」、vitiositas〔邪性〕またはpravitas〔歪み〕が存在する。人はそれを「人間の心の邪悪さと呼ぶこともできる。というのは、この邪悪さは、自由意志が抱くさまざまな動機と結びつき、倫理的秩序を逆転させてしまうからである。もっとも［……］そうすることで邪悪さはその根源から堕落している」。もっと先でカントは、この三番目の段階が人間に絶対的に適用可能かどうか、検討をためらっている。カントがこの三番目の段階に見てとるのは、「道徳法則に束縛されない邪悪な理性（絶対的に悪い意志）」――それは人間にとって「あまりに多くを含みすぎる」、「法則そのものに反抗することが、動機にまで高められ［……］、こうして主体は悪魔的存在に変わるからである」。

悪魔的なものを考えるとき、われわれはいわばひとつの神秘体験に触れる。人間存在は悪の根っこに貫かれているが、改宗を通じてこの根っこは「根こぎに」されるにちがいない。しかし悪魔的存在者にとっては別なふうに表現される必要がある。自らのうちの悪は根源的なものではなくて、決定的なものである、と。それはほぼ言語を絶する歴史に潜む神秘の核心であり、下等人間の歴史に潜む神秘の核心でもある。数字や方法を下等人間の論理的円環にはめ込まないかぎり、数字も方法も、それ自体としてとらえるならば、実際重要性をもたない。

だから数字と方法をそのように正確にはめ込むことが必要である。そうすれば、ヨーロッパ意識の本質をなす《記憶》が、その真の内奥において姿を現してくる。ある意味では、五〇〇万のユダヤ人が何らかの方法にしたがって殺されたとしても、ヤハウェが絶対的精霊としてそれを決定したならば、その事実はヤハウェの決定の表れにすぎない。亡くなったユダヤ人は、自分たちがユダヤ人であるかどうか十分に自覚していたのか。この章の冒頭に、私はこう書いた。「F……のことを考えながら」と。私が誰のことを考えているか、見当のつく人が一人いる。F……は奥さんに強制して、ユダヤ教の償いの日に食事をさせ、さらに同じような悪ふざけを重ねた。なぜならば彼は自分がフランス人だと思っていたのだから。彼と同様に、多くの人々が、ダンテの語るとおり、幸福な生活を送っていた。フランス軍の将校だった彼はドイツ人を信用した。フランス人将校を休戦後は捕虜にしない、そうドイツ人は断言していたからだ。しかし彼は捕虜になった。彼の死に様は知られている。総統の誕生日に、彼は跪かせられ、うなじを撃ち抜かれた。キリストと同じく三三歳であった。たぶん彼は腕を広げ、地面をしっかりとつかもうとしただろう。汚れない気持ちで「ある捕虜への最も美しい手紙」を書き、その手紙の優美さゆえにアンリ＝フィリップ・ペタン元帥〔一八五六―一九五一、フランスの将軍〕によって選び出された彼の娘は、何年も何年も待った。小さな少女はたくさん涙を流すことができる。彼女は決して忘れないだろう。

しかし、ご存知のように、忘却は絶対的な死の究極の根底である以上、忘却は否定される。彼らは消えただけなのだ。消えたと私が言うのは、次の意味においてである。《記憶》がその純粋な本質において彼らを記録したという意味で。さらに、彼らが死ぬことで、ある民族が、絶対的自己同一性においてあらためて自己を確認し、再創造されたという意味で。肉体的真実は恐るべきものである。精神的真実は広大である。純粋な自己同一性においてある民族が再-創造されたという意味がなければ、アウシュヴィッツは大虐殺以上のものではない。この「屈辱的な」死（私は意識的にこの語「屈辱的な」を使うのだが）においてこそ、自らを存在としてまた理性として再発見する自己意識の直截な神秘が、立ち現れる。それは、邪悪な理性をもつ悪魔的存在とちょうど逆の意識なのである。

Ⅱ　黙示録の馬

白き馬——ヨーロッパの最後の兵士たち

ヨーロッパ意識は多くの事柄を忘却しようとしているようだ。だがどうしてそれを咎められよう。実際、忘却とは生命にかかわる機能であり、忘却なくしては個人的なものであれ集団的なものであれ、意識はもはや息をすることもできなくなるだろう。かくして「アルジェリア戦争」、フランスの三つの県の領内で展開されたため公式には「安全および秩序維持の作戦」と呼ばれたあの「アルジェリア戦争」は、すぐさま隠蔽され、語の精神分析学的な意味でほとんど抑圧された。二度の世界大戦におけるフランスの状況を描出した文学的な資料は数多い。インドシナ戦争でさえ——それもまたフランス領と規定された領土で展開され、戦争とはみなされなかったが——いくつかの優れたエッセーを書かせた。たとえばジュール・ロワ〔フランスの作家。一九〇七年アルジェリア生まれ〕の何冊かの本がそうで、若干の誤りにもかかわらず、それらは読みそして再読に値する。だが、あまりにも実りのない、不毛であったアルジェリア戦争は、こう言ってよければ、そのような栄誉に浴することはなかった。

この無関心には説明がつく。アメリカの助けがなければフランス軍は一九一四年から一九一八年のあいだに打ち負かされていただろうし、一九四〇年の壊滅的打撃については言うも愚かなことだし、一九四五年の勝利は明らかに自由フランスだけによる結果ではなく、インドシナではフランス派遣軍は深刻な敗北を味わった。その果てにアルジェリアでも、フランス軍は撤退を余儀なくされ、その結果アルジェリアは一連の長い苦悩と敗北のフェルマータとなったのだ。とすれば、フランス人の記憶と省察が出口なしの状態に陥ったことも理解できるだろう。

アルジェリア戦争は、しかしながら、ヨーロッパ意識の歴史において重要な日付を画している。そこで展開されたさまざまな大軍事作戦は、おそらくヨーロッパの歴史に名を署された最後の好戦的行動である。一九六二年以来ヨーロッパは戦争から抜け出してしまったので、今後、ヨーロッパがどのように軍事的なイニシアティヴをとりうるのか、わからなくなった。攻撃を受けた場合の防衛は期待できようが、ヨーロッパが攻撃的な戦線の端緒を開く決定を下せるかどうかはもはやわからない。そうした次第で、アルジェリア戦争はヨーロッパの軍事的叙事詩の最後のモメントとみなされうるだろう。いくつかの些細なエピソード(マルヴィナス〔フォークランド〕戦争)を考慮に入れなければ、北アフリカの山々をさすらったフランス兵たちが、ヨーロッパの最後の兵士たちとなったのである。

『黙示録』のなかでは四頭の馬が姿を現すが、われわれは本書でそれらに一頭ずつ跨ってみようと思う。まずは白馬なのだが、白馬とは征服戦争を意味している。フランスがアルジェリアの征服を行ったのは一九世紀のことである。つまりアルジェリア戦争と呼ぶことに決まった戦いは、再征服の戦争であって、それはたんなる征服とはかなり趣を異にするものなのである。私の記憶が確かなら、アルジェのシャルル一〇世広場の近くに二本の巨大なココ椰子の木があった。植民地化の時代に植えられたもので、それらの木の存在は多くのことを象徴していたが、まずなによりも私にとっては、のちの再征服にあたって、さまざまな困難が増大したであろうことを意味していた。というのも再征服時の敵同士は一世紀以上も前からお互いのことを知っており、普通の征服の場合のように昨日からといったわけではないからであった。(誰もそのことを考えなかったにもかかわらず）明らかに死を運命づけられた二本の木。その死が征服状態の終了を意味することにもなるそれらの木の樹皮は、その内側に、さまざまな憎しみ、軽蔑的反応、根深い不寛容、遺恨、屈辱を包み隠していた。結局、すでにお互い相手を知ってしまっていたのだ——必ずしもお互いの良い面にとどまることなく。したがって、Anerkennungというフィヒテ的な意味でのいかなる「再－認識＝感謝」も、もはや考えられなかったのである。

ここでは個人的なやり方で書くことを許していただきたい。証言すべき時はいまだ終わっておらず、全体像を理解すべき時はやっと姿を見せはじめたばかりなのだ。あの当時、私は国防科学活動委員会（CASDN）に属しており、そこから多大な自由を与えられていた。というのも私は配属されていたのではなく、AFN〔仏領北アフリカ〕に出向中であり、ある部隊に随行していたからだ。私はオランで上陸した。そこは生者であれ死者であれ、到着した者たちと帰ってゆく者たちの交換が行われる港であった。オランから私はアルジェ行きの列車に乗り、その列車でまったく滑稽な喜劇じみたことが起きたが、それはまた当時の民衆に漲っていた心理的な雰囲気についての見解を与えてくれる。籠から逃げたたった一羽の雌鳥の脚を貧しいなりの男が捕まえたのだが、そのとき乗客は一斉に、座席の下に身を横たえ、また、車両の反対側へと身を潜めたのであった。雌鳥の羽ばたきの強烈な音が、機関銃の音に聞こえたからなのだった。いかなる恐怖が張りつめているかを如実に示す偶発的な出来事だった。ある程度までは、フランス兵たちの存在は民衆を安心させたが、同時に彼らは特権を与えられた対象であったので、民衆を不安にもしていた。彼らによる捜査は徹底して行われ、女たちも逃れることはできなかった。戦争というものが、人々の精神に平穏をもたらしたことがあるとはとても思えない。

アルジェでは、私は大衆心理操作活動の部局と仕事をすることになったが、この部署ではさまざまな基本的な過ちが犯されていたと言わざるをえない。私は高級下士官たちとたびたび話し合ったが、彼らはコーランについて何も知らなかったし、あまり立派ではないアルジェの図書館にある小説の多くは、アルジェリア人の奉公人に対して軽蔑的なイメージを与えていた。人々が奉公人をUntermensch〔下等人間の意、ナチスの用語〕にすぎないと考えたのも無理のないことであった。

急いで職務に取りかかる用もなかったので、私は四つのことを計画した。市役所、あるいはその代わりとなるところへ出向いて、出生身分に関する登録を調べること。墓地を訪れること。サン＝ラファエルからアルジェ湾を眺望すること。イドラの友人たちの家で夕食をとり、彼らのなかに身を置く幸福を味わうこと。

市役所の登録簿を見て、私は即座に次のことを確認するにいたった。フランス人はフランス人同士あるいはヨーロッパ人（アルジェには実際ヨーロッパ各国から人々がやって来ており、とりわけイタリア人は正真正銘のコロニーを形成している）と結婚していること。ユダヤ人の男はたいていの場合ユダヤ人の女と結婚すること。そして最後に、北アフリカ人は彼ら同士のあいだで結婚すること。そこには登記簿に記された戦争があった。結婚という絆によって二つの共同体（最も数の少ないユダヤ人の共同体はいくぶん脇にのけておいてもよいだろう）が結合しない以上、一方が他方を隷属状態へと導かずにはおられない。そして再征服が強行される以上、それはもはや一つの意味、隷属状態を強固にするという意味しかもちえない。長い目で見るのなら、こうしたたぐいの戦争はいつでも負け戦なのだが。

お互いのあいだで結婚しないので、二つの共同体の成員たちは死者を同じ場所に埋葬することもないだろう。死においてさえ、彼らは隔たっていた。フランス人の墓地はいたって平凡なものであった。サン＝ラファエルのほうへ再び登りながら、私はイスラム教徒の墓地を見つけた。いくつもの墓がコーランの唱句の書かれたたったひとつの石碑で飾られていた。周知のごとくコーランのあらゆるスーラ〔章〕は最初のスーラに含まれており、そのスーラは最初の文に含まれ、その文は最初の単語に、そしてその単語は最初の文字に含まれている。したがって、あらゆる石碑は同じことを述べていたのだ。この入れ子の体系をよく理解せねばならない。それは、狭量なある少佐が考えていたこととは裏腹に、ロシアの魔法使いたち（バーバー・ヤガ）の入れ子の体系とはまったく別ものなのだ。私はその少佐に、ことの次第を説明しようとした。ロシアの体系では魔法使いの力はつねに同一であり、ごく小さい人形も大きなそれと同じだけの不吉な力をもっているが、それ以上ではない。ところが、コーランの入れ子構造は反対に最大の力、水晶体にも比すべきただ一つの記号の力へと向かうのだ。ヨーロッパ人は死におけるこのような統合と一体化を与り知らない。たしかにカトリック教徒の墓は、十字架によって飾られるかぎりにおいて、まさしく同じことを物語ってはいるものの、多様性がありすぎるのだ。大きな十字架があり、小さな十字架があり、石でできているものもあれば、鉄でできているものもあり、さらには木でできているものもある。色もさまざまである。ついには死者の名前を記したプレートや、場合によってはその顔写真が十字架の真ん中に釘付けされていることもある。こうした多様性はアルジェリアのイスラム教徒の墓地ではお目にかからない。つまり、われわれが隷属させようとした者たちはわれわれとは違ったふうに考えていたのであり、そしてわれわれは彼らのその相違を否定しさることで、彼らの正真の敵となっていたのだ。私はその墓地でかなり長いあいだ瞑想に耽った。日が暮れかかりオリーヴの木々は枝のシルエットを空に描いていた。黄色や白の花々がこの聖なる場所を取り囲む壁を飾っており、そのはずれでは、断崖から青緑の海が、そして打ち捨てられた何艘かの小舟が見えた。ある濃厚な安らぎが心を締めつけ、現実であるはずの戦争は知性の内部へと退いていった。

サン＝ラファエルに登ったことについては、何も言うべきことはない。宿舎に入り夜会に備えて身仕度をするため、私は再び下りていった。途中バブ・アズーン街を通り抜けねばならなかったが、そこで私は大きな衝撃を受けたことを白状せねばならない。そういったことを私は『非情の街カルカッタ』〔一九五三年製作インド映画。ビマル・ロイ監督〕という映画のなかですでに見てはいた。あらゆる年代の北アフリカ人たちが、頭の隣に足がくるように互い違いに（おそらく臭い息を避けるためだろう）歩道の上に横たわっていたのだ。彼らはたしかにそこにいたのだが、現存在 Dasein に与えられる意味でのあり方ではなかった。それらはむしろ物だったのだ。私は哲学の教授資格試験で注釈したアリストテレスの次のような一節を思い出した。「自由な人間だけがなすべき何かをもっている。」その概念を説明するのに私は、あのカルカッタについての映画を援用し、そして乞食は自由ではないと断言したものだった。だが映画は映画でしかなく、このような悲惨さに出くわしてしまえば、名づけようもない底知れぬ深みが見えてしまう。たしかに、軍人ゆえに、私は普通の意味での自由だとはいえなかった。さまざまなことを遠慮なくやるにしても、自分の仕事は支障なく遂行せねばならなかった。しかしながら、軍隊の規律のなかでも、私はそうした不幸な人々とは対照的に全面的に自由だったのだ。彼らはなすべきことを何ももたず、哀れな者のうちでもその最たるもの、無用な人間であった。私の軍人としてのいかなる「キャリア」からも、それほどまでに深刻な不快感を感じたことはない。そこなのだ。それこそが征服の残したものであり、残滓だったのであり、そしてそこからの出口はなかった。選択の余地は次のようなものだった。機関銃でそうした歩道を「掃除する」か、あるいは彼らをそのまま、完全に打ち捨てられた状態のまま放っておくか。そうして人々はすっかり彼らのことを忘れてしまったのだ。

とうとう私はイドラに着いたが、イドラはいくつかの小高い丘からなっており、その頂上を非常に豪華な別荘が何軒も覆っていた。そして当時丘の斜面には、多くのスラム街、ファヴェラがあった。それほどまで丘の恥部にしがみつくという、いわば不遜なまでの、しかも少しも上にあがることができない悲惨さを、間近で私は見たかった。たしかに、貧者が富者と背中を合わせている。これらの布やタール紙でできた家の「住人たち」が悲惨さの証拠であることを私も否定しようとは思わない。だがさらに深刻なのは、子供たちの悲しさだった。その悲しさは、目に見えたのみならず、五感に迫ってきさえした。教育も受けられず文盲で、未来もない悲しげな子供ほど非人間的なものはない。それは耐えがたいものであった。

こうして私は子供たちを、見捨てられた人々を、死者たちを目にしていった。スラム街から引き返しながらある考えが、こういった状況では月並みなものでしかない考えが、あたかもある歌がわれわれにつきまとうときのように私の精神をとらえたのだった。幸せなのは死者だけだ。私は友人たちの家にたどりついたが、彼らの別荘の豪華さを描写しようとは思わない。大きなパティオ〔敷石を敷いた無蓋の中庭〕があり、それがいくつもの素晴らしい陶器で飾られて、そしてそのほぼ中央には見事な噴水もあった。私はライプニッツがグリマレストに言ったある宿屋の冗談を思い出した。その宿屋は墓地に面しており、次のような銘を看板に掲げていたそうだ。永遠の幸せへ。

翌日私は再び出発したが、ある奇妙な確信を抱いていた。この戦争は無益にして非常に危険なものだ、と。自己意識を再び見いだす文化に対しては、人は何もなしえないのだ。危険、巨大な危険とは、こういった状況のなかでずるずると人種差別へと滑り込んでゆくことであった。それにはいくつもの段階がある。まず根源的な軽蔑、一つの生命は何をも意味しない、というあの病的な確信がある。われわれはビュフォンの思想を分析した折にもそうした病的な確信に出会ったが、さまざまな即決処刑が行われたのもこの常軌を逸した素地の上でのことなのである。根源的な軽蔑の次に、単純な軽蔑があり、それが人に囚人をきちんと扱わなくさせる。そしてこの単純な軽蔑は、ほとんど当然のこととされていたのだ。そして最後に言葉があり、軍隊の折り目正しい言葉はしばしば人種差別的であった。おそらく人々は自制する術を心得てはいただろうが、人種差別的な言葉を話すことは人種差別主義者として考える準備をすることになるのだ。再征服の戦争は異文化と衝突することによって人種の戦争となりうるのである。この痛ましい戦争において、司令部のもちえた真の名誉が一つあるとすれば、それは、言葉から人種差別主義的な思想へと向かう傾向の発現を抑制したという名誉である。いたるところで私は人種差別的な言葉を耳にはしたが、人種差別主義的な思想はまれであった。

私はここで、戦略的な諸分析は完全に脇に置いておこうと思う。それらが意味をもつとすれば、それは戦争の哲学についての研究においてである。私は自分が肝要だと思う三つの点にだけ取り組んでみよう。監獄、拷問、対話についてである。

*

アルジェリアに滞在していたあいだ中、私はある中佐と文通していた。彼の名前は伏せておこうと思うが、彼のおかげでたびたび私は自分のやりたいことをすることができた。私が本国に戻るときに彼が私に宛てた手紙を引用してみよう。その手紙はこれほど多くのことが私に許されたわけを説明してくれる。

一九六〇年二月八日

親愛なるフィロへ、

大変親切な手紙感謝しています。私はとても胸を打たれました。本当のところ、官能の努力を払ったところで、あなたのような資質の息子をもつことは自分にはまったくできそうにもないと感じています。父と息子が望むべき関係をもちえないことはよくありますが、しかしわれわれの関係は、少なくとも情愛の深さにおいては、親子のようなものだと思いたいものですね。私はあなたを私の希少な友人のうちの一人に数えたいと思っています。私にとってそうすることが、この失望にあふれた生活のなかでの大きな慰めなのです。とうとうあなたは鳥籠から羽ばたいていかれます。どれほどお喜びのことでしょうか。〔……〕私はあなたのその喜びを嬉しく思います。その喜びは、あなたが代償を払わねばならなかっただけにいっそう価値のあるものです。御自身のあらゆる信条にもかかわらず、紳士として、またもやあなたは自分の義務を果たされたのです。H将軍が「彼はやるべきことを最後までやった」と言っていたように。

L

これで私がどうして獄舎に入ることができたか、規則に完全に違反して、一人で武器ももたずに入ることができたかおわかりだろう。ルアシェッドの獄舎は広大な倉庫であり、そこでは酸素も不足していた有り様だった(1)。だが言ってみれば、この獄舎のなかにはすべてがあった。見るからに闘士然とした二人の囚人が、一人の若い男の横たわっているベッドのそばに私を導いた。その男は巻き紐で結わえられており、その紐の上にはコーランの数節が書き込まれていた。彼はてんかん患者だったのだ。彼らは赤十字に訴えたのだがどうにもならなかったのである。また若い娘たちもいた。彼女たちはコンスタンティーヌに住んでいたが、自分の住居に隠れていたテロリストのせいで投獄され、それからコンスタンティーヌのこの暗い一角に収容されたと説明してくれた。「お婆さんたち」もいた。彼女たちは、戦時下にあっては非常に有用である。というのも一方では、古い布着に包まれて縮んで反り返りながら完璧に人々の同情をひき、また他方では、彼女らは素晴らしい「郵便箱」ともなるのだ。詳述を続けるのはよそう。牢獄が明かすこと、それは再征服の精神の曖昧さなのだ。軍事政策は投獄を推進する。たとえば、武器入手のネットワークを野放しにすることはできないものだ。しかし、それと同時に、友愛の精神を発展させようという期待も台無しになってしまう。そしてフランス人たちを投獄してでも（というのも、法律の表現にしたがえば、私がこの牢獄で出会った者は皆フランス人であるから）フランスの領土を維持したいという野心に固執して、不条理に陥る。こういったことすべてにおいて、弁護士も裁判官もいなかっただけに、その論理的帰結として軍の権威は法律から逃れる傾向を帯びていた。アルジェリアでその後ものごとがどう推移したかは周知のとおりである。牢獄からはそれを予見することができた、というのも、そうした曖昧な場所で、当局の権威はその確かな本質を失っていたのだから。

*

拷問は、さらにもっと酷いものである。何と言おうとも、この件が非難されるのも明らかだ。アルジェリアで拷問があったこと、それはもはや証明を待たぬほど明確なことであるし、許されるものでもない。他の場所や他の時代にも拷問があったという事実も問題を変えはしない。とはいえ、ヨーロッパの良心に対して、次のことは言っておかねばならない。ヨーロッパ人はその最後の戦いにおいて、死へといたらしめるような拷問を続けはしなかった、と。たしかにいくつかの悲劇的なケースはあった。しかしそういったケースを引き起こした者たちは、ある意味根っからの殺し屋だったのであって、彼らはどこであれ拷問死させたであろうし、またそういった殺し屋たちを内に含んでいない軍隊など存在しないのだ。
ヨーロッパの最後の兵士たちがなそうとしたことはもっと曖昧なもので、私の目にはむしろ無意識から湧き出てくる平和への深い意志を表しているように映る。私は、こうしたおぞましい残虐行為のただなかにおいて犠牲者はチャンスを握っていた、死にいたることがなかったゆえにチャンスを握っていた、とさえ主張したい。事実、次のようなことが起こっていたのである。(私は「L」とは別の情報源からそれを教えてもらったと思う。)一人の犠牲者が、拷問執行者たちの分隊をまるごと丸め込んだのだ。この男はいくつかの重要な武器の隠し場所を漏らしたので、すべてをきちんと吐いたと思い込ませた。彼の自白は、他の証言と合わせてみると、非常に有益であるよう思われたため、全般予備兵の数部隊が警戒態勢に入り、ある大きな一中隊にそれらの隠し場所発見の任務が与えられた。その接近の道程は長く危険なものであった。隠し場所の現場にたどりついても、多大の冷静さと落ち着きが必要だった。その場所の地形は待ち伏せにこのうえなく適しており、それゆえあらゆる用心を払っていたからだ。兵士たちは洞窟の奥に到達し、なるほどたしかに何物かを見つけた。ブラジャーと女性用パンティーだった。この話を知った時、「L」はブラジャーから国際情勢にまでいたる一通の手紙を私に書いてよこした。

全般予備兵たちがそこにいます。彼らは洞窟のなかに隠された数組のパトガ靴に駆けつけます。そしてとうとうブラジャーとパンティーの収納場所まで見つけ出しました……おそらく女ゲリラ集団のものでしょう。FLN〔アルジェリア民族解放戦線〕は丹念に数人ずつかたまって北から再南下し、われわれが平定し終えたところを荒らしまわります。その結果、われわれのフェディの大尉殿の一人が昨日殺されたばかりなのです……。軍事面では、この作戦はうまくいっているのです。ですがあなたに白状しますが、私はだんだんがっかりとしてきています――そしてますますド・ゴール主義者になってきました。というのも、偉大なシャルルだけがわれわれをこの泥沼から抜け出させることができるかもしれないからです。国際的な面から言えば、こういった情勢はあまり健全なものとは見えませんがね。内政の面でも、状況は同様にはっきりとしていません。そういったことを除けば、人々がわれわれに長々と説明してくれるように、すべてはうまくいっているんでしょうね[2]。

このスケールの大きい「冗談」が明かしているのは、われわれが手こずっていたのは勇敢で聡明な男であったこと、そして拷問のプロは必然的にサディストでなければならないのに、そうした人間はわれわれのうちには数少なかったことだった。このブラジャーの一件を知った者は皆、自分たちがいったい何をやっているのか本当に考え込んだ。一人の男が、自ら苦しみながらも、われわれを精神的な拷問にかけていたのだ。彼はいかなる不当な扱いも受けなかったし、かなりの敬意さえ勝ちえていた。つまるところ、拷問に関してフランス人兵士たちが大方は才能の乏しい素人であることを、彼は立証して見せたのだ。

もちろん、いつもそういった具合であるわけではなかった。私個人に関して言えば、私は決して誰も拷問にかけなかったし、そして私はそうしたことの効果について疑いを抱いていたことを白状しよう。私は、誤った道にはまり込み馬鹿げた冒険のうちに消耗してしまう危険のほうが大きいと感じていたのだが、そうするしか術がないというのがいつも繰り返される連禱だった。とはいえ、そういった監獄の曖昧さはわれわれの上にも降りかかってきた。拷問が、われわれを拷問にかけていたのである。それは、われわれに異郷の地にいることをはっきりと理解させていった。ミレー将軍が私に言った次の言葉を思い出す。「母国の地にあってわれわれは愛国者たるが、われわれが仕事をするのは他所である。」戦争が進めば進むほど、ますますこの箴言の正しさが実証されていった。われわれは不快感を覚える「仕事」をし、そして拷問のせいで心は「他所」に行っていたのだ。われわれはただもうヨーロッパのほうを見つめるばかりであった。

いま述べた出来事から少したって、「L」中佐が重要な長い手紙を私に書いてきた。そこから抜粋してみよう。

L将軍は、彼の師団の最初の打ち合わせのときに、士官たちを前にしておよそ次のようなことを語りました。「そういったことがみな上首尾にいっているわけではない。とりわけ拷問がな。それが最も厄介なんだが、敵を動揺させてはいないのだ。たしかにほかにやりようもないんだが……。敵は記録書類のなかで拷問に絶望しているなどと言ってるが、そんな書類は何を意味しているわけでもない。兵卒どもや士官たちの手紙を手に取ってみたまえ[3]。彼らの士気も大差ないのがわかるだろう。いつの時代もどこの国でも、〈うちの隊長たちは馬鹿野郎だ、うんざりだ〉と言うものだ。にもかかわらずすべては続けられるのだ。やつらは武器をいつでももっていることだろうし、無くなったところで誰かがやつらに与えるだろう……。国の意思に反して国を作ることはできないし、ともかくアルジェリアがわれわれの望んでいるようなものになることをアルジェリア人たちも望んでいるなんて、そんな証拠はどこにもないさ。」

国の意思に反して国を作ることはできない。この将軍は、つまるところきわめて優秀であり、アルジェリアという国のアイデンティティーを認めていたのだ。もはやわれわれには自分の船に乗って帰るしかなかったのだ。

*

ここで私はあの対話、あの何にもまして興味深いエピソードを、語ろうと思う。私の『ウィラーヤ3の医長、ハミード・ベナビッド医師との八月二五日の会見報告』である。

アルジェリア軍はその領土をいくつかのウィラーヤつまり軍管区に分割していた。ウィラーヤ3はある残忍な男によって指揮されていた。すなわちアミルーシュ大佐によってである。彼が指揮するのは危険にあふれ、山が非常に多く草木の密生した地域であった。戦闘は非常に苛烈であり、そしてアミルーシュの性格自体によって、緊張はさらに高まった。大佐の位階をもつ、ウィラーヤ3の医長が捕虜となったのもこうした条件下のことであった。この教養豊かな男に自分の考えを詳しく述べさせるよう仕向けるのはきわめて重要なことであり、私に彼を尋問する任務が与えられた。最も優れた取り調べとは、自発的な対話というアプローチによって取り調べであることを隠すそれである。そのためには、受け入れ条件をいくつか満たさなければならない。会見は海軍軍司令部のすぐ近くのとあるホテルのなかで行われた。重要な瞬間瞬間をありありと心に留めた状態で書きとめられるよう、この『報告』はその日の深夜に作成された。私はここにその全文を掲載する。ただ七枚目と八枚目だけには手を加えてある。作成後のいまとなっては、その価値を決めるのは私に属することではないけれども、この資料はそれなりの意義をもつものと私は思っている。(4)

ウィラーヤ3の医長、ハミード・ベナビッド医師との
一九五九年八月二五日の会見報告——AP/CASDN

I

当方にはウィラーヤ3の医長と大変長い時間話し合う機会が与えられた。アクブーの森で丸腰で捕虜となった彼は、海軍軍令部近くのボルドーホテルに一時的に移送された。彼は格子窓の付いた一室で厳しく監視されている。私見では、対話はかなりその価値を減じたと思われる。なぜならハミード・ベナビッド——以後「H」と記す——は、一つのセクトを代表することを欲し、真に個人的な意見を表明することをしばしば避けようとしたからである。とはいえ時として、彼が本心の奥底を垣間見せたこともおわかりいただけるだろう。だが彼が不信の念を抱いていたのももっともなことである。慎重を要するまさにデリケートな話題のときには、彼はF・アッバース〔当時アルジェリア共和国臨時政府首班〕の意見や警句を引用している。そうしたときの彼の姿は、その年齢にもかかわらず、大物リーダーのつまらない主張を繰り返し唱えながら難局を切り抜けようとする若いコミュニストたちに似ていた。四〇に手の届く、そしてその教養からはたいそう自由な考察が聞けることを期待できた男の、時として不毛でおどおどしたそうした態度は、やはり当方には残念に思われた。より良好な雰囲気を出すために、当方はビールとミントティーを運ばせた。以下がC大佐の主導で行われたこの会見から引き出せると思われる情報である。評定されたし。

Hは魅力的な、頭のいい、教養のある男で、つまり知識人なのであるが、器用さを欠いてはいないとはいえ、論証家や論理的思考の持ち主というよりはむしろ情熱家である。それゆえ、彼の会話の「魅力」や彼を駆り立てる信念に足をすくわれないようにする者にとって、また、すぐさま彼の主張を一つの全体に

まとめようとする者にとっては、彼の話にはいくつか奇妙で支離滅裂な点が見てとれ、頭脳の明晰さがこの男のいちばんの長所ではないようにも思われる。とはいえ和やかさ、つまり話し合いをくつろいだものにすることは容易であった。Hは、まず捜査のため自宅に連行されたが、それを利用して衣服をいくらか持って来ており、非常に「ヨーロッパ的」な身なりをしている。彼は立派な、そしていわゆる「利発そうな」容貌を有している。彼は完全にいかなる訛もなく、そして北アフリカのフランス人たちのそれとは全然似ていないフランス語で意志を伝える。彼のスタイルは、気取りすぎているところもなく、過度に彼の出自を思い起こさせるものもなく、自分がひとかどの人物であるという意識を彼がもっていることを示している。事実、Hはある大地主の一族に属していて、自分はその一族の「恐るべき子供」であった、と彼はいくぶん得々として当方に語った。とりわけ、彼は政治的なキャリアをもち、そこでしばしば調停者としての役割を果たした。その結果、彼にはアルジェリアのフランス行政府上層やフランス軍衛生班のなかに数多くの知り合いができた。そのことからして、彼を取り巻いた敬意やいくばくかの配慮も当然なものと理解される。Hは、彼の家族と非常に調子良くいっていた診療所、おそらく自分の患者たちよりももっと調子の良かった、と彼の言う診療所(5)を打ち捨てて、一五カ月をマキ〔ゲリラ組織、ゲリラが潜む森林地帯〕のなかで過ごし、非常に寒い苛酷な地方で一冬を越した。そこから出てきたことを彼が後悔しているか否かはわからない。ただ、人は闘士から後悔なしに囚人になることはないものだ。Hはゲシュタポの手中にあるより、われわれの手中にあるほうが苦しくないと供述した。この意見は微笑みを浮かべながら表明されたけれども、明らかに当方の心を操作することを狙ったものだった。Hはやはり、さまざまな目覚ましい軍事勲章の所持者なのである。

　Hは自分がつねに変わることなく穏健派であり、交渉をめざす分派の代表者であることを自任している。

ベルカセム〔アルジェリアの政治家。FLN事務局長。一九七〇―七五年国務相〕の狭量な頑迷さにもかかわらず、その交渉は真剣に受け止められるべきである。だがこの交渉はただ一つのこと――つまりわれわれの退去しか目的としていない。Hは、ベルカセムがいなければFLNはすでにド・ゴールとの折衝を始めていただろうと考えている。かつてその命令の下で働いたことのある者も多い反逆者たちにとって、現共和国大統領の信用はいまでも非常に強固であり、したがってド・ゴールが権力を掌握したことだけでもFLNにとっては激しい衝撃であって、FLNは突如対立や分裂に見舞われてしまった。ド・ゴール将軍を相手に戦うことを拒否する者も出てきたのである。この隊列の乱れは、Hによればいまでも続いており、FLNの軍事面での進展にさえ支障となっているようである。Hによれば、FLNの第一の弱点は、ド・ゴールその人なのである(6)。そして虐待・暴虐――それが行われたことはフランス軍によって確認されている――の問題が、HをしてFLNの第二の弱点を明らかにせしめる。原則としてこれらの犯罪（Hはこれを強調するかのように発音した）はこのうえなく厳格に処罰されているという。しかしド・ゴールの権力掌握以来それらの犯罪が生じ、その数も増加しているのだ。Hによればこれらのことは、「反逆者」の司令部がド・ゴールのせいで、解体ともみなしうるような深刻な危機に瀕している証なのである。しばしば「事後命令」が必要となっている、と彼は断言している。当方が疑問を挟むようなことを言ったので、Hはこの論点に立ち戻って言った。「あの強者」を前にして――これはHの表現である――FLNの司令部は、いくつかの地域で、たえず隊形の操作、戦闘員の配置換え、隊列の解体を行わねばならなくなっている。それは一つには分裂や対立を目立たせないため、もう一つには拷問や残虐行為を抑制するためである。この最後の点に関しては、Hはフランス兵たちの場合とイスラム教徒アラブ人たちの場合を区別している。イスラム教徒アラブ人たちにしてみれば、と彼はいくぶん疲れた笑みを浮かべながら言う。「もっともなことじゃないか……。どうしろっていうんだい？　戦争なんだから。だけどそう言ってしまっては、大して前に進みやしないということもわかりきっているけれど……。」

Hは、良識ある知識人として、この戦争にはいくつかの社会的、経済的、法的な原因があると考えている。一九四七年の失敗に終わった統合は——セティフの騒乱に対する不必要なまでに暴力的であった鎮圧（ジュアン元帥によって指揮された鎮圧！）が特筆されるが——一九三六年の過ちを何一つ改めはしなかった。彼によると、その一九三六年に悪の本当の根源が現れていたのだ。彼にとってまったく常軌を逸したことだと思われたのは、国の統一を望みながらも、二種類の選挙民制を堅持したことだった。そのうちの一つはフランス人のため、もう一方は「その他」の人々のためのものであった。当方は、ド・ゴールがこれらの差別を撤廃しようときわめて強い口調で語ったことを彼に指摘した。それに対しHはこう答えた。「遅すぎる……、あまりに遅すぎる。将軍は夢を見ているんだ。彼はいつも夢を見ていたし。だが今回は、夢は夢のままだろうさ！」Hは続けて、だが控えめに、「平均的イスラム教徒の収入」の驚くべき低さについて力説した。彼は植民地主義の資本を弾劾し、「銀行という名の怪物」、そしてゾラとスタインベックについて言及した。彼は後者の『怒りの葡萄』を読んだばかりだったのだ。会見の雰囲気はより良いものとなっていた。彼は再びゾラとその資本についての定義「遠くの神、飽くなきモロワ〔セム族の神、子供を生け贄とした〕」を引用し、こう付け足した。「われわれは搾取される者ですらない。われわれは奴隷なんだ。ボルジョーの家を一回りしてご覧なさいよ。」[7] それから彼はひとこと付け加えたが、これには本当に驚かされた。どこで彼がその発言を知ることができたのか、当方にはまったくもってわからなかったからである。「あなたの友人のドゥベイユー大佐自身が言っていましたよ。植民者が最悪の敵だとね。植民者が奴隷たちを作る。してはならないことなのに。」Hは急所をついた。そこで当方は話をさらに先へと進めることにした。

アルジェリアの爆発的な人口統計を考慮に入れたうえで、農業やもっと一般的な経済の諸問題を彼が考察するよう仕向けるべく努めたのだ。だがこの対話者の知識の浅薄さには唖然とさせられた。彼には情報が欠如しており、それは経済的な問題に対して彼が関心をもっていなかったからにほかならなかったのだ。当方は、彼が当方を馬鹿にしていると思った（そしておそらくそれが真実だろう）。彼はこう言いたげな様子であった。「そういった問題は戦後にわれわれが論じるよ、われわれがね。ともかく君たちには願い下げだ。君たちは〈こんなふうに〉戦士たちを処刑しただろう。でもそのとき、彼らが月にどれだけ稼いでいるか考えたのかい？」

なぜ人は戦争をするのか。経済的不公平のためか。Hは、明らかに、この重大な要因が決定的なものであるとは思っていなかった。不公平について語りながらも、彼はたえず「植民地化」について語っていた。植民地化とは何か。それは隷属させることである。隷属させるとは何を意味するのか。それは征服の戦争を行うことである。では征服のうちに潜んでいるものは？　それはいわく言い表しがたいものだが、いわば社会的侮辱なのだ。

Hはいまやくつろいでいた。彼は、当方が彼の自由に任せて彼自身の考えを言わせようとしていることを理解していた。彼はついにはビールの小瓶さえ手に取った。この報告の最初に述べたように、当方はビールや果物を持って来させていたが、それはとりわけ自分のことを考えてのことであった。というのもイスラム教徒はアルコールを飲まないからである。彼は飲む前に小指を瓶の中に浸して、微笑みながら当方に言った。「コーランの言ってることを知らないわけじゃないだろう。たったひと滴でも不浄なんだからさ！」そう言うなり彼は、小指をそっと揺すってひと息で瓶を飲み干した。Hはアルジェリア人（アラブ人）とヨーロ

「いちばん苦しめられたのは」と彼は当方に語りはじめた。

ッパ人（フランス人）とのあいだの性的関係の問題に過度に敏感であった。フランス人の女性と結婚したあとに、彼、名士である彼が経験したさまざまな困難を、彼はつぶさに当方に語った。たしかに彼はその結婚を自慢に思っていたが、二人の家族はそれほどでもなかったのだ。彼もそれを予想はしていたけれども、彼はそのことで苦しんだ。「柵を越えてしまったんだ……」と彼は言った。Hはまた、彼と同じ階級の出で、万難を排して「フランス人男性」たちと結婚した上品な若い女性たちを待ち受けていた運命に、同様に深く失望していた。ある女性たちは、平穏を見いだすために、本国をめざしてアルジェリアを去っていった。だがそこでさえも事情は単純ではなかった。当方は、彼の頭のなかには非常に明確でありかつ大変象徴的な出来事があり、またそうした一般論の背後にはある一人の人物がいる、という印象を受けた。「性というのはそういうものさ……」、そうして彼は感慨深げになった。彼は当方に自分の仕事についてしゃべり、話を継いだ。「医者を、私はフランスでやりはじめ、何の困難もなくあらゆる身分のフランス人たちを診療したし、私の名前が名前だから、当然イスラム教徒たちやアラブ人たちも診てきた。ところがアルジェリアではまったく事情が違った。アラブ人やイスラム教徒の治療に掛かりきりさ。私の診療所には、ほんの少しのヨーロッパ人しか来なかった。プア・ホワイトって言うやつさ、財産のない人たちだよ。」彼はある興味深い事実について滔々と話した。一人の「白人女性」が彼の診察を受けにやって来た。彼は普通に彼女に服を脱ぐように求めた。ところがいざ聴診を始めた途端、彼女はヒステリックになり、彼の「黒ん坊の汚い手」をどけろとわめいたのだ。彼は、その反応の荒々しさを除けば、それほど驚きはしなかった。しばらく黙ったあと、彼はこう付け加えた。「私も黄色人種に触れるのはいやだからな。」戦争はおそらくそういったことによって説明がつく、と言い、彼ははっきりと述べはじめた。「お互いのあいだでセックスがない場合、いっそう簡単に人を殺してしまうし、そして人を殺すのは、相手側とセックスしないためなのさ。肉体の友愛がなければ、法律上の友愛なんて意味がない。たしかに、一つの世界大戦のあいだは、われわれは分かち合ったさ――そのうえアルジェリア人たちもアルジェリア人部隊を作ったよ。あの有名なモロッコ人たち、タボール部隊〔フランス人将校に指揮されたモロッコ人部隊〕のようにね――ただわれわれが分かち合ったのは死の友愛なのさ。何物かが作られてゆくのは、死の上にじゃない。生の上にだ。ココ椰子の木が植えられて以来、われわれは一緒になって死ぬことはできたけれど、一緒に生まれるなんてことはできなかった。市役所に行ってごらんよ……。」当方は市役所にすでに行ったことを告げた。「じゃあ」と彼は続けた。「それが困難でそしてますます難しくなっていることもわかるだろう。あなたはM将軍のところの中尉の連中を知ってるよね。そのなかには、フランスにいる最後の黒ん坊を追い出すのに自分の一生を捧げることになるやつもいるだろうさ。再征服の戦争のなかで、いちばん乱暴なことといえば、それは人種差別主義だし、これほどまでに性的な問題がある以上、兵器が押し黙ったあとでさえ、多くの死人が出ることが予想できるよ。知ってるでしょう、ねえ、合衆国南部の歴史を。」そこで当方は、われわれフランス人が、ヴェール、ハイク〔着物の上から全身を包む縫い目なしの布〕の着用の廃止を求めて宗教的な権威に対して交渉し、アルジェリア女性の解放を準備したのは、良くなかったのかどうかを質してみた。「たぶんね」と彼は言い返した。「だがヴェールは肌じゃない。ブルギバ〔チュニジアの政治家、一九五七年初代大統領〕、ナセル〔エジプトの軍人、政治家、一九五六年以降大統領〕、モロッコの王族はそういう慣習と戦っている。彼らはおそらく正しいよ。われわれには、おわかりでしょう、そういう意味では何もできないんだ。アルジェはその点については寛容な町だけれど、コンスタンティーヌは違う。」彼が言っていたことは本当だ。ご存知のとおり、アルジェの女性は白いハイクを着用しているが、いたって透明なものである。だがコンスタンティーヌに着くと、まったく別ものだ。女性たちは、黒いヴェールで覆われており、まるでカラスのようだ。

「問題のすべてがそこにあるんじゃないだろうか。この戦争の核心、つまり戦争の根源がもつ唯一の意味は、人種ゆえの隷属ということじゃないかい。私は医者で、生物学的にも人種というものはないとあなたに言うことはできるよ。けれども人種というのは生物学的現実よりもずっと酷いものなんだ。つまり観念だからさ。私がナチスを相手に戦ったのも、そして、わかるだろう。いまも戦い続けているのも、この観念が相手なんだ。楽しいことじゃないさ。でもまたそういう理由で私は自分の勲章を送り返しはしなかったのさ。」

＝

時間が経過した。当方は独白と化した話をHに続けさせる。「人はわれわれのことを〈小ネズミ〉だの〈メロン〉だの〈黒ん坊〉だのと呼ぶよね。こういう人種差別的な雰囲気では、何の不思議もないけどね。でも、たしかにわれわれはフランス軍と戦っているけど、ナチスと戦っているわけじゃない。二等兵から大佐にいたるまで、あらゆるタイプの人がいるさ。これっぽちも人種差別主義的な考えが頭にない人もいるよ。けれどその他の人がどうかというと、佐官たちでさえ、どうだかわからないな。だがマシュ将軍とパリ・ド・ボラルディエール将軍の喧嘩に人種差別主義的な意味合いがあるとは思わない。軍事的な観点からすれば、私が言ったようなさまざまなバリアーがこんなにも高いのだから、マシュ将軍が正しい。彼ド・ボラルディエールは、高貴な平和主義的考えをもっているけれど、まるっきり間違えてしまった。彼は半年間は、平和な雰囲気を広めることができたけどね。マシュはアルジェの戦いに勝ったし、たんに軍事的な観点だけで言うなら、秩序を確保[8]したからね。しかしマシュも長くは続けられないだろうね。続けたりしたら、聖書でいう血の谷になるよ。だけどいちばん深刻なのはこういうことだよ。つまり、君たちは嘘をついている。自分自身に対して嘘をついている、ということさ。君たちは戦争をやっていないと言いつつ、それでも秩序と安全の維持のための作戦を遂行している——それも何千という徴集兵と、いくつもの機甲中隊、重機関銃で武装したヘリコプター装備の空挺部隊らに支援されてね。君たちには野砲があり、速射砲がいくつもある。万一に備えてナパーム弾もあるという噂だし……。しかもそれが治安を維持するためで、戦争をやるためじゃないときた！　最初のうち、一九五六年には、君たちは無理することもなく治安を維持したんだがね。犯罪が起これば、司法官が憲兵に呼ばれて現場にやって来た。それから、憲兵たちが犯罪者の捜索に向かうんだが——それがしばしば不満顔というのも当然でね。なぜって、司法官は事件の二日後に着くんで、たいていの場合捜査なんて無駄におわるんだ。にもかかわらず君たちは犯人を逮捕してきた。そして君たちは彼らを裁き、死刑に処したんだよ。フランス共和国の法律に照らしてね——そういう具合に、私が間違っていなければ、三七人のわれらの同胞がアルジェの監獄でギロチンに架けられた。そんなことが治安とやらだとさ——だけどいまや君たちは戦争をやっていく、ただそう言わないだけなのさ。兵役の終わりに兵士や士官にそれぞれ授与される記念のメダルにはこういった銘が彫られている。秩序および安全維持の作戦と。君たちは戦争と呼ぶ勇気がないんだ——法的には、たしかにそれでいいだろう。だけど無茶だよ——こんな強烈な軍事力をさ。アルジェリアが、フランスの一部だからって、民事の法廷でわれわれの兵士たちを裁く気かい？　君たちの言葉、君たちのシンボルは間違っている。君たちは戦争をやっちゃいないんだから、当然戦功十字勲章を兵士たちに授与することもできない。だから君たちは彼らに軍功十字勲章を与える。管区秩序に対する軍功十字勲章とはね、まったくお見事だよ。だがなんてインチキな言葉だい！　同じことなんだろ、あれもさ。われわれも先刻承知だよ。戦争じゃない戦争って言いたいんだろ。君たちは〈反逆者〉を殺ったと言わずに、〈マットに沈めた〉って言ってるじゃないか、ボクサーみたいに。ただ違うのは、反逆者はもう立ち上がって息を吹き返すことはないってことさ。なぜってスポーツと戦争はまったく別ものだからね。でも〈小ネズミ〉たち、〈メロン〉たち、〈黒ん坊〉たちはそんなこと知っているよ。もっとひどいのは、君たちが自分たちが何をやっているかを真面目に見つめていないことさ。アルジェリアが独立国家になるだろうということを君たちは知っているんだろ。まあバブ・エル＝ウエッド〔アルジェの労働者街〕で起きていることを見てご覧なさいよ。アルジェリアで生まれた若者たちがたくさんいて、だから彼らはフランス人なんだが、両親はイタリア人なんだよ。成人すると、彼らはフランスかイタリアの国籍を選択することができるよね。そこで彼らがどちらの国籍をとることに決めると思うかい？　もちろんイタリアのだよ。そうしたところで誰よりも高らかにラ・マルセイエーズを歌う妨げにはならないさ。そもそも、君たちはしょっちゅう国歌を歌い出すよね。君たちは魔法にかかったように歌い出すけれど、それは君たちが、言葉の悪さは勘弁して下さいよ、〈もうおしまい〉だからさ。ド・ゴールはそこから君たちを救い出すだろうけど、君たちの将軍連が考えているようなやり方じゃないだろうな。彼は年ごとに徴集兵を入れ替えるほど馬鹿じゃない。結局、彼はこの戦争がいかに破滅的なものであるかを、そしてそれが誰にとっても破滅的であることを知っているのさ。彼は、自分流に、それがどういったやり方か私は知らないけれども、戦闘の中止とアルジェリアの部隊の撤退を命令するだろうが、それは大きな作戦で勝利を収めるのに成功してからでしかないだろうね。」

「そもそも、こんなことはこれ以上続くはずがないよ。そうであってほしいけど、あなたは上院議員J・F・ケネディの大演説の内容を知っているよね。ケネディは正しいけれど、彼が大統領になったら（彼はそうなるだろうから）、フランス政府にとって耐えがたいものになるだろうよ。その一方でわれわれの選出する国会議員の勢力は二倍三倍になってるだろうしね。一方が、ケネディだとすれば、もう一方には、アラン・ド・セリニィ〔三歳でアルジェリアに渡ったナント生まれのフランス人。四一年よりエコー・ダルジェ新聞社社長〕がいる。彼の論文が『エコー・ダルジェ』〔当時アルジェリアで最も影響力のあった日刊紙〕に載っており、二重選挙民制に比べて多くの利点（原文ママ！）を備えている単一選挙民制について書かれているよ。[9] 君たちの再征服の戦争はあと二年か三年続くかもしれない。でも君たちは、征服が語の真の意味では愛すること、全面的に、完全に、性や肌や文化に対するいかなる差別もなく愛することだと知ることが一度たりともなかったから、自分たちの死の真実を理解することも決してない。一方われわれは、われわれはそれを知っている。それは自由さ。[10]」

＊

書類は以上である。私見では、この書類は再征服戦争の概要をよく伝えていると思う。それゆえ、原則としてアルジェリアを悲惨さから救い出すはずだったコンスタンティーヌ計画について、彼がいかなる考察ももっていなかったこと、また石油問題についての考察もなかったことを、さほど残念がる必要もないだろう。人々は石油のために戦ったのではない。むしろ石油は、重要な関心事ですらなかったのだ。そんなことを考えていた兵士などほとんどいなかったし、人々が話題にしていたのはもっと別のことだった。——そう、人々は肌のことを話題にしていたのだ。

かくしてヨーロッパ最後の兵士たちは、栄光なき兵士たちであった。そして予見できたことではあるが、そのうちのあるものは失われた兵士となろうとしていた。しかしながら本当の問題は、人種差別である。人間たちが結婚と墓の共同体を拒むとき、狂気が生まれうる。その結果、まさしく非人間的なことが起こったのである。たしかにアルジェリアの文化はあまりよく理解されておらず、それが人種差別的な思想を導いたのかもしれない。だが考察せねばならないのは何よりも、人種差別を生み出す戦争の力（その逆ではなく）についてなのだ。

　スターリングラードの戦いの当初、ドイツ兵らが三人の女しか住んでいなかったごく小さな村を占領した。その女たちの回想録があり、そのなかでドイツ人たちに関する彼女たちの発見が描かれている。そこではドイツ人の不愉快な食べ方について長々と詳述されており、そしてとりわけ三人の女は、ドイツ人たちが体を洗うときの「バラ色でプルプルした肉体」を前にした嫌悪感を語っている。勝ち誇ったドイツ人も堪えがたい筋肉というリアリティーに還元される。「あいつらの尻はむかむかするような白い色をしていました。」続いて、ドイツ人が「ぷよぷよした古びたチーズ」に譬えられるが、それもあまり驚くにはあたらないだろう。実際ここで驚くべきなのは、空想の気違いじみた産出力であり、それがプロパガンダによって後押しされて、現実にはありもしないところに悪しき人種を作り出していることなのだ。かくして、対立が起こるや否や、人種差別が生じうる——いや、それどころではない。必ず生じるのだ。

*

　話を締めくくるにあたって、もし知的な取りなしがなされなかったら人種差別的な衝突を引き起こしたであろう文化的な相違について、二つの出来事を紹介しよう。

　オランの小村で、ある曹長がまったくもって場違いで突飛な思いつきから、ド・ゴール将軍の肖像に、丁寧に裁断した花づな装飾を思わせるモーヴ色〔薄紫〕の可愛いリボンをほどこして飾りつけた。ところが住人たちは皆、その肖像の上に唾を吐きかけたのだ。当然ながら、肖像の前に二人の武装した兵士を置いておけば、問題のけりはつくと考えられた。だが、兵士たちがいたのでいくぶん遠くからになりはしたものの、人々は唾を吐きかけつづけたのだ。威嚇的な態度を示しながら将軍の肖像をきれいにしてはみるものの、何の効果もなかった。オリーヴの種による爆撃さえも起こったのだ。滑稽なことである。私はモーヴ色が不吉な色であることを説明した。人々が唾を吐きかけたのは、凶運を祓うためだったのだ。肖像を緑色の飾りで飾りつけるようにさせて、やっと唾の戦争は終わりを告げたのである。とはいえ、すんでのところで迫害が勃発するところでもあったのだ。否応なく脇に逸れる唾もあったのだから。

もう一つの出来事は、われわれの無理解を明かしてくれるものである。われわれは北アフリカ人の多くの家族に住居を提供していたが、夜になって——その数字は私の記憶のなかにいまでも刻み込まれている——五八六個もの蛇口が消えたのだ。それは大変な損害であった。その住居を建てた建築家は非常に真面目で誇り高い人物だったから、怒りを隠すことができない。事件は暴動へと発展する。少なくとも十重の人の輪があったと想像していただきたい。中心の輪は女たちで、大声でわめき、すさまじい侮辱の言葉を吐いている。それを囲むように夫たちがいて、負けず劣らずの大声でわめき怒り狂っている。そしてさらに、それらを囲う幾重もの輪になった兵士たち、前列の輪には精鋭部隊のメンバーらがいて、その次には憲兵たちが、そして最後尾の輪には徴集兵たちもいた。投石が飛び交いはじめ、軍人の子として育ち冷静で判断力のあるカッツ将軍さえも度を失うほどになっていった。しかしついにある者が解決策に思いいたった。住居の棟々の中心に給水場を作る。それでよかったのだ。給水場がなければ、妻が家に引きこもることを願う生来嫉妬深い夫が、妻に許す希有な自由を一つ、北アフリカ人の女は失うことになる。洗濯物を手に蛇口と向き合って屋内に閉じ込められると、おしゃべりしたり、時には歌ったりしながら友達と洗濯物を洗うといった、給水場がもたらしてくれる自由を女は失うのだ。蛇口がなくなったことを依然として残念がっている建築家に、給水場を作ることが可能かどうかが質された。彼はそれを請け負い、給水場が約束される運びになった。男たちには、それに文句をつける理由は何もない。ここの文明においては、給水場はあって当然とされるものだからである。女たちは勝利を収めた。辺りに漂っていた暴動の気配は、シャボン玉のように消え去った。このことは私に一つのことを教えた。というかむしろ私の考えを強固なものにした。それはつまり、再征服の戦争にあっては、つねに他者の文化を利用しながら行動せねばならない、ということだ。だがそれは難しいことである。墓が別々であったことを忘れないようにしよう。

この、最後の、栄光に欠ける戦争については、言うべきことの多くがまだ残されているかもしれない。だがこのことだけは言っておきたい。それは結局のところ、このヨーロッパの最後の兵士たちは、人種差別を媒介として、Untermensch の問題に突き当たっていたということだ。彼らにとって、それはきわめて危険なことでもあった。彼らは Untermensch で満ちたこの国を、意志をもつもの、自由への意志をもつものとして、見つめる勇気と精神の力をもたねばならなかったのだから。そして死者を出しかねない一つの事件を免れるために、幾人もの才能ある人々が必要とされていたのだから。その長い軍事的歴史を閉じるにあたり、ヨーロッパは、われわれを通じて、自由の価値と尊さを語ろうとしていたのである。にもかかわらず、大勢の愚か者は違ったふうに考えていたのだが――彼らに考える力があるとして――。人種という概念は誤った概念であり、まったく理解できないものである。狼に噛みついてはじめて、狼の存在を信じるようになる。不幸なことに、そうしたことはかなり頻繁に起こっているのだ。

青ざめた馬――精神のペスト

きっと私の本を読まないだろうし、いずれにせよ
私の言うことがわからないであろうアルチュールへ、
幸いと友愛をこめて！

アルチュールという名は、無名戦士について語るときのように、ここでは無名の精神薄弱者（débile）を指し示すように選んだ名前である〔原語 débile のニュアンスに従い、「知的障害者」ではなく「精神薄弱者」の訳語をあてる〕。ショーペンハウアーの父親は、アルトゥールという名があらゆる言語のなかで最も広く流布している名前であると考え、あの大天才にアルトゥールという名を与えた。忘れ去られ、辛い人生を送ることを運命づけられた知能の足りない者をアルチュールと呼ぶのも、まんざら悪くないと私は思う。

なぜ人々はペストについて語るのか。ペストが何であるかをよくは知らないままに。かつて人々は、原因もわからず大量の人口を殺戮する大規模な疫病を、この言葉によって定義づけていた。ペストとは何よりもまず蔓延する病のことなのだ。精神薄弱もまた同様である。精神薄弱が精神薄弱を生み出すと仮定することもできるだろう。『飢餓の地政学』のなかでJ・ド・カストロ〔一九〇八―七三、ブラジルの経済学者、医師、社会主義者〕は、「貧困の

ベッドは多産である」と言った。貧困に脅かされると、家族は増加し、高い出生率に達する。それは精神薄弱においても同じことである。さらに言えば、多くの場合精神薄弱のベッドは貧困のベッドへ行き着く、とも言えるであろう。いずれにせよ、次第に多くの心のなかに広がる緩やかなペストというものがあるのだ。ある種の社会構造がこうした人々の平均余命を伸ばすのに貢献した、というのは周知のことだ。たしかにダウン症患者に関して言えば、精神薄弱者のそれよりさらに低いとはいえ、その年齢の限界は、かつては最良のケースでも一八歳から二〇歳であったが、いまではゆうに三〇歳を越えるところまで伸びてきている。だが、私の精神衛生に関する論考[1]が出た三〇年前にすでに大変な驚きであったこういったデータは、私の精神薄弱に関する研究書の再版[2]が出た一九七八年でも依然驚きの対象であった。その後、ドイツのある研究機関も、私とほぼ同じ結論を呈示したのである。

さて、この種のペストは、よくよく考えてみるときわめて驚くべきものだ。あらゆるペストから、人間は回復してきた。だが精神薄弱からは本当に回復することはできないのだ。たしかにさまざまな適応を模索することはできる。だが精神薄弱者はラテン語の原義でいえば、心神喪失者、つまりメンス〔精神〕を欠いている者であり、一人の精神薄弱者を治す方法もいまだに見つかってはいない。知能を注入するわけにはいかないからだ。それゆえ精神のペストに襲われた者は誰もその災禍から逃れることはできなかったのである。

私は多くの精神薄弱者と出会った。少しでも感受性を、したがって知性を備えた人ならば、この問題はたんなる医学的な問題ではなく、哲学的な問題をも潜ませているということが即座に理解できよう。一二人程度に会えば十分である。それらの者のなかには、自分の高い優越性を確信した、遊び好きの精神薄弱者がきっと見つかるだろう。だがその他の者たちは……。その他の者たちは言葉少なく当惑しており、何か得体の知れないことを懸念し、不安げで、しばしばエチルアルコール中毒によって倍加されている恐怖心で手が震えている。そして、入隊センターに召集を受けたにもかかわらず（それは彼らの自尊心を満足させることである）、ひどいなりをしており、大変みすぼらしい。あらゆることがぎこちない動作のなかで結びつき、そのぎこちなさのままに、彼らは気づまりげに席に座る。知能の乏しさが、肉体の貧しさが、社会的な貧困がそうした動作のなかで結びついている。誰にでも話しかけるように、精神薄弱者に話しかけることはできない。トラウマとして残るようなことは避けねばならない（だがつねにそれが可能とは限らない）。さらに彼らには非論理的な沈黙がある。おそらく言葉が欠如しているのだ。というか、もっと確かな言い方をすれば、意思が崩壊しているのだ。容易ならざることである。Incipit tragoedia〔ここに悲劇始まれり〕。

知能の足りない者という、この「バルバロイ」〔（古代ギリシャ・ローマ人、キリスト教徒から見て）異邦人、蛮族の意〕とUntermenschの結合の蔓延をいかに考えればよいのであろうか。

*

第一の難点は哲学的なものである。実際、哲学はその誕生以来、痴愚者たちを活用する理論を練り上げてきた。プラトンの理想の国家、そこに生きることになったらきっと後悔するだろうが、そこでは人間は三つの階級に分割されている。まず黄金の人間、哲学者たちがいる。次に銀の人間がおり、それは国家を防衛するのに適した戦士たちのこと、とりわけ有能な警官のことである。そして銅の人間、つまり知能が劣った者たちがいる。この最後の者たちには、思慮することなどまったく要求されてはいない。哲学者−

王者が彼らに代わって考えるからで、彼らは黙れば黙るほど良い存在なのである。当然ながら、これらの存在は決して対話へと誘われることはなく、彼らにはただ型どおりの仕事が求められているだけだ。プラトンは、愚かしい反乱が起こることを恐れて、あらゆる人間は同じ一人の鋳造工によって一つに溶け合わされていた、と彼らに説く一つの神話を作り上げている。すべての人々は兄弟であり、兄弟のあいだでは言い争いはない、というわけだ。もちろん、ある人を作るためには黄金が使われ、また別の人のためには銀が使われ、そして彼らは銅で作られているが、――それで結構ではないか。優等な存在がいるのは良いことだが、劣等な者が存在するのもそれに劣らず良いことだ。というのも、塵芥を拾ったり、掃除をしたり等々も、やはり誰かがやらねばならないことなのだから、と。ここで本当に驚かされるのは、プラトンがいとも易々と痴愚者たちを社会組織にはめ込んでいることである。彼らは必要である。彼らは一つの必要な歯車となる。そして彼らは「心の皮」が厚いので、最も苛酷で最も汚らしい仕事を彼らに割り当てる、と。ライプニッツは恐るべき言葉を述べた。「神の叡知はまったく過つことなく、しかるべき者たちから知性を奪った。」

つまり、愚かであることは、それだけで無限の観念を与えるのだから、人類にとっては悪でも、苦痛でも、傷でもないだろう、ということだ。プラトンからライプニッツまで、そしてライプニッツからわれわれの時代にいたるまで、ある強固な道徳的（あるいは非道徳的）伝統がわれわれの精神的・物質的安楽を保証している。ハックスリーは『素晴らしき新世界』のなかで書いているではないか。「エプシロンたち〔『素晴らしき新世界』中の超管理社会における最下層の人々〕でさえ有用なのだ。われわれはエプシロンたちなしではやって行けないだろう」と。

仮に、銅の人間が哲学者‐王者の家の前にゴミバケツを置いたとしたら、プラトンにおいてはどのようなことになるのであろうか。卓越したレオン・ロバン(3)に耳を傾けてみよう。「王者の技法とは、政治家に対し、その結合活動の目的として、布地を正しく織るようにさせる技法だ。この布地は、社会組織という布地である。だが政治家は、織工と同様、良いものが悪いものと混じり合っているような材料で作品を作ることを引き受けはしないだろう。それゆえ当然ながら王が、まず事前に梳毛を行い、次いで仕事に参加する労働者たちを選び、彼らに仕事を振り分けるのである。かくして彼は、強制収容や死を以て、まず悪い要素を除去することから始めることになる。(4)」反抗的精神薄弱者は──カミュは『反抗的人間』を書いたが反抗的精神薄弱者は考えなかった、精神薄弱者は反抗するには愚かすぎる──、プラトンの善の国では生き残れない。その国は何も言わない者たちだけを受け入れるのであって、──そうした者が必要とされているのだ。こうした方向に進むといったいどこまで行ってしまうものなのかを、私はもっと先になって示そうと思う。そしてそこで、プラトン主義をつめこまれたヨーロッパ意識における、ある一つの極度に過敏な神経について言及することになるだろう。

精神を強力に方向づけるこのユートピアの伝統。その公準とはどのようなものか。私はそれらを五つ列挙しうると思う。

ユートピア主義の第一の基本テーゼは、しかるべく食事を与えられ、寝床を与えられているエプシロン、心神−喪失者、精神薄弱者は幸福であるということだ。ふつう人はあまり性的な問題に関心は寄せないだけにいっそう安易に、精神薄弱者は思考力が足りないゆえに逆に不幸になる権利がない、と主張する。不幸はしっかりした記憶をもつ洗練された知性を前提としているのであって、精神薄弱者は本質において忘却をはらんでいるのだから、不幸は彼の上をかすめるように通り過ぎていってしまうというわけだ。この命題は戦慄すべきものである。ユートピア主義の思考はそこでは根底から逆転されており、しかし結局のところその逆転がこの命題の論理を支えているのだ。人間には権利を要求する権利があるはずだ、と人は言う。私は、どんなに逆説的に聞こえようとも、こう言おう。精神薄弱者は不幸になる権利がある、と。臨床分析によって支持されるちょっとした実験だけでも、彼らが「辱めを受け、侮辱され」ていることをわれわれは知るのである。おそらく彼らは、自分たちがドストエフスキーの言うような最低の人間であることを知りはしないだろうが、だが彼らはそれを感じ取っているのだ。このような人たちがあなた方の前にやって来たら、彼らがさまざまな痛手を負い、侮蔑され、いじめを受けていることがあなた方にもわかることだろう。社会は、意識的にせよそうでないにせよ、自分の身を守ることを知らぬ者に対して残酷なのである。そして精神薄弱者はたいていの場合貧しく、「しかるべく食事を与えられ」てはいない。つまり不十分にしか食べていない、と付言しておこう。それゆえ多くのデパートで、しばしば精神薄弱者たちが窃盗の現行犯で「捕まる」と知っても驚くにはあたらない。私は刑の宣告が記された訴訟記録をいくつか参照することができた――どのようにしてかは後述するが――。それほど深く探究することはできなかったものの、その「主体」が上述のように、しばしば深刻な不幸に陥っていたのはわかった。さらにもろもろの性的なフラストレーションは（プラトンはそのことにほとんど関心を示さなかったが）、強姦というはるかに重大な刑事犯罪を招く。強姦は、精神薄弱者においては、原則的に知的な「健常者」と称する者のそれとはまったく別の意味をもつ。その結果、ルーアンの高等裁判所所長D裁判官が認めたように、同害刑法に基づくだけでなく罪を救おうともする法廷にとって、こうしたケースを裁くのはきわめて困難なことになるのだ。ともかく、不幸で、疎んじられ、ときどき性的に欲求不満を感じるこれらの存在が、将来、D爆弾〔débile のD。精神薄弱‐痴呆人口の増加のこと。後述〕を爆発させるかもしれないというのもまた事実である。また、もちろん誰一人として予言できる者などいないのだが、精神薄弱者たちが社会に協力しているとみなすユートピア主義の考え方に代わり、彼らを「トラブルメーカー」とみなす別の考え方が出てくることもあるかもしれない。一九五九年に『軍衛生部評論』に書いた論文のなかで、私が精神薄弱と犯罪のあいだの関係に注意を促しておいたのも、そうした観点からなのだ。

ユートピア主義の第二のテーゼは、ある限度内であれば精神薄弱者は容易に順応する力をもつし、おとなしくさえしていれば、何も悲劇的なことは起きないだろう、と考えることにある。だが実際には、精神薄弱者にはさまざまな象徴機能を使う能力が欠けている。私は次のようなケースに言及したことがある。「患者Xは、一年＝三カ月、と断言する。一カ月は、二日である。よって三カ月は、四日である。というのも三掛ける二が四であるからなのであり、また四年のあいだには日が二四日ある（4×4＝24）。患者Xは、そのとおりだと言明した。」とすれば、さまざまな象徴機能が構造化された空間をかくも奥底まで決定している社会においては、彼はどこまでも均衡を失い適応力を失ってゆくしかない。あるドイツ人の学者が、いたって単純な一つの事実を私に指摘してくれたことがある。精神薄弱者は救いを求めるために電話を正しくかけることさえ実際はできない、という事実である。

ユートピア主義の第三のテーゼは、エプシロンの情動的な不変性にかかわることである。人は、精神薄弱者には想像する力がないと考え（実際には、彼らはわれわれとは違ったふうに想像しているのだが）、その結果彼らが感情をもつこともできないと憶測する。が、私の監督したすべての臨床面談は、それが事実に反することを明かしていた。しばしば患者は予想もできない流儀で、突然顔を引き攣らせる・解体させることがあった。「気難しい」健常な被験者（それはしばしば感情的軽愚者であったりする）と精神薄弱者とを、同じやり方で問診することはできないのだ。私は、健常な被験者に対する首尾一貫した手順とは根本的に異なる、斬新な問診構成を考え出さねばならなかったのである。

ユートピアはまた次のような形態をもとる。しっかりした頭がなくとも、精神薄弱者はそれでも健康であり丈夫な体をもっている、と。これがおそらく、ユートピア主義の思考において最も正しそうに見え、その実、最も誤っているものである。何人かの精神薄弱者はたしかに頑丈な体格をしており、プラトンによってきわめて辛い仕事を割り当てられた正真正銘の銅の人間を連想させる。しかしながら、知能の足りない者はつねに危険と背中合わせでいるのだ。彼らを手当することはできても、ひとたび、私が中間自治と呼ぶ段階、すなわち自宅に住むという段階に置かれると、彼らは自分を手当てすることができなくなるのだ。四年間が二四日間となりうる世界においては、処方が出されたにしろ守られることはなく、治療上の事故もまれではない。病気の場合には、精神薄弱者は実際、健常者よりも甚だ弱い存在なのだ。

ユートピア主義の第五のテーゼは、エプシロンは自分の劣等性を自覚している、と主張する。私はすでに、第一のテーゼをめぐってこの大変デリケートな論点に触れており、精神薄弱者は自分たちが最低の人間だと感じているが、それを知らないのだ、と書いておいた。それどころか、ド・グレーフが実に手際よく洞察に富むやり方で指摘しているように、精神薄弱者は自己批判することができないので、「大いに増長された優越感」をもつこともあるのだ。われわれはわれわれ固有の規範に従って精神薄弱者のことを判断しているが、彼らは彼ら自身の規範に従ってわれわれのことを判断しているのであり、自分のほうがわれわれよりも優れていると考えていることもしばしばである。そこに、軽度の犯罪の実行との明白なつながりがあるのだ。せざるをえないと思い込んだたくらみを実行に移すことで、現実には精神薄弱者は愚行に次ぐ愚行を犯し、失敗に失敗を重ね、罰を受けつづけてしまうのである。それゆえここで、ユートピア主義の第五の命題を拒絶するにも、いくらかニュアンスづけをせねばなるまい。つまり、苛酷な生や辛い経験、冷酷な人々が次々と降ってかかって、おそらく暗愚な頭脳を照らしうるちょっぴり陽気な唯一の輝きであるこの優越性の感覚を、残酷にも打ち消してしまうのだ、と。

以上の五つの命題が、プラトン主義の伝統から立ち現れる。ヨーロッパ意識がなかなか捨て去れない、誤ったかつ残忍な命題である。戦争からの撤退により、ヨーロッパ意識の思考空間からは一つの問題が消え去りはしたけれど、精神薄弱者は依然存在しつづけ、それは途轍もなく大きな困難となってゆく。ユートピアの諸前提によっては、それに立ち向かうことができないのだから。

＊

いったいどのようにして私がこの問題を考察するにいたったか。またどういった角度からそれに取り組んだか。

軍の環境のなかで、私が自分の研究を草しはじめたのは一九五八年のことである。その当時フランス軍は、アルジェリアで文字どおり身動きがとれなくなっており、さらなる人員の補充を要請していた。一九五八年は、サラン将軍が、さまざまな長所はあったものの、軍事的に異論の余地のある碁盤割の戦略を実施した年である。この戦略は、部隊が動かないことに基づいており、当初は本来なら員数外である兵士たちの存在さえあてにしていた。精神薄弱者のことが考えられたのもそういった背景でのことである。入隊可能な人々については、その数がままならぬ落ち込みにあることが絶望的に語られていた。そこで「引き出しの奥」から人々がかき集められ、そして、引き出しの奥のそのまた奥に精神薄弱者たちがいたのである。その頃までは彼らの兵役は免除されていたのだが、妙案が徐々に浮かんできた。彼らを入隊させ二次的な任務に活用すると同時に、普通の兵士たちを本来の軍事的な任務に使えるようにする、というのだ。

すでに第一徴兵選抜センターの少佐－医師ロラン博士は、まったく完璧で、的確な研究方針に基づく膨大な量の資料を集め上げていた。そしてこの問題を検討するよう、私にもちかけた。私は躊躇した。そうした道をたどりはじめると、いつの日にか一線を越えてしまうのではないか、そして障害者たちを戦闘部隊で見いだすことになるのではないか、といういやな感じがしたのである。だがその一方で、私の研究は何ら肯定的な結論に達しないかもしれない。どんな結論にもいきつかないだろうと思いつつ、ある観点からすれば一つの謎でもあるこの問題の検討を、私ははじめた。

科学的には、精神薄弱者はあらゆるテストで否定的あるいは意味をなさない回答をする主体として規定される。ビネー－シモン〔ビネーとシモンは一九〇五年に知能検査の基礎を作った心理学者〕やその陰険な後継者たちの検査法、もちろんウェクスラー〔一九三九年以降さまざまな知能テストを作った心理学者〕のテストやお粗末な「IQテスト」も含めてだが、それらのテストに対して、精神薄弱者はゼロ回答を提出するのだ。そこから理解されるのはただ、彼が何も知らないということだけである。TAT〔課題統覚検査〕のような投影法のテストもあるが、精神薄弱者へのテストとしてはあまり感度の良いものではなく、解釈に時間がかかるだけで大した結果を得られるものでもなかった。それゆえ私は、専門的なカルテにいくつもあたりながらも、まるでもう存在していない番号を電話帳で探しているような気がしたものだ。

精神薄弱者たちが何を知っているのかを知ることはできないのだから（そして不幸にも、研究はつねに学校教育の見地から行われていたので）、私は彼らが何をしているのか知ろうとした[5]。この方法論の逆転は、たとえ世の中が変わり、装いを改めねばならないとしても、いまでも私には歩むべき道であると思われる。

私は要求過多な性格で、また大いに勘違いして私の自由と呼んでいたものに固執していたので、統計学者たちからなる研究チームと、落ち着いて仕事のできる環境を要望した。そしてそれらを手にすると、私は一〇〇〇通もの候補者ファイルを手にとった。われわれはそれらをまず丈夫さという観点から選別し、その結果六〇〇通が残された。それらはさらに、彼らが何をしてきたかに基づいて、つまり職業別に分類された。一覧表が出来上がると、そこには一〇の職業分野があった。続いて、その結果に磨きをかけるために、それらすべてを当時労働省が作成した職業用語にしたがって書き換えた。同時に私は、「チームのメンバーたち」に二つの健常者グループを作るよう要請した。初等教育修了証書をもつ六〇〇例と、職業適性証書をもつ六〇〇例とである。それからわれわれはそれら一八〇〇例の再分類を行い、二つのデータを導き出した。

かたちは同じで色の違う三つの紙、たとえば、黄色、青、緑の三枚の紙があると想像していただきたい。はさみで、生は気まぐれなものだから、それぞれの紙の縁を少々でたらめに切ってもいい。その次に三つの紙を一つの軸上に固定してもらって、くるくる回りながら交互にそれぞれの前にくるようにする、そう想像していただきたい。すると、精神薄弱者たちがそのうちの一枚の紙を大量に占めており——とりわけ建設業のすべての仕事名がそこに記載してあった。そして初等教育修了証をもつ者たちがまたどっと別の紙を占めており——そこでは、以後第三次産業と呼ばれることになるあらゆる仕事が、その大部分を占めていた。そして最後にＣＡＰ〔職業適性証書〕の保持者たちが残る最後の紙を占めており——それらは時計屋、電気屋などであった、というわけだ。この第一のデータは明瞭に次のことを示していた。精神薄弱者たちはある一つのこと、つまり一輪車を押すような単純作業からクレーン操作員の職務にいたるまで建設業のすべての仕事を、行えるということだ。しばしば精神薄弱者たちは物乞い以外の職業はできないと考えられ、彼らの脆弱な知性は何か得体の知れない盲目状態と同一視される。だが、それは間違いだ。要するに、「われわれの」精神薄弱者たちが仕事の「前線」で任務についていたからこそ、すべてはうまくいっていたのだ。だからこそたとえば、彼らの本当の能力を測るためにも、初等教育修了という価値体系から着想されたビネー‐シモンのテストをやめにして、一連のテストを新たに作り直すべきだったのだ。

第二のデータは次のようなものであった。以前から私は給与の問題を提起していた。給与と仕事の関係を明確にしたかったからだ。研究チームは熱意にあふれていたので、調査結果の文書（さらなる確実性を期すため、サンプルが倍になっていた）は、じきに私の机の上に置かれた。だがそれが教えていたのは、象徴体系に溺れた社会は仕事ではなく免状にお金を払う、ということである。給与に関する三つのグループそれぞれのあいだの標準偏差は同一であり、互いに重なっていた。精神薄弱者と初等教育修了証をもつ者のあいだの偏差は、後者とＣＡＰの保持者のあいだのそれと同じであった。

日毎にわれわれは教訓を得た。そして研究を実地に付すことのできる時機がやって来た。さまざまな決定は軍医で少佐のロラン博士に委ねられていたが、研究結果の公表の方針はすぐに認可された。われわれは精緻な仕事をやり遂げたという思いをもっていただけでなく、一つのきわめて重大なことを確信してもいた。精神薄弱者たちを入隊させることは可能であり、それが彼らのためになり、また軍のためにもなる、という確信である。よくよく理解していただきたい。われわれが抱きうるあらゆる考えとは裏腹に、精神薄弱者たちは兵役免除となることを恥じ、深く悲しんでいたのだ。精神薄弱者は、武器をもつと考えただけで必ずやノイローゼに陥ってしまう天才ピアニストではない。むしろ彼は、一人前でないという考えで動揺して不幸な気持ちになってしまうのだ。彼らを兵役免除とすることで、われわれは、彼らの深い感受性が地味ながらも溌剌と現れる契機を、永久に奪い去っていたのだ。当然ながら、これらの考察はわれわれを、すべての精神薄弱者を入隊させるように導いたわけではない。だが、彼らに人間として存在するという本当の感情をもたせることで、われわれは何人もの精神薄弱者を幸せにしたのだ。われわれの任務は技術的・科学的なものだったが、真に道徳的なものともなったのだ。おおむねこれらの人々はさまざまな有用なポストに配属された。もっともそれは軍事的な観点からして危険のないところではあったが。

今日では誰もが参照できる研究結果（第二版が絶版になっていなければの話だが）のほかに、そこから派生した第二の分析も当時は行われていた。それは決して公表されることはないだろう。「善人たち」に対しては、このうえなく慎重に構えなければならないのだから。ともあれその分析はこういう題名だった。『戦争における精神薄弱者』。ある精神薄弱者がふつう考えられているよりもはるかに上手く仕事の世界に同化していたからといって、その精神薄弱者を戦争の世界に組み込んだりしてよかったのだろうか。責任は重大であったが、幾人かの男たちが選ばれた。私は、精神薄弱の戦士は十分に抜け目なく、ピアニストたちと違ってピンを抜いた手榴弾を手のなかにもったままなどということはなかろう、と考えたのである。さて、慎重を心しながらも、私は「私の男たち」がアルジェリアのどこにいるかを承知していたので、何が起きているか見てみることにした。結局のところ、私の考えが正しかったことがわかったのだった。次のようなおかしな誤解がそのことを証明していた。ある大佐が、件の第二の研究の数ページを大いに不信の念を抱いて読んだあと、前日に少々「風変わりな」一人の兵士を軍功十字勲章授与者として推挙したことをふと思い出したというのだ。彼はその兵士を「風変わりな」、だけれども「普通の」兵士だと思っていたのだった。それは要するに、「私の男たち」の一人だったのである。われわれは彼を呼び出し、彼の健康を祝してともに乾杯することと相成った次第である。

以上のページに書いてきたことは、希望を抱かせうるものだと思われるかもしれない。だがゾラはいみじくもこう書いた。「不幸は決して絶えることがない。(6)」精神に襲いかかるこの緩慢で忌まわしいペストを食い止めることはできないだろう。そしてそのペストは、高度に困難な倫理的問題を投げかけている。

＊

もしも突然グラフのカーブが逆さまにでもなるようなことがあれば、そういった困難は消え去るのかもしれない。年をとった人がもっと少なくなり、精神障害者がもっと少なくなり、大勢の活発に働ける人がさらに多くなるのなら。だがそうした逆転に期待を寄せるのは馬鹿げたことであり、現実にはわれわれは、ますます脅威を増してくるさまざまな問題に解決策もたずに直面しているのである。そして結局のところ、おそらく解決策はないのだ。黒死病、人はそれで死ぬかもしれぬしそこから回復するかもしれぬとボッカチオの言った黒死病と異なり、精神のペストは完全に治癒しうるものではない。精神薄弱者はどこまで行っても障害者のままなのだ。図式的に言って、精神の薄弱性は三つの要因に由来している。その両親に、あるいは遺伝的欠損が、あるいは遺伝形質の変質がある場合。次いで、「出生事故」と呼ばれていたもの、すなわち取り返しのつかない大脳のさまざまな疾患をあげねばならない。最も重度な障害が見られるのはしばしばこの場合である。そして最後に、トラウマを与える環境あるいは異常な環境下で（たとえば監禁のケースなどで）罹患する薄弱性もある――つまり感情的精神薄弱のことである。これら三つの要因から起こる精神の薄弱性には当然、さまざまな段階、さまざまに異なる構造がある。だがいずれにしても精神薄弱者は障害者のままでいるよう運命づけられているのだ。

だが治すことはできなくとも、いくつかの「松葉杖」を、そして時にはもっと良いもの、つまりさまざまな「バランス・ポイント」をもたらすことはできる。それは、たとえばその人の生活条件を改善することによってであり、また教育上の困難に熟慮を払うことによってである。そうしたことを行うためには、明晰さが大いに必要とされるが、たいていの場合それが不足しているのだ。重度精神障害者のためのある施設で、ダウン症患者たちが（それは精神薄弱者ではないが、ここでの経験を精神薄弱者に置き換えることもできるだろう）クレー粘土や白粘土を好きなように「捏ねた」り「塗った」りしているのを見たことがある。その粘土から平皿ができたり、灰皿ができたりしたが、——つまるところ、何ができるかは場合によりけりであった。それから哀れな子供が色つけ絵の具を振りかけていたが、言ってみればそれは、うわの空の注意を払いながら、であった。それらすべては窯焼きへと運ばれていった。そうして出来上がったものはまったく醜い代物であった。私は「灰皿」を一つ贈呈してくれた女教師のことをいまでも覚えている。——「大変美しくて、大変独創的ですわね。そう思いません？」——その優雅な身振りは私を悲しませた。おそらくほかにやり方もないのだろう。だが少なくとも無自覚な態度は避けられるはずだ。病が重ければ重いほど、失敗は許されないのだから。

私がこの問題に取り組んでいた時期に見られた根本的な誤りは、特殊学級で精神薄弱者を指導することにあった。特殊学級は、初等教育修了証という、まったく象徴的な意味しかないと私が強調しておいた代物へと生徒たちを導くために、生徒たちを「矯正する」ことを目的としていたのだ。測り知れない苦労をして、精神薄弱者たちはこの免状を、あるいはそれと対等な免状を、およそ二〇歳ぐらいの年齢で手にすることになる。私はこういうケースの一人の精神薄弱者に会ったことがある。彼は、徴兵選抜センターへの出頭に説明しようもない恐怖を覚え、ポケットにまるで護符のように、免状保持者である証明書を持ち歩いていた。それが、二カ月前からずっとなのであった。つまり、ある日唐突に、彼は神のように歴史を知ってしまったというわけだ。しかし、それ以上のことは何も理解していなかった。精神薄弱者を象徴の道へと引き込むのは大きな誤りだ。貴重な時間を無駄に過ごし、そしてその時間は帰ってこない。書いたり計算が少しできるだけの不幸な人を、この道で待ち構えているのは、数々の失敗と多くの失望でしかない。

私は、常変わらぬ自分の考えに立ち戻る。これら精神のペストの犠牲者たちを、手を使う職業へと向かわせねばならない。そして、社会が報酬を支払うのは免状に対してであるから、ここで、今までの免状に代わる別の免状を、「親方作品」〔昔の職人が親方の資格を得るために製作した〕という古い観念に着想を得て作らねばならないのだ。その免状では、下らない御託なしに、ただその人が何を作ることができるかが証明されるのだ。そうやって、このバランス・ポイント（ほかにも、スポーツ技術などいろいろあるが）に達することにより、障害者たちの生活条件が改善されるのであれば（それはたんに彼らがしかるべき給与を受け取るようになるからだが）、われわれは彼らが自己統治するのを手助けすることとなり、精神のペストにかすかにブレーキをかけることになるのである。彼らを信頼することを知らねばならない、と付言しておこう。信頼は重要な松葉杖なのだから。

*

しかしわれわれが考察を続けるためには勇気が必要である。一方で、人口統計的にいえば精神薄弱は精神薄弱を生んでいるともいえるし、また一方で、ヨーロッパ中において人口に占める活動的な年齢層の人々は減っているが、高齢者や非活動的な年齢層の人口はますます密度が高まっていて、――停年の問題を非常に大きなものにしている。たしかにすべてを解決する方法が一つある。老人たちを排除し、精神薄弱者たちを殺すことである。これはきわめてプラトン主義的な考えで、高くつく不能者たちを厄介払いしようというものだ。アメリカ合衆国では、一人の精神薄弱者がいることの欠損分をドルで換算していた。こうしたことから、あるおぞましい現実まではほんの一歩だということは誰にでも理解されるだろう。ニュルンベルク法というおぞましい現実までは。

　ヒトラーは超人たちの国を欲した。ニュルンベルク法はその理想を表現している。つまり、排除すればこと足りるというわけだ、精神薄弱者を、狂人や精神異常者を、同性愛者、倒錯者、偏執狂、犯罪者、重度の身体障害者を。病気で寝ているすべての人々を。奇形を、怪物たちを、そして何らかのかたちで知能の劣るすべての人々（Geistesschwäche-Willenschwäche〔精神薄弱－意志薄弱〕）を。超人とは何か。ヒトラーのテクストを読むかぎり、それはたんに否定法によって定義される（彼は盲ではない、彼は聾ではない、等々）ノーマルな人間であり、国家全体との相互で等価な有用性の関係において存在する者である。仮にノーマルであることが良識の基準であるとすれば、ヒトラーはその良識に満ちあふれていた。そして精神薄弱者は、ヒトラーが抹殺しようとした存在の範疇に入り、実際にその一部は強制収容所の初期の段階からすでにそうされていたのである。当然ながら、良識というやつは警戒せねばならない。

　ペストの核心は、ここだ。精神薄弱者は生きる権利をもっているのか。

　プラトンにおいては、その答えに曖昧なところはない。「強制収容や死をもって、まず悪い要素を除去」せねばならないのだ。

われわれはバルバロイの子孫である。われわれの「文明」の揺り籠ギリシャにあって、鉄器の国家であり英雄たちの国家であったスパルタでは、身体に障害をもつ男子の新生児と「余分」とみなされた幼女は遺棄されていた(7)。

ヨーロッパ意識のなかで、この問題はつねに「余分」と「ほとんど」という二つの範疇による心理的な観点から問われてきたのだ。そしてまさにそのことによって、問題が錯綜したのである。たとえば人は、もしそのような病人たちを実際に目にしたら(医師たちのように悲劇に慣れてもおらず)、また正しさを求める気持ちと同時に哀れみの気持ちも感じてのことだが、次のように言うであろう。脊椎披裂(Rückensplate)――椎弓の裂溝による不具でしばしば無脳症とも結びつく――に犯された患者には生きる価値がない、と。結局のところ死がすぐにやって来てその判断を裏づけてしまうこともままある。人は自分のそうした気持ちを正しいものと思うが、だがその思い込みの奥底には何があるだろうか。そこには、そうした病人は純然たる欠陥である、という考えがあり、そしてあえてこう表現するなら、その病人は社会の分け前を要求するのみならず分け前の追加を要求する、という考えがあるのだ。なぜならその病人には多大な看護が必要で、そのお返しに何であれ彼が与えるものはといえば、彼が両親に抱かせるいわく説明しがたい愛の感情を除けば何もないのだから。

精神薄弱者たちは、生きてゆくために、少しばかり余分に要求するし、それは、彼らが与えてくれるものを考え併せれば、はるかに過剰なことでさえあるので、暴君ならばこう言うかもしれない。彼らはノーマルな社会においては余分なのだ、と。過剰は、その生涯のあいだV・ジャンケレヴィッチを悩ませた形而上学的な深淵である。挑発的な流儀で題されたその著書『第一哲学――「ほとんど」の哲学への序章』のなかで、彼はこう書いている。「神は不条理をなしえない。しかし神は、自らは望まないとはいえ、あるいはせいぜい最小限にしか望まないにしろ、たしかに躓きを与えうるのだ。つまりそれを最小限の悪、あるいは必要悪として、そこそこに普通の世界の条件として許容するのだ(8)。」精神薄弱者が神意の秩序のうちにあることを説明するのに、なんと持って回った言い方であろうか！　つまり患者たちは、そこそこの世界の条件ということなのだ。もう一度、ライプニッツを引用しよう。「神の叡知はまったく過つことなく、しかるべき者たちから知性を奪った。」そしてハックスリーを。「エプシロンたちでさえ有用なのだ。」精神薄弱者の立場のこのような弁護は、これから見てゆくように、精神薄弱者を屠殺場へと導きかねない。

その著『弁神論』のなかで、ライプニッツはスキャンダル（たとえばルクレティウスの強姦）の検証において、あまりにも過度な精緻さに足をすくわれており、これを見ても彼の細やかな明察が欺瞞の反映でしかないことがよくわかる。彼の論敵、『歴史批評辞典』の著者である有名なピエール・ベールは、失言の哲学を巧みに使いこなしていた。失言者についてル・センヌ〔フランスの哲学者、一八八二―一九五四〕が提示した少々曖昧な定義を、ベールに当てはめることができよう。「失言する〔gafferへまをする〕とは、言わない理由についてではなく、むしろ言わないでおくべきことそのものについて、その人を前にして、考えることである(9)。」だがもっと明確に言うことができる。「失言するとは、そこから派生する結果について考えることなく、真理を語ることにある。」あるいはこう言ったほうが良ければ、「失言するとは、真理が迷惑かどうかと気を揉むことなく、真理を語ることにある」。

「精神薄弱者には生きる権利があるのか」という問いに対しては、それが失言であろうとも、ただ一つの正しい答えしかないのだ。そのことを理解するためには、分別ある宗教哲学なら許すことができぬであろう、ある誤りを告発しておく必要がある。その誤りとは、人間にはさまざまな権利がある、と言ってのけることである。権利とは神の属性だ。この絶対的権利からいわゆる人間のもろもろの権利へと移行することによって、人は悲劇的な過ちを犯している。人間は、その属性として――つまり主体としては――いかなる権利もなく、いかなる権利も所持していないのである。自身の生さえも人間に属するのではない。もし神がある人間の死を決定したのであれば、その人間はたとえたった一分間であっても「自分にはもう少し生きる権利があるのだ」などと異議を唱えるには及ばない。人間の諸権利を要求したことが、フランス革命の根本的な間違いだったのだ。人間はその特性としていかなる権利ももたず、その代わりさまざまな義務をもつのである。そして私の義務――汝殺すなかれ――が、他者の権利であるのだ。仮に人間が生きる権利をもつとすれば、それは神が望んだ生命を尊重する義務を私がもつからなのであって、その逆ではないのである。つまり、私がさまざまな義務をもつのは、権利と称されるものを他者がもつからではない。さまざまな義務はさまざまな戒律の必然的帰結であって、さまざまな戒律がさまざまな義務の必然的帰結や結果なのではない。とすれば当然、精神薄弱者は神が彼にそれを許すかぎり生きなければならないことになる。ならば、神の存在を信じなければならないのか。もちろんである！

それ以外のすべては繊細の精神、つまり理性の捩れにすぎない。きらびやかで単調な数千ページをとおしてV・ジャンケレヴィッチが検討した問題も、失言の哲学は数語で決着をつけるのである。いま一度、あの果てしもなく続く繊細な言説を見てみようではないか。『第一哲学』の副題には、『「ほとんど」の哲学への序章』とある。実際、すでに「ほとんどなし」から「ほとんど過剰」のあいだで、数百ページにわたるスペースが割かれているのだ。しかも、これが序章でしかないのである！　ほとんどの哲学へのほとんど序章に近いものというわけだ。このような方針で行くと、概念を区別する作業は膨大なものとなり、殺人的にすらなるだろう。「イエス」か「ノー」で答えればよいところで、必ず中間物が導入されるのである。かくして際限もなく遅らされた答えは、殺人者たちへと扉を開くことになる。一方、「真理を、是が非でも、即座に、完全に、純粋に、単純に、たとえそのために人類が果ててしまおうとも」[10]欲する者たちを非難するときの、V・ジャンケレヴィッチの書き方はまずいし、無意味だ。人が「ほとんど」というものに落ち込んでしまうのは、まさに人が単純に真理を欲しないためである。そしてその「ほとんど」が結果として、殺しへと導くあらゆる区別を正当化し、一人の人間をほとんど正常としてみなすようにさせるのだ。つまり完全に正常とみなすわけではなく、人間は、その結果、「ほとんど生きる権利」をもつ人間とみなされるのである。義務という制度は、すべてか無か、である。ニュルンベルク法の哲学も、何であろうと正当化してしまう微妙な区別という血も涙もない思想のなかでは霞んでしまう。完全に真理を述べないということは、虚偽が忍び込むのを放任することであり、ほとんど何でもないことなどではないのだ。その著『善の理論』のなかで、カントはまさしく次のように指摘している。悪が世界に入り込むのは、よくそう考えられてはいるけれども、犯罪によってではない。そうではなく、嘘によってである、と。嘘は存在論的な行為である。嘘をつくとは、無いものを実在しているかのように言い、在るものを実在していないかのように言うことである。そこに、微妙と繊細への扉が開かれる。嘘にとってなんたる僥倖！「ほとんど」とか「ほとんどほとんど」はありえても、「まったくのほとんど」はないのだから。間違いなくこうやって、一大排除政治への地平が開かれてゆくのである。アダムが、禁じられた果実をほとんど食べなかったことは、周知のことではないか。彼はただ小さなひとかけらを齧っただけで、つまるところそれが彼の喉に残っただけなのだ。いや、そうではない。アダムは果実を食べたのである。フィヒテは『学問の理論』の第二版、通俗哲学へあてられた「付記」のなかで言っている。哲学は定言的でなければならない、と。

＊

ここで私は考察を中断し、最後に人口統計の樹、すなわち年齢ピラミッド（それはもはやまったくピラミッドの外観を呈していない）へと注意を向けて、西暦二〇〇〇年には、六五歳以上の年齢層における老年痴呆患者の割合が概算で約二〇パーセントになることを強調しておきたい。究極的な危機とは、核兵器でもなく、エーリック〔一九三二―。アメリカ生まれ。集団生物学の世界的権威〕がその著『P爆弾』で言おうとしている人口過剰でさえない。本当の危険、それは次第に高まってゆく狂気と痴愚の増加であろう。人口のこの部分のなかに精神薄弱者たちを組み入れれば、真の脅威がD爆弾（精神薄弱－痴呆）であることが理解されるであろう。その点についても、さまざまな数字があげられている。たとえば一人のアルツハイマー病に罹患した高齢者の世話が三年にわたると算定された場合、自治体は七〇万フランを支出することになるという。人類は狂気のために、働くことととなるのである。

では、どうするのか。この問題に関しては、誰も魔法など使えない。「彼らを生きるままに放っておけ！」と叫ぶのは何の役にも立ちはしない。われわれがきっぱりとニュルンベルク法から身を離すのである以上、この叫びはもはやいかなる意味ももたないからだ。問題は、いや、緊急に要請されているのは、「彼らを生かせしめよ！」であり、それも教育と仕事によってなのである。かつてわれわれは、精神薄弱者たちをアルジェリアへと送るという多大な責任を負った。その後私はその何人かと再会したが、そのうちの一人は、勇気を奮うなかで自分の本当の姿を理解し、勲章を授けられ、こう言って良ければ、一人の人間となることを決意したのだった。読書力が著しく向上した彼は新聞を買っていた。たしかに彼は政治のことについては何も理解できなかったが、それはいたって普通のことであるし、もし理解しはじめたら逆に心配になったろう。ある意味で、人々は信頼するということを知らないのだ、と私は思う。いや、もっと野心的になる必要がある。知性からでなく、まず自由から取りかかるべきだ。どのような進路をとってか。超現象主義〔現象主義とは事物の本性を人間の知覚に現れる現象により説明する立場〕の地平で、一つの生物－精神医学の制定に取り組むこと。そして同時に、精神薄弱者が周縁的な仕事、たとえばゴミの仕分けなどに押しやられることを、ペストのように避けること。

多くの知的な人々がこの世界を統治している。彼らには、人々を助け、導き、保護する義務があるのだ。仕事の扉を閉ざさないことだ。さもなくばD爆弾は肥大化してしまうであろう。われわれはエプシロンたちの役に立たねばならないのだ。人はこう言うかもしれない。「また国家へのアピールか！」と。そう言っても良いだろう……。だが、その人口の相当部分（精神薄弱者および老齢者）が知能の足りない者たちからなっているような国家は、死の危機に瀕した国家だ。ドストエフスキー的に言えば、精神薄弱者、つまり「最低の人間」もまた、「われわれの兄弟」であることを忘れれば、われわれは奈落に落ちてゆくことになるのである。

火の馬――殺人者たち

火の馬は、人間を殺し合うように仕向ける恐ろしい馬である。

殺人者（assassin）という語はヨーロッパ語源ではない。フランス語に導入されたとき、特別なニュアンスを帯びてしまったこの語の語源について、『トレヴー辞典』〔イエズス会によってトレヴーで印刷された辞典。初版一七〇四年。最終版一七七一年〕は以下のように述べている。

「この殺人者という語は、近東で生まれた語で、山の翁と呼ばれた、アルサシッドあるいはアササンのある大公を語源としている。この大公はアンティオキア〔現アンタキア。トルコ南部、シリアとの国境近くの都市〕とダマスカスのあいだに位置する城に住み、若者たちにありとあらゆる快楽や悦楽を与えて育てていた。大公は若者たちに、死んだあともいまと同じような場所に行けると約束していたのである。ただしそのためには若者たちは、大公の命令に盲目的に従わねばならなかった。そこで若者たちは大公の命令一下勇みたって、大公の敵である他の王や王子を、殺し、あるいは暗殺しにでかけていった。その後このような若者たちは近東諸国全体に広がっていったのだった。ジョワンヴィル卿〔一二二五―一三一七、フランスの年代記作者。『聖ルイ伝』の著者〕は、彼らをベドウィンと呼んだが、ヴォラテラン〔一四五二―一五二二、本名ラファエル・マッフェイ。イタリア・ヴォラテッラ生まれの人文学者〕やパオロ・エミリオ〔?―一五二九、ヴェローナ生まれの歴史家。シャルル八世によってフランスに招かれる〕は殺人者（アササン）と呼んだ。若者たちは自分たちの主人である大公に大変献身的で、大公が発した死の判決をほとんど必ずといっていいほど執行していた。」

さて、これがこの語の小説じみた語源である。この時代についての文献学的研究によると、この語は実際にはアラブ語源であり、ヘブライ語もすでにこの語を吸収していたらしく、「罠にかける人」という意味で用いられていたことがわかるが、それでも、この「殺人者」という語がフランス語の辞書にはじめて、確信をもって提示されたことは重要である。「殺人者」という語は、それ以後華々しい歴史をたどり、フランス語に深く根を張って、犯罪記録において重要な語となっていった。殺人は犯罪記録のなかで、いわば犯罪のピラミッドの頂点であり、まさに、絶対的な否定性の概念なのだ。この概念から、われわれは人間の本質の最もドラマティックな瞬間を明らかにすることができるであろう。

＊

カルデロン〔一六〇〇―八一、スペイン黄金世紀を代表する劇作家の一人〕は『人生は夢』〔一六三五年〕という作品のなかで、「人間の最大の罪は生まれたことである」と書いている。この罪はどのようなかたちで現れてくるのだろうか。人間に、人間だけに特有の罪の表象とはどのようなものなのだろうか。事実、人間だけが行う行為で、動物には不可能な行為が四つ存在する。
第一の行為はエクリチュールである。有史以前のまったく稚拙な素描でさえも、すでにエクリチュールである。どんな動物でもただ本能のままに何かを書きはじめるということはない。猿に書くふりをするように調教することはできても、猿が自分から書くことはないのだ。その証拠に、猿は綴り字を本当に間違えることはできない。これは動物がお互いにコミュニケートできないということではなく、この点については蜜蜂に関してさまざまなことがわかっている。しかしコミュニケートするということは、書くということとは違う。エクリチュールは保存できるが、コミュニケーションは保存できない。イルカは話をするといわれることもあるが、イルカが書くことができないということは誰もが知っている。エクリチュールの本質は、メッセージでは尽くされない。メッセージを保存することで（だから私はアルジェリア戦争時の手紙を引用できたのだが）、エクリチュールは歴史を可能にするのだ。歴史などもっていない動物は、おそらくわれわれ人間よりも幸福だろう。動物は多くの殺人を生み出すあの復讐という行動に、人間ほど飢えることはないのだから。

人間に特有の第二の行為は、近親相姦の禁止である。もちろん、強調すべきなのは禁止であって近親相姦そのものではない。というのは、いたるところで禁止されているにもかかわらず、近親相姦はよく行われているからである。ルーアン高等裁判所の元首席裁判長は私に言った。憲兵が調査したすべての近親相姦事件が（殺人が行われなかったら目をつぶれという命令がある）、法律どおりに裁かれ処罰されたら、おそらく革命が勃発するだろうと。動物はそんな厄介事を起こさない。動物には近親相姦を禁止するという考えは浮かばないし、素晴らしいほど無邪気に近親相姦を実行する。動物はほとんど老化とは無縁で、精力をそのまま保持するのだから。

人間に特有の第三の行為は戦争である。動物同士の争いはあるが、動物の戦争はありえない。戦争はどんな場合でも言語能力とかエクリチュール、そして一般的な象徴体系の諸要素を前提とするからである。

そして殺人こそが、この語が最も受け入れられている意味（ある個人による、別の個人の殺害という意味）において、人間に特有の第四の行為である。なるほど、動物の種族間でも、たとえばテリトリーや雌の支配のことで争うことはあるし、この争いの結果、時として偶然に死んでしまうこともある。動物は争い、場合によっては相手を殺してしまうが、殺意をもって相手を殺すことはない。殺人は他人の存在を正しく認識し、いまこの瞬間以外の時間的広がりのなかに他人の存在を想起することができるだけの記憶力を前提とする。ネズミのあいだでは殺しが存在するという動物学者もいるが、実験報告書を読むと、それが殺しのケースなのか(たとえばストックされた餌を盗む目的で)、あるいはたんに支配のための争いなのかを証明することはきわめて難しい(1)。

したがって、こう言わねばならない——そしてこの一点こそ深慮すべきだが——、殺人はその本質において人間種に固有の属性の一つであると。そしてまたそれゆえ、人間に固有なあらゆる属性(感受性、記憶など)と同じようにこの殺人という特性も、無限のヴァリエーションの可能性をもつと。ここからおそらく、犯罪をテーマとする膨大な量の文学が生じたのだろう。そしてまた、おそらくここから、概して瞬間的でほとんど長続きはしないにせよ、他人を殺すという考えが心をよぎったことがあるなどと、人間は少しも取り乱さずに認めることができるという奇妙な事実が生じるのだろう。人間は生まれつき潜在的に一個の殺人者である。もちろん、潜在性がつねに行為になるわけではないが、しかし行為に達した場合には、必ず個人の人格が反映された殺人となるだろう。犯罪は魂を映す真の鏡である。殺人という行為が、その人のDNAに含まれる遺伝子情報のようにつねにオリジナルなもの、一種独特のもの(sui generis)となる理由である。つまり殺人にはつねにごく小さいものにせよ、何らかのディテールがあり、このディテールがその行為を他の犯罪と区別するのである。殺人と人格を分けて考えることはできない。

したがってロンブローゾ〔一八三五—一九〇九、イタリアの精神医学者、法医学者〕のいう意味での生まれながらの殺人者などというものは、あるタイプの人間を他の人々と分ける一般性としては、存在しえない。それどころか、人間という種から突出した切っ先の部分、個人が自分自身のため、かつ自分自身として、自律した一つの存在として立ち現れるあの部分においてこそ、この殺人という匿名性を越え出た犯罪が生じるのである。かくして、生まれながらの犯罪者など存在しない。そうではなくて、人間というものの絶対的かつ総体的な本質が、潜在的な殺人者を構成しているのである。ジョゼフ・ド・メーストル〔一七五三／四―一八二一、フランスの政治思想家〕はビスマルク〔一八一五―九八、ドイツ帝国初代宰相（一八七一―九〇）〕やモルトケ〔一八〇〇―九一、ドイツの軍人〕以前に、「戦争は神に捧げられたもの（divine）である」と言い、人々も一致して認めた称賛の言葉を、以下のように書いている。「ところで、この世の中に戦争ほど神に直接依存しているものはないので、〔……〕神は戦争の神と呼ばれることを好む。〔……〕キリスト教国において、彼らの軍隊が幸運に恵まれたとき、軍神に対する彼らの感謝を神なる汝を称え（Te Deum）という言葉によって表明することを、暗黙のうちに取り決めたのも、もっともなことである。というのも、〔……〕これよりも素晴らしい祈りが用いられることができるとは私には思えないからなのだ。」[2]

「暗黙のうちに」であったかどうかには、大いに議論の余地があるが、しかしメーストルが歴史的に正しかろうと間違っていようとどうでもよい。著書『犠牲についての研究』でもメーストルは、神は血を愛すると考えているが、しかし彼は、戦争で人を殺すことと殺人とはまったく別のことだと見抜いてはいた。戦争について語る場合、私は皆と同様に「敵（ennemi）」という語を使うが、これは言語（langage）によって押しつけられた間違った用語である。言語は真の独裁者であり本物の暴君であって、実は戦争について語るときには「敵対者（adversaire）」（ad-versus＝〜へ向う‐対する）という語を用いなければならないのだ。この語は面と向かって対立するもの、道を塞ぐ者を意味している。「敵（ennemi）」（in-imicus＝反‐友）という語は、殺人について語るときに用いるべきだろう。この語は、隣にいても安心していられるような友人とは反対の人間を指す語である。戦争と殺人はどちらも血を流させるものだが、戦争を実際に体験すると、敵対者と戦っていても、友人とは逆の立場にある人間を殺すという感情はもたないということがわかる。つまり戦いながらも、友人になれるかもしれない人間を殺している、とさえ考えることがあるのだ。同様に、戦争のなかで、ほんのわずかな憎しみすら感じずに人を殺すこともできるだろう。そして人を殺したことをどれほど後悔したとしても、良心の苛責はほとんど感じないのである。しかしたしかに、戦争のなかで殺人のすべてを学ぶ人間もいるにはいるし、失言の哲学を自分に禁じていない私としては、あのメスリーヌ〔一九三六―七九、アルジェリア戦争から帰国後数々の犯罪を犯しパリの路上で警官隊に射殺された〕のような人間、多くの点で優れた兵士で、アルジェリア戦争のあいだはまさに選り抜きの兵士だった彼が、戦争のあと社会に対してどんな戦争をしかけたのだったか、その彼がどんな罠にはまって犬のように打ち殺されねばならなかったことか、思い出してほしいと思う。戦争は、時には殺人者を生み出すこともできるのである。もっとも、その逆が想定されないかぎりにおいてだが。というのも、その人は元来の殺人者だったゆえに選り抜きの兵士になったかもしれないのだから……。

さて、この忌まわしい曖昧さは、われわれを議論の中心へと引き戻す。つまり殺人とはその本質からして、社会構造内での本性の爆発であると定義しうる、ということだ。ここから、この底知れぬ行為が発揮する魅惑を説明できるだろう。殺人においては、あらゆる社会的禁忌は霧消して、血に飢えた犯行が本性のままに蛇のようにわれわれに取り憑くのである。殺人者とはあらゆる禁止を越えて、本性そのものとして現れる人間である。

メーストルの考え方は、納得するにはあまりに恣意的すぎて同意できないとしても、メーストルの大きな功績は認めるべきであろう。ほかには誰も、本性のものであると同時に神聖な血の価値を、とらえていた者はいないのだから。手についた血からは、魅力（charme）という語がかつてもっていた魔力

(charme) という意味を連想することすらできるだろう。そして殺人が人間の本性にかかわるのであれば、カルデロンの「人間の最大の罪は生まれたことである」という台詞に、特別な意味を読むこともできる。つまり殺人はわれわれに、われわれ自身の本性の可能態を示しているのだ。だから、殺人の弁証法は本性と自由の弁証法なのである。自由は本性に向かって否と言えるのだろうか。あるいは、概念化の能力である理解力が本性の深い秘密について何も知らないとすれば、その本性が社会構造内で爆発し概念化しえない行為によってあらゆる自由を越え出てしまうようなことは、起こりえないであろうか。

実際バイロン〔一七八八—一八二四、イギリス・ロマン派の詩人〕は、彼の最初の殺人者を描いたとき、この最遠の地点にいた。そのテクストは『カイン』と題されている。この『一編の聖史劇』は、一八二一年に『サーダナパラス王』と『フォスカーリ父子』と同じ巻で出版されたものだが、バイロンのあらゆる作品のなかで、この『カイン』は最も非難を引き起こした。マレー〔一七七八—一八四三、イギリスの出版業者〕はピサ発一八二二年二月八日の手紙でバイロンに『カイン』は「冒瀆的な詩」であるとみなされたと書き伝え、起こるかもしれないあれこれの面倒を列挙している。バイロンの敵の観点から見ても、このテクストは非常に重要な価値をもっていたのだ。そこには作家の悪魔的な歩みについてすべてが述べられ、この作品によって彼の全作品の邪悪さをとらえることさえできる。

バイロンの意図は明らかである。バイロンはそこで、可能性の諸条件を定めるかぎりにおいて先験的といえる観点から、殺人の神学を作り上げようとしたのである。このテクストの構造はプラトンの第二期の対話(3)と酷似している。二人の主な対話者、カインとルシファーがいる。ルシファーは神のようにすべてを知っており、そして真実を語るのである——いずれわかることだが、この真実を語るということは、神にはなしえないことなのだ。また、ほかにも何人かの役者がいる。アベル（犠牲者に栄光あれ！）、アダム

（不幸をもたらした者）、そしてその他もろもろの登場人物たち。対話はうまく始まらない。カインが数語も話さないうちに、独裁的な父親のアダムはカインの言葉をさえぎる。

アダム「おお息子よ。神を冒瀆してはいけないよ。それは蛇の言葉だ。」

カイン「蛇は真実を言ったんだ。一方は知恵の木だった。もう一方は生命の木だった。知恵は素晴らしいものだし、生命も素晴らしいものだ。どうしてこの二つが一緒になると悪いものになるんだろう。」〔第一幕第一場〕(4)。

この時から、たしかに意図的と思われる混乱が広がってゆく。バイロンは、罪に関する曖昧な議論はすべて頓挫したとわれわれに思わせたいのであり、アダムの口を借りてこう言う。「大地は若い、そして気前よくその果実をわれわれに譲ってくれる」と〔第一幕第一場〕(5)。

しかしカインは、少々の仕事もすでに重荷になっていたので、こう答える。「それなのに、これが生きるってことなんだ！　働くことが。どうして僕が働かなければならないんだ……。僕の父親がエデンの園の自分の場所にいられなくなったからだ！」

アダムは罪を犯したとはいえ、あるいは罪を犯したがゆえに、現状に満足し妥協しようとする気持ちを示している。一方カインはまったく罪を犯してはおらず、それでも働かざるをえないので、まったく満足していない。つまりアダムが愚かなことをしたせいで、一生働かなければならないことが我慢できなかったのだ。ここにカインの根本的な考え方がある。「こんなふうに僕は生きている。……絶対にこんな生き方なんかしたくなかったのに。」

いずれにせよ、この考え方は間違っていない。多くの人間が絶対に生まれたくなかったという不可能な欲望を表明してきたが、カインにとってはまさにここにこそ、人を殺すという空間が形成される。働く一生は何の価値もなく、何の喜びもない一生なのだ。そしてそこにルシファーが介入し、アダムの息子に「死すべきものよ！」と言葉をかける。つまり人間は、聖史のこの時点ではまだ死の具体的な意味を知らないけれど、有限な存在なのである。だが哀れなカインは、自分が死すべき存在であることをはっきりと嘆く一方で、自分をつねに光り輝き、尊大で、自らの永遠性を強調する堕天使に重ね合わす。魔王ルシファーは、長広舌など弄せぬまま手もなく田夫カインに、仕事など苛つきのもとだということ、ルシファー自身はすべてをお見通しだということを知らしめ、カインの目を覚まさせる。「お前は生きている。お前は永久に生きなければならない。お前にうわっつらな外見を与える大地が実在するなどと考えるな。大地はいずれ消えてしまうだろう。そしてお前は、お前がいまある姿以下にもならないだろう。(6)」〔第一幕第一場〕

　ここにこそ、この聖史劇の第一の原則がある。カインは死ぬだろう。けれどもカインは生きるだろう。カイン以外の人には、容易に理解できる命題である。殺人者は地獄へ行き、そして生きて仕事よりも辛い責苦を永遠に味わうのだから。これはユゴーの概念とはかなり異なる。重要なのは苦役という条件であって、良心の目ではない。バイロンが考えていたのは、悔いる心のことではなく、辛い仕事のことなのである。殺人者は罰せられなければならない。しかし、いかなる正義の名のもとにか。

　さて、この聖史劇は殺人へと、つまり最初の死へと向かうことになるのだが、ここにはきわめて謎めいた二つの要素がみられる。第一の要素は、カインに話しかけたのが神ではなくルシファーだったという事実である。だがだからといって、バイロンが殺人をルシファーの教えから導き出していると考えることは、表面的にすぎる理解であろう（テクストの一節がこの解釈を可能にしてはいるが。カインの妹が、ルシファーと話したあとのカインが以前とはとても「変わって」しまったと感じたという一節がある）。悪魔が人間に話しかけたから、人間が悪魔的になるわけではないのだ――というのは、もしそうだとすれば、したがって人間が自由でないとすれば、もはや神秘はなくなってしまい（この神秘が自由の神秘に完全に解消されることはあとで見てゆく）、そしてすべては陰鬱な必然性と化してしまうのだから。実際ルシファーが話すということは、何らかの方法でルシファーが蛇の役割を果たすということである。カインは蛇が真実を言ったことを覚えていた。バイロンも、このテクストのエピグラフにこう書いているではないか、「蛇は神がつくられたあらゆる野の動物のなかでもっとも賢かった」（『創世記』第三章詩句一）と。

しかし――第二の謎だが――なぜ神は蛇のように話すことができないのだろう、蛇は真実を語ったというのに。これについてルシファーは聖史劇の最初のほうで、少し曖昧めかした――意図的に――説明を与えている。

「われわれは不死なのだ！　それればかりか、神がわれわれを苦しめるために、われわれが不死であることを望んでいるのだ！　ならばそうするがいいさ！　神は偉大だが、偉大ながらも、抵抗するわれわれより幸福というわけではないのだから！　善は悪を創造しようと思わないが、神は実際それ以外のことをしただろうか。ああ、神は孤独なままその広大な王座にとどまればよい。そしてその広大な存在や絶対の孤独を、あちこちに世界を作り出すことで、多少は気晴らしのある永遠に変えればよかろう！　だがどんなにたくさんの世界を作り、どんなに暴君として振る舞っても、神は孤独で、無際限で、どこまでも消えることなく存在しつづける。もし神が自らを滅ぼすことができるのなら、それは神の力の最良の賜物だろうに。しかし神は不幸のままに支配しつづけ、増殖しつづける。〔……〕霊たちと人間たちは少なくとも共感でき、一緒に苦しむことができる。われわれは数えきれないほどの不安を、お互いに共感することで耐えてゆくのだ。しかし神は偉大でありながら惨めで、惨めなまま不安な活動にとらわれているから、あとからあとからどこまでも創造しつづけなければならない……。」

この美しいテクストをめぐって、私は一〇〇ページでも書くことができるだろう。神の不幸や神の暴政について、霊たちと人間たちが一緒になって強調するあの解放をもたらす自殺に神が適さないことについて……。いずれにせよここから、バイロンの悪魔的神学は始まっている。神が話さないのは、それはまず、たとえ善良さから「神は悪を創造したくない」のであっても、その本質からして神は悪しかなしえないからである。次に神は創造の理由とその意味を白状できないからである。第一に神が《了》〔キリスト〕を作るのは別として、神は悪しか創造できない。神は有限の存在しか創造せず、ライプニッツが示したように、限界は欠如なのである。第二に神がさまざまな世界を創造するのは孤独を紛らすためであり、世界は有限で無に運命づけられているため、神はたえず創造するのである。この二つのテーゼを考えてみると、神は有限なものしか創造しないので悪は必然なのであるとなる。しかも苦しませていっそう楽しむために、（魂において）不死な有限の存在さえ創造する。そしてこれらすべてのことが、次の絶対的な事実から生じているのだ。つまり、神がその広大な孤独のなかで気を紛らそうとして行う創造はたんなる遊びにすぎない、という事実から。神は人間に話しかけることができない。それは、創造から生じた人間の悲劇が、たんなる遊びであると人間に告白してしまうことになるだろうからである。

このように、神にとって面白いこと、さらに喜劇的でさえあること（有限の存在は孤独な神を喜ばすことができる）は、ただ有限であるというだけの理由で、人間にとっては悲劇的なことである。そして人間は神の似姿なので、人間の悲劇は神の喜劇の反映であり、創造の純粋な本質の必然的な結果が、殺人なのである。ここに、《存在》の論理がある。すなわち、神は創造し、人間は殺す。こうしてバイロンの神学のなかに、殺人のさまざまな条件が集められることになる。アベルの殺害は、絶対に必然的に起こらなければならないことなのである。超越論的哲学においては、可能性の条件は本質である。本質は、存在の可能性の条件なのである。(7) ではこの超越論的神学を無効にするには、どうしたらよいのだろうか。神が錯乱した遊びをやめて、自殺しなければならないだろう。なるほどその時、つねに繰り返される創造——創造し、再創造する(create, recreate)——という神の喜劇は崩壊し、殺人は消えてしまうだろう。しかしどうして絶対的なものである神が自己を否定できるだろうか。自殺は殺人と同じように、最もわずかな可能性を考慮したところで、人間の有限的な本質に属するもので、神に属するものではない。かくして神はいつまでも、最後の時よりもずっと向こうまで、楽しみつづけることだろう。そしてそれが、つねに殺人者が存在する理由なのであると、ルシファーはこのように説明して、蛇と同じように真実を述べたのであった。あらゆる敵が必ずしも愚か者でないことを考えると、批評界がどのような怒りを表したかは容易に理解できる。これほどまで神の素顔が暴かれたことは、かつてなかったのだから。

カインは世間のことをまったく知らないので(エデンからの旅も短いものだった)、ルシファーは自分のディスクールに現実感を与えるために、形而上の旅にカインを連れ込んだ。創造を繰り返す神が《存在》の深淵に陥らせたさまざまな世界を通って。この旅において、バイロンは詩の幻想の極致に達するけれども、ここでそれを要約することはやめておこう。ただこれだけは注意しておきたい。カインは人間に用意された地獄を訪ねたが、その地獄は——アダムがまだ死んでいなかったので——空だったのである。

形而上の空間から戻り、アベルに何を見てきたのかと尋ねられて、カインはショックをまざまざとさせながら答える。「死についてのさまざまな事柄[……]、空間という不死の、無限の、まったき力の神秘[……]、かつて存在しいまも存在しつづけている数えきれないほど多くの世界[……]、あまりに多くの圧倒的なもの、太陽とか惑星とか地球とかがいくつもいくつも騒々しいハーモニーを奏でてそれぞれの世界のなかを転がってゆくのを見た。だからもう僕は死すべきものと話すことができなくなったのだ。ほっといてくれ、アベル！」

引用の最後を強調したのは、まさに神の喜びという下劣な真実のせいで、いまだ興奮さめやらぬカインは死すべきものと話ができないでいるからだ。何らかの方法でカインは知恵の木の実を食べたが、それだけではまだカインが罪人になるには十分ではない。アダムはイヴを殺さなかったではないか。だが、ほっといてくれ、アベル、このめくるめき瞬間から、人間殺しが発生する。アベルは放っておかない。アベルは兄と話したいのだ。カインのほうは自分が見てきたことに動揺して、一人になりたがっているのに。「アベルよ、ほっといてくれ！」と、カインはもう一度言うだろう。そこからバイロンは短く、不条理な争いを描き出す。カインは秘密の知識（神の喜劇）に苛立ち、自由ではあるが、自分が見たものに不安（やすらぎを奪われてという原義において）になって〔inquiété〕、いわば神のように一人になることを望む。しかしそれは心理的にも形而上的にも不可能なことである。形而上的に孤独になれるとしたら、カインはアベルを殺さず神の喜劇にはいかなる面白味もなかったろうが、神は楽しまなければならないのであって、その神の目には、人間が一人でいることは望ましくないのである。形而上的孤独は神を深く悲しませ遊びへと仕向けるが、この孤独は人間には拒まれている。人間は共同生活に運命づけられているのである。しかし聖書によれば、風が望むとおりに吹き、カインの祭壇をひっくり返し、カインは興奮してはっきりと言い切った。「僕はもう祭壇なんか作らない。もう祭壇のことで苦しむのはごめんだ。」〔第三幕第一場〕

「カインに反対し」、カインを「取り乱した心のまま」一人にできないと叫んだアベルは、歴史上最初の不寛容な人間である。[8]「そんなことをしてはいけない……。不敬虔な言葉に不敬虔な行動を付け加えてはいけない。この祭壇を敬いなさい……。これはエホバの永遠の喜びに捧げられているのだ。」怒りが爆発した。カインと対峙したまま、アベルは運命の言葉を発した。「僕は神を愛している。僕の生命よりも。」

すぐにカインは「祭壇から取った燃えさしで」アベルに襲いかかった。そして殺人者の言葉を発した。「だったらお前の生命をお前の神に返せ。神は犠牲を愛しているんだ。」

アベルは倒れた。対話の終わりは以下のようになっている。

カイン「弟よ！」

アベル「何をしたんだ、兄さん。」

アベル「おお神よ、あなたの下僕を受け入れたまえ、この下僕を殺した者を赦したまえ。この者は自分が何をしたのかわかっていないのですから。カイン、僕のほうに、僕のほうに出して、あなたの手を。」

カイン（一瞬茫然ののち）「僕の手！」

バイロンがアベルにキリストの言葉を〔『ルカによる福音書』23―三四「父よ、彼らをおゆるしください。彼らは何をしているのかわからずにいるのです。」〕発せさせた本当の動機を見つけることは難しい。バイロンは、純粋な赦しの弁証法をキリスト以前に位置づけたかったのだろうか。私はこの仮定が気に入っているが、しかし他の仮定もありうるだろう。

アングロ・サクソンの批評は、すべてにきわめて公正な賛辞を贈ろうとするが、それでも私には誰だか見抜けなかったあるイギリスの匿名批評子は、『カイン』の第三幕のこのシーンをかなり不出来なものと思い、このシーンの弱さが「しかしながら素晴らしい」全体を台無しにしてしまった、と少々皮肉っぽく

（この部分が最も重要なシーンだったので）述べている。人を殺すことが何か「まったく偶然の」ことのように示されていると、この批評氏は考えていて、さらに、カインの性格は聖書に描かれている性格とは違っていて、「バイロン卿はカインがアベルに嫉妬していたことを忘れている」というのである。実際この批評氏には、バイロンのこのテクストが最高級の哲学に属していることがわからなかったのだ。

一　この批評子はバイロンがカインのドラマの本質的な部分を、全三幕の劇のなかの何行かに目立たないよう要約してしまったことを批判している。しかしこの批評氏はバイロンが殺人神学の至高原理を規定する超越論的な（超験的な、ではない）条件を求めていたことを理解すべきだったろう。この至高の原理を、バイロンは《天地創造》と殺人の弁証法のなかに見いだしていた。――一方では神の喜劇、他方では人間の悲劇であるこの弁証法のなかに。

二　またこの批評子は、殺人は《天地創造》と同じ資格でかくあれかし（Fiat！熟考後の意思決定）であることを理解すべきだっただろう。神は六日かかって世界を創造した。カインは殺人を犯す前に形而上的空間を通りぬけ、そして考えることができたのである。

三　喜び以外に、どんな原理あるいは考え方（神の外側にある原理や考え方、喜びは神の外側にあるものではない）が《天地創造》の動機づけに必要というのだろうか。神が何らかの理由で創造しなければならないことが証明されたとするならば（このしなければならないにこそ外在性の瞬間が示されているのだが）、神はもはや神ではないだろう。つまりこの理由の理由を説明しなければならなくなり、以下それが無限に続くことになる（sic ad infinitum）。したがって《天地創造》があるならば、それは無のため、あるいはただ偶然の、したがって形而上的には無益な理由のためであるだろう。殺人についても同様のことが言える。殺人には必然的な理由はありえない。もし殺人に何らかの必然的な理由があるなら、殺人は殺人として自らを否定し、もはや人間は自由であるとは言えなくなる。そして人間が自由でないなら、明らかに人間は殺人者になりえない。したがって、ここでもまた、ただ偶然の理由が殺人者を動かすということになる。犯罪の動機は偶発的なものでしかありえない。

四　ここから、《天地創造》と同じように（《天地創造》が何らかの理由をもっていると仮定すると）、殺人もまたすべて偶然の理由に基づいているのであって、本質として偶発的なものである、ということになる。それはバイロンが、人殺しの源がどんなにつまらない諍いにあるかを示すことで、われわれに教えてくれていることである。本質論のレヴェルでさらに誤解のないように言っておくが、偶発性とは次第に速度をあげて落ちてゆく石に譬えられる。最初の瞬間、つまり偶然の理由は、落下におけるゼロ時とみなすことができる。それはすでに、動きである。まだ存在していないが存在しているというこの矛盾した状況を説明するため、ライプニッツは不-等[9]の考え方を用いているが、この形而上的な譬えにしたがって考えると、直観のなかにあるごく小さな偶然の理由は、次第に速度を増してゆき巨大な理由となっていって、あくまで偶然であるのに必然であると見えてしまうほど強烈なものとなってしまいうるのである。偶発が、規範になるのだ。

私は、殺人は人間の本性に属していて（というのは、動物は死なせることしかできないからだが）、社会構造内における本性の爆発であると述べた。このことの意味を、いまはよりよく理解しうると思う。突然現れた裂け目の前で茫然自失してしまう（血の犯罪においては明らかに茫然自失する）のは、ただたんに禁忌が犯されたからではなく、さらにその破壊のなかで人間の純粋な本質、神の似姿であるという本質が示されるからである。そのうえ、殺人者はたんなる破壊者なのではなく（ある観点からみれば、破壊しない人はいない）、殺人の超越論的神学によれば、殺人者は神の逆位ですらある。殺人を犯すこと、それは逆転した神になることである。Ich! Ebenbild der Gottheit!「私よ！　神の似姿たる私よ！」とファウストは叫ぶ。似姿（Ebenbild）とは、そのままの姿か、それとも逆転した姿なのだろうか。だがこの質問に答えるには、ゲーテのドラマの本質に入り込まねばならないであろう。

犯罪の超越論的神学の第一の対象はカインであり、基本的な骨組みとなるのは神の喜びである。神の喜び、これはバイロンが自分のテクストのなかで執拗に強調している表現だが、だからといってバイロンは、創造主は賢明なのだから、人間は神を信頼し、断固として神と神の喜びに身をまかせ生の苦しみを通り抜けてゆくべきだなどとは、少しも言っていない。バイロンはまったく別の読み方を提案しているのだ。すなわち、神の喜びは醜悪なものであるという読み方である。バイロンはこの詩のなかで、神はただほんの一瞬自分の孤独を満たすためだけに、さまざまな世界をいくつもいくつも創造すると、何度も繰り返している。したがって神が醜悪なのは、神が孤独で不幸だからなのである。神の喜びは、超越論的ならぬ超越的不幸を背景としてのみ存在する。こうして創造は続いてゆくのであって——創り出し、また創り出して（create et re-create）——、とすると、殺人者の種族と犠牲者の種族も、神の不幸にぶらさがったこの世界が続くかぎり続くだろうということが、よくわかる。犯罪を問題にしたところで、決して解決されはしないだろう。人類すべてを牢獄に閉じ込めても、犯罪は現れつづけ、殺人は、地獄の門を越えるまでやむことはない。ダンテが望んだように、地獄に大罪人を集めてしまうことはできるが、地獄では彼らは無害なのだ。墓は平穏そのもので——神はいっこうに楽しまない。

バイロンは明らかにドラマティックな問題を提起している。アベルは「僕は神を愛している。僕の生命よりも」と言う。カインは（まさにアベルを殺す瞬間に）「ではお前の生命をお前の神に返せ。神は犠牲を愛しているのだから」と答える。生命の価値とは何かという単純な問題である。だが、いま用いたこの価値（valeur）という言葉に注意しておこう。神が創造し再創造する世界の一つと同じように、アベルも神の喜びに依存しているのなら、アベルの生命には、いかなる価値もない。というのはアベルの生命は美的な（esthétique）意味しかもたないからである——存在（existence）とは無関係な観点である。『判断力批判』でカントはこう書いている。「誰もが、自分を喜ばせるものを心地よいと言い、ただ気に入るものを美しいと言い、評価し是認するものを善いと言う[10]」と。

　喜びの第一の意味は、心地よいもの、である。カントははっきりと心地よいものを感覚、楽しみに結びつけていて[11]、「享楽のためにだけ生きている人間の存在が、［……］それ自体として何らかの価値をもっているなどと、決して理性は説得[12]させられてはならない[13]」と明言している。この観点から言えば、アベルの存在にはいかなる価値もない。アベルは、「カナリア諸島産のワインが心地よい」という場合と同じように、心地よい人物であると言うことはできるだろう。一方、善（倫理的要素）は、カントによると、喜びとはいかなる関係もない。喜ばせるため〔筆者は神を喜ばせることを念頭においていよう〕に義務を果たすことは、まさに義務を果たさないことなのだ。善は、喜びではなく尊敬を起こさせるものなのである。最後に美だが、これは明らかに喜びとかかわりがあるけれども、次の点に留意しておこう。「［……］ある事物が美しいかどうかが問われているとき、問題となっているのは、われわれ自身であれまったく別な人であれその人が[14]その事物がそこに存在するということに関心をもつあるいはもちうるかどうかではなく、われわれがその事物をただ単純に見つめたときどのように判断するか、ということである[15]。」

　カントは喜びあるいは苦しみの感情、判断能力、合目的性（美的、生物学的）、そして芸術とを強く結びつけた。この結びつきをみると、対象が存在しているか否かという美的喜びにカントは無関心である。「こういった趣味の領域において裁判官の役を演じるには、対象の存在を気にかける必要はまったくない。

反対に、対象とかかわるものには無関心でなければならない。(16)」

実際バイロンによると、美的観点、美しいものという観点においてのみ意味をもつアベルの存在〔という実際の対象〕は、いかなる価値ももたない。神の喜び（そして無限の不幸という神の原理）からは、ある存在〔対象〕の価値は決して導き出されないであろう。途絶えることのない創造と殺人の根源である神は、自らの喜びの赴くままに、現実のアベルが家畜の群れを導くのを見て楽しむことができるし、また空想上のアベルを夢想して同じほどの喜びを感じることもできるだろう。現実のアベルも、空想上のアベルも、神の喜びにとっては同等なのである。

そしてここにおいて、バイロンの最も深い思考が定式化される。その中心テーマは、神の孤独があらゆる関係を逆転させるということだ。孤独な一個の神のもとで、無罪の人間は殺人者になり、善は神の快楽主義に取って代わられる。殺人の超越論的神学は、逆転した神学へといたる。この神学からみてはじめて、さまざまな世界を生み出しては破壊する神の孤独は、悲劇的なものとなるのだ。不幸のただなかにある人間の相互主観性という観点から見てはじめて、神の遊びの存在論的苦悩が認識されることになるのである。

存在はほとんど価値がなく、人生は夢だというカルデロンの言葉はまさに的を射ている。しかし息をひきとる前に、兄よりも前に死がどういうことなのかを知り、アベルはカインに「兄さん！（Frère !）」と呼びかけ、そして罪人も「弟よ！（Frère !）」と答える。殺人は、ルシファーがはじめに語った共同性を消し去ることはできないのであって、私はここにこそ、不幸の哲学の基本となる考えを見いだすのである。つまり不幸のなかで、赦しによりもたらされる相互主観性は、経験的な孤独を乗り越えるだけではなく、メタ経験的な相互人格性へといたりつくということである。なるほど、アベルとカインはお互いに兄弟だとわかっているが、死という無限の不幸のなかでこそ、自分たちが兄弟であると口に出して言う必然を得るのである。というのは、他のいかなる場合よりこの不幸においてこそ、人は兄弟であることを強く感じるからである。だからこそバイロンはアベルに、キリストの言葉を与えることになったのだ。「おお神よ、あなたの下僕を受け入れたまえ」、そして「この下僕を殺した者を赦したまえ。この者は自分が何をしたのかわかっていないのですから」という言葉を。

*

われわれはここで赦しという難しい問題にぶつかる。死刑執行人の手は罪人の生命を断つべきなのだろうか。

『政治における勇気』という重要な本のなかで、ケネディ大統領は政治家として、自分が属している政治グループや政治的傾向に、また自分を支持する選挙人に背を向けて、行動できなければならないと述べている。ケネディによると、このような勇気はめったに見られるものではない。死刑廃止に関するフランスでの討論で〔フランスで死刑が廃止されたのは一九八一年〕、ジャック・シラクは勇敢な態度をとった。良心の問題については、自分は誰の言うことも聞かないだろうと、シラクははっきりと言明したのだ。成功しようと夢見る数多くの人々は、この態度表明を「失策」だと考えた。勇気は時に、こんなふうに評価されてしまうのだ。

これは良心の問題である。したがってここでいろいろと並べ立ててみても仕方なかろう。にもかかわらず、かの名高きカントでさえどうして素晴らしい解決にたどりつかなかったのかを示すことはできる。『純粋理性批判』で、カントは現象と本体、あるいはこういうほうがよいなら、物自体を区別していた。「純粋理性の反対命題」のなかで、カントは理性そのものの四つの矛盾を説明している。われわれにとって興味深いのは第三の矛盾で、これは以下のように表現されている。テーゼ――人間は自由である。アンチテーゼ――人間は限定されている。テーゼは「行為の絶対的自発性という概念(17)」によって証明される。「私は木のこっち側の端をもって、この木を折る。私が自由ではないと誰が言うだろうか」。アンチテーゼは原因と結果の連鎖によって人間が自由ではないことを証明しており、カントは『実践理性批判』のなかで、「月と太陽の食を計算するのと同じくらい正確に、人間の未来の行動を計算できるだろう(18)」と書いている。矛盾の解決はこうだ。われわれは分析的な対立、あるいは絶対的な矛盾を前にしているわけだが、しかし、テーゼでの主語はアンチテーゼとは違う意味にとられていることに気づくと、この矛盾は解けるのである。テーゼのほうは本体の世界に属しているかぎりにおける人間について語っており、アンチテーゼは現象の世界に属しているかぎりにおける人間について語っているのだ。このように分析的対立は、矛盾する判断を小矛盾の判断に還元することによって解決するのである。応用問題――「刑法は至上命令である(19)。」応用の規則――「同罪刑法（jus talionis）だけが［……］罪と等しい正確な質と量の罰を与えることができる(20)。」したがって「ある人間が殺人を犯したら、その人間は死ななければならない(21)」。そのうえ――しかしこれを書いたのは同じカントなのだ！――「死刑囚が罰が大きすぎると言ったり、自分に起こることが正しくないと不平を言うのを耳にしたことは決してなかった。死刑囚がそんなふうに自分の考えを述べたら、誰もが彼を鼻で笑うだろう(22)」。さあ、吊るし、燃やし、ギロチンに架けよう。とどのつまり、大したことではない。というのも、第一にわれわれは至上命令としての刑法に一致しているのだし、第二にわれわれはただたんに現象としての人間を取り除くだけなのだから、本体としての人間はこの問題には無関係なのだ。

フィヒテ〔一七六二―一八一四、ドイツ観念論を代表する哲学者〕はこのような論法に、それほど見事な超越論的哲学を見てはとらなかった。どうしてカントは、あえてこんなことを書いたのだろうか。悪魔が論理学者であるということははっきりしているが、その悪魔が、おそらくここでカントに手を貸しているのだ。世界はあるがままにあるのだから、首尾一貫し同時に馬鹿げてもいるカントの証明に満足する輩がつねにいるであろうことは、想像にかたくない。もっとも私としては、カントについてゆくことはできない。このことを、一つの話で説明しよう。

すべては北ヨーロッパで最も美しい水の都、ブリュージュで始まった。私は博物館が好きではない、触ってはいけないからだが、まあそれはよいことにしよう。ともかくそのとき私は家具の博物館を訪れたのだった。少々退屈な博物館だった。訪問を終えようとしたとき、私は左手の、ちょうど階段の下になったところに、部屋があることに気づいた。この部屋には二本の柱に支えられ、上のほうがアーチ型になっている古典調のドアがついていた。部屋は小さくて、内部にはあまり物はなかった。蒼味を帯びたばら色のヴォルテール型肘掛椅子、どこにでもあるような黒い飾り鋲付きの大箱、タンバリンが三つ（そのうち一つは破れていた）、ハープが一台、そして……なんとギロチンが一台。そのギロチンの上には小さな紙が貼ってあって、この道具が「最後に使われたのは一八四七年、親殺しのこぶしから切り落としていった」と書いてあった。この発見について皆に話したが、誰も私の言うことを信じようとはしなかった。なるほどギロチンが家具の博物館にあること自体、奇妙な話である。皆、私が夢を見ていたのだと言う。フランスのどこへ行っても、つまりギロチンの祖国においてさえ、この道具にはもうお目にかかれないのに、というわけだ。現実だったとわかってもらうため、その機械に私は触ったのだと告白したうえで、次のことを皆に指摘した。つまり、あの部屋に集められたすべてのものには、何か共通するものがあったこと、そしてそれは、どれもがベルギー産のものではなかったということ、である。だからこそ、それらの物はあの部屋に置かれていたのだ。私にはわからない何かを期待して。

皆が言うところの私の頑固な幻覚に手を焼いて、皆は私に何も見なかったと認めさせるのを諦め、旅は続いた。ブリュージュからガンまでは、すぐである。われわれはフランドル伯爵の城を訪ねた。この城にはとても天井の高い八角形の、かなり明るい部屋があった——他の部屋はすべてそれほど明るくなかったが——、白い窓からの光に照らされて、十字形の仕切りがついているようだった。私はこの部屋をガンの部屋と名づけた。部屋には、死刑執行人の道具の素晴らしいコレクションがあった。最初の印象は、ベルギーの博物館の学芸員は神の秩序を博物館に再現する力があるにもかかわらず（この国はヴェールの下に涙を描くことができた国なのだ）、雑然と物が集められているという感じだった。いたるところに、さまざまな物が、壁に掛けられたり、ガラスケースに収められたりしていた。しかしながら、そこにはやはりある種の秩序があったし、またそれらは、それに比べればわれらが食肉店の肉切り台でさえ初歩的、先史的に見えるほどのものであった。まず、大きな正義の剣が壁に掛かっている。その剣の一本（全部で一二本ほどあった）は幅四センチ、長さが一四〇センチほどあった。すべてきれいに磨かれていたが、実際に使われたものである。それから、脇の下、腿、背中の脂肪など罪人の肉をひきちぎるのに用いられたさまざまなやっとこがあった。死刑執行人は、敵である罪人の身体のことはよく知っているのだ。御注意あれ。背中の脂肪のひきちぎり用やっとこは、腿の肉には適さない。どのやっとこも、それぞれ専門の仕事にあてられているのだ。また、たくさんの「親指締め」があった——正確な名称を知らないので手短に描写だけしてみるが、その物体はいくつかの輪で構成されており、その輪がいったん締められるや、輪をつけられた人の指は砕けてしまう、という代物だ。そしてここでもやっとこと同じことなのだが、あるものは親指用の輪、あるものは小指用の輪というふうになっている。さらに、あらゆるたぐいの釘のついた箱を付け加えておこう（どの釘もそれぞれ何かふさわしいことのために用意されているのだ）。それから手錠、ありとあらゆる種類の鎖、槍、矛のついた槍、溶けた鉛を耳や口に流し込むための壺。ガラスケースに入っている精巧な道具の数々。さらにやすりと斧、本当にたくさんの斧があった。床には、こう言ってもよいなら、自由になった首切り台があった。さらに部屋の一角には、古代ローマ様式の鞭がころがっていた。一本一本の細長い革の先端に鉛の球が三つ打ち込まれているものだ。かくして、屠殺業者と死刑執行人の違いがわかる。屠殺業者は食肉を扱い、死刑執行人は肉体を扱うのである。だからこそ死刑執行人は、自分の敵である者の身体に精通していなければならない。つまり死刑執行人は、エスプリをもたねばならない（avoir de l'esprit＝才気に富む）のだ。屠殺業者は熟練していればよいだけだが。

そして真ん中に――中心の中心に（cor cordis）と人は言うだろう――ギロチンがあった。ワイトマンの処刑〔一九三九年六月一七日に公開処刑〕以来、ギロチンが牢獄の外では用いられなくなったことはご存知だろう。公衆道徳はあのようなヒステリックな光景、バルコニーや窓の見物席などを排斥したのだ。また、最後にギロチンに架けられたのが堕胎商売の女性で、一九四五年に処刑されたこともご存知だろう[23]。そういえば、ガンの部屋にあったギロチンは壇上に置かれていたが、それは一見考えつくようにギロチンの恐ろしい威厳を強調するためではなく、壇がなければギロチンが全然見えないからであった。ギロチンは比較的小さなものであり、また小さいからこそ本当に恐いのである。われわれを感動させるため、本物のギロチンをあまり見たことがない映画人は、真実を偽り、いつも雷が鳴っている（まるで晴れた日にはギロチンで処刑されないかのようだ）悲劇的な空に向かって、この巨大な道具の二本の腕が伸びているシーンを撮る。そしてギロチンの刃はできる限り高いところから落ちてくる、いつもその側面を見せながら――そして「トン！」と刃が落ち、優しく愛し合った二つの心の美しいお話が終わるのである。美しくはあろうが、間違っている。ギロチンの刃は三〇～四〇キログラムの重さがあって、ギロチンが高すぎると器具を平衡に保てなくなるのだ。実際、ギロチンの腕はあまり頑丈にはできておらず、幅は一〇センチメートル以下で、長さも一六〇センチメートルを越えない。二本の腕は幅の小さめな板で結ばれていて、その板が二本の腕のあいだにある空間を支えていた（私が見たギロチンでは、板が二つの部分からできていて、この部分は頭をはめ込むために開くようになっていた）。

ギロチンがどのように機能するのかを説明するため（それに、ギロチンはフランス人の発明ではない。ルツェルンにある一四世紀の絵を見ればよくわかる）、古代の方法についていくらか述べておこう。『ゴルギアス』のなかでプラトンは、敵の目を盲目にするのを見ては喜ぶ暴君について語っている。これには三種類の実行方法がある。眼球を摘出する方法、釘を用いる方法（ビザンツ帝国の皇帝コンスタンティヌス九世〔九八〇頃―一〇五五〕は、この方法が大変お気に入りであった）、目を焼くために白熱させたサーベルを用いる方法である（そして誰もがミシェル・ストロゴフ〔ジュール・ヴェルヌの小説『ミシェル・ストロゴフ』の主人公。白熱したサーベルを両目に押し付けられるが、直前に母を見て湧き出した涙のおかげで失明を免れる〕のように運がいいわけではなかった）。当時は、受刑者に対してやりたいことは何でもできたのだ。たとえば、受刑者を面積六平方メートルの小さな島に上陸させて、さようなら！　と置き去りにしてしまうこともできた。だが次の点によく注意しておこう。このような刑の執行はあったが、殺される者は一人もいなかったのである。死刑は存在しなかった。「殺すなかれ」と言われていたからだ。ロシアでは、次のような具合だった。笞刑用の鞭で一打ちされても誰も死なないのだから、一〇〇回まで行ってなぜいけないのか、受刑者が二、三時間後に死んだとしてもそれは運がなかったからだ、というのである。ドストエフスキーを見てみよう。

エパンチン将軍〔ドストエフスキーのテクストでは従僕の台詞となっている〕が指摘した。「たとえばロシアでは、死刑は存在しません。フランスでは死刑があるんですか。」

（ムイシュキン公爵）「ええ。私はフランスのリヨンで死刑を見ました。シュナイデルさんが連れていってくれました。」

「絞首刑なんですか。」

「いいえ。フランスでは受刑者の首を切るんです。」

「受刑者はわめきますか。」

「いやいや、全然！　ほんの一瞬のことなんです。受刑者を寝かせるとギロチンと呼ばれている機械じかけの大きな包丁が落ちてくるんです。頭があっというまに飛んでしまうのです。でもいちばん辛いのは、処刑の準備をしているときなんです。死刑判決が読まれたあと、受刑者の支度に取りかかって、縛り上げて死刑台に引き上げるんです。本当に恐ろしい瞬間です。群衆が処刑場のまわりに集まります。女性までこの見せ物を見物します。女性が見物するのはフランスでは非難されていますけれどね。」

「女性がいるべきところではありませんね。」

「もちろんですとも。あんな苦しみを見に行くだなんて！　私が見た受刑者は頭がよくて勇敢で頑健そうな年相応の男でした。ルグロとかいう名前でした。ああ！　信じられないかもしれませんが、死刑台にのぼったとき、彼は真っ青で泣いていました。こんなことが許されるのでしょうか。なんと恐ろしいことではありませんか。恐怖にかられて泣き出すような人を、見たことがありますか。私は恐ろしさのあまり涙が流れるとは、思ってもみませんでした。子供じゃないんですよ、いままで一度も泣いたことがなかった四五歳の男が、泣くんですよ！　その時、人間の魂のなかで何が起こっているでしょう。

どんな苦悶に、この魂は沈まされているでしょう。これは魂に対する侮辱です。それ以上でもそれ以下でもありません。聖書には、汝殺すなかれと書いてあります。人が人を殺すなんて。たとえその人がほかの人間を殺したからとはいえ。いいえ、こんなことは許されることではありません。私がこの処刑を見にいったのはおよそ一カ月前ですが、いまでも目の前にありありと浮かんできます。私は少なくとも五回は夢に見たんですよ。」

こう話しているうちに、公爵は活気づいてきた。口調は相変わらず穏やかだったが、彼の青白い顔に軽く赤みがさした。従僕はこの公爵の理屈を興味深く感動して見守っていた。この理屈をさえぎりたくはなかったのだろう。おそらく、この従僕もまた想像力に恵まれ、よく考える傾向があるのだろう。

「でも少なくとも」と、従僕は指摘した。「頭が落ちるときの苦しみが短いものだということはまだましなことでしょうね。」

「私が考えていることがわかりますか」と、公爵は熱っぽく言い返した。「あなたがいま言ったことは、どんな人でも思いつくことなんです。そしてこれが、ギロチンと呼ばれるこの機械が発明された理由なのです。しかし私は、この処刑方法は本当に他の方法ほど悪くないのだろうかと思ってしまうのです。あなたは笑って、私の考えがおかしいと言われるでしょう。しかしながら、それほど無理しなくてもあなたも私と同じ意見をもつことになるでしょう。拷問されている人間を想像してごらんなさい。苦悩、傷、そして肉体的な苦痛が道徳的な苦しみを紛らします。だから受刑者は死ぬまで肉体においてだけ苦しむのです。ところが肉体の傷は、いちばん残酷な責苦ではありません。一時間後、一〇分後、三〇秒後、いまこの瞬間にも魂が身体から引き出されてしまうことを確実に知ることが最も残酷な責苦なのです。人間の生命は消えてしまいます。しかも決定的に消えてしまうのです。恐ろしいのは、この確実さなのです。あなたは頭を刃の下に通す、あなたは刃が頭の上を滑り落ちてくる音を聞く、この四分の一秒が、何よりもいちばん恐ろしいのです。これは私の心の空想の産物ではありません。たくさんの人々が私と同じように言っているのをご存知ですか。とても強く確信しているからこそ、あなたにもためらわずに打ち明けるのです。殺人犯を死刑にするとき、刑は罪よりもはるかに重いものです。法律上の殺人は普通の殺人よりもはるかに残忍なのです。夜、森の奥で盗賊に喉をかき切られて殺された人は、しかし最後の最後まで、切り抜けられるかもしれないという希望をもっていますし、実際、喉を切られた人々が、それでも希望をもち、駆けまわり、哀願するということがあるのです。ところが死が確実であると告げてしまえば、受刑者は、死を一〇倍も耐えやすくするこの希望を、奪われてしまいます。判決が下され、決して逃げることができないという事実が、苦しみとなります。世界中でこの苦しみほど、恐ろしいものは存在しません。戦いの真っ只中で大砲の銃口の前に兵士を連れてきてご覧なさい。それでもその兵士は弾丸が発射される瞬間まで希望をもちつづけているでしょう。しかしこの兵士に死刑判決という確実を与えてご覧なさい。彼は発狂してしまうか泣き出してしまうかするでしょう。人間の本質が狂気に陥らずに、この試練に耐えることができると、誰が言えるでしょう。なぜ人間におぞましく無益な侮辱を科すのでしょう。おそらく世界には、刑の宣告をされこのような苦しみを科されたあとに〈行ってよい、特赦されたのだ〉と言われた人がいるはずです。その人はおそらく、彼が感じたことを語ってくれるでしょう。キリストが語っているのは、この苦しみとこの不安についてなのです。いいえ、人間をこのように扱う権利はありません。(24)」

ドストエフスキーのこの弁論は、彼の哲学の中心に位置するものである。「存在には意味がない」とドストエフスキーは書いている。[25] 存在には意味がない。それは、意味を望むような創造主がいないからであり、もしくは創造主は意味を望んだが、その意味は現実化されず、汲み尽くされもしないからである。存在は暗い。「というのは、存在の意味を認識することは、われわれには不可能だからである。[26]」世界の意味を完全に見抜くことのできる者だけが、死刑を廃止したり、認可したりできるのである――しかし現実はそうではない。したがってこの件はつねに「良心の問題」のままなのである。

黒い馬——飢餓

ヨーロッパ意識は、飢餓を忘れ去っていた。一八五一年アイルランドで最後の飢餓が見られたが、それで飢餓は終わりになったと、誰もが思い込んでいた。黙示録の黒い馬は破れ去り、消え去っていた。

ナチス・ドイツが、ジョズエ・デ・カストロの言葉を借りれば、ヨーロッパを広大な強制収容所に変えてしまい、あの飢餓という恐ろしい馬に再び扉を開いたのである。特にポーランドの記録保管所には、言語に絶する恐怖を呼び覚ますような、見るに耐えがたい記録が残されている。数多くの痩せ細った男女の写真、すでに顔から飛び出してしまったような巨大な目に、不安が浮かんでいる。言葉にならないほどの苦悩が、内側からこの哀れな身体を支配しており、その身体は自分自身をもわからないようであり、現実性のない世界に生きているようでもある。周知のように、人肉を食べるということさえあった。それは、多くの場合宗教心の篤い人々に、深い心理的トラウマをもたらしたのである。

それだけに限らず、ドイツ人はヨーロッパ全体を飢えさせた。小国デンマークは、一九四五年当時の価格で——卵・バター・ハムだけを考えてみても——一〇〇〇万ドルに相当する食料を略奪されたと推定される。

ではドイツはどうだったか。ドイツは、食べた。「ヨーロッパ大陸全体が身をよじって飢えに苦悶する一方で」とウェルナー・クラットは書いている、「ドイツ人は食料補給の標準値を戦争前の九〇パーセントのレヴェルに保つことができた。そしてこの数値は戦争のほとんど最後まで維持されたのである」。クラットはまた、こう述べている。[1]「戦争の最後の年になってはじめて、ドイツ人の栄養値が下がった。まず二〇〇〇カロリーに。それから一六〇〇カロリーに減っている。そして戦争が終わる数カ月前になってはじめて、質的にみても不足するようになった。」[2]また、アメリカによる援助のおかげで、ドイツはヨーロッパのどの国よりも早く食料の標準をほぼ十分なレヴェルに戻すことができたと考えてよい。ドイツはあっというまに飢餓を忘れ、そしてヨーロッパ意識もドイツに追随した。今日誰が、ヨーロッパ意識群島のなかで、明日食べるものがほとんどなくなってしまうかもしれないなどと考えるだろうか。

二〇世紀の年代記に書き込まれたこの苦い現実は、いまも罰せられないままであるが、戦争犯罪だった。ある意味でこの現実は、Untermenschen（下劣な人間たち）が閉じ込められていた強制収容所とは何の関係もない。多くのドイツ人が、高級軍人でさえも、絶滅収容所がどれほど残虐なものか知らなかったと言い張り、ドイツの偉大な思想界も、この問題に関しては昔もいまも何も知らない。だが、ヨーロッパで行われた略奪は、目に見える出来事だった。ドイツ人をはじめとして、誰もが知っていたことだった。

結局のところ、飢餓はつねに戦争の武器であった。飢えに見舞われた要塞がどのように陥落してゆくかを詳しく語る話は数えきれないほどある。軍隊は時には、無駄飯食らいになる兵士をむやみに前進させ、もちろん敵軍は兵士を通そうとはしないから、二つの陣のあいだには死体の野が広がることになる。しかし、パリの場合だけを考えてみても、戦争の武器として飢餓を利用することは、戦略的に理に合わないことがわかった。ドイツ人に対し好意的あるいは中立的な態度をとらせようとする代わりに、ドイツ人は無益にも人々に敵意をもたせてしまったのである。ドイツ人は比べるものもないほど、何の考えもなく、ただひたすら貪欲だった。食料品を積んで出発命令をいつまでも待つあいだに、何両編成分もの貨車の食料はすべて腐ってしまうのだった。ドイツ人による徴発の話は、悲しくもシュールレアリスム的様相を呈している。ドイツ人は、すべてを持っていった。モニック・ナールのお人形でさえも、国外送りとなった。ドイツ人が列車に積まれた人形からどのような利益を得たものかよくわからないが、そのなかには、宣戦布告以来、とても流行していたアルザス人形もたくさんあったのである。

さて、ドイツ当局は食料の割当て配給量を定めた。六歳から一二歳までの子供はJ2というカードをもっており、このカードで、ある程度の食料品を得ることが可能になる仕組みだ。いったんカードが配布されると、ドイツ人は国民には食料が足りているとみなした。国民からどれほど徴発したかはまったく考えず、そして明らかに、食料チケットが効力を発揮しているかどうかを知ろうともしなかった。脂肪分用のチケットがあるのだから、すべてはうまくいっていたのである。ただ、カードと引き換えるべきバターのない乳製品屋の店頭を除いては。さらに付け加えておくと、一九四一年の恐ろしく寒い冬に、木の底に厚紙の靴を履いて、雪のなかを三時間も行列待ちすることは、子供心にも楽しい出来事ではなかった。

一つの悲劇が、この配給制度がどのようなものだったかを具体的に説明してくれる。イギリスに亡命し、結核に冒されていた偉大な哲学者、あの忘れざる名著『重力と恩寵』〔一九四七年〕の著者シモーヌ・ヴェイユ〔一九〇九―四三、フランスの思想家。ユダヤ系の医師を父にもつ〕は愛国心から、ドイツ人が定めた配給量の食料しか摂取しようとしなかった。それゆえ、彼女に与えられたのはあの忌まわしい規則に従った量の食料だけだった。そして彼女は衰弱のため亡くなったのである。

シモーヌ・ヴェイユのように、いったいどれほどの人々が、病気であろうとなかろうと、亡くなっていったのだろうか。多くの人々が、犠牲になったのだろう。人々は陰気になり、飢え、弱り、その結果病いに病いを重ねてゆく。シモーヌ・ヴェイユは哲学史に名をとどめ、これらすべての貧しい人々が完全に忘れ去られないように守っているのである。

*

哲学者はめったにテーヌ〔一八二八—九三、フランス実証主義哲学者、批評家、歴史家〕を読まない。テーヌの説が歴史学者のあいだで議論の的となっているのは事実だが、しかしテーヌの考えは、近代世界の成立において飢餓が果たした役割に十分に光を当てている。

テーヌの主要著書『現代フランスの起源』〔一八七六—九三〕は、フランス革命についての壮大な歴史であって、ジョレス〔一八五九—一九一四、フランスの社会主義者〕も『社会主義的フランス革命史』〔一九〇一—〇八〕を書くためにこの本を大いに参考にしている。革命を描く起点となったテーヌの大テーゼは、飢餓あるいは欠乏は社会の根本からの大変動の原因あるいは起爆剤である、というものである。「欠乏が恒久化して一〇年間も継続し、それによって引き起こされた暴力行為のためにさらに深刻化すれば、あらゆる民衆の激しい感情は狂気にまで拡大され、革命の歩み全体は痙攣したかのような千鳥足に変わってしまうだろう。(3)」そしてテーヌは大胆にも自分の著作の第一章に「自然発生のアナーキズム」と題をつけ、以下のように説明している。

「なみなみと流れている川が氾濫するには、ほんの少し増水するだけで十分である。これが一八世紀の不幸なのだ。庶民はパンが安いときにはなんとか生きているが、高くなると死にそうな感じがする。この不安のもとで、動物的な本能が反抗し、公共平和の源である人々の従順度は、湿度が一パーセント上下するか、あるいは温度が一度高いか低いかによって左右されるのである。一七八八年はとても乾燥した年で、収穫は酷いものだった。そのうえ刈り入れする直前に、ものすごい雹がパリの周辺に降り、ノルマンディからシャンパーニュまで、最も肥沃な地方の六〇里〔約二四〇キロメートル〕にわたって大損害を与えた。被害は一億フランにも及んだのである。(4)」

ここでテーヌは当時の出来事をまったく正確に伝えており、これほどの正確さは別の人の論述ではなかなかみつからない。ノルマンディ地方全体とボース地方の一部分、シャンパーニュ地方の田園地帯で、あたかも重機関銃の砲火を浴びたように、すべての穂がなぎ倒され、すべての畑が被害を受け、果樹にも甚大な被害が出た状態を想像しなければならないだろう。学識豊かな農学者であるテーヌは、はっきりと書いている。「冬がやって来た。一七〇九年以来最も厳しい冬になった。一二月の末には、セーヌ川がパリからルアーヴルまで凍ってしまい、温度計は零下一八・七五度を指していた。」このような大災害が生じ、突然未来が暗くなれば、テーヌのように、人は苦しみから苦悩に沈み込むと言って、当然である。苦しみから苦悩へ、耐えられるものから耐えられないものへ人は移ってゆく。そしてここで、飢餓が起爆剤の役割を果たすのである。あらゆる苦しみを狂気に高め苦悩へと結集させるのだ。

なるほどパリの街は、非常な寒冷となることがよくあった。一九四一年の冬〔ドイツによる公定配給制度が始まった頃〕については、写真記録のおかげで当時の寒冷状況を知ることができるが、しかしテーヌが語る時代に起こったのは、それとは別の大災害だった。「プロヴァンス地方では、オリーヴの木の三分の一が枯れ、残りのオリーヴも被害が甚大で、今後二年間は実がならないと判断された。ラングドック地方でも同じような災害が起こった。ヴィヴァレーやセヴェンヌ山脈では、栗の木の林が全部枯れてしまった。(5) 麦や山の秣《まぐさ》も全部枯れてしまった。平野ではローヌ川が二カ月も氾濫したままだった。」

テーヌはこのように、長いあいだ物資が不足しているなかで起こった、人々をたんなる苦しみから生きる苦悩へと導いてゆく大災害について述べているのである。コンドルセ〔一七四三―九四、フランスの啓蒙思想家、数学者、政治家〕は著書『テュルゴーの生涯』のなかで、このような状況において権力機関がいかに麻痺してしまうかをなんとか覆い隠そうとしている。「穀物取引を自由にするという決定の前文と、雑役廃止勅令の前文は、ギルドの代表制を消滅させ、ワインの自由取引を妨げていた特権を廃止する〔一七七六年、テュルゴーによって布告された勅令〕、傑作というべきもので、かつてこのようなものはどこにもなかった。(6)」ダヴネル〔一八五五―一九三九、フランスの歴史学者、経済史家〕はといえば、彼が何と言ったかは周知のことである。「法律でもってパンを作ってみればよいのではないか。」

しかし、ノルマンディからシャンパーニュまでの全域に降り注ぐ雹を相手に、――どんな傑物であろうと――一介の財務長官に何ができるだろう。アグリッパ・ドービニエ〔一五五二―一六三〇、フランスの詩人〕はド・マイエルヌ〔一五七三―一六五五、スイスの医師〕に宛てて一六二二年、恐ろしい内容の手紙を書いている。「できるだけのことをしてみようと、私は思いました。というのも彼らは、理屈で言っても聞いてはくれませんが、数日前には施しをしていたのに今日は哀れにもパンを乞うているような人々が道にあふれている光景を見ればかならずや心動かされるだろうと、感じたからです。(7)」殺人を避けるためにいまだ持てる人がすでに持たざる人に与えるようになるには、すさまじい情景が必要なのだ。そして結局のところ、農民の生活は、長いあいだほとんど変化してこなかったのである。ドービニエの詩を読めば、そのことがよくわかる。

しかし私はお前を哀れむ、田舎者よ、お前は日中は
不機嫌な顔をして、息切れするような生活を送り、
夜には殴られ、不正や苦しみ、
逃亡や飢え、不当な支払いを強いられている。

一〇〇歳の農民は、その白髪頭を
雪に覆われ、鋤のあとを追いながら、
遠く侮り顔の軽騎兵がギャロップで駆けずりまわっているのを見やるのだ。(8)

権力機関に、何ができるか。待つこと。権力機関は待つことしかできないが、しかし飢餓は人間を追い立てる。「まずそれは断続的で孤立した火にすぎず、消してしまうのは簡単だし、あるいは自然に消えてしまうような火である。しかしすぐに同じ場所で［……］、火はまたぱちぱちと燃えはじめるのだ(9)」と述べるテーヌは「バスティーユ占領前の四カ月間で、フランス全土で三〇〇回以上の騒乱が起こったと考えられる」と明言している。だが日ごとに無力化する権力は、耳を閉じはじめる。昨日正しかった答えが明日も正しいと思い込んできた権力が、人々の飢えを理解したときには、すでに遅かった。

飢えていないとき、人は何をするだろうか。テーヌは食べることが重要なことだと知っていて、フランス革命の起源を立ち上げた数ページと呼応させるべき一ページを、『芸術哲学』〔一八八二年〕のなかで書いている。「恒久的な原因」についての章の冒頭だが、「……イギリスの小説では、登場人物はいつも食事をしており、最も感じやすいヒロインでも第三巻の終わりともなればすでに無限の量のバター付きの薄切りパン、紅茶、肉の薄切り、サンドイッチなどを平らげてしまっているのである」。さらに後段でわれわれをベルギーへと導いたテーヌは、次のようにも書く。それは彼のフランス革命理論にもかかわるもので、十分に注意を払うべき部分である。「夜の九時にブリュッセルのレストランのテーブルに席をとりなさい。まわりには蟹や塩辛いパンや固ゆで卵を売る商人が行き来し、穏やかに座っている人々は自分一人で満たされて、時には二人で、でもたいていはおしゃべりもせず、タバコを吸い、食べ、大ジョッキでビールを飲み、ときどき強い酒を一杯やってビールで冷えた体を温める。たっぷりの食物とあり余るほどの飲み物が彼らのなかで人間の実体を蘇らせ、満たされた胃の満足感が身体全体に伝わっていくにつれて、彼らが孤独に、ひとことも言わずに味わっているあの動物的充実の熱い感覚がどんなに大きくなっていくか、わかろうというものだ[10]。」

では、飢えているとき、人々は何をするだろうか。再びテーヌの言葉に耳を傾けてみよう。「ユゼスの近くでは、二五人の男が仮面をつけ、銃や棒をもち、ある公証人の家へ入っていった。彼らは公証人に向けて引き金を引き、一撃で殺し、家を壊して、登記簿を燃やした。この公証人がルーヴル伯爵のため保管していた証書や書類も、燃やされた。七人が逮捕されたが、人々は犯人の味方で、憲兵隊に飛びかかり犯人らを解放した[11]。」要するにそれは、「貴族の称号の終わりで、新しい世界の曙」だった。「アグド〔フランス南部、地中海沿岸の町。原文ではAdjeとなっているがAgdeの誤り〕では、民衆は気が狂ったように、身分の平等に対する王の意志とやらがあるのだから、民衆はすべてであり、何でもできると思い込んでいた」(フランス資料館、H一四五五〔テーヌのテクストでは一四五三〕)。こうなると頭に浮かぶのはただ、あのシェイエスの有名な言葉ばかりだ。「第三身分とは何か? 無か? 第三身分は何であろうとするのか? すべてである。」この言葉はアグドからパリまで道を進んできたのだろうか。いやむしろこの言葉は、すべての人の心と精神のなかにすでにあった、ということであろう。

かくして、ブリュッセルの太った犬は満腹なので誰にも噛みつかず、北仏から南仏にかけての狼どもは飢えに苦悩して群れをなす。一方に食糧に満ちあふれた平和が支配しており、他方には血に飢えた狼の不安がある。そして狼は惨めさの原因を、打ち壊したがっているのだ。

雌狼どもについても、ひとこと触れておくべきだろう。「一般的に、自然なことだが、先頭に立つのは女性たちだ。女性たちがM……〔テーヌのテクストではモントレリー（Montlhery）〕で小麦袋をはさみで切り裂いた。毎週市の立つごとに丸パンが三スー、四スー、七スーと高くなるのを見て、怒りの叫びをあげるのも女性たちだ。〔……〕袋のまわりやパン屋の店先に人々が集まり、群衆の圧力が増し……、店になだれこむ。(12)」

したがってテーヌの考え方は、非常にはっきりしている。政府の構造やイデオロギーがどんなものであろうと、飢えは社会秩序における革命の基本原則なのだ。いまなお原則なのか、あるいは原則だったのか。実際、権力といってもいろいろある。ともかく、アンシャン・レジームはナチス・ドイツには可能だった自己防衛ができなかった。火打ち石銃と重機関銃では、比較にならない。レーニンはNEP〔新経済政策〕の時代に、教会を穀物の貯蔵庫に改造して軍隊に守らせた。その結果恐ろしい数の餓死者が生じたが、体制に集中した憎しみにもかかわらず体制は存続したのだった。したがって飢えは、かつては古典的な意味での革命の源であったが、いまでは何よりもまず、いつかは爆発することになる憎悪と復讐の源なのである。

しかしながら――かなり矛盾しているようだが――テーヌがわれわれに語ってくれるこの恐ろしい時代はまた、ヨーロッパが飢餓から逃れる方法を見いだした時代でもあった。人間の心神喪失により生じる飢餓からではないにしても、少なくとも現実の飢餓から逃れる方法を。私はこの語りにくい話を、ごく大雑把に追ってゆこうと思う。ジャガイモの話である。

テュルゴー〔一七二七―八一、フランスの行政官、政治家、経済学者〕は、政治家のなかでは最初にこの塊茎の価値、あるいはE・カアヌが言うように「ジャガイモの尊さ」を深く信じ込んだ人物の一人だった。一七六一年に、大きな権限のない地位だが、リモージュの代官に就任した未来の財務長官は、ジャガイモを食べると癩病〔原語lèpreのニュアンスのまま、あえてこの訳語をあてる〕にかかるという迷信に我慢ができなくなった。そこでテュルゴーは宴会を計画し、自ら大量に食したのち、「ジャガイモをテーブルに運ばせて、農業組合のメンバーや司祭たちに配り、ジャガイモを食べることを奨励すべきであると説いた」。それは司祭の立場を難しくすることだったが、テュルゴーはそんなことは気にしなかった。『週刊ノルマンディー誌』に――Ｅ・カアヌの報告によると[13]――「真の市民」が寄せた匿名の手紙は、「ジャガイモの粉を食料として使うのは危険である。なぜならこの粉は腐りやすく、瘰癧性の病気を引き起こすからだ」と論じていた。人々はパリの医学部に、見解を協議し財務長官に伝えるよう求めた。医学部は一七七一年三月二日に協議を行い、その判断を表明した。「ジャガイモの栄養は素晴らしく、健康に良い。まったく危険はなく、とても有益でさえある」というものであった。同じ年に、これは少しも偶然ではないのだが、ブザンソンのアカデミーが〈人間の食糧に通常用いられる野菜が不足したときに、不足を補うことのできる野菜を示せ。また、何が食料不足の準備になりえるのか〉というテーマのコンクールを行い、一七七二年八月二四日、賞を授与されたのがＡ・Ａ・パルマンティエ〔一七三七―一八一三、フランスの農学者。ビートからの砂糖精製や食料の冷蔵法にも功績を残した〕だったのである。

ルイ一六世は、少なくとも一度は、聡明に、そして良識的に王の務めを果たしたことがある。薬剤師だったパルマンティエはパリの廃兵院に小さな畑をもっていた。彼は一七六六年、この施設付きの薬剤師の地位を得ていたのだ。あるとき廃兵院を訪ねたルイ一六世は、こういった実際的な感覚に同等の政治的知能をもし天が彼に与えていたら、とても偉大な王となっていたであろうが、パルマンティエの小さな庭に目をとめた。稀有なほど正確にものごとの重要性を理解したルイ一六世は、説明を聞くべくパルマンティエをヴェルサイユに召し出し、彼の話を聞き、さらに問題のさまざまな側面に踏み込んで質問をしたうえで、支持を約束した。そして手始めに――すでに相当なことだが――この植物を栽培する土地を与えたのである。おそらくリモージュの小代官の逸話を思い出したのか、ルイ一六世はのちにオードブルからデザートまでジャガイモづくしの食事を出させることになるであろう。この話は、ルイ一六世がいわゆる美食家であったかどうかは教えてくれないが、少なくとも彼は、フランスの王たる者はジャガイモを食べて癩病などの病気にかかることを恐れはしないことを証明したのである。この王は、政治には思慮深くなかったが、勇気はあった。

パルマンティエの歴史的な業績以来、ジャガイモはヨーロッパ意識の胃袋の単純な本質〔ハイデガーなら das einfache Wesen〔たんなる存在〕と言うところだろう！〕になった(14)。すでに一六世紀以来この塊茎には病気を治し元気をもたらす力があると思われてきており、多くの人々がこの塊茎にはキナの木を主成分とする「イエズス会士の粉」と同じ効力があると思ってきたが、これは幻想にすぎなかった。ギュィヨ(15)〔一八〇二―七二、フランスの農学者〕とカアヌによると、ジャガイモを深く観察した最初の学者は、アラス生まれの植物学者シャルル・ド・レクリューズ〔一五二六―一六〇九、フランスの植物学者。ラテン名のクルシウスで知られる〕である。彼は、周知のようにフィリップ・ド・シヴリ〔ベルギーの都市モンスの知事〕から二つの塊茎とジャガイモの実を一個もらいうけ、きわめて正確で入念な水彩画を描き、その絵の上にラテン語で次の仏訳の内容の言葉を書き留めた。「一五八八年一月二六日、ウィーンにてフィリップ・ド・シヴリからもらったタラトゥフル。ペドロ・シエサ〔インカ帝国を滅ぼしたピサロの部下。『ペルー年代記』の筆者〕がペルー人のパパと呼んでいるもの。」だがこのジャガイモは、どのような経路でヨーロッパにもたらされたのだろうか。「根拠があるかどうかあまりよくわからないある意見」によると、「〔……〕一五六五年、ジョン・ホプキンズ船長が奴隷売買をしていた頃、サンタ・フェ・デ・ボゴタ原産の塊茎をアイルランドにもたらしたらしい。〔……〕一五八六年(16)にドレーク〔一五四五―九六、イギリスの世界周航者、海軍将軍〕がイングランドにジャガイモをもたらしたと考えられている」。そしてジョン・ジェラード〔一五四五―一六〇七、イギリスの医師、植物学者〕が「連合王国〔イギリス〕で最初にジャガイモを栽培した人だった。ジェラードはジャガイモを自分の標本のなかで最も貴重な植物だと思っていた。」カアヌもロズもこの「栽培」という語の意味を正確に定めていない。標本という言葉からは、当時ジャガイモが、塊茎のためというより花や葉を目当てとして栽培されていたような印象を受けるが、推測の域を出ない。さて、このような状況でもなお、ジャガイモはすぐには植物学者の興味を引かなかった。ロズはこう書いている。「二人の植物学者、そう、ただ二人だけが［……］ジャガイモがヨーロッパにもたらされたときに、これを研究し、叙述した。[17]」要するにパルマンティエへと至る道はまだまだ長く、――カントの言うあの有名な「リンネ騎士」が、コンヴォルヴルス・バタータ（Convolvulus batata）という一語のもとに、スペイン人がサツマイモと呼んだものとジャガイモをすべてまとめて混同してしまっただけにいっそう複雑な道だった。多くの植物学者はリンネを盲目的に崇拝していたので、その結果彼らはジャガイモには目を向けず、よく知られているサツマイモばかりに注目しつづけることになったのだ。

ジャガイモという語はペルー語のパパからきている。この語は早くに翻訳された。レクリューズとG・ボーアン〔一五六〇―一六二四、スイスの植物学者〕はこのパパにタルチュフロリという名をつけていた。イタリア語でトリュフを指す語である。ドイツ語圏スイスではタルチュフエルといわれたが、この語からドイツ語のカルトフェルが生じ、これはしばしばフランスではカルトゥフルといわれた。こういったこの語の歴史はダランベール〔一七一七―八三、フランスの数学者、哲学者〕の『百科全書』の記述にも痕跡をとどめており、執筆者のヴネル〔一七二三―七五、フランスの医師、化学者〕は、冷静に塊茎を描写したうえで以下のように記述している。

「ジャガイモ。キクイモ。バタート。白トリュフ。赤トリュフ。」

「この植物はヴァージニアからもたらされたものだが、ヨーロッパの多くの地方特にフランス王国のいくつかの地方、ロレーヌ、アルザス、リヨネ、ヴィヴァレー、ドーフィネなどで栽培されている。これらの地方の人々、特に農民は一年のうちのほとんどにわたって、この植物の根をごく普通に食している。彼らはこの根を茹でたり、オーブンで焼いたり、灰にうずめて焼いたりして、大味で田舎風のいろいろなソースをつけて食べている。少しゆとりのある人々は、この根をバターで料理したり、肉と一緒に食べたり、揚げ物の類にしたりする。この根はどんな方法で下拵えしても、まずくて粉っぽい。この根を、おいしい食物と考えることはできないだろう。しかしこの根は、栄養をとることだけを要求する人間に、十分健康に良い多くの滋養を与えてくれる。ジャガイモを食べるとガスが出やすいという批判は正しい。とはいえ農民や人夫の頑丈な器官にとって、ガスがなんだというのだろうか。」

　この間違った悪趣味な結論は、ジャガイモが普及してゆく過程で見られた障害の一つだった。ジャガイモは、ただ農民と家畜にだけ適しているとされていた。サント＝ブーヴ〔一八〇四―六九、フランスの批評家、詩人〕はこのことについて『月曜談叢』のなかでわずかに触れている。「人間の食料としてのジャガイモに対する大きな偏見は、ジャガイモが被創造物のため（per le creature）、つまり豚のための食料であったという考え方から生じている。ボンステッテン〔一七四五―一八三二、スイスの作家〕は〔……〕大聖堂にジャガイモ栽培を奨励する文書を貼り出そうと考えついた。ジャガイモが毎日イギリス王のテーブルに出されることを付け加えて。そして九年後ジュネーヴで、ある住民が〔……〕ボンステッテンの宣教が生んだ効き目に対して礼を言いにきたのであった。[18]」

　一七七七年、農学者〔原文では天文学者（astronome）だが農学者（agronome）の誤り〕アンジェルは『百科全書』の補遺で、最初の執筆者ヴネルの記述に修正を加えた。「ジャガイモの実はドイツ、アイルランド、スウェーデン、その他各国の大部分で食料として用いられている。フランスの小作人は、他の民族がジャガイモから無限に利益を得ていることに気づいており、今後、いままで以上にこの植物の栽培にいっそう力を入れることは間違いない。小作人がジャガイモについてより多くのことを知るようになれば、すぐにジャガイモの栽培は普及してゆくだろう。」それでも、少なくとも都会では偏見は残ったが、人々がジャガイモを避けたのは、ある種の取り扱い方のせいでもあったことを忘れてはならない。たとえばジャガイモはキノコと同類に扱われ、薄く切り、乾かして保存し、使うときにはその乾燥した薄片を再び水で戻すといったことが試されたりしたのだ。もちろんまったくの失敗であった。

さて、このように見てくると、パルマンティエがどれほど重要な人物だったかは、当人がディジョンのアカデミーに宛てた論文で大いに謙遜し自分は何も発明していないと強調していたとしても、明らかである。実際パルマンティエは発明者というよりは、まさに良い意味での宣伝者であって、ヴネルのような愚かな人々に対しては、ジャガイモの名誉回復を説き、ジャガイモの栽培法や調理法を説くことが、大切なことだったのである。もちろんパルマンティエには、人々の心を確実にとらえる奥の手があった。それはこの塊茎からアルコールを作る方法だが、その方法に対してパルマンティエがどのような態度をとったか見てみよう。

「私はジャガイモからアルコール度の高い酒を作る方法は教えない」とパルマンティエは書いている。「他の人々はおそらく、この方法をあっさりと教えてしまうかもしれないが、私は彼らに、この発見を悪用しないように、自然が体に良い食物としてわれわれに与えてくれたものを、毒に変えたりしないように、願いたい。むしろこの野菜のすべての部分を、別の方法を用いて人間に有益なものにすべきである。おそらくジャガイモの葉や実は、みなさんの貴重な食料になるだろう。たえず自然をよく調べなさい。そうすれば、新しい成功がいつの日かみなさんの尊い努力に栄冠をもたらすだろう。人生を地味な、しかし有益な仕事に捧げた私は、観察し、観察したことを述べ、自分がやってみたことや、これからなさねばならないことを、私の同胞の幸福のために他の人々にもやってみるよう勧めたいのである。［……］私のやってきた仕事の成果が祖国に実りをもたらすならば、私にとってこれにまさる報酬はないであろう[19]。」

別のところで、パルマンティエは以下のように述べている。「私の研究は［……］技術の進歩と公共の利益をこそ目的としています……。私の心配は人々の食料という問題であり、私の願いは食料の品質を向上させ、価格を下げることである……。私が論文を書いたのは、皆の役に立ちたいがためだったのです。」アルコールという悪いかたちでの安易な利用（生命の水は死の水でもある）を避けてジャガイモを普及させようとするパルマンティエは、仕事が増える。彼はたゆまず書き、訴えつづけねばならなかった。

かくしてパルマンティエはフランスのもう一人の王、ヴォルテール〔一六九四―一七七八、フランスの文学者、思想家〕に手紙を書いた。ヴォルテールが「黒檀の木」〔奴隷売買商人の用語で黒人奴隷の意〕で財をなしたことを知らなかったパルマンティエだが、彼が表向きは農民の運命を心配し、関心を寄せていることは知っていた。事実ヴォルテールは、ブルジュラに宛てた一七七五年三月一八日付の手紙のなかで、自分の見方を以下のように表明している。「農民の大きな不幸は愚かであるということ、もう一つの不幸はあまりにも忘れ去られているということです。農民や家畜は、ペストでひどい損害を受けたときにしか、人々の関心を呼び覚しません。人々にとっては、パリのオペラ座に美しい娘が出ていれば、すべてことはなし、なのです……。」M・ド・ヴェーヌに宛てた手紙でも、自分は農業を信奉すると言っていたが、そのヴォルテールのもとにパルマンティエから二通の意見書がついた手紙が届いたのだ。一七七五年四月一日、ヴォルテールはこう答えている。

「あなたがぜひにと私に送って下さった二通の素晴らしい意見書を受け取りました。一通は政府が求めていたジャガイモについてのもので、もう一通はブザンソン・アカデミーで賞をもらった栄養のある野菜についてのものです。あなたにお礼を申し上げるのが少し遅くなってしまいましたが、それはこれから先はもはや、私がジャガイモを食べることはないからです〔文のつながりが判然としないがそのまま訳しておく〕。私はジャガイモと小麦粉を半分ずつ混ぜて、とてもおいしいパンを作り、私の農民に食べさせました[20]。食料が不足していたときには、このパンは大成功を収めました。しかし、私はもう八一歳でいろいろな病気もちですし、あなたに何か確実な御返答をいたすことはできません。それでもあなたのお手柄に感激しています。そしてあなたの研究がどれほど人々の役に立つものかということに、またあなたが私に下さった喜びにも感動しているのです。」

ルイ一六世はパルマンティエを助けてくれるだろうが、ヴォルテール王は小指一本動かさないだろう。ジャガイモは愚かで放屁ばかりしている飢えに苦しんだ農民たちにとっては、とても良いものであるのに。

そこでパルマンティエは、一大著述を書き上げることになる。『ジャガイモに関する化学実験』と題するこの書物は、一七七八年になってやっと出版され、その後ルイ一六世の援助を得たパルマンティエは、たんなる宣伝者以上のものになろうと決心する。策略家になろうというのである。

パルマンティエの策略は、二つの時期に分けて展開された。第一期には、王が土地を与えようと約束してくれたので、パルマンティエは最も不毛な、石ころと砂ばかりの土地を選んだ。肥えた土地を選んでしまっては、決定的な証明にはならないと、よく知っていたのだ。それから、天使が天国の扉を守っているのを思い出してか、あの温和でとおっていたパルマンティエが、栽培を始めた当初から憲兵隊に畑を守らせた。そしてさらにもう一つ、戦術的な要素を付け加えた。肥料をまったく使わずに、「イモ（patates）」を育てたのだ。当然ながら、パルマンティエは馬鹿にされた。もっとも、その埃っぽい黄色く乾いた小石ばかりの砂のなかから、一枚の小さな葉が、「ごくわずかな緑の葉が現れた」日までのことだったが。しばらく待ってから、パルマンティエは第二の策略期に入った。

人間の味方ではあったが、パルマンティエはカントと同様に、人間の心に不純なものがあることを知っていた。パルマンティエはその不純さを利用することにした。人間は本質的に泥棒であり、物を盗むものだ——そこでパルマンティエは憲兵隊に頼んで、少しずつ監視を緩めて、夜は引き上げてしまうようにした。すると、人影がいくつも、塊茎を引き抜きにやって来た。憲兵隊がさらに監視を緩めると、人影はまたやって来た。この塊茎はつまるところ、かなりおいしい食べ物だったので、すぐに味を覚えられてしまったのだ。パルマンティエが人々から称えられるようになるのに、時間はかからなかった。彼はジャガイモ戦争に勝ち、最も不毛と思われていた土地に勝利をもたらしたのだ。あとは結末をつけるだけだった。パルマンティエは自分のちっぽけな畑に走って行き、花を摘んで大きな花束にし、下には塊茎がついていたが、それをもってヴェルサイユへと赴いた。君主政治にとってはもう手遅れだったが〔一七八九年にフランス革命が起こる〕、パルマンティエは一七八六年八月二四日、王に言上した。「……今後、飢餓は起こりえません。ジャガイモはあらゆる穀物の代わりになります。そしてフランスの領土の一〇分の一にジャガイモを植えれば、それはもう出来上がったパンを手にしたと同じことです。」パルマンティエは聖書を知っていた。飢餓がもはやありえないと表明した彼の精神は、どのような栄光で満たされていただろう。パルマンティエはただ、人々がそう望むのであれば、と付け加えたかもしれない。ルイ一六世は、必要な場合には偉大でいられる人だったから、こうも答えたであろう。「パルマンティエさん、あなたのような人にはお金では報いることができません。けれども、あなたのような人の心に値する貨幣があります。さあ手を出して、王妃に接吻なさい。」

パルマンティエ以降のヨーロッパは、依然として形而上学を問いつづけ、かつジャガイモを食べる大陸になった。口さがない農学者は、パルマンティエが「今後、飢餓は起こりえません」と言ったことは正しくないと指摘する。彼らが引き合いに出すのは、アイルランドで起こったかなり特殊なケースのことで、これはジャガイモが不作だった場合の原型となるような例である。しかしアイルランドでは、すべての食糧をジャガイモだけに頼っていたのであり、この単作農業のせいで一八五一年に食糧が不足したのだ。だが少なくとも、パルマンティエが下した判断の一般的価値を疑問視する人は、誰もいない。

ジャガイモは澱粉質の野菜で、デンプンとブドウ糖が豊かで、つめこんだりしなければ保存しやすい。つめこんだ場合は、貯蔵庫のような気温の低いところでも発芽には十分なので、早く芽が出てしまうのである。最も大切な点は（この理由のため戦時中ドイツ人はキクイモを収容所に送らなかったのだろうが）、キクイモと違い、ジャガイモが小麦やトウモロコシと同じくらい輸送しやすいということである。ジャガイモはさまざまな方法で調理できるし、原則的に消化も良い。もちろん、完全食物ではない。完全食物はたった一つ、牛乳だけである。にもかかわらず、何百万の人間がジャガイモに頼って生きている。ジャガイモが人間の生命を延ばすのに協力したということは、間違っていないだろう。

したがってヨーロッパ意識群島には、一つの島がある。それは、人間に悪意さえなければ、人間を癒すことのできる島である。その生命の果実は、この愛すべき野菜、ジャガイモである。忘れてはならない味わい深い歴史の、ジャガイモ。もっとも、パルマンティエが人間を心配し飢餓という黒い馬を後退させようとした唯一の人というわけではない。ルソーの友人、ベルナルダン・ド・サン＝ピエール〔一七三七―一八一四、フランスの博物学者、小説家〕は、海のほうを見つめていた。

＊

『自然研究』〔一七八四年〕のなかで、ベルナルダン・ド・サン＝ピエールはこう書いている。

「北欧の河や湖では大量の魚がとれる。ラプランドに詳しい歴史家ジャン・シェフェール〔一七二〇―九五、ドイツの医師〕によると、毎年トルニオでは小舟一三〇〇隻分の鮭がとれるそうである。川カマスはとても大きく、人間と同じくらいの大きさのものもいるし、毎年北欧の四王国を十分に養えるくらいの量の川カマスを塩漬けにしているそうだ。しかしこれほどに豊漁でも、北欧の海の漁とは比べものにならない。ハンブルクのフレデリック・マルテンス〔一六世紀ドイツの旅行家〕を見よ。この海の真ん中で、あの怪物のように巨大なクジラをとるのだ。クジラはたいてい長さ六〇ピエ〔一ピエは約三二・四センチメートル〕、身体と尾は幅二〇ピエ、高さ一八ピエもあり、油が三〇樽もとれる。クジラのラードは厚さが二ピエもあり、これを切るには長さ六ピエもあるナイフを使わなければならない。毎年北欧の海からは大量の魚が生じ、ヨーロッパのすべての漁師を潤している。たとえば、タラ・アンチョビ・チョウザメ・ドルシュ・サバ・イワシ・ニシン・小ザメ・白イルカ・アザラシ・ネズミイルカ・セイウチ・クジラ・イッカク・ノコギリザメなどである。このような魚はみな、気候が穏やかな地方の魚よりも大きく、より多くの種類に分かれている。クジラだけでも一二種類もいるし、カレイやオヒョウは重さが最大四〇〇リーヴル〔一リーヴルは五〇〇グラム〕もある。ここでは、われわれにはいちばん馴染み深いニシンのような魚の量に関してのみ述べるつもりだが、確かなことは、毎年ヨーロッパのすべての住民を養うには十分すぎるほどの量の魚が生じているということである。」(21)

パルマンティエはジャガイモ栽培の先駆者であったが、ベルナルダン・ド・サン＝ピエールはニシンに注目した先駆者だ。古い資料を丹念に調べて、大胆にも、ニシンの量はあり余るほどなのだから、将来ニシンに不足することはありえないことを示そうとした。

「われわれが入手した記録によると、一一六八年からスコーネンとシーランド島のあいだ、スンド海峡でニシン漁が行われていたことがわかる。シャルル六世〔一三六八―一四二二、ヴァロワ朝第四代のフランス王〕の傅育官のフィリップ・ド・メジエール〔一三三五七頃―一四〇五〕が、一三八九年九月から一〇月にかけて〔原文は一五八九年となっているが誤り〕この海峡におびただしい数のニシンがいたことを報告している。あまりにニシンが多いので、〈数里にわたってニシンを剣で切ることができた。そして四万艘の船がいて、二カ月のあいだニシンをとる以外のことは何もしなかったと、人々の評判になっていた。どの船にも少なくとも六人から一〇人くらいの人間が乗っていた。そしてさらに五〇〇艘にのぼる大小の帆船が、ニシンを集め塩漬けにするだけの目的で集まっていた〉。」[22]

ベルナルダンは、「ベルゲンの善良な司教、ノルウェーのフェヌロン〔一六五一―一七一五、フランスの思想家、文学者〕といわれるポントピダン〔一六九八―一七六四、デンマークの学者〕は、まるで素晴らしい神学の一節であるかのように、博物誌的な話を庶民への説教に盛り込んでいる」と、称賛している。この神学に熱心な司教は、特に公衆の面前で好んでこう語っていた。「ニシンがノルウェーの海岸沿いを泳いでいると、クジラがニシンを追ってきて食べようとする。そのクジラのせいで、海の沖のほうは煙突の煙に覆われたかのように見える。あとを追われたニシンは海岸線に逃げ込んで、[……]そのときは農民でもニシンを手で捕まえることができる。[23]」クジラと人間のあいだで、ニシンは大した生もまっとうできないでいるのだ……。

捕まえたあと、ニシンをどうするか。

ベルナルダンはフランス人であり、フランス人であることに誇りをもっていた。

「オランダ人は感謝をこめて、ニシンを塩に漬け樽詰めする技術を発明したのはブーセルッという名の同国人だとしている。しかしオランダ人がこの発明から栄光を得ようとするのは不当だ。一三三七年、つまりこのブーセルッと名乗る水先案内人が誕生する数年前に、フランス王フィリップ六世〔一二九四―一三五〇〕が、塩漬けされ樽詰めにされたニシンに関する法令を発布している。ところがこの塩漬けと樽詰めという語は、この法令のなかでは何の説明も定義もされておらず、この加工法はすでに当時のフランスではとてもよく知られていた、ということになる。一三三七年、つまりオランダの発明家が生まれる三年前にはすでに……。」

要するにベルナルダンは、ヨーロッパがヨーロッパとして確立される瞬間を見ようとしているのだが、そのくせオランダ人がフランス国民のちっぽけな栄光を横取りしていることには我慢できないのだ。ともあれ「このおびただしい量のニシン」に対する「賛美」にあふれたジャン゠ジャック〔ルソー〕の友人は、ここから二つの結論を引き出している。まず第一の結論は、「国民の富について考察する人々も、ある特定の植物の単作や一種類の魚だけに頼った漁が国民の富に及ぼしうる影響について、十分に検討してはこなかった」。これはパルマンティエの書物の一節に加えてもよさそうな格言である。第二の結論は、「自然の偉大な原理に戻ろう。自然は何一つ無駄なものは作らないのだ。自然が作る動物のなかには老衰で死ぬものはほとんどいない。そして私は、命を誕生から死まで生き切るように自然が定めているのは、人間だけだとさえ思っている。年老いたものが若い同類の役に立つのは、人間の場合だけなのだから。獣の世界では、すべての経験を生まれながらにしてもっている子孫にとって、思考力も失った老獣が何の役に立つというのだろう」(24)。言い換えると、人間は、頭さえつかえば、年をとって固くなった動物の肉を食べなくて済むというわけだ。自然とは新鮮さなのだから。

パルマンティエが信じていたように「農業は自然の芸術である」と書いているベルナルダンは、ここでも『ジャガイモに関する化学実験』の著者と同意見で、アルコールの常用を非難している。「しかし」と、ベルナルダンは書く、「アルコールの常用は社会の責任でありその報いは社会が受けるのであって、自然の責任ではない」。そしてさらに、以下のような重要な考察を付け加えている。「土地・気候・国民・家庭・気質といった要素が、人間を悪徳をもつ者、あるいは有徳な者に作り上げるわけではない。人間はどこにいても自由なのであって、自分自身で選択できるのである。」

自由なのだろうか、いまだに人間は。

人間は人間の土地を破壊しているではないか、飢餓の黒い馬はいつ戻ってくるかもしれないではないか。ジョズエ・デ・カストロが著書『飢えの地勢学』〔一九五二年〕のなかで述べているテーゼ（正しく理解されていないが）の多くは疑問視されているが、私はそのなかから最も確実と思われるテーゼだけを取り上げ、人間の破壊的行動について述べてみたい。過去が未来の恐ろしさを理解させてくれることを望みつつ。ジョズエ・デ・カストロはこう書いている。

「ヨーロッパ人の植民活動が原住民の生活手段を台無しにしてしまうということは、彼らの一連の経済的・社会的行動をとおして見られてきたことだし、むしろそれが、あらゆる時代において、植民地開発の本質をなしているのである。そういった行動をかたちづくった第一のものは、重商主義だった。早く容易に得られる利益に対する、野心。それは古代から、つねに植民地への冒険に人を駆り立てるバネだった。容易に得られる利益の探求が、入植者のすべての関心を集め、しかしその他すべての面は、開発される地方のバランスにとっては最重要のことだったのに、まったく無視された。ローマ人の時代、ローマの植民地が拡大してゆき、サハラの北に位置したアフリカの大地の帯状地帯をすべてローマ人が占めていた時代、そしてその土地に地中海方式の耕作を適用させた時代から、植民地化の技術はつねに豊かな自然からの略奪という性格をもっていた。カルタゴを滅ぼすべし（Delenda Carthago）という言葉はヨーロッパ大陸にとっては、他の大陸の人々に対したとき、まさに一つの象徴であり、モットーであり、一種の行動規範であった。アトラス山脈の山腹や地中海沿岸の谷に見られた、豊穣な穀倉地帯やオリーヴの木の大果樹園を、ローマ人はわずかな時間で、荒涼とした荒野にしてしまった。ローマ人はたしかに大水道やダム、華麗な都市を建築したが、しかし、帝国の衰退とともに、このような建造物はすべて崩壊し、原初からの自然のままの植物のマントがすでに剝ぎ取られていた風景は、砂漠に侵入され、砂に飲み込まれてしまったのだ。」

「本国から要求された過度な量の穀物を生み出すために大地を酷使し、そしてカエサルたちの船団の建造やローマ人の贅沢な宮殿の満足のために使うべくアトラスの森林を破壊した結果、植民地は短期間のうちに崩壊してしまった。たとえばゴーティエは、ローマが支配しているあいだにアトラス山脈の山腹から象が消えてしまったという事例を引用している。この地方の象をローマ人は軍隊に配備していたのだが、その象がすべて、象牙を求めるローマ市場の経済的要求により、またあらゆる時代のヨーロッパ人にも通じる特有の破壊的狂暴さによって、帝国の没落時には消えてしまっていたのだ。」[25]

『共和制末期の一世紀と帝政初期の一世紀のローマ船団（紀元前九〇年から紀元後七〇年まで）』と題されているある論文（不幸なことに出版されていない）のなかでマドレーヌ・イザクは、ローマ海軍の船団建造のために行われた山林の伐採がどれほど並み外れたものだったのかをわれわれに教えてくれる。彼女が強調しているのは、この急速な山林の伐採が、船の建造と同様大した理由もなく行われたということである。特に、七〇〇隻と推定されるポンペイウス〔前一〇六？—前四八、古代ローマの軍人、政治家。カエサルとともに第一回三頭政治を行うがのちに対立し、エジプトで暗殺される〕の船団の建造は、すでに一一〇〇隻という大船団があるにもかかわらず行われたのだ！　そのために、どれほどの森林が荒廃したことか！

　アトラス山脈の象に関していえば、象はただ戦争や貴重な象牙のために利用されただけではなかった。『ローマの日常生活』のなかでジェローム・カルコピーノ〔一八八一―一九七〇、フランスの歴史家、政治家〕はこう説明している。「何種類かのヴェナシオーネ〔円形競技場で行われた狩の見世物〕があり、死にいたる決闘が「獰猛な獣のあいだでだけ行われた。熊と水牛、水牛と象、象とサイの決闘である。」一体何のためにそんなことをするのだろうか。

　例を変えよう。過去が恐ろしい未来を理解させてくれることを望みつつ。ウェストン・A・プライス〔一八七〇―一九四八、アメリカの医師〕は『食生活と身体の退化』という題の本を一九三九年に発表した。この本には、ケニヤで行われた医学的観察が含まれており、プライスは「原住民の素晴らしい歯並びの様子」に驚き、これは「伝統文化に立脚した素晴らしい栄養のしるし」であるとしている。プライスは医者として、どんな「虫歯の症例もなく、〔……〕口蓋の歪み」も見られなかったと注意深く強調している。不幸なことに、とジョズエ・デ・カストロは指摘する。「ヨーロッパ人との接触は、このような原始的な習慣に変化を引き起こした。この変化が原住民の健康にとって重大な結果を伴わないわけはない。栄養が偏る最初の要因は、ヨーロッパ人の入植者によってもたらされたものだ。カカオやコーヒー、サトウキビ、落花生などの輸出用の栽培を持ち込んだことから偏りが生じた。」

　この点については、批判的な記録も存在する。デヴィッド・リヴィングストン牧師〔一八一三―七三、イギリスの宣教師、探検家〕の『南半球アフリカ内地探検――一八四〇年から一八五六年にかけてのサン＝ポール・ド・ロアンダ〔現アンゴラの首都ルアンダ〕からザンベジ川の河口までの大陸横断の旅』の一節である（ロロー夫人訳、アシェット社、一八七七年）。

「われわれはサンザに着く前に豊かで、人がたくさん住んでいる地方を通り、キゼのはとりに着いた。嬉しいことに、私はそこで小麦畑に出会った。小麦は素晴らしく実っており、灌漑の必要もなく、そして、いっぱいに実った穂の長さは少なくとも一〇～一二センチメートルはあった。それは私の仲間たちにとって好奇心を刺激される対象だった。私がリンヤンテ（原文はLianytiだがLinyantiの誤り）にいたとき、彼らは私のパンを見て、味わったことがあったが、彼らが小麦を見たのはこれがはじめてだったのである。この小麦を栽培しているのはM・ミランドという男である。この愛すべきポルトガル人の庭は多くの利益を生んでいて、それをみると、この地方でこのくらいの海抜の高さだと、小麦だけでなくヨーロッパにあるどんな野菜でも生産できることがよくわかった。さらに道を進めて、われわれは、コーヒーがこの地方のあちこちで自生して広がっているのを見た。タラ・マンゴンゴの頂上にもコーヒーがあった。ここは、イエズス会士がかつてコーヒーをもたらした西海岸から三〇〇マイルも離れているのだが。」

　これらはすべて、せいぜい一五〇年前のことである。最も重大なのは、おそらくコーヒーのことだろう。真偽のほどは不明な、ある言い伝えによると、コーヒーは七世紀にアラブの国々で発見された。この低木の種を食べた山羊がとても興奮することに農民が気づき、やがて人間がその種を味わいたくなる。すべてはそこから始まったらしい。だがコーヒーを世界に、それもあっというまに広めたのは、ヨーロッパ人とイエズス会士だ。リヴィングストンがアフリカのこの地方で、あちこちに自生しているのを見いだしたコーヒーとは、どのようなものだったのか。それは、芳香を放つ、莫大な商業価値のある植物である。今日国全体がコーヒーの栽培のみに頼って生活している国があるという意味で、そしてコーヒーの「相場」まであるという点で。しかしコーヒーの栄養価はどうだろうか。栄養価は、ゼロだ。つまりコーヒーは、人に役立つ植物の耕作を、追放してしまったのである。本当にコーヒーは、何の役に立つのだろうか。コーヒー沸しのポットに湯気を立たせるのが、関の山ではないか。ここに、重大な錯誤がある。コーヒーはいたるところで受け入れられている麻薬、豊かな土地を荒廃させてしまう麻薬なのである。

これらの例は、ヨーロッパ意識を反省するのに役立つであろう。飢餓という気の狂った馬はいま、とりわけ南のほうをギャロップで走っている。しかし将来、この馬が北に戻ってくることがないかどうか、誰が知っているのだろうか。

Ⅲ　忘れられた世界

海

穏やかな海原に沈む夕日の光景、あるいは逆に荒れ狂った海や港、船のある光景、こうした光景を描こうとした画家は数えきれない。同様に海を題材にした素晴らしい小説、貴重な日記、専門的な文章、軍隊物語、そして当然、詩も数多く知られている。

しかし偉大な哲学者たちは海について何も書き残していない。これは奇妙で、理解しがたい。デカルトは、海のことをよくわかっていたにもかかわらず、何も著していない。マルブランシュもそうだ――もっとも『自然および恩寵について』で彼は、雨を塩辛い海に流入させて耕作地に流れ込まないようにしてくれる神の摂理の正しさを説いてはいるが。たしかに、たとえばカントは『純粋理性批判』で、虚偽の形而上学の弁証法的世界を描くために大洋のイメージを利用している。その点ではカントは、はからずもダンテとつながっている。ダンテは「地獄篇」〔『神曲』の〕の詩篇二六において、知に渇いたオデュッセウスがどのようにして二度目の旅に出かけ〔大西洋にのりだし暴風にあって死んだ〕、「煉獄」の山とおぼしきものの麓で大惨事に終わることになったかを説明しているのだ。プラトンもまた、船長の助言に従うほうを好む賢明な旅人のイメージを使っていたと、人は言うだろう。なるほどそのとおり。だが、こういったばらばらのイメージでは、海の現実に分け入れない。なぜ大哲学者たちは、海をないがしろにしてきたのだろうか。

この事実は、帆船時代、海の世界はヨーロッパ意識を逆説的な仕方で占めつづけていただけに、なおさら驚くべきことである。一方で一六六〇年から一六七〇年にかけてのあのコルベールのいた大時代、「フランスの水夫の数は約四万名から五万五〇〇〇名のあいだで揺れていた」のであり、女性と子供、それに船主を含めても、四〇万人を越えることはなかった。M・アスラとJ・メイヤーは、「水夫の社会の人口はあまり多くはなく、沿岸部の名高い地方でさえ人口全体からすれば微々たる数でしかなかった」[1]と断じている。しかし逆説的にも、まさにこの小さな世界が世界全体にインスピレーションを吹き込んだのである──哲学者たちを除いて。そして他方、さらに逆説的なことには、大海戦──アルマダの大海戦〔一六世紀、英西の海戦。スペイン艦隊は嵐によって大打撃を受けた〕での難破も含めて──は記憶に残りはするが、実際には、大規模な地上戦に比べてみると、ごく小規模な衝突でしかなかったのだ。海上ではスターリングラードの攻防戦〔一九四二年六月二八日〜四三年二月二日、独ソによる史上最大の市街戦〕はありえないのである。結局、時として時代を決してしまうこれらの決戦──たとえばアクティウムの海戦〔紀元前三一年にオクタヴィウスがアントニウスとクレオパトラとの海軍を打ち破った海戦〕──は戦略のモデルとはならないと考えられていたのだし、だからこそクラウゼヴィッツ〔一七八〇─一八三一、プロシャの軍人、『戦争論』の著者〕も海戦については何も言っていないのだ。

海の歴史を書くことが本書の目的ではないが、しかしわれわれは、少なくとも現代と過去とを分かつ二つのゼロ・ポイントを設定しておくべきだろう。最初のゼロ・ポイントは日付というより一つの出来事、一つの観念である。ニコラス・モンサラット〔一九一〇─七九、イギリスの作家〕の小説『残酷な海』〔*The cruel sea* 一九五一年。第二次世界大戦中の北大西洋を題材にした小説〕は粗造船の冒険譚で、その船の指揮官は、世界のありとあらゆる地図をもっていることになっている。[2] もちろん地図でも「地図の修正」[3]は必要なわけだが、大した修正ではないだろう。しかしかつては、ロベール・シャール[4]〔一六五九─一七二一、海軍付きの作家で、旅行記、回想記、小説を残した〕──マルブランシュと哲学論議を戦わせた──が有名な『日記』[5]（第一巻、一六九〇年二月─一六九〇年八月）の冒頭で指摘したように、「地図はどれもこれも間違いだらけで、同じものは一つとしてないということもすでに承知済み」であった。そして、その後「船乗りたち」の長く忍耐強い仕事によって地図が精緻なものになった結果、いまわれわれはほぼ（ほぼと言うのはすべて変化するからだが）正確な地図を目にすることができるのである。ここに、重要なゼロ・ポイントがある。未知の海から既知の海へ移行する点だ。この既知性が生まれた正確な日付を特定するのはかなり難しいが、しかしそれは帆船が消滅しつつあった頃、二〇世紀初頭の頃と思われる〔原文では一〇世紀初頭とあるが、前後の関係から二〇世紀とした〕。

第二のゼロ・ポイントはつとに有名だ。第二次世界大戦中に日米間で争われた(6)、それまでは考えられない海戦である。航空母艦の出現は、互いにまみえることなく戦うという事態を生み出したのである。海軍大将スプルアンスはこの事件を生々しく描写している(7)。制海圏はもはや船舶がかかわる問題ではなくなっていたのである。これに、大型装甲艦――たとえば戦艦グラフ・フォン・スペ、戦艦ビスマルク、戦艦ティルピッツ〔いずれも第二次世界大戦中に沈没したドイツの戦艦〕――が結局はあまりにもあっけなく沈没してしまったことを付け加えるなら、この現象の重要性はさらにはっきりする。とりわけ超弩級戦艦ティルピッツの最後は意味深長である。フィヨルドに閉じ込められ、行き場を失い脱出しようとして敵空軍に沈められてしまったのである。海がもはや重要な戦略上の前線でないことは明らかである(8)。

おそらく地図の精度の高まりは、われわれの意識にとって、海の戦略的使命の低下よりずっと重要な意味をもっている。地図上に現れたり消えたりする「漂流島」は旅物語の重要なテーマだったが、いまでは見当たらない。かつては、航海から戻ってくると、人は自分が見たもの、あるいはむしろ自分が見ようとしていたもの――見ようとしていたから見たわけだが――を語ったものである(9)。それは誰にも反論される心配はなかった。つまり地図同士が互いに結びついていなかった時代、漂流し、消えてしまう島は理解を超えたものだったのである。海は真偽が確かめられないもの、幻想の地平にあり、船乗りたちの小さな世界は、難破者の島のように、はるか彼方の驚異の数々を語るのであった。コルベールの時代、このたぐいの物語は枚挙に暇がなかった。とするとこれが、哲学者が沈黙を守っていたことの理由だろうか。彼らは、思考を歪めるだけでしかない風聞を信用しなかったのだろうか。船上の自分の「小部屋」――上等なワインの壜を何十本と寝かせておけるくらいの広さだが――で、ロベール・シャールは永遠論を書き上げた。しかし海上で書き表したこの論には、波の永遠性を喚起するような語はただの一つもないのだ。誰もが海へ乗り出す欲望に取り憑かれていると言う。しかしその欲望は生の欲望であって、思考の欲望ではないと考えるべきだろう。

海がまさにこの巨大な生の欲望の住処であってみれば、われわれとしては、とりわけ昔の帆船の船乗りについて、もろもろの書物を糧に、考えをめぐらせてみなければならないだろう。そこには大哲学者の思索といえるものは見当たらないが、それでも私には海が大地と同じように、ヨーロッパ意識群島の大きなモメントの一つであったと思われるのである。

海、それは存在するのか、とゾラならば問うだろう。

おそらく、と答えなければならないだろう。

海をある程度、高いところから眺めてみてほしい。海は無限に広がって自分自身のうちに崩れ込むようにわずかに湾曲してみえる。これは地球が平らではないことを教えてくれる。海は大地が球形であることを示しているのだ。地面は平らであると信じていた時代、この現象は人間の視覚の錯誤とみなされていた。その真実において、海は幻覚を生み出す源だったのだ。とすれば、海を底知れぬ謎と考え、さらにもっと別の謎の数々、とりわけ怪物たちが海中深く潜んでいると考えても不思議ではない。古典主義時代の海洋冒険物語の定番テーマの一つは、怪物なのだ。炯眼の読者にとって、しばしば怪物の筆頭は船そのものである。このテーマは概してあまり目立たないが、船名自体が不吉な名であったりする。海は、虚無と不確実を内包していたのである。海はとらえがたく、夢よりもさらに漠としたものなのであった[10]。ヘラクレスの柱、いわば海の果ての向こうには、何があるのか。用心に用心を重ねたうえでなければ誰も船出はしなかったし、とりわけ誰も彼も神の加護を得ようとしていた。一八世紀になってもなお、どの船にも素晴らしい女神の船首像が飾られていたのはこのことに由来する。たしかに女神像には古代人が認めていたようなはっきりした意味はもうなかったが、しかしそれは――時として金箔を押してあったりもした――超論的な過去の証人として、存在していたのだった。

つまり、それ自体は本質的なものではないが、本質を浮かび上がらせてくれる、その意味で基本的なもの、それが船である。船は岸から数海里離れただけでもう絶対的に閉ざされた、有限の空間に変容してしまう[11]。そこから海に投げ出されてしまうことは、――海水が冷たかったり、鮫がいたりするからなど――理由はどうあれ、死に投げ出されることである。また、この限られた空間では、どのような非人間的なことも起こりうる。一つ例をとってみよう。帆船時代の船はあまり大きいものではなかった――せいぜい全長三〇から六九メートルが関の山だった。この狭すぎる空間では、何かの病気、たとえばチフスなどが船内で伝染しないようにするのは実に難しい。いくつかの病気が重なって、診断すらつかないこともよくあった。病気に限らず、すべてがいわば増殖し、人間の限界など、あっけなく凌駕されてしまうのである。用心深い処置がつねになされていたわけではない。検疫期間（la quarantaine）というヴェネツィア流の賢明な用心が、いつもなされていたわけではないのだ。かくして一七二〇年、猛烈なペストが船から上陸し、マルセイユを席巻したのであった。

画家たちにこよなく愛されてきた船は、いわば徒刑場であった。概して行儀が悪く激しやすい——この点はあとで触れる(12)——船乗りたちは、過ちを大目に見てくれることはほとんどなかった。罰は言語を絶するほど厳しく、それは船が脆くつねに危険にさらされていたことから説明されてきた。そのうえ、仕事は辛く危険なものであった。たとえば冬のマストの仕事は身の毛もよだつものであった。人々は片方の手で船のマストかその付属品を握って墜落しないようにし、それでもしばしば墜落し死を招いたが、もう一方の手で、うっかりすると手を切ってしまうほど凍てついた帆を張ったり折り畳んだりしなければならなかった。しばしば水夫は、片手で仕事ができる人間と——つまり大力の持ち主であり、非常に器用であるとみなされていた。彼らは一瞬にして人間の限界にまで行ってしまうのである。そのうえ船長は、ミスを見逃さなくても大きな危険にさらされることもあったのである。こういった状況に置かれながら、人々はインドで商品を積み込み、帆をいっぱいに——しばしば必要以上に——張り、できるかぎり速くヨーロッパに戻って、最良の値で遠征の成果を売ろうとしたのである。それはおそらく地獄であったろう……。そういった世界は、ヨーロッパ意識においていまや死滅している。しかし決して、完全に忘れさられることはないだろう。

思うに、当時の生んだ最も魅力的なテクストはポーの幻想物語である。ポーはそのテクストによって彼の生きた時代を完結させ、そして仕上げたのだ。そのテクストとは、『アーサー・ゴードン・ピムの冒険』〔一八三七—三八年に執筆、ボードレールによりフランス語に翻訳〕である。周知のように、ポーにはボードレールという翻訳者がいる。彼以上に卓越した翻訳者は望むべくもないだろう。ボードレールはあえて言うならば——私は何を言っているか百も承知だ――テクストを切り開くたぐいの翻訳者に属している。こうした翻訳者はまれであり、これがポーをボードレールを通じて読まねばならない理由である。それにまたポーは海とその危険をよく知っていたし、ボードレールは海を愛していた。つまりポーとボードレールのおかげで、われわれは素晴らしい物語を手にできるのである。だが、この物語がよく理解されているとはいえない。そこでは現実離れした話の展開が、哲学的な思考をたえず覆い隠してしまうからである。さらにポーは自分の物語のあちこちに、時として謎めいたさまざまな指標や記号、しるしをちりばめているのである。このテクストは、一読しただけではたんに船乗りの生活を描いているようにみえる。しかし実はそこには、現実と非現実が複雑に絡み合う巧妙な構成と船乗りの想像力の原則のほとんど完璧なセオリーがあるのだ。

ポーのテクストは徹頭徹尾、簡明で緻密な文体に貫かれている。[13] また細部にいたるまでデカルト的明晰さで語られてもいる。こういった論理的な文体は、謎の解明や暗号の解読を好むポー独特のものといってよいだろう。[14] しかしこの緻密な文体にはもう一つの側面がある――あたかも海が現実全体にもう一つの側面を授けているように。つまり、もっというあの本質的なカテゴリーの、変質である。陸地では、ものが本当に失われることはない。人々はごく普通に、あたかもすべてのものはいずれ見つかるかのように、ものをなくすと言う。それに陸地では、ものは取り替えられるのである。陸地に接岸することで、船は損失した部分を取り替えられる。しかし海では、あらゆる損失は絶対的で、取り返しがつかず、重大な結果をもたらす。ポーの物語では、個々のものが失われることの描写は論理的な文章に従っており、その論理は明らかな意味をもち、ぞっとするような効果を生んでいる。そこから、物語の最初から最後まで根本的に束縛だらけの生のイメージが生み出されるのである。人は自分の存在を、もつことのうちに包摂せず、またもつことのうちに自らの本質を据えることもしないまま、もつことに完全にとらわれているので、心の動きはそれに左右されてしまうのだ。

物語は四つの部分に分解できる。前奏曲あるいは密航、グランプス号の放棄、ジェイン・ガイ号への乗船、南方への漂流である。

関係の網の目がいくつも物語のなかで結ばれ、そのうちいくつかのテーマは全体をとおして変わることなく出現する。グランプス号に割かれた部分は、根本的に人間的な諸場面——人間的なことから生じる残虐で非人間的な出来事をも含めて——、にもかかわらずごく普通の事柄を、繰り広げている。どれもこれも、日常的なことで、ありうることばかりである。逆にジェイン・ガイ号のくだりは、非日常的なことばかりである。だからこそ、日常から非日常への移行に伴い、物語の真っ只中で船を乗り換えるのだ。

前奏曲は二つの部分に分けられる。第一の部分でポーは、船に乗りたいという気にさせてくれる隠れたモチーフを提示する。そして第二の部分でわれわれを、密航に立ち合わせるのである。第一の部分のほうがはるかに興味深く、われわれは海への欲望の真っ只中に導かれる。

テクストの出だしは多少もたついているが、——それは意図的なものである。ポーは主人公アーサー・ゴードン・ピムと彼の友人オーガスタスを登場させる。オーガスタスはすでに「南太平洋」を旅したことがあり、「ティニアン島やその他の土地の自然について数々の物語」〔ポーのテクストの訳は『ポオ小説全集』東京創元社、一九七四年を参照した〕をしゃべりはじめる。主人公は、「私は、彼が話してくれることに特別な興味を抱くようになり、海へ行こうという激しい欲望に少しずつとらえられていった」(15)と書く。人がこうした、あまりにも現実的でつまらない理由から船に乗り込むというのは、ありそうな話である。ポーは自分がなすべきことをわきまえている。海に出ようという人間を募るのがどれほど難しいかということを、心得ている。そこでポーは、いつも同じ内容だがいつもとても魅力的で、首尾よく相手をその気にさせる勧誘の言葉を、いくつも集めてくる。だがそれらの言葉は結局のところ抑制の利いたものだ——絶対的に未知なるものにはひとことも触れられていないのである。遠くにあるもののことしか語られない。欲望の言語はここでは、遠くへの凡庸なあこがれでしかなく、つまりは悟性の範囲内にある。「ティニアン島の土人たち」にあえて言及するようなくだりはどこにもない。こういったレヴェルにとどまるかぎり、海へ乗り出す欲望がいかに劇烈であるといってみたところで、かなり通俗的な心理の範疇を出ることはないだろう。

さてこうして冒険の前段が入念に始まるが、前段といっても重要であることに変わりはない。ポーの主人公とその友人は、ポーの記述から推測するに、六〇トンの小型帆船に乗り込んで船出する。乗船可能人数からトン数を割り出すと六〇トンの小型帆船となるのだ[16]。アーサーは、オーガスタスの魅惑的な言葉に最初驚き、次いで魅せられ、彼と行動をともにする決心をしたのだった。ポーはここで海へ乗り出す欲望の特性を描き出そうとしている。彼は主人公に「いったい、私の心に何が取り憑いたかわからない。しかし彼〔オーガスタス〕の口から声が漏れるや否や、私は興奮して体が震えてくるのを感じ、喜びで体が熱くなり、彼の気まぐれな考えが世にも素晴らしく理に適ったことの一つだと思えた[17]」と語らせている。明らかにポーはここで、海へ乗り出す欲望を性的な欲望と興奮に結びつけようとしているのだが、そのついでに彼はまた、自らの偉大な思想にも触れている——もつことを論じたときと同様細部描写をとおしての理解を求めているのだが、すなわち、事物は見たとおりにあるとは限らない。こうして、最も奇妙な考えが最も理に適ったものとして提示される。この原則——『メルツェルの将棋差し』も再読してほしい——は、もしポーが哲学者となっていたら、独自の哲学を彼に打ち立てさせたかもしれない。しかし彼はいつも、哲学の周縁部で物を書いているのである。

さて、当然のごとく、この冒険の前段は難破で終わる。冷静な外見とは裏腹に、舵をとっていたオーガスタスが酷く酔っ払っていたのだから、なるべくしてなった結末だ。「……彼は私が想像していた以上に酒を飲んでいたのだ。そして彼のあの行為は、いわゆる深く集中した酩酊の結果だった。こうした酩酊のときは、得てして狂気と同じように、酔っ払いは素面の人たちと同じ態度をとることができるのである。」[18] 一見してわかるように、ポーは前述の自分の原則をここで用いている。この原則を、導きの糸として心に留めておこう。事物はそれがあるようにはない。狂気は良識をまねるのだ。ポーには説得力がある。それほど酒を飲んでいなかったアーサーの意識を狂気に変え、その瞬間、その狂気の意識のなかを暗い考えの数々が、「光り輝くばかりの速さで」横切ってゆく。——周知のように、光満つれば闇も満つ、なのである。

二つの要素が絡んでいることに、注意しよう。二人の主人公は、自分たちの小型帆船に自らの体を結びつけた。——アーサーは神の加護を求め、想像を絶する困難に耐えようとしている。「私が気持ちを強くしたまさにその時、突然、大きな、そして長い叫び声、喉からほとばしったかのような無数の悪魔の怒号が、辺り一面に響きわたり、私たちの船の上を跨いでいった。生まれてこのかた味わったことのないもので、私はこの瞬間感じた身の毛のよだつような断末魔の恐怖を生涯決して忘れまい。」[19] 実際には、巨大捕鯨船が小型帆船を沈めたのである（それが怒号のように聞こえたのだ）。身の毛のよだつような断末魔の恐怖はアーサーの海へ向かう欲望に冷水を掛け、当然彼を正気に戻してくれたことであろう——しかも彼は、その出来事を生涯忘れないだろうとはっきりと言っているのだ。とすれば、海への欲望という秘密を見抜くには、性的な所有欲という考えだけでは足りない。さらに必然的でさらに悪魔的なもう一つの要素が必要なのである。

第二の要素は見張り番の話からなっている。「おんぼろ船にいつも気を配ってやるなどわしの仕事ではない。愚にもつかないことで船の向きを変えてはならぬし、もし海に落ちたやつがいたというのなら、それはそいつの誤りだ。とっとと溺れちまえ、糞食らえってもんだ」[20]〔原作では見張り番ではなくて捕鯨船のブロック船長の言葉〕。この演説は副船長の眉をひそめさせたが――それは瑣末なことだ。重要なのは、海上ではある種の人間にとって、人間の命は物の数ではないという事実である。この演説でポーがあることを暗示していることが見てとれるだろう。見張り番の演説はストーリーとしては不要だが、しかし不吉な警告としては機能しているのである。

二つの要素、断末魔の苦悶とおんぼろ船の軽視を、主観と客観の対蹠点にあるとするなら、主観の視点に立つと出来事は増幅し（Steigerung）際限のない相乗作用を募り――「無数の悪魔の怒号」というわけだ――、一方、客観の視点に立つと――巨大な捕鯨船が嵐のなかで小船を押し潰す――出来事は大した意味はもたないことがわかる。このことはすでに、どんなに詳しく文章に描いたとしても、結局は不確かな判断にしかいたらないということを示している。そしてまたこのことは、次のことも示している。すなわち、これら二つの視点が理路整然と語られているかぎり、ポーはこの架空の物語（それでもポーはタイトルを『アーサー・ゴードン・ピムの異常な冒険』ではなく『アーサー・ゴードン・ピムの冒険』とした）に、入念に、さまざまな視点に立って、十分に正確で真実味のある事柄の数々を集めている、ということである。

さて、以上のような前奏曲を見たあとで、次のような問題が当然、湧き起こってくる。なぜ人間は、いやなぜアーサーは、再び船乗り生活に首を突っ込むようになってしまうのだろうか。「私は身の毛のよだつような断末魔の恐怖を生涯決して忘れまい……」[21]というアーサーの言葉に、ポーは次のようなコメントをつける。「損害を受けたり危険にあったりした経験からは、それがどんなに簡単明瞭な出来事であったとしても、それに好意的なあるいは否定的な何らかの判断は下せないものである。たぶん、いま、私が話したような大惨事は、海に対して生じた私の熱意をさましてしまったと、人は思うかもしれない。ところがまったく逆で、奇跡的に救出されたあとの一週間ほど、船乗り生活に起伏をもたらすあの未知の冒険を経験したいと強く感じたことはない。こんな短い期間でも、私の記憶からあの出来事の暗い部分を消し去って刺激的な色合いを明るみに出し、私たちの危険な出来事から精彩に富む部分だけを思い出すには十分だったのだ(22)。」こうして恐ろしい断末魔の思い出は一週間もすると遠のいてしまい、盲目的な情熱が以前にも増してふつふつと湧き上がってくることになる。もしポーがそこで物語を終わりにしていたなら、われわれはこの物語に盲目的な欲望の単純なロジックしか見いださなかったことだろう。だが、いったいどんな素晴らしく刺激的な色合いが、海に出るという欲望を再び呼び起こすことになったのだろうか。

それはまさに、少なくとも半分はまるっきり空想の産物とアーサーが推測する体験談を、オーガスタスが再び始めたからである。そのわけは説明されていないが、アーサーは自分の気持ちに盲目的になっているわけではない。「不思議なことに、彼がこのロマンティックな職業生活に私のあらゆる能力や感情をひきつけて離さないようにしてしまったのは、私に海上生活のこのうえない苦しみや絶望の瞬間を生き生きと描写してくれたからだった。一方で彼が語ってくれる海上生活の明るい面に対しては、私は通り一遍の共感しか湧かなかった(23)。」そして最後に強調されているのは、「私が心に思い描いたもの、それはすべて、難破であり飢えであり死や捕囚であった……」ということだ。ここに、隠されていた欲望がはっきりと表現されている。海をめざす欲望は死への欲望であり、欲望と名のつくもののなかで最も根本的なものは、ウーラント〔一七八七―一八六二、ドイツの文学者〕風に言えば、死の感情なのである(24)。

おそらく精神分析学の概念、とりわけ死の本能を持ち出して、ポーの意図を説明しては判断を誤ることになろう。実際、自我の崩壊としての死そのものは対象とされていない。むしろ生死の境をさまようこと、恐ろしい断末魔への接近こそが追求されている。この意味で、死への欲望（死そのものとともに全編を規定し、物語中に遍在している欲望）[25]があらゆる行為を決定しているのだ。ほんのわずかでも海と享楽をともにし、肉体関係（possession）をもってしまう前に、船乗りはすでに海に取り憑かれた者（possédé）であり、悪魔、狂信者なのである。この説明不可能な欲望——なぜならすべてのものは存在しているかぎり自らの存在を保ちつづけようとするものだから——は、平穏な流れを失った存在の極端なかたちである。そして、右のような説明をとおしてポーはまさに、死を感じさせる（海への）欲望には、形而上学的な価値があると言いたいのだ。もっているものすべてから引き離され、世界全体から引き離されてしまうという余すところなき完全な放棄をしてこそ人間は、あの究極の自己へ接近できるのである。

ボードレールは、ポーの「理想に向かうあくなき熱情」を称賛しつつも、この本に厳しい判断を下している。「しかし一度は彼も純粋に人間的な書物を書き上げることに専念した。大成功を博したとは言えない『アーサー・ゴードン・ピムの物語』は、航海者たちの物語で、船に重大な被害が及んだあと、南方の海で凪にとらえられてしまう。作者の天才は、こうした恐怖の場面や地図にはまったく記されていない部族や島々の驚くべき描写において、躍動するのだ。この書物の出来栄えは極端に単純で、綿密である。いわば、航海日誌のようなものとして提示されているのだ。船が制御不能になった、食糧と飲料水が底を尽いた、水夫たちは食人行為に追いつめられている……。」[26]

ボードレールという非常に傑出した解釈者ともあろう者が、根拠があるとは思えない判断を下していると、認めざるをえない。どうして彼は、二つの系列があるのを見落としてしまったのだろうか。第一の系列はグランプス号の船上で繰り広げられ、すべては船の内部で展開される。ポーは、突如船を襲う究極で深刻な事態（幻覚まで含めて）を描写する。第二の系列はジェイン・ガイ号上が舞台で、あらゆる重要な事件は船の外部で展開する。異常ともいえる――第一の系列とは対照的に――数々の事件をとおして、ポーは異常性の理論を素描するのである。そしてこの内部と外部には密接なつながりがある。たとえば飢えと死は二つの系列をともに支配する、絶対的な定数なのである。ボードレールは、あえて言うなら、一本の横糸しか見てとっていなかった。実際には複数の系列があり、それらの役割ははっきりしている。それらは、船乗りの偉大な観念とその逆転とを理解させてくれる働きをしているのだ。

　小説の経済学には必要だろうが、非合法な乗客が船に身を隠す導入部分――ポーは相当のページを割いている――は、この物語で最も不首尾なくだりだ。三つの要素がこの部分を彩っている。すなわち飢え、時間の喪失、幻覚[27]。ポーはこれらの要素を強調するために、わざと闇に閉ざされた隠れ場所を選んだのかもしれない。時計は止まってしまい、アーサーはその隠れ場所であっというまに時間の感覚を失ってしまう。その一方で、食糧は腐ってゆく[28]。さらに間髪を入れずに、幻覚が彼を襲う。「私の見た夢は、きわめて恐ろしい性質のものであった。あらゆるたぐいの災難と恐怖とが私をとらえて放さなかった。そのなかには、私は世にも陰鬱で残虐な形相をした魔物どもに、大きな枕で死ぬかと思うぐらい締めつけられるというものもあった[29]。」船乗りになるために、意識の深みから湧き起こる、何という産みの苦しみなのだろう！　船の内部で、想像力はありとあらゆる妄想――蛇、人間のように動く木、ライオン――を繰り広げる。これらの妄想は夢なのだが、まったくの非現実でもないのだ。たとえばライオンの正体は、われらの乗客の飼い犬なのである。ポーがこの長い一節で言おうとしていることは、明らかに二つある。一つは、異常がリアリティーをもって迫ってくる夢は、この状況において、ごく日常的なことと結びついているということである。もう一つは、そうと知らずに死を夢みている船乗りの存在をとおして、無意識に行われる通過儀礼を描き出そうとしていることだ。空腹に耐えかねたアーサーは当然のように、通過儀礼的なこの隠れ部屋から出ようとする――オーガスタスがいたらもっと早く出してくれるはずだったが――。しかし彼は、どうやっても出られず、「暗澹たる想像……、渇きによる死、飢えや窒息、早まった埋葬による死といった想像[30]」にとらわれるのだった。

ここでポーは、彼だけの思いつきの荒唐無稽な想像に耽っているわけではないだろう。密航者の物語はかなりの数にのぼり、不幸な結末のものもいくつもある。しかしポーがいかなる事実に基づいているのかということになると正確に知るのは難しい。それでも彼は密航を、その根本において通過儀礼的価値をもつものとして選んだ。乗船し死の欲望に身を委ねることが、タブーであるかのようにみなされているのだ。密航の本質について、彼ははっきりと次のように書き留めている。すなわち密航とは、牢獄と化した隠れ場所であり、(その原因がいかなるものであれ)飢え、時間の感覚の喪失、そして地上ではまったくもしくは微妙にしか感じられない死への夢なのである。

さて、何ページにもわたるこれらのエピソードのあとで、ポーは――この第一の系列ではすべては合理的である――なぜ密航者がこんなにも長いあいだ放っておかれたのか、を説明している。船上で、反乱が起きていたのだ。

船長(caput)を船からおろし、海上に見捨て、反乱は最高潮に達し、一人一人の水夫たち全員が暴君と化していた。「彼らは航海の目的地[31]をどこにするかということに関して意見が酷く割れていたようだった[32]。」

反乱は凄惨なものであった。ポーはそのように反乱を描かざるをえなかったのだが、正確を期している彼の筆致から、彼は何ら独創的なものをここに込めようとはしていないということが伝わってくる。そのうえ、密航者の隠れ部屋での冒険よりもここのほうが短い記述になっているのであって、もしこの反乱が物語に本質的な意味をもつと感じていたら、ポーの筆致ははるかに新聞小説的なものになっていたことだろう。

さてしかし――ボードレールは注意を払っていないが――この反乱の動機はいかなるものなのだろうか。反乱の動機といえば、だいたい相場が決まっている。たとえば、食糧事情の悪化に対する抵抗や――あるいはあまりに厳しく権威をふりかざす船長に対する反動。しかし反乱はまれではないにしても、ポーが思っているように出航から四日目には起こらないものだし、反抗者たちは反乱の瞬間から死罪を言いわたされた者となるため、軽々しい動機から反旗を翻すことはない。だがポーの場合はこれらの大枠、つまりこれらのごく一般的な理由からかけ離れている。反乱は出航後、あっというまに起こる、しかもその動機は信じられないほど他愛のないものだった。「確認してみたかぎり、この暴動の起こった原因は、取り分への執着ではなく、主としてバーナード船長に対する副船長の棘のある言葉に端を発したものであった。」(33)こうして多数の無残な犠牲者が出るが、(34)そのおおもとはあてこすりの冗談なのである。ポーが、どんな些細なことからでも反乱が起こりうると言わんとしているのは明らかだが、しかしそこにもっと深いものがあると、ルソーの『人間不平等起源論』の読者なら見てとるだろう。ルソーの言う自然状態では、恥辱はすぐさま、空間的な距離によりそそがれる。空間的な距離は、罵詈雑言の重みをなくしてしまう。不合理なこと(in-juria 侮辱)の大きさは、距離に反比例するのだ。とすれば、囲まれ、閉ざされた、有限の空間である船内では、たちの悪い「辛辣な言葉」は凶器同然なものになるのはもっともなことだろう。――隔たりがないことは、忘却という解消手段が禁じられていることであり、この距離をとれない船内は、ルソーによる自然状態とは逆の状態となるのである。そこで、実にしばしば自然に近いものとして褒めそやされる船は、実をいえば自然状態とはほど遠いものであることがわかろう。都市でさえ、程度は低くても、忘却という解消手段のための距離がとれるのである。船乗りとはまずは、爆発しやすい記憶なのであり、――知性は二の次なのである。なぜポーがこの物語でまず反乱を描き、そのあとに反乱の動機を明らかにしたのか、わかるだろう。

ポーのこの物語を注意深く読めば読むほど、船乗りというものがいかに死に近く、生にぞんざいな存在(反乱に働いているもう一つの法則)であることかわかる。ポーが船荷の積み方に割いているページがその証である。おそらくこのぞんざいさと死への欲望――根本的には同じことなのだが――ゆえに、船乗りたちは自分たちの船に何の気配りもしない。船の――そしてとりわけ帆船の――特性がどのようなものであれ、また船の運ぶ積み荷が何であれ、積み荷というものは細心の注意を払ってきちんと積まねばならないものである。積み荷はいわば船の内臓であり、重要なのは積み荷が「緩んでしまわない」ことであって、船の釣り合いは積み荷次第なのだ。「舳先を(とりわけ船首縦帆を)風上に向けて停船する場合、舳先が完全なかたちに作られていないと、船が真横に大きくかしぐことがよくある。平均すると、一五分か二〇分おきにそんな状態になってしまうのだが、積み荷をきちんと固定しておけば、深刻な結果にいたらずに済むのである。しかし積み込みに周到な注意を払っておかないと、一回、船首が大きくかしいだだけで、船荷は、水面のほうに傾いた側へと転がり、荷崩れが起こらなければ何事もなかったはずなのに、どうしても平衡が取り戻せなくなってしまい、数分間で船内は浸水して、確実に沈没してしまうのである。[35]」これは、ポーが物語中、帆船航海術の基本講義をしているくだりを引き写したものだ。[36]

というわけでグランプス号の積み荷もきちんと積まれていなかった(それはかなり早い段階でいわれて

いる）がゆえに、おぞましい運命が待ち受けていたのだ。ポーはその全責任が船長にある（これは重要なことだ）とし、船の価値は船長の価値で決まると教えている(37)（基本講義の後段である）、「……グランプス号で行われたこの非常に重要な仕事の流儀こそ、バーナード船長の不名誉な怠慢の典型的な例である。彼は、自分がかかわっている危険な仕事の性質上絶対に不可欠な、周到な注意力や深い経験を持ち合わせている船乗りではなかった(38)」。二つのことが考察できる。一つは、船とはポーによると、船長から積み込まれた積み荷にいたるまで総合的な統一体であるということである。もう一つは、このあまりにも明白な危険からは、これとは別の物語——船が波に砕かれるとか、筏とか、——が生まれたかもしれなかったということである。次から次へと災厄が降りかかるにしても、海上ではそれらの出来事には何の脈絡もないのだ。結局、船から読み取れるのは、船長の精神だけなのである。

　船の内部、つまり船が作り出している閉ざされた空間に起こることはすべて、人間に根拠をもつ。ポーはやがて非日常的なものを利用し、その説明をして、根深く残る船乗りの迷信の一つを種明かしすることになる。

　反乱のさいとりわけ人目をひいたのは、ある船乗りの殺害である。彼の腹は膨らみ、彼の体は灰色になって、等々。しかし反徒たちが知らないことがあった。それは、密航者が乗船していたことである。虐殺から生き残った二、三人はこの密航者に死人のようなメーキャップをし、殺された船員の服を着せ、哀れな犠牲者に変装させる。その彼が、突如、甲板に現れる。幽霊だ。反徒たちは恐怖に取り憑かれる。物語中、ポーは殺された犠牲者とまんまと彼に化けた密航者との類似がいかにいい加減なものか、しかしこのほんのわずか似ている点がいかに大きな効果を生むか、ということを強調している。これが、幽霊問題の分析である(39)。この分析の根底にあるものは何であろうか。それは、反乱を決定していたものと同じである皮が剝がされてしまう笑劇が、ここでは恐怖を生み出す確実な原理となっているのである。地上では粗雑ですぐに化けの皮が剝がされてしまう笑劇が、ここでは恐怖を生み出す確実な原理となっているのである。海には、心理的な増幅を生み出す原理があり、さらには虚構がある。なんでもないことから、海は何かを生起させる。海が想像力におあつらえ向きな場であることがあり、とりわけその想像力が死にかかわっているとき、その力は強大なものになるのである。ポーは、もちろん、地上にも迷信があるということを知らなかったわけではない。しかしこの彼の作品を読んでみると、多くの空想物語に通底する増幅原理が、他に類をみないほど巨大なエネルギーで機能していることがよくわかる。船乗りなら誰しも心に抱いている死の欲望が、増幅原理を発動させ批判精神を消滅させているのだろうか。ポーの物語は非理性批判である、と言うべきなのだろうか。第二部がなかったなら、この結論で満足しなければならなかっただろう。

さて、お化けとしばしば結びつくテーマがある。それは幽霊船のテーマである。第一の系列のある章はまさに「謎の帆船」と題されている。先ほど、事件の展開に何一つ必然的な論理はないと指摘したが、このような章はいつだって闖入してきえたのだ。ところで、事件とその結果についてポーは、「いま私は、あれこれの事柄や状況を詳細に報告する。報告するわけだから、まさにそれが当時のわれわれの見たとおりに理解していただきたい」[40]と入念に書き、強調している。実際そこでは、感きわまる喜びを喚起する光景が、言い知れぬ恐怖をもたらすことになるのである。テーマは簡単である。飢えた生存者たちは大型船が現れるのを目にする——救いの手だ。しかしこの大型船は迷走しており、グランプス号の乗組員はやがて、生をもたらすはずだったその大型船が死に支配されていることに気づく。——つまり黄熱病で死んだ男女の死体であふれていたのである。ポーは自分の意図を早く伝えようとして、大型船はオランダ商船にちがいないなどと強調するが、テクストから純粋に文学的なディテールを取り除いてみると、彼が明らかにしようとしているのは幽霊船神話の正体であることがわかる。この神話は最も古くからある神話の一つだが、ポーはこれをごく普通に起こりうる事柄に変えているのだ。つまり疫病が乗船者を皆殺しにし、船は海を漂うがままになっており、そのために迷走したようなコースをたどっているだけなのである。非日常的なことや不可思議に見えたものは、近くから見ればごくありふれたものだ——立ち現れて来るものを、近くから、入念に、観察すればよいのである。ここでポーが、帆船上での生活を完全に支配している迷信の原理を言い当てていると考えてもよいかもしれない。もっとも、それがポーだけの見方ではないことは、ロベール・シャールを読めばすぐにわかる。もう一度確認しておこう。第一の系列では、日常的なものだけが重要なのである。要因は船の外にある、という反論は成り立たない。事件が吹き込む喜びと恐怖は、すべて船の内部にあるのだ。死の船に、乗り込むわけではないのだから[41]。

第一の系列の最後の大きなモメントは、考えうるあらゆるシークエンスが最後に到達するにちがいないモメント、すなわち食人行為である。ポーはあまり幸せであったとは思えないが、現存する種々の旅行記を鑑るに、彼のこの物語も幸せなものでありうるはずがなかった。彼は物語を、言うならば予兆的に始める。謎の帆船の場面では、海鳥が死体をついばむ様子が書かれている。その海鳥の一羽がくちばしに分厚い赤い人肉の塊をくわえて[42]、グランプス号の甲板に落としてゆく。その人肉がアーサーのうちに、異様な欲望をひらめかせたのである（彼は人肉を食べることには、拒絶反応を示すだろうが[43]）。

食人行為の場面を描く前にポーは、ごくありきたりに、渇きと飢えからくる苦痛を描いていた。これはこの旅行記中、どうしてもはずせない部分であったが、大した面白味のない箇所であった。たしかに全体のシークエンスがどうであるにしろ、彼はこの箇所をどうしても書かねばならなかったのだ。彼のテクストを救っているのは、むしろその文学的価値なのだから、手厳しい見方はやめておこう、大作家というものは誰もが描くようなものを描く場合、凡庸な才能に変質してしまうようだ。――いや、この言い方は正しくない。物語はもっと別のストーリーで構想してもよかったはずなのだ。たとえばグランプス号の主人公を救う船はもっと早く現れていてもよかった。しかしポーは、一連の日常的な出来事を徹底的に押し進めることを望み、行き着くところまで行ってしまうのである。その結果、彼らは人間を食べることになる。第一二章を、読者は再読吟味してほしい。精神と自然との本質的な関係は、逆転している。言うならば頭脳は、胃のなかにあるのだ。ここでは、二つの点だけ指摘しておこう。

人の肉を食べることから生じるあらゆる嫌悪感、あらゆる不快感――しかも話者はそのことを長々と述べつづけている――にもかかわらず、語り手はこのような極限状態によくみられるような心理的ショックを繰り広げることはまったくしていない。驚くべきことにアーサーは――おそらく実際には一八世紀に始まる文体に負っているのだろうが――まったく落ち着いて、ジェイン・ガイ号上に戻る。彼は誰にも打ち明けず、――日常のなかに植え付けられたこの恐ろしい秘密を守り通す。ポーは主人公をその大罪にふさわしい呪われた存在に仕立て上げることもなければ、それによって第二の系列の出来事を説明するわけでもない。要するに食人行為は彼にとって、極端なことではあっても、自然なことなのである。

後段で、ポーは（同胞をまさに食べてしまったあとで）人間の体力について説明している。死に瀕したオーガスタスが問題となるのである。「彼はあまりにも痩せ衰えてしまったので、ナンタケッタ島を出たときは、一二七リーヴルもあったのに、いまでは四〇あるいは五〇リーヴルしかなかった。[44]」ポーは四〇あるいは五〇リーヴルしかと強調までしているが、しかし厄介なことにこの点に関して彼が何を言いたいのかあまりはっきりしない。二つの仮説が考えられる。当初の体重と最後の時の体重との関係にポイントが置かれている場合は、体重が半分以下になってしまった人間は体力の限界に達することを意味しているといえる。あるいはまた、最後の時の体重だけにポイントが置かれているとするならば、当初の体重がどれくらいあったにしろ、五〇リーヴルを割れば人間は体力の限界にあることを意味しているといえる。ともあれこの数字による測定で日常的なものの系列は完結するのである。五つのモメントに分けられたこの系列はまさに日常的なものの系列であるがゆえに、これはいったいポーの創作なのか、あるいは何らかの事実によっているのか、知りたいところだ。おそらく、若干の誇張はあるものの、やはり何らかの資料に則っていると考えてよいだろう。

以上が日常の系列、船の内部で生じた系列である。ポーは、たとえば雨水をどうやって集めるかなど、現実にありうる事柄を数多く導入した。そしてそれを、非常に緻密でコンパクトな文体にのせた。ここから、この小説の数少ない成功点を説明できる。すなわち誰もがこうしたことを知っていると信じられたという点である。だが第二の系列が始まる。第二の系列の最初の重要なモメントは、これもまた五点に分けられよう。

ジェイン・ガイ号についていくつかの考察がなされ、運命の時が待ち受けているということだけを告げたあと、ポーは前奏曲に戻る、もっとはっきり言えば、忘却へと戻るのである。「それ以来気がついたのだが、このたぐいの部分的な忘却は、喜びが悲しみになったり、悲しみが喜びになったりするといった突然の変化によって引き起こされるのが常であり、——忘却する力は、そのコントラストの強さに応じて変化するのである。こういうわけで、私の場合、耐えてきた悲惨な状況をそのときのように完全に実感することはいまは無理だと思われた……。(45)」船乗りの苦しみは、子供を出産するさいの女性の苦しみに似ている。女性の苦痛は、時として言語を絶するものなので、女性が再び子供を産もうと決心するには忘却の力が働いていると考えなければ理解できない。飢えや渇き、それに避けられない大時化といった苦難を忘れて、水夫は再び船に乗り込むのだ。あたかも彼らの生の欲望と死の欲望には、何か女性的なものが潜んでいるかのようにして。

この第二の系列で、ポーは第一の系列とは逆の展開をとっている。まず第一の系列で船を襲ったのは反乱、つまり非常に早い段階で挿入された恐るべき出来事であり、ほとんど非日常的な事件であった。だが第二の系列では、ポーは自分の物語に信憑性を与えようと、まずはごく日常的なことを述べている。五つのモメントの概要を描くために、この点から始めよう。

まず多くの旅行小説の例に漏れず、ポーは卓越した博物学者然として、主人公の目をとおして動物たち──信天翁《あほうどり》や大海燕を描写している。シャールも『日記』で、釣り上げた魚について入念に描写していた。例えば、鰹──彼はそれを素晴らしい魚としている──、ヘダイ──最高の食卓の楽しみとしている──、鼠海豚《ねずみいるか》、等々。ポーはどんな船乗りにも博物学者になる資格が眠っているということを忘れていない。この類の小説の約束事に従って、割けるだけのスペースを使って、できるかぎり熱心に海のことを語っているのである。

長大な第一五章は、「見つからない島々」のことを語る。ポーはここで帆船の乗組員の心の深奥に潜む夢に手をつけているのである。たとえばシャールは、自分の『日記』で、聖書の立場に立って、島々の奇妙な性格を強調している。どうやって聖書の記述と島々に人が住んでいることとを合致させられようか、というわけだ。その一方で、アサンシオン島はどこにも見当たらず、シャールはひどくためらって記している。「しかし地理学者たちは大きな誤りを犯したにちがいない。こんなによく知られている海洋でさえ経緯度にして五度のズレがあるのだから。(46)」シャールの躊躇は興味深いが、しかし最終的には彼は漂流島にまつわる作り話を余すところなく告発する。「操舵士が語る漂流島の話や奇妙な先入観が、頭から信じ込まれている。私にはそのようなものは全然真実味がなく、あまりに馬鹿らしく思えるのに、良識をもち、知性を誇っている人々があんなにも空想的で子供じみた幻想にはまり込んでしまうのには驚きを禁じえない。その種の読み物のなかでなら、漂流島があってもよいが。(47)」そしてほとんど実証主義的に、説明を加えてゆくのだ。ところでこれまでしばしば、この見つからない島々について書かれた章は第二の前奏曲であり、非日常的な系列そのものには属していないと考えられてきた。しかしそれは誤りだ。ここではじめて、船の外部において、事件が起こるのだから。したがってここに、第二の系列の最初のモメントを見ることは、不思議なことでもなんでもない。「われわれはオーロラ諸島といわれる島を実際に見つけてみようということになって南西に向けて出帆した。(48)」ちなみにこの島の実在については、議論の的だった。——アトレヴィダ号の船長が（緯度と経度の）測量をし、ジェイムズ・ウェデル船長はそれに従って行ってみたが、何一つ発見できなかった。そしてジェイン・ガイ号も、その海域を虱潰しに捜しはしたが、やはり何も発見できなかったのである。その諸島は、消滅してしまったのであろうか。いかにも非日常的にみえる。しかしポーは、すぐさま非日常性に言及することには、ためらいを示す。それよりも、彼の主人公の批判精神は十全であると強調し、非日常的なことが散らばっているというより、さまざまな意見が互いに矛盾しあっているのだということに主人公が気づくようにするのだ。しかし、そうはいってもアトレヴィダ号上で行った測量は疑問として残る。そこでポーは、帆船物語に必要不可欠な箇所を、いともあっさりと書き流してしまうのである。

日常の系列の部分では、船は操舵不能だったので、乗組員の関心は進路ではなく、生活必需品と救助船の出現に向いていたが、この第二の系列では、進路の問題が最も重要となる。できるかぎり南に進み、地極をめざすというのである。この点からもポーにはあまり独創性がないということが明らかになる。一九世紀には、地極、つまり最後の知られざる大陸は、数多くの作品と考察の契機となった。なかでも最も流布した物語は、南極に温暖な内海があるということである。南へと進むにつれジェイン・ガイ号が、気温が徐々に上昇してゆく地帯にさしかかったとしても驚くに値しないのだ。これがポーの示した最初の非日常の指標である。そして非日常の系列のさらに重要な第二の指標は、さまざまな動物で表現される。異種ではなく、他種の動物たち、――たとえば一七章の白熊や「青い羽の大きな鳥(49)」などだ。

やがてジェイン・ガイ号は、その進路の先に陸地を発見し、そのときからすべての事件は船の周囲や外部で相次いで起こることになるが、第一八章について詳述する前に、この海洋探検の想像世界がどのようなたぐいのものであったかを、見ておいても無駄ではないだろう。第一九章で話者は、陸地で出会った土着民の女性たちに「独特な美と呼びうるものが全然ないというわけではない」と語りながらも、続けてこう述べている。「……その唇は、男たち同様、厚ぼったくどっしりとしているので、笑ったときでさえ、彼女たちの歯は見えないほどであった(50)。」もっと先の第二五章で、一人の捕虜を捕まえてカヌーで逃れるさい、話者はわれわれに、捕虜がどのような身振りで質問に答えるかを描いてくれている。「彼はたとえば人差し指で上唇を持ち上げて、唇に隠されて見えなかった歯を見せるといった白痴じみた身振りでしか答えてくれなかった。その歯は黒かった。そのときまでトサラル島の住民の歯を見たことはなかった(51)。」イメージの暴力については強調すまい。ただ、物語全体に当てはまるような非日常的な想像世界が見てとれることだけは着目しておこう。それは逆転した世界である。逆転とは（日常的な系列におけるような）誇張ではない。逆転とは、真実かつ現実であると思い込まれているものと逆のものを提示することである。ポーの主人公の叙述はすべて、相互逆転（これが非日常の鍵だ）に立脚している。白人は黒人にとってどこまでも非日常的であり、逆もまたしかりなのである。

さて、第一八章――「新しい人間」――と第一九章――「クロック‐クロック」――は、注目すべき章だ。これらの章は、海にまつわる空想文学の最盛期に属するものである。海へと冒険に乗り出すことは別種の人間に出会いに行くことなのであり、海がもたらす未知のうちでも最も未知なるものは人間でさえあるのだが、ポーの物語で興味をひくのは、彼がそれまでの伝統的な物語を部分的に繰り返している点にある。ポーはもちろん、一八世紀の哲学者を巻き込んだ自然状態の人間についての大論争に通じていたのであって、船が接岸した島の土着民を「新しい人間」(52)――つまり正確にいうと西洋人にとっての新しい人間、西洋人など今まで見たこともなかった人間(53)――と名づける。そして両者の対照性を際立たせるために、それほど重要とは思えない瑣末なエピソードのいくつかを挿入する。――たとえば一人の未開人がそれと知らずに自分の姿を見て狂ってしまう鏡のエピソード。あるいは、別の未開人は水夫が甲板の上に作った傷を手当てしようとする(54)(これは、船の内部での唯一の場面である)。話者は、多少の留保は示しているものの、彼らが、これまでほとんど見たこともない無知のレヴェルにあると断じるのである(55)。

新しい人間は、原始人のたぐい、あるいは少なくとも表面的には、西洋人の教養の深さと同程度、無知の深みにある人間だ。新しい人間は「何ものとも知れない黒い動物の毛皮をまとい」、「……彼らの武器は主に黒い木でできた、一見したところいかにも重そうな棍棒であった。ただ、火打石の穂先の付いた槍や投石器がいくつかあるだろうこともわかった。カヌーの舟底には、大きな卵大の黒い石が積み込まれていたからだ(56)。」(黒が優位に立っていることに注目しよう。)それから西洋人には説明もいらない光景だが、「われわれは未開人の一人が両手に海鼠《なまこ》を挟み、生のままで貪り食べているのも見た(57)。」

クロック‐クロックはある村の名を意味していると考えてよいだろう。「その住まいは想像するかぎり最も惨めなもので、人類がこれまで知っている最も酷い種族の住まいとも似ておらず、決まった様式で建てられているわけでもなかった。[58]」絶対的な他者性がそこにある。話者はそれを、「住まいのまわり」に「奇妙な動物が何種類か」、とりわけ「黒い信天翁《あほうどり》」がいると指摘することで補強している[59]。つまりここには想像世界の原理として、（黒を色彩と仮定するなら）色彩がすべて図ったように逆転しているのが見てとれるのである。

このドラマでは、すべては他者性として構成されている。

物語はかなりありきたりのものである。土着民が、乗組員一行を死の行進に導く。突如岸壁が崩解し、一行は生き埋めとなって死んでしまう。ただ話者と二人の友人だけがこの死の運命を免れる。そして物語全体は、土着民の真の本性が明らかになるように着想されている。簡単なコメント――「生き埋め！　犠牲者を包んでいる漆黒の闇[60]……」――のあと、話者は、白人たちが土着民たちを信じず武器を隠し持っていたと認めながらも、友情を何回も表明していた「これらの惨めで下劣な」連中の裏切り行為を強調しているのである。

ドラマの結論は、自然状態の人間は残酷で野蛮だということである。

テクストは、そう読める。だがおそらく、真実は逆なのである。

ポーのテクストを何度か読み返すと、黒くそして逆転した世界がはっきりと示されているのがわかる。たとえば、湾の奥には「黒い砂原」が広がっていた。海水は透明であるとはいえない。そして、「黒いウール」「黒い岸壁」「黒い皮の宮殿」といった表現。この新しい黒く原始的な人間たちが、白い歯をもつ白人に死の危険を感じ、彼らが白人を死（唯一共通のもの）にいたらしめるのも悪意ゆえではなく、用心深さゆえであり、最終的には自然状態にある人間は必要なら策略（巧知とも言いうる）に訴えてでも自らを守る権利があると理解するのには、これだけで十分であろう。想像的逆転を用いてポーは、――いままで十分に言及されてこなかったが――自然状態にある人間の立場を弁護している。その他者性において、自然状態にある人間には敬意を払わねばならないし、――すべての他者性は尊重しなければならない。とすればここに、船乗りたちによって多かれ少なかれ意識的に提起されてきた大問題への、彼の見解がある。すなわち、ありのままの（à l'état de nature）人間は、いかなるものであろうと、善である、ということだ。そうであるなら、こういった完全な逆転――白が不吉で死に彩られた性質（la nature）であるという――は、その解決策としてどちらか一方の排除を含意していないかどうかが、問われることとなる。ポーは現実の、つまりアメリカの南北間の根深い緊張関係のことを考えていたのだろうか。そして問題が厄介となるのを避けるために、いわば二種類の意味領域――一つは新しい人間は腹黒いということ、もう一つは彼らは善良であるということ――を重ねて書いたのだろうか。しかし哲学的に読むなら、こうした問題に煩わされてはいけない。哲学的には、自然状態にある人間を善良とみなしうることが示せれば十分なのである。だがいったい、確かな結論は何なのか。ポーの文章は、数字と謎に満ち、決定的な解釈を阻んでいる。彼は考える機会を与えようとしただけなのであって、そしてそれに成功したのである。

第二の系列の残りのモメントについては、読者の考察に任せたい。五つの部分とその下位分割には、あまり意味を置く必要はない。読者は、基本的にすべてが船のまわりの陸地あるいは海から生じていることがわかるだろう。また、生存者たちは「サンカノゴイ科の黒い鳥」で食欲を満たせたのだから、黒が必ずしも悪ではないということもわかるだろう。だがやがてポーは、この想像世界を支える残り二つのものを導き入れることになる。秘密と不確かさである。だがそこではすでに結論にさしかかっており、そしてその結論はあまりにも非日常的なので、海への言及ももはや無意味となってゆくのだ。

生存者は山に逃げ込み、下山するのに酷く苦労する。山道を下って行くと、迷路に行き当たる。話者の手帳に描かれた迷路の図は、他の図案と同様、文字のようにも見える。全体としてそれらは、黒と白（自然／文化）の謎の起源を意味する暗号となっている。謎を解く鍵はわれわれには与えられていないが、あるいは南北戦争のことを意味しているのかもしれない。事実、テクストは次のような言葉で終わっているのだ。「われは山中にてこれを刻めり、わが復讐は岩の塵に刻まれり。」

闇と白とが交錯する最後の章――その地の住民の恐怖の叫び声（「テケリ-リ」）が繰り返される――は、「地球上のどんな人間よりもはるかに大きい、ぼんやりとした人間のような姿をしたもの」の出現とともに終わる。「そしてその人間の姿をしたものの肌の色は雪のように完全に真っ白だった……。」白い人々（北方の人間）の仲間はこれら新しい人間たちに悪魔的存在とみなされ虐殺されたが、彼らは悪魔と出会いに行ったということなのだろうか。黒が善なら、白は悪でしかない。とすれば、神が悪魔を氷塊に投げつけたという古い伝承と、結びつくのだろうか。ここですべてが、不確かになる。想像世界の、最後のカテゴリーである。

ボードレールによれば、ポーはこの物語を書くことで、純粋に人間的なテクストを制作しようとしていた。おそらくボードレールは、ポーが『異常な物語』に見られる方法を用いなかったと言いたかったのであろう。またとりわけこの『アーサー・ゴードン・ピムの冒険』が、ポーの最も長いテクストであることも見逃してはならない。『ユリイカ』でさえ――彼の最愛の作品なのだが――これほどの長さはない。この事実は次のように説明でき、われわれの分析の正しさを証明してくれるだろう。ポーは同時代の人々に、海の現実と、最初の蒸気機関が新世界に登場した時代に消えてゆく夢の何たるかを、教えようとしていたのである。彼はまたおそらく、消滅を運命づけられたこの世界を短い痙攣のうちに縮約させ、（人の心を虜にする）この魅力的な物語をとおして、消えてゆくすべてのものを救い出そうとしていたのだろう。ポーにとって夢とは真実の集まりなのであり、記憶の避難所でもある。彼は、伝説は科学的な物語よりもはるかに、過去の生をよく保っていると、真剣に考えていたにちがいない。科学的な論文はいつの日か必ず修正される。しかし伝説は、修正を超えている。だからこそそれは、現実の迫真性と直接的な感覚をもたらすことができるのである。

だからポーの物語を、あの帆船の世界、すでに消滅してしまったがヨーロッパ人の意識の奥底に潜む夢としてありつづけるあの世界の、最も美しい証言の一つともみなせよう。しかしあまりにも肯定的なこの総括に、水を差すような注を付け加えるのも忘れてはならない。ポーは、秘密を好む彼の流儀で、あまりにも多くの疑問をそのままにしている。解読困難な記号もそのままだ。あの透明ではない水、ナイフや剣先でかき回すと分割に抵抗しひとりでに収縮する水とは、いったい何なのだろうか。

そして最後に付言しておきたい。ある黒人歌手が醜悪な白人に、墓のなかではどちらの骨も等しく白いと指摘したことがあり——それは歌になったが、しかしポーが想定しているのは完全な他者性なので、墓のなかでもアーサー・ゴードン・ピムの骨と彼の友人の骨が、これら新しい人間の骨と同じ色であるかどうか疑わしい。これら新しい人間たちは黒い歯をしていたが、歯はいわば生きているうちから目にできる骨なのである。他者性は解消できないままに残っている。おそらく軽蔑、敵意、戦争などの否定的な価値基準も同様に。アーサーの旅の教訓は、自然と文化が根本的に断絶している、ということになるのかもしれない。

大地

『農民』という作品の献辞で、バルザック〔一七九九―一八五〇、フランスの小説家〕は以下のように書いている。「この作は私が書こうと決心した作品のうち最も大掛かりなもので、私は八年間何度これを放棄し、何度またあらためて取り上げたかわかりません。それというのも、あなたをはじめ私の友人すべてが次のことを理解してくれたからであります。すなわち、〔農民のこのうえなく血なまぐさいドラマを前にしては〕いかなる勇気といえどもくじけかねないのであります……。」バルザックは自分の主題を次のように表現している。「罪人は詩にうたわれ、首切り役人は同情の涙をそそがれ、プロレタリアはほとんど神様扱いを受けてきました！……農民はいまだにわれわれから弱者と呼ばれ、地主はみずから強者をもって任じておりますが、農民の地主に対する永遠の陰謀を観察するために、草深い田舎へ踏み込んでゆくだけの勇気を備えたものが、これらヘロストラトス〔自分の名を後世に残したいがためエフェソスのアルテミス神殿に放火したギリシャ人〕輩のうち一人としていなかったことは、周知の事実であります〔……〕。当面の問題は、今日の立法者をではなく、明日の立法者に光を当てることにあります。」[1]

バルザックの方針はおおよそ察しがつく。彼はいたるところで、農民にとって盗むことは生存することで、生存することは盗むことだということを示すだろう。「トンサール一家はアルボタージュ〔摘み残しをくすねること〕

によって三樽分くらいのブドウを拾い集める。しかも習慣を盾に、トンサール一家のやり口はいささかも良心的でなく、収穫人がまだブドウ畑から引き上げてしまわないうちに、さっさと畑へ入ってゆくのだった。それと同じ遣り口で、稲叢が馬車を待っているときに、すでにもう麦畑に乱入するのだった。[2]」森についても同様である。木を勝手に切ってくるのだ。簡単なことだ——樹皮を取り除いて、木の根に刻み目を作る。これがやがて枯れ木になってしまうわけで「選挙権のない寡頭政治家」はされるがままになっているのだ。農民による盗みがかくも蔓延していることにたじろいだバルザックは、フランスの寡頭独裁政治に絶望している。「一〇万の富豪の寡頭政治はデモクラシーの利益を味わうことなしに、その不都合な点だけを蒙っている。めいめいが一家のことばかり考え、めいめいが自分のことばかり考えるという、この一家一門的な考えは、近代社会にごく必要な、そしてイギリスが三〇〇年来立派に実行している寡頭政治的利己主義を殺してしまうだろう。[3]」バルザックが盗みをとおしてはっきりと見ている本当の動き、それは共産主義[4]の誕生なのである。これが地方で現実に起こっていることである。盗みの格言については、バルザックはナポレオン〔一七六九—一八二一、フランス皇帝〕からその格言を借りてくる。「なんにも盗みはせん、すべて金と引き替えだ！[5]」これは以下のことを意味している。枯れ木（どうして枯れたのかわかっている）は何も盗むわけではない卑劣漢どもによって集められ、一方、地主は切られた木の代金を支払う、というわけだ。

盗むこと、それは少しも信仰をもたないことであるということは言を俟《ま》たない。バルザックは農民がミサや教会に行っていることは否定しない。しかしそれは仕事〔盗み〕の話ができるからで、誰もが他人のものを盗もうとしているのだ。当然ながら、そのあとは酒になだれこみ、しかもたらふく飲む。そして飲めば、「財産があれば幸福だ」という話になるのだ。

バルザックは落穂拾いをする人を以下のように描写している。「刈り入れ中の畑に沿って、麦束を積み込む荷車があちこちに置いてあり、一〇〇人ほどの人間が畑の一方のはずれにひとかたまりになっていたが、彼らの風体は、まったくこの種の風俗画の最も大胆な画家であるムリリョ〔一六一八―八二、スペインの画家〕なりテニエ〔一六一〇―九〇、フランドルの画家、版画家〕なりの筆や、貧困を幻想的・詩的に描いたカロ〔一五九二／三―一六三五、フランスの版画家〕の人物が如実に示した、世にも厭わしい着想をすら、はるかに凌駕するものだった。これらの画家の描いた青銅色の脚、毛の抜け落ちた頭、ズタズタにちぎれたボロ着、実に奇妙によごれている肌色、脂でしとった布の裂け目、つくろいの跡、汚点、布色のさめ具合、擦り切れて剝き出しになった横糸、要するに貧困の理想的な道具立ても物の数ではなかった。それはちょうど現にそこに集まっている人たちの容貌に見られるガツガツした、落ち着かない、鈍感で薄のろで粗野まる出しの表情が、かような色彩の王者たちの不滅の構図をぐんと抜いて、自然が芸術に対してもちつづける永遠の優越を示しているのと同じ訳合いだった。(6)」

このような貧困を前にしても、バルザックの本のなかには、慈悲の言葉はたった一つも見つからない。「首筋が七面鳥のようにザラザラの鳥肌で、まつげの抜けたまぶたを赤くただらせている老婆が、獲物をねらう猟犬といったかっこうで、首を前に突き出していた」と述べる彼の筆は残酷である。(7)バルザックは共産主義の社会的勝利におびえる。その勝利は寡頭政治家の土地を分割し、さらに細分化して、税金を徴収できなくしてしまうだろう。

なぜバルザックは強調しなければならなかったのだろうか。この憎しみに燃えた、意味深い描写がほとんど見られない――『幻滅』〔一八四三年〕と比較して――この本、いわば外から書かれている――「草深い田舎へ」は訪れてもたった一つの農具にも触れていない――この本が、彼が書こうとした作品のうちで「最も重要な」ものだったということを。私は作家が自分の本について思い違いをする権利を奪うつもりはない。しかしバルザックの思い違いをどのように理解すればよいのだろうか。農民たちの文化のなさをわれわれに理解させるために、フランス語でも俚言でもない、『浮かれ女盛衰記』〔一八三八年〕の作者のでっちあげにすぎない奇妙な言語をわざわざ彼らにしゃべらせる必要などあったのだろうか。なぜ田舎の、城とはいわないまでも美しいものを何も見ないのか。バルザックはここでは、『新エロイーズ』〔一七六一年〕でブドウの収穫を描写したルソー〔第五部書簡七〕から遠く、その収穫の章――焦点は落穂拾いつまり盗み――についてはトルストイ〔一八二八―七六、ロシアの小説家〕にはるかに及ばない。トルストイは『アンナ・カレーニナ』〔一八七三―七六年〕のなかで干し草の取り入れについていまもって印象深いページを書いた。バルザックの野望と実際の功績は、彼の政治認識を超えたところで、全体・総体をとらえようとする意志にあったといえるが、しかしあえていえば、ほとんど共和主義者とは言えないバルザックには、現実が見えていない。ただわれわれに、一つのことを教えてくれるだけだ。大地は難しいテーマであるという教えを。(8) ヴィクトル・ユゴーはバルザックが死んだときに正しくも、ヨーロッパは一人の天才を失ったと言った。しかし、この天才には大地を理解することはできなかったのだ。

大地に捧げられたあらゆる文学のなかで、ゾラ〔一八四〇―一九〇二、フランスの自然主義を代表する作家〕の本はくすんだダイヤモンドのように輝いている。ゾラの『大地』〔一八八七年〕は、彼の形而上学と現象学の両方を含んだ総合作品である。ある種の間違いが真実となってしまうような点まで、これほど突き進んだ作品はめったにない。ゾラは民主主義者で、この点バルザックと正反対であり、かつすべてのアプリオリ〔先験的原理〕(9)を避けるべく自分に課していたので、この主題に取り組むとすぐに、大地の世界――農業ではなく――が消滅すべく定められていること、そしてその消滅の時、ヨーロッパ意識の一つの主要部分の全体が崩壊するであろうことを、理解した。『大地』は宿命のただなかで死んでゆく一つの世界全体の描写である。バルザックの没頭した戦いは、いろいろあるうちの一つにすぎず——本質的というにはほど遠い。ゾラは——作品の登場人物に、ごつごつした、しかし現実のままの言語をしゃべらせながら——彼が描写しようとする悲劇を支える柱として、二つの考え方を提示している。[10] ボルドーワインをグラスに一杯自分で注ぎかけた農場主は瓶をテーブルに置き、「大変なことです」と叫んだ。「われわれ農民側は儲けを見込んだ値段で穀物を売らねばならぬ。ところが企業は、賃金を減らすため穀物の値をできるだけ下落させようとしてくる。これは酷い戦いですよ、結局どこに落ち着くのでしょうか。」「百姓が小麦を高値で売れば、労働者が餓え死にする。労働者が楽に食えれば、百姓が渇える……[11]。」「終わることはない……。」すなわち、大地と企業のあいだの戦いである（バルザックにはこの戦いが見えていなかった）。そしてゾラがたえず回帰する第二の要素は、大地の死である。「……昔はフランスの穀倉だったボース、一面に麦畑だった、平坦な、水のないボース地方も、四本の脈管から血をとられ、愚かな人々を養うのに疲れて徐々に涸れ、死にかかっていた。」この死は、人間が大地に対してしかけた戦争の結果だ。なるほどすべては農業機械と耕地の整理統合とともに変化するだろう。だが、農民階級とその世界は消えていってしまうのだ。

ゾラは何度も何度も、消えてゆきつつその内部で深いドラマが進展してゆくことになるこの世界の、昔からの性格に立ち返る。

そして『大地』の作者は抜け目なく、作品中に一冊の本を紹介する。タイトルは、『ジャック・ボンノムの不幸と勝利』。「ナポレオン党の宣伝文書の一つで[12]［……］大革命前後の農民の劇的な歴史」であると彼は書く。そしてそこから長いくだりを引用する。かなりゾラ流に凝縮されていて実際は彼の文章と言ってよいが、「自由に生きたガリア人」から始まるこの話は、暴動と血まみれの弾圧と飢えでいっぱいであるけれども、しかし決して大地の死を暗示するものではない。大地の死という概念は、ヨーロッパ意識のなかに刻み込まれたある一つの根本的な歴史を終わらせることになる、新しい要素なのである。

　それからゾラはウールドカン家の（そしてフーアン爺さんの）歴史を語る。それは一六世紀に始まった。いま、「大地に大きな魅力を感じ」ているウールドカン家の最後の当主は、「彼と二〇〇ヘクタールの土地とのあいだの」長い戦いに突入することになる。彼の住まいは「ボルドリー農場」というが、この農場が話の最後で炎上することになるのは暗示的である。

　ゾラは、人間と大地の本源の関係を一ページに要約しようとする。「それから吃りがちなゆっくりした口調で、フーアン爺さんは、自分でもそれと気がつかないで、いままでの全部の歴史を簡単にしめくくった。わしら百姓は自分のものとては何もなく、自分の皮さえ自分のものではないといった赤裸の奴隷として、杖でぶたれながら領主のために長いあいだ地を耕した。わしらは毎日懇ろに慣れ親しんで土地を熱愛し熱望し、あらゆる努力を払ってそれを豊饒にした。だが、土地はいわば他人の妻で、世話をし抱擁はしても、それ以上所有はできなかった。しかし、こうした幾世紀にわたる煩悩の苦しみのあとで、わしらはとうとう土地を獲得し、征服し、自分のものにし、自分の喜び、生の源泉とすることができた。古くからの所有欲や、たとえ所有してもしばしば怪しくなったことを思えば、百姓の畑への愛、しかも、できるだけ多くの地所や肥沃な土地を欲しがって、触ってみたり掌中にのせて計ったりする熱情が、どんなものか、わかるはずだ。ところが、その土地はこうした百姓の気持ちに対して、何と無頓着で恩知らずであったことか！　土地をどんなに熱愛しようと、土地のほうでは少しも気が乗らず、一粒だって余計に生み出すことはなかった。雨が多すぎれば種は腐り、霜が降れば小麦は雑草のように荒れてしまい、嵐が吹けば茎は倒れ、二カ月も日照りが続けば、穂は痩せてしまった。そのうえ、昆虫が食い荒らしたり、冷害があったり、家畜に病気がはやったり、悪草のために土地が傷んだりする。これらすべてが破滅の原因となったので、闘争が日常事となり、どんなことが起こるかわからないままに、たえず警戒していなければならなかった。たしかに百姓は、働いても働いても十分でないのを怒って、ある時は拳をふりまわしても、結局骨身を惜しまなかった。そして筋肉を磨り減らし、自分の全部を土地に捧げた。しかもその土地はわずかに暫し彼を扶養したかしないうちに、まだ満ち足りもせず、依然として貧しい彼を棄ててしまい、早くも訪れた老年の無力を嘆かせておいて、その哀れな枯骨には何の容赦もせずに、待ってましたとばかり他の男の腕に移っていった。(13)」

ゾラはたえずこの本源の、いわば性的な関係に戻ってゆく。「ムラサキウマゴヤシは彼を有頂天にし、他の一切のことを忘れさせた。彼は畑のなかを横切った〔……〕。脂ぎった豊沃な感じの土が彼の足にねばりついて、まるで抱き締めようとするようだった。大地はもう一度彼をすっかり虜にした。彼は再び三〇代の精力を、あの活力を歓喜を取り戻したように思った。大地のほかに女はいない。「ニニェットみたいな女など、これでも、あれでもどうでもよいのではないか……」。『大地』のなかでこれほどはっきりとした主張がされている部分はほかにない。大地との本源の関係は、深いセクシャリティーを含んでいる。あらゆる性的関係――この小説のなかには数多くの性的関係が出てくるが――はその生硬さという点では、この本源の、お望みなら形而上的といってもよい関係の前では影が薄くなるのである。女性は大地よりもあとなのだ――もしくはそのほうがよければ、自然（phusis）としての大地が女性よりも先にくるのだ。所有するという言葉は大地との関係においてのみ、十全な意味をもつのである。所有すること、それは語の絶対的な意味において存在するということなのである。つまりここでは全体性のロジックが働いている。大地にあるということは「十全に」存在するということである。死すべきものである女性は犁が開き侵入する性器を決してもつことはないだろうし、男らしさを確かなものとする大地の寛大さをもつこともないだろう。実際に一人の女性を所有することは決してないのである――女性は大地とは違って、決して「十全に」自分を与えることはない。

しかし本当に大地はまだ寛大にも、自分を与え切ってくれるのだろうか。物語には、一つのドラマが仕組まれていた。ジャック・ボンノムが領主や幾多の労苦から解放されて大地を所有したとき、大地はすでに寛大ではなかった――大地は不感症になっていたのだ。まだ肥沃ではあって何も産めないわけではないが、恩知らずに、不実になっていたのである。農民の考え――農耕馬を使うとき頭のなかにある考え――を分析するときつねにゾラが使う語は不幸という言葉だが、隷属する不幸から、大革命のときに解放されたジャック・ボンノムは新たな不幸に落ち込んだ。大地の死である。「不幸は決して終わらない」とゾラは書いている。ゾラは不幸の哲学によく通じているし、彼のどの本を読んでもそのことがよくわかるが、『大地』におけるほど、彼がこの不幸をその全貌において示そうとしたことはなかった。『居酒屋』〔一八七七年〕においてもすでに存在は所有なのだと示されていたが、しかし彼はそこではもつことのうちに原初的で原始的なセクシュアリティーの関係を見てはいなかった。『大地』においては、剝奪は存在と所有の剝奪（privatio entis et bonis）ということになる。ゾラの小説は象徴的にも、大地への種蒔きの描写から始まっている。男は何の種を蒔いているのだろうか。小麦の種か、それとも自分の種だろうか。不幸を乗り越えようとする希望のなかで、実は男はどちらの種も蒔き、大地はそれを受け入れる。「畑はすみずみまで身を打ち震わせている。」この本源の関係は相互性である。「ボース地方の諺にいうように土地をつくるのは人間なのだ。」[14]「耕作はしやすいが、たえまない努力が必要なこの平坦な肥沃なボース平野が、ボースの人々を冷静で慎重にし、大地のみに情熱を注ぐようにさせた。」[15] だがそれは未来のない相互性である。「きっとわれわれの子供たちの時代に大地は破産するでしょう。」小説のなかで農民は土地の大小を論じているが、所有地の大小は根本的な問題ではない。ウールドカンがはっきり反駁した。[16]「それはどうかと思いますね。第一、小地主は一七八九年以前にもありましたよ。しかもいまとほとんど同じくらいな比率でね。[17]」この土地の大小の問題も、大地が死に瀕していなければ、これほど人間問題にはなりえないだろう。

残酷な大地――「ああ！　もし財産をもってゆくことができたらね！」と、ある登場人物は叫び、悲しみで胸を締めつけられながらこう結ぶ。「……だがそうはいかないのだから、あとに残った者がご相伴に与るわけさ。[18]」その一方で、死んだあとにも財産を守りたい者もいる。「グランド婆さん」、明敏で意地悪なこの老女は、自分の死後に親戚をいがみあわせるべく複雑な遺言をしたためている。どんなときでも、与えてしまってはいけない。「一文なしの人間は、〔誰からも〕正義も憐憫も期待できない。[19]」大地における人間の価値はすべて、もつことにかかっている。とすればそれはむしろ準価値というべきだ。所有による人間の自己実現ほど、非人間的なものはないのだから。

この光のない世界の内部には、外の現実はほとんど入ってこない。たしかに男たちはボース地方よりずっと向こうへ――少なくとも何人かは――兵役を果たしに行くが、彼らは何も学ばずに戻ってくるのだ――間違った世界のイメージに満たされて――「腕は折れ」、「大地をつかむ力もなくなって」。そして、代議士やら医者のなり損ない、司祭やら獣医、シャルトルの「噂の」人々。宇宙は閉ざされており、人々は大地を分析し救済してくれる科学を馬鹿にしている。

さまざまな意味深い事柄を、ゾラは正確に見つめている。種蒔き、干し草の刈り入れ、あるいはまた「刈り取り」、小麦の取り入れ、ブドウの収穫。新しい機械の導入も、抑えたしかし筋道立った筆致で描いている。金属性の音が響く。人々はそれを、不確かな未来のように聞く。農民と大地のあいだに機械が置かれれば、火・空気・水・大地といった自然の力に対する農民の戦いは、一つの抽象的な宇宙のなかに飲み込まれてしまうだろう。すべてを受け入れる大地、なお抵抗する大地は、それを手にとってまさぐり握り締めるなかでこそ意味をもつのだ。偉大な結合のとき——小麦の収穫やブドウの収穫のときに。実際、この結合の最高潮の瞬間を、ゾラはこのうえなく熱心かつ生き生きと描き、その一方で機械はあまりにそっけなく描かれており、そこからも彼が大地を何よりもまず原初で本源の女性として崇拝していることが、見てとれる。まさに消えかかっているこの農民の世界、それは、破滅へと向かいつつあるこのうえないオルガスム、『パリの腹』〔一八七三年〕の作者が謙虚なくしては接しえなかった、このうえないオルガスムなのである。おそらくこの大地、農耕馬の大地、父祖伝来の大地は、破綻している。節目節目の時に、何よりも刈り入れの時に、それがはっきりと見てとれる。その破綻を、ゾラは描写しているのである。しかも、すべてがそこからやって来て、すべてがそこへ戻ってゆく大地に魅了されながら。激しく痙攣するたびに、根を張り、根を掘り返される、この大地に。

ゾラの本当の主題は、実は根こぎ（déracinement）、Bodenlosigkeit なのである。このテーマが『大地』の形而上学を形成している。

ゾラはこのテーマを、二つの方向から展開する。そこから運命の交錯が生まれる。中心人物は、というのは彼が大地の人間だからだが、「フーアン爺さん」である。体が不自由になったこの男は、グランド婆さんの忠告に従わず、彼にはもう耕せない土地を、生きているあいだに子供たちに分ける決心をする。彼は不幸の輪に小指をかけたのだ。以後は不幸のただなかに全身で入ってゆくことになるだろう。ゾラは『大地』全篇をかけて、この悲壮な人物を追ってゆくことになる。ほんの少しでも大地から離れてしまったら、大地は力のない愛人のように、あなたを捨ててしまうのである。

第二の人物は指物職人。伍長だった男で、自分の腕しかもっていないが、根を張ろうとしている。だが彼は魂を凍らせるような失敗をし、戦争へと戻ってゆくだろう(20)。

ゾラは、この根こぎへと向かう二つのルートを巧みに組み合わせる。この二つの方向を用い、その運命を交錯させることで、一つの真実を明らかにしようとするのだ。つまり、意識しようがしまいが、人はすべて根なし草なのだという真実を、である。そして――シェストフ〔一八六六―一九三八、ロシアの作家、哲学者〕やトルストイよりもはるかに深く――ゾラは根無し草であることの意味を問いつづけるのである。機械と戦慄する大地とのあいだでのゾラの迷いは、彼の理解の深さを示していよう。科学は未来であると言ってはばからないゾラは現代的で科学への執着も強いが、同時に、原初の大地をかくも力を込めて称賛しているのだ。そしてそのことが、彼の文に独特の様相を与える。『大地』は、自己崩壊してゆく世界を、おそらくは人間の最も一義的で最も高い価値を内に含んだ世界を称える、追悼の小説なのである。

この運命の組み合わせは、対位法により書き進められ、特に冒頭では、二人の登場人物はまったく対照的な立場にいる。

フーアン爺さんはすべてを、すべて以上のものをもっている。彼は十分な土地を所有していて、労働者を雇うことさえできるのだ。しかし現実には彼は何ももっていない。彼の腕や足はもう彼を助けてくれない。

第二の人物ジャンは何ももっていない。彼は親指ほどの土地も所有していない――しかし彼は頑丈だし力があるのですべてをもつことができる。

すべての行為は互いに対置されている。フーアン爺さんは公証人の家で、自分の土地を分割し細分しようとしている。彼は大地の正義とは別の正義にすがりたいのだ。運命の時は、鳴ってしまった。正義とは一つだけ、大地の正義だけであって、人間の正義など、いかほどのものでもない。

もう一人の登場人物〔ジャン・〕マッカールは、冒頭でもっているかのように現れ、このうえなく重要な行為をなす。種を蒔くのだ。彼の力はそこにある。彼は、ゾラの言によると、畝のあいだを一定の足取りで、北から南へ、南から北へと、あたかもこのボース地方の南と北のあいだに存在のすべてがあるかのように、歩を進めるのである。

だが大地は、どちらの人物もはねつける。それは、彼らが自分の過去を忘れた――たとえばフーアン爺さんは自分の父親を捨て、彼の息子ビュトーは彼を捨て、いつかはビュトーも捨てられる――からというよりむしろ、根本において、力なくしてもつことは何ものでもなく、もつことなき力は無だからである。

こういった正義の観念が、積極的根こぎ（根を張ることができない）にも消極的根こぎ（自分の根を保つことができない）にも同じ一つの形而上学的価値を与えているのだ。まさにその名に値する形而上学(métaphysique)である。というのも、根こぎ（登場人物の一人は死を迎え、もう一人は戦争へ出発する）の完成は自然(phusis)としての大地のあとに来るものだからだし、そしてまた、ボースの大地――ヨーロッパでいちばん美しい平野――が死んでゆくからには、その正義は、最後の正義となるからである。

だがおそらく、いやむしろ確実に、ゾラは別のことを思っていた。彼は科学についてあるイメージをもっていて、それが彼にボース地方の死を信じさせなかったのである。とりわけ化学肥料とか合理的輪作とかいったいくつかの考えが、彼の文には読み取れる。ボース地方は蘇るだろう。ゾラは、土壌を手入れし時間を節約してくれる農業機械を、信じている。しかし機械によって大きく裂かれた大地は、もはや土くれでしかないだろう。真実のままを述べようと気を配り、ゾラは「脱穀機」が受け入れられたことを示すが、しかしそれに続く「第二の機械」の運転は、根づくにいたらない人間ジャンに任せ、そうやって、大地の衰退を強調するのだ。土壌は救われるだろうが、正義としての大地は死を約束されているのである。

こういった思いを、ゾラは何度も表明した。作品の終わりのほうで、彼はもはや土くれでしかない大地の未来を想起し、《新世界》での耕作を描写している。「……耕作し蒔き付けをする畝は数キロメートルの長さに達し、取り入れる穂先は海のように見通しがつかない。人間はたんに監督をするだけで、全部の仕事を機械がやる。たとえば二枚刃の円匙がついた犁、種蒔機、除草機、刈入脱穀機、麦藁の揚穀機のついた移動式脱穀機と納袋機だ。百姓は機械技師で、数人ずつ馬に乗って機械のあとについて行き、いつでも飛び下りてボルトを変えたり部品を鍛えたりする用意をしている。要するに大地は［……］短くきっちりと刈り上げられ、人間の愛と労力と対話しながら与えたよりも一〇倍も多い収穫を非人情で物質的な科学の力に提供しているのだ[21]。」人間は見張り役、農民は機械技師、神秘的で肉体的な愛情関係の結べない大地、これが未来の姿である――精神的な意味での所有も正義も、奪われて。ゾラがジャンの、つまり根のない人間の行動にどれほどの意味を込めたかが、わかるだろう。小説の冒頭でジャンは、あの基本行動――種蒔き――を行った。しかしこのジャンはまた機械を運転する最初で唯一の人間でもあるのだ。一つの世界の曙と黄昏が、ここには照らし出されているのである。

《新世界》の介入は、実際二つの意味をもつ。一方でゾラは、《新世界》を描写しながら、小麦の価格を下落させ大地主と小地主の対立を消しさるような一つの構造を強調する。「小地主と大地主の数百年来の相克に終止符を打って両者を滅し去る悲劇的な結末は近づきつつあった。一六フラン以下の麦、損して売らねばならない麦、土地の破産、これらは予言される時代の先駆で、たしかに人間の意志よりも強い社会的な理由のもたらすところである[22]。」ここに、ゾラによる不幸の一般的定義が現れている。つまり、物が人間を支配するのである。ゾラがウールドカンに次のように言わせるのも、同じ意味においてである。

「……あいつの言うことは道理だ……百姓という種族がもう終わりで、畑が疲れ切ってしまったのなら何もかもだめになるがいい。わしらはみんなくたばり、どこもかしこも茨が生えるがいい。[23]」百姓という種族が終わり――とはどういうことだろうか。以前には人々は少しずつ金を貯めてちっぽけな土地を買っていた。しかしゾラによると、死に瀕している大地は、彼らの頭のなかでは破産した銀行なのである。農民はもはや自分たちの金を大地に委ねない。彼らは証券を買い、株を買う。たとえばニュー・メキシコ鉄道の株を。大移動はずいぶん前から始まっていた。「予言された時代」にはすでに「信頼は失われていた[24]」のである。――さて、他方でこの《新世界》は、文字どおり非自然化のファクターとして作用する。ひとつかみ大地をつかもうとし、その重さを感じ、その所有者であることを理解しようとする自然な仕草に、「よく切れる円匙」が取って代わる。手、まだ若い穂の重さを計って取り入れ時期を予想する手は引き下がり、鋼鉄が現れるのだ。だが大鎌は？　と問う人もいるだろうが〔かつて出現した大鎌も手に取って代わったのでは、との問い〕、大鎌は石油で動くよく切れる円匙とは違う。それはボルトも部品もなく、ただ自分の力だけを与える人間の腕の延長である。ゾラは明らかに、ルソーのことを考えているのだ。

フーアン爺さんの根こぎは公証人の家で始まる。彼は一ヘクタールを一〇〇フランに算定して、年金を要求する。娘ファニー、酔っ払いで役立たずの――しかし無頓着から「ものごと」をはっきりと言う――イエス・キリスト、そして怒りの人ビュトーとの激しい論争の結果、年金は八五フランになる。論争は二つの段階をとった。まず土地の価格を検討し――それから両親の必要をできるだけ正確に見積もったのである。[25] こうしてゾラはさもしい値切りの様子を描くが、その描写の関心はすべて以下の主張のなかにある。農民が必要とする額は彼が売る大地にみあう値打ちはない――もつことに必要な額が介在することで、気前のよさが依存関係へと移行していってしまうのである。農民の裸の存在が、所有に対して優位を占めることは決してないだろう。こうして根こぎの弁証法が動きだすことになる。その五つの段階を見ていこう。

土地を売るのはそれだけで辛い剝奪だが、その売却のあとに没落の本当の始まりがやって来ることは、いままで十分語られてこなかったように思われる。問題は子供たちが年金を支払うかどうかを知ることではない――彼らはみな一銭たりとも支払おうとはしないだろう。しかしともあれ、はじめは、フーアン爺さんは自分の家にいる。ゾラが独特の流儀で落ちぶれさせようとした人物、リーズが、フーアン爺さんの家に来る。『大地』の作者は数語でその「死んだような家」を描写する。「もはや家畜も作業もうごめき騒ぐ何もなくなって、建物も中庭もがらんとしていた。」リーズが入ってくる。「フーアン爺さんは立っていて一切れのパンとチーズを食べているところであった。婆さんは腰掛けて所在なげに爺さんを眺めていた。」そこで避けるわけにいかない質問をする。「お変わりないですか。」ゾラはここで文体を引き締める。「〈ああ、もちろんさ〉婆さんはこの訪問を喜んで顔をぱっと明るくしながら答えた。〈いまじゃもうわしらも旦那様〔ブルジョア〕で朝から晩まで楽に暮らしているのさ〉(26)。」なんと偽った返事であることか！

フーアン夫妻はまったくもって旦那様などではないのだし、時間も空虚に過ぎて行くだけだ――老女の表情には本心が読み取れる。彼女の顔には、人が訪ねてきてくれ、単調さを破ってくれたことへの喜びが現れているのだ。ゾラの叙述の冷酷な展開に、読者は痛みすら覚える。彼はこの二人の老人を、「働く必要のなくなった自分らの幸福」の興奮へと導いてゆくが、「だがこの無理にかきたてた喜びの裏には、また彼らが興奮してしゃべりたてたことの裏には、深い倦怠が感じられた……老夫婦の腕は休息とともに突然萎えしぼんで、あたかも鉄屑として投げ捨てられた古い機械のように調子が狂い、一人の老人を責め苛む(27)」のであった。

隠居とは難しいものだ――農民にとっては、おそらく他のどんな人々よりもずっと。自分の仕事だった世界のすぐそばにいるのに、作業の外に放り出されているのだから。重要な点は倦怠である。彼らは自分たちは幸福だと言うが、実はそうではない。言っていることと現実とのあいだに（tun und sagen）落差がある。この取り返しもつかず治しようもない落差が、倦怠を絶対的なものにする。それはよくあるように束の間の倦怠などではなく、長く続く倦怠である。束の間の倦怠はたとえば誰かを待っている場合に感じる倦怠であるが、しかし、この根源的で永続的な倦怠は生の喪失なのであり、どこまでも終わることなく続くのである。ある意味でこの二人の老夫婦は幸福である。彼らは自分たちの真実を見いだしているのだから。彼らは働きづめの人生の苦しみのなかであれほど強く望んでいた休息をいま、享受している。しかし倦怠がうつろな時間となって、幸福であるという意識の休息を穿つのだ。その不幸の形而上的重みを感じないために、同時に存在し、行動することを望んでも、そんなことは不可能なのだ。

そうやってフーアン爺さんは、本質の小道にたどりつく。かつて彼が自分の本質を確立したのは、大地のなかに――彼の大地のなかに――だったのだ。ゾラはここで、もつという概念を十分に押し出しておらず、在ることともつことの弁証法も、十分とはいえない。ここで語るべきは、所有についてであり、大地の熱さと疲労のオルガスムにおける相互所有についてなのである。悪い不幸、悪い運命とロシアの歌がいう。若衆は決してあとに戻ることはできないのである(28)。聖書では放蕩息子は父親の家に戻ってくるが〔ルカ福音書第一五章〕、フーアンはロシアの歌の若衆のように、決して彼の母であり姉であり子供でもあるもの――ひとことで言えば大地へと、戻ってくることはないだろう。

ともあれ、彼はいまやうろつき者だ。「土地の分与がはっきりと完了し、署名も登記も済んだこの一年以来、彼にはもはや一つの仕事だけしかなかった。自分の昔の畑を見に行くことであった。彼はしょっちゅう畑の辺りをうろついていた……(29)。」「フーアンは例のように畑のまわりをうろつきに行った……。」うろつき者（rôdeur）という語はゾラの作品のなかではとても強い意味をもっている。それは悪い概念の一つと言ってよいだろう。一方で、うろつくということは、自分の本質のまわりをまわることなのだから、失墜を表している。他方で、うろつき者はいずれ放浪者となる存在なのである。こうしてフーアン爺さんは、もはや彼には属していないけれども、かつて彼の本質がそこにあったもののまわりをうろつく。まわり（autour）という語に、これほどうまい説明を与えることは難しい。ゾラは賢明にも、畑を通り抜けてうろつくと書くのは避け、本質のまわりを周回する動きを素描しようとした。人間の本質とその存在のあいだの落差を作り出す、財産の喪失という目に見えないが確固としてあるバリヤーを、決して越えることなく歩きつづけるという、行為というよりむしろ幽霊のような歩みだ。あらゆる場合において、まわりは外側にを意味する。本質の外側に存在するということは、まさに経験された疎外としての、存在と所有の剝奪（privatio entis et bonis）である。

第三の時期はとても長い。フーアン爺さんは、家を離れて子供たちの、娘のファニー、息子たち、イエス・キリストの家に住みに行く。家から家へと移るごとに、彼の金が奪われることになることはいうまでもない。しかしよく考えれば、金は二次的なものにすぎない。第一のものはなんといっても、実体としての大地である。もはや大地をもたぬ者は、もはや金ももたないだろう。フーアン爺さんはついには金を与えてさえしまうだろう。この長い弁証法に、ゾラは実存の諸段階を絡ませる。なかでも最も重要なのは、思うに、根無し草と、根をもたない者とが、ファニーの家で出会ったことであろう。

ゾラははっきりと、コントラストによって、これらの諸段階のありようを説明しており、ファニーの変化もすぐに見てとれる。彼女の家ではすべては清潔である。「まるで人の住まぬ家のように清潔で冷え冷えとしていた」(30)——しかしくつろぎはない。「ファニーは非常につましく、病気にでもならなければ、戸棚からコーヒーやブランデーを取り出さなかったからである。」『大地』によると、農民の自由、考えを育てる自由は、しばしば「一杯ひっかけ」たり、唾を吐いたり、パン入れの前を通ると必ずパンを一口つまむとかいったようなことのなかにある。ゾラの時代には、農民の存在と思考を照らしているのはこういった単純な行動なのであり、清潔さなどは都市の人々にとってだけ良いものなのである。だがここに一閃の光が走る。フーアンはジャン——根を張ることができない人間——を招き、一杯やれとすすめた。「コップを口へ持っていく手が、自分のしていることを心配して、ぶるぶる震えていた。」[31]これはくつろぎではなく、恐れだ。一杯やることへの恐れ、さらには、娘の家に、したがって他人の家に、ジャンを呼び入れることへの恐れである。他人が意志を押し付けてくるのだ。グラスとボトルを見て、ファニーは容赦のない言葉をかける。「お父っつぁん。こんなこと、あたしが嫌なの、知ってるじゃないの。」さらにもう少しあとで「あたしの嫌なのは、あたしのテーブルをよごされることなんですよ。」[32]なるほど、フーアン爺さんは娘を「言い込める」。「そんなに綺麗にばかりしたがらねえで、もう少し人情を出したほうがいいんじゃないかな。」だがファニーが断定調なのに対し、彼女の父親は条件法〔いいんじゃないかな ça vaudrait mieux〕で言い終わる。彼の単純な行動、意志、くつろぎ〔いずれも、条件法のはらむニュアンスとは正反対〕を奪われて。そしてまた彼の金も奪われて。泊めてあげているのだから、年金は支払わないというわけだ。

息子のビュトーは依然農民だが——彼は唾を吐くことは認めるが、それでも彼の妻はフーアンのむしりとるパン切れがだんだん大きくなるのを気にかけ目でうかがっている——、このビュトーにおいても、われわれは同じ弁証法を目撃する。フーアン爺さんは、当然のこと盗まれながらも、最後にもう一度自分の意志を押し付けようとする。意志なくして、くつろぎに何の価値があるだろう。だが意志が衝突するなかで、彼は「すっかり滅び去った昔の権力[33]」を放棄することになる。ビュトーは怒って叫ぶ。「年季が済んでほかの者にお株を譲ったからにゃ、人に迷惑をかけずにさっさとくたばっていくもんだ。[34]」ゾラは、根こぎをより残酷なものにしようとしたのである。イエス・キリストの家でのうろんな滞在のあとフーアンは再びビュトーの家に戻るが、そこでビュトーは老人がもっている「へそくりに気がついた」。つまり、それによってやっと老人が自分を支えていられたもの、証券である。ビュトーはその証券を盗む。「フーアンは［……］気の違ったように怒りだして繰り返した。〈返してくれ！〉〈うるせえな、静かにしろ！〉ビュトーは吐き捨てるように怒鳴った。〈それじゃ、もうこんな嫌なところにはいられねえ。出ていくぞ〉〈願ったり叶ったりだ［……］〉彼は父の腕をつかんで、外へ突き出してしまった。[35]」とうとうフーアンは、取り返しがつかないということの本質を理解する。同じ戸は二度叩いてはいけないのだ、いかなる戸であっても。

こうして、文字どおりの放浪が始まる。はじめは恥ずかしさを感じた。「フーアンはこの戸口に来ているのを見つけられやしないかと案じて、そこを遠ざかった。まるで叩き出された犬が食物を慕ってすごすごと帰って来るにも等しい自分だった。[36]」彼はまだ自分に対して開いていると思われる戸のほうへ向かう——彼の姉、グランド婆さんの戸へ。「彼はついに扉を叩いた。彼はあまりにも不幸であった。」しかし「不幸は決して終わらない」。姉と、姉の許しを得てから入ろうと思っている弟の、短いやりとりは、次の言葉で終わるのだ。「いい様だよ、のたれ死にでもするがいい。[37]」かくして「生者たちの数から消された」フーアンは、もはやフーアン爺さんではなく、一つの影にすぎず、再び外に放り出される。社会の外に根こぎにされ、放浪の身となって。それはまるで、「生ける人々のあいだを亡霊が足を引きずって歩きまわる[38]」かのようだった。彼は「人間」から「影」へと落とされる。しかし足もまた影を動かすこともできない影の足になってしまった。「彼はほとんど村の外へ出ることもなかった。天気の良い日にも彼の好んで行くところは二、三の場所に限られていた〔……〕。彼には同じ場所を動くまいとする唯一つの願いしかなかった……。」そしてこの願いのなかで、彼はすべてを認める。フーアンは自分の父親の死を望んだ、だから自分の子供たちも彼の死を望むのだ、当然の道理ではないか。場所を動かないことは、死にたいという欲望である。死者は動かない。フーアンは最後の扉を越えたいのだが、それは簡単なことではない。「……なかなか死なないものだよ。そのくせいつでもお迎えを待っているんだがね。[39]」死しか残っていない。しかしフーアンは小道の折り返しでは死なないだろう。彼は殺人を目撃したために殺されることになる。この殺人については大して言うべきこともない。大地の下ですら人殺しは起こるのだから――「……二人の骸骨は地面のなかで取っ組み合いをして、喰らい合うだろう[40]」。

　さて一方、ジャンのたどる行程は、逆の問題によって規定されている。すなわち、根づくことである。そしてこの何も所有しない人間の行程は、ある意味で、根こぎの弁証法を完成させるだろう。フーアンがその放浪の果てに自分の運命と真実は死であることを知るのに対し――ジャンは努力の果てによそ者であることを認めることになる。なるほどゾラは最初の数ページでジャンが種を蒔いているところをわれわれに示す。しかし、大地に種を蒔くから農民なのではない。農民であるためには、大地に永遠に属していると感じ、いわばそこから生まれたと感じ、そこを離れたことも、父母を殺したことも忘れてしまわねばならない。この意味ではビュトーは根づいた人間である――ものごとや子供たちがうまく彼を根こぎにするまでは。

　ゾラは細かなタッチで、この無力の肖像を描いてゆく。そこでは、見えないものは見えるものと同じくらい重要である。ジャンはよい働き手で頑丈だし、冷静で明晰な頭をもっており、めったに話さず、話すときは慎重に話すけれども、大地には属していないことが、すぐにわかる。彼は伍長さんと呼ばれている。明らかにこの呼び名には二重の意味がある。軍隊にいた伍長は、周囲の農民の目には何らかの威厳をもっている。伍長であった、それだけですでに大したことなのだ。しかしながら意味はすぐに逆転する。伍長など文字どおり何の価値もなく、むしろ何かよそよそしいもの、ほとんどスズメバチのようなものなのだ。数語で、ゾラはわれわれに伍長は盗人であると理解させる。彼は農民の場所を占領しているのだ。

さらに、ジャンは酒を飲まず、飲んだとしてもほんの少し、タバコに金を使ったりせず、粗野な服を着ているときでも清潔である。悪口は得意ではない。また彼は理解したものしか望まない。この点でも、彼は農民ではないのだ。ゾラのエクリチュールのなかでは、農民はまず望み、それから理解する。この点では、フーアン爺さんと彼の息子ビュトーがその見本だが、一方ジャンは『アンナ・カレーニナ』のコンスタンティン・レーヴィンに近いといえよう——彼ほど金持ちではないにしても。それにジャンは細かく見てみると、ことの本質の核心について思い違いをしているのである。根づくことは、彼においては平和を意味する。しかし大地の真実は、所有のオルガスムである。ジャンがこの所有を理解した、というよりはむしろ理解しようとさえしたなら、大地に不信感を抱く農民がわずかな土地よりも証券を買うこの時代に、ジャンはまさにその狭い農地の一区画をわずかな貯えをはたいても獲得したことだろう。しかし彼はそれを望まず、したがってほんの少しの土地でもすでに何ものかであることがわからなかった。彼は、大地をとおして女性をではなく、女性をとおして大地を所有しようとした。根づこうとする彼のあらゆる努力を壊すことになる大きな間違いがここにある。

女性については、ジャンはためらう。彼はリーズを望むが、リーズの妹のフランソワーズと結婚することになる。ここには美しいといってもよい小説的な効果があるが、根づくことの難しさを説明してもいる。しかしとにかく、「財産」をもっていて、フーアン爺さんの家を自分のものとしたフランソワーズと結婚する時点でも、ジャンはまだ思い違いをしている。大地においては、良い結婚とはなによりもまず土地同士の結婚である。愛情は二の次だ。ボース平野が人間を作るのだ。しかしついにジャンはフランソワーズと結婚する。ゾラの精緻なエクリチュールを追ってみよう。「それからフランソワーズはふと振り返って、ジャンの姿を認めて、愕然とした。この人は他人の家へ来て何をしているのだろう。ジャンは落ち着かない様子だった。ひしひしと孤独の情が彼女の胸に迫ってきた［……］。家は彼女を愉しませず、心は何か知らない不快に閉ざされていた。［……］彼女と夫とが、蠟燭をつける勇気もなく、部屋から部屋をさまよい歩いているうちに、陽はとっぷりと暮れてしまった。［……］ジャンはフランソワーズを両腕に抱いてとにかくこれから幸福になるのだと言いきかせるように静かに接吻した。(41)」この「とにかく」は意味深い。よそ者のあいだには不幸しかないのだ。

不幸は三つのステップでやって来る。まず、フランソワーズは、年老いたボース平野のように、ジャンにとって不感症の女になる。次に、フランソワーズは妊娠しても何の喜びも感じない。そして最後に、リーズがフランソワーズを大鎌の上に突き落とすことになる。傷ついた母親は（根なし草の）子供とともに死んでゆき、子供は生まれることはない。長い末期の苦しみのなか、フランソワーズはジャンに何も言わない。死に際でも、よそ者には言ってはいけないことがあるのだ。

ジャンには一つやらなければならないことが残った。彼はフランソワーズのものだった家から出て行った。やっと見つけた小さな部屋のなかで、彼ははっきりと自分の運命を、そして根づくことが不可能なことを、理解することになる。「……取り戻すための訴訟を、彼は行わないだろう［……］。自尊心が、彼の気持ちをしゃんとさせた。彼はあの悪党どもの仲間でなくよそ者であるのがかえって悦ばしかった(42)。」フーアンの骨は墓地で殴り合っている――ジャンは、再び始まった戦争へと戻ってゆくだろう。『潰走』〔一八九二年〕の冒頭でゾラは、根づくにいたらないこの弁証法を、次のようにまとめている。「戦争の最初の噂を聞いて、彼はローニュを離れた。彼が妻のフランソワーズと、妻が彼にもたらした土地を失ったばかりの、ドラマで血まみれになったローニュを。彼は三九歳で再び軍隊に入り、伍長の肩章をつけた。〔……〕彼は自分がまた肩に軍用コートをかけていることに驚いた。ソルフェリーノのあと、あんなに喜んで軍役を離れた彼が、しかしどうすればよかったのだろう。仕事もなく妻もなく不動産もなく、心が悲しみと怒りでいっぱいになってしまったときには。敵とぶつかるのがいちばんなのだ(43)。」

この根こぎと根づきの失敗の弁証法は、ゾラの不幸の哲学において、大変重要な位置にある。ルーゴン＝マッカール叢書全体のなかで、『大地』は突出した戦略的位置を占めているのであって、大地の不幸の向こうにはもはや、混乱のなかで友人同士が殺し合うような戦争のなかに人間の絶対的な不幸を書くことしか残されていないのだ(44)。さまざまな対照によって、また、出会いの意味や会話の意味を語ることによって、根こぎの動きを根づきの失敗の動きへと結びつける、その様子を複雑ながらも全体としてまとめあげもしくは構築して示すのは、私の思うに、哲学ではなく、文学のなすべきことである。間違えてはならない。この建築術、あるいは、さまざまな動きを統一的にとらえる技術と言い換えてもよいが、これは実際ゾラにおいては、さまざまな感情の色調のうえに語られているのであって、それは、概念によるアプローチではとらえられないものである。哲学が近づきうるのは、ただその全体のアウトラインだけなのだ。

しかし、とするならば、この形而上学は一つの現象学に根拠を置いていると言いたい。だが現象学とは何を意味しているのか。少し説明が必要と思われる。この現象学という語の創始者はランベルト〔一七二八—七七）というカント以前の哲学者で、彼は著書『新機関』（一七六四年）においてこの言葉を、見かけ（apparence）の論理という意味で使っている。ヘーゲルが語る現象学も、この意味においてであって、現象学は、その真実の発見まで動いてゆく、精神の見かけの理論なのである。『大地』にはさまざまな見かけの論理、つまり現象学が見られる。一つの例として、小麦の刈り入れをあげよう。ブドウの収穫を称揚するルソーや、干し草の刈り入れを描いたトルストイとはかなり違った調子で、ゾラは小麦の刈り入れの様子を描いている[45]。燃えるような強い太陽が照りつける黄色い広大な畑のなかに、人間はそうであるままの姿で現れる。すなわち、光のただなかの黒い虫として。三五歳だが「六〇歳に見える」とゾラのいうパルミールは、疲れ果てた虫のように死ぬことだろう。見かけがかくもはっきりと示しているように、人間など本当に取るに足りぬものなのだ。

ゾラの現象学、あるいは見かけの論理において、彼はしばしば動物を使って、人間は見かけでしかないことを明らかにする。たとえば、先に見たように、フーアン爺さんの家に生き物がいないことは、隠居生活の見かけ上の幸福が、実は鉛色の倦怠に満ちていることを明らかにする——この幸福は実は死でしかないのである。鶏、七面鳥、犬といった、絶対的自発性のなかで、考えることもなく生き、走りまわる動物たちの存在なしには、農民の意識にとって、人間の生活は無に等しい。たしかに、リーズ——彼女は子供を産むために原始の時のようにしゃがみこむであろう——の出産と、彼女と同時に子牛を産む雌牛とを比較したゾラは、あまりに度が過ぎていたかもしれない。その解説としてタレーラン〔一七五四—一八三八、フランスの政治家〕のあの有名な、極端はすべて行き過ぎだ、という言葉を用いることもできるが、しかしそんなことは末節なことだ。大切なのは、動物の世界は真の姿を保っているのに人間の世界は見かけや虚偽へと落ちてゆくということであって、それゆえに見かけの論理はしばしば、下位のものにより上位のものを説明するという方向をとるのである。[46]

しかし、『大地』の現象学から、こういった単純化した抽象的論法を排除してわれわれが問うべきは、何が最も虚偽の、最も見かけの存在であるのかということだろうが、この点に関してゾラはあるヒントを与えている。小説全体を通じて、ただビュトー夫妻だけが父祖伝来の魔術にひきつけられているのだ。人間が作ったものを堕ろすために、子供を母親の腹のなかで殺すためには、「女をつかまえて、お腹の上に十字架を三度書き、〈アヴェ・マリア〉をあべこべに唱えればいいんだって[47]」。フーアンの息子でリーズの夫のビュトーは、本当の農民で、強く根を張っていると、誰の目にもそう見える。軽い気持ちで信仰に浸る一瞬が過ぎ去れば、生来馴染んできた魔法使いの儀式に再び思いをいたすのだし、また小説全体から、ビュトーが土地を――そして金をも渇望していることがわかるし、さらにビュトーは頑丈で、乱暴で、怒りっぽい人でもある。しかしながらそれがゆえに、このビュトー、ボースを決して離れたことがないと自慢する、おそらくシャルトルすらほとんど知らない――他の人々が兵役について遠くへ行ったというのに――ビュトーは、見かけにすぎないのである。ボース地方が死にかけている、なのにビュトーは、数百年来の農民のままなのだ。一一月から七月までボース平野は彼の前に「緑」を広げる――ビュトーはそこに何を見るか。「いたるところ小麦だった。小麦の海が侵入し氾濫し、広大な緑一色で大地を覆った[48]。」なるほどビュトーは小麦の価格が下落していることを知ってはいるが、それは《新世界》のせいでしかない。他の人々がボース地方の瀕死の苦しみを嘆いているのを耳にはするが、それに関する意味深い発言など彼にはない。それに、彼は殺人者である。ビュトーはまず母親を殺す[49]。激しく彼女を壁に突き飛ばして。この最初の殺人は、うまく偽装される。フーアンは、「尋ねられると、年をとり十分働いたせいだと答え、身体がおしまいになったら行かねばならないと言った。だが、事件の知れわたっていたローニュでは、誰でも血がのぼったんだと言っていた[50]。埋葬には多数の人々が参列した。ビュトーをはじめ一族の者は、至極あたりさわりなく振る舞った[51]」。次にビュトーは、義理の妹フランソワーズの殺人の共犯者になる。最後に、残酷な状況で、驚くほど不器用に父親を殺す。「他人を苦しめるよりは墓のなかで静かに眠るほうがどれほどましかわからねえ……[52]。」ここで彼の性衝動について語ることもできようが、やめておこう。なにしろビュトーは、見かけの人間でしかないのだから。本当の人間は、三回も殺人者にはならない。とりわけ父殺し、母殺し、妹殺し（フランソワーズは彼の義妹である）には。自分自身のうちに、この人殺しの農民はどのような未来をもっているというのだろうか。最後のフーアンの殺人のときに、ビュトーにはどうしてそうなったのかまったく理解できなかったのだが、自分の子供たちが殺人を目撃しているのをビュトーは見てしまう。彼に恐ろしい運命を予告するこの記憶を、どうやって子供たちの頭から追放しえようか。根づくために父殺し、母殺し、妹殺しにならねばならないとしたら、それは、見かけだけしか根づけない、というに等しい。とすれば、ゾラがこの怒れる人間に何回も殺人を犯させたのは、大地の過酷な法則を表すためではない。そうではなくて、一見このうえなく根づいている人間が、人間の見かけでしかないと示すためである。加えて、重要な事実だが、ビュトーは控えめにしか酒を飲まない。これも彼の不器用さなのだが、――父親を殺そうとするとき、「臆病者め！」とリーズに叫ばれる、「……年中女にやらせるつもりでいやがる[53]」――、彼の犯罪は酔いにまかせたものではまったくない。彼はいつもはっきりと自分の利益を意識して、殺人を行うのである。宗教についても、ビュトーは見かけでは宗教心がある。母親の埋葬のさいには、彼は至極あたりさわりなく振る舞った。なるほどフーアン爺さんの葬儀では、本当の口論が起きるだろうが[54]、しかしこの時点までくると、ビュトーの人物は全面的に明らかにされており、何が起こってももう揺らぐことはない――彼の本来の性質は暴かれ、同時に彼の未来も暴かれているのだ。

このように、最も真実味のある登場人物が見かけにすぎない。その一方でゾラは、彼好みのシンメトリー効果によって、周辺性のなかに最も真実味のある人間存在を出現させる。それはイエス・キリストというあだ名の、ビュトーの兄である。イエス・キリストは、どこから見ても農民のうちで最下等の人物である。兵役から戻り、腕が折れた彼は、もはや犁の柄に触れもしなくなった。いつでも酔っ払っている男――ゾラはイエス・キリストを最高一二リットルの酒が飲めるとしている――、だが彼は意地悪ではない。彼は楽しむのが好きで、密猟も好きだが――そのせいでときどきとても臆病になる。彼は「憲兵とは微妙な関係にある」のだ。その点殺人者のビュトーは、「きちんと」している。彼には密猟以外にやることがあるのだ。当然ながら、イエス・キリストは父親に支払うべき年金を支払わないだろう。彼は自分の取り分の土地を売って、その代金をみんな飲んでしまったのだから。小麦の刈り入れの場面のパルミールについて、ゾラは熟慮された筆致で、「……彼女はまさに倒れて死のうとする駄馬のような絶望的な努力を続けて、灼熱の太陽に命の最後の一滴まで飲まそうとしていた[55]」と書くが、イエス・キリストは、ボース地方の罠に引っ掛からなかった。彼は見かけに、彼の人生を飲み込ませはしないだろう。現実であるワインのほうがいい。こうして、己れの周縁性[56]の最も深いところから、無用の――しかし真実の――本当の農民が立ち現れる。大地にどんな価値があるのか知っている、本当の農民が。

彼は、すべてを理解していたのである。カフェの一室で、イエス・キリストは真実を暴露する。「土地か……土地はお前など馬鹿にしているよ！　お前は土地の奴隷だ。土地に楽しみも力も生命も吸い取られているんだ[57]。」虚偽のなかにいるビュトーがすかさず、「この役立たず！　ろくな仕事もしないで、働かないくせに、それを自慢してやがる！」と言い返すが、言うべきでないことを口にしたため、真実が現れることになる。イエス・キリストが長広舌を始め、そこで彼は本質的な質問をするのだ。「土地なんてものは存在するのか。」ここでゾラの現象学はその中心に達し、――土地の分配と統合の問題のさらに向こうに、最後の問いがはっきりと現れる。もし大地の喜びが幻想にすぎないとしたら？――もし大地のオルガスムのなかで生を抱き締めていると思い込みながら、実は、死と結び合っているだけだとしたら？　たとえば一七八九年から一八四八年まで、革命から革命へと土地を分配したかつての不幸が、不正を永続化してきただけだとしたら？　イエス・キリストは、本当の革命を説き勧める――土地はもうパンクしているのに、あれもこれも要求しやがるブルジョアどもなんぞ、くたばっちまえ。だが彼は、根を張ることができない人間――何という象徴だろう！――に止められる。唯一落ち着いて明断に論を張る人間、ジャンに。「イエス・キリスト君」彼は穏やかに言った。「あんたはもう黙ったほうがいいようだね……。そういうことはみんな口にすべきことじゃないよ。たとえあんたにたまたま道理があったってだね。あんたはぬかりない質じゃないようだ。人から悪く言われてしまうよ。[58]」ゾラが描こうとした世界全体についての、最も本質的な断言である。[59] 真であるイエス・キリストは、ビュトーのような人間にとっては、たんなる見かけでしかなく、黙るしかないのだ。大地の世界で語ってはならない不謹慎なことは、たくさんある。そのうちでも最も不謹慎なのは、最後の、絶対の、すべての根底にある質問、質問すべきではない質問、周縁性から生じた、おそらく殺人よりも重大な質問だ。「大地なんて、存在するのか。」

それでも、もしたまたま――「たとえあんたにたまたま道理があったってだね」――大地が二重の意味で存在しないとしたら？　一方で、手から手へと渡るゆえに存在せず、他方で疲弊しきったゆえに存在しない（イエス・キリストのうちにはこの二つの要素が解けがたく混じり合っている）、つまるところ失われてしまった大地。いや、いまはもはや存在しないがかつて大地は存在していたのだから、過去に戻って質問を表現しなおすべきではないだろうか。そしてどのように現象学から存在論的問いが生じてくるのかを理解すべきではないだろうか。大地の存在こそが、あらゆる人間にとっての問題なのだ。ゾラのテクストは難しい。ジャンが「たとえあんたにたまたま道理があったってだね」と言うとき、彼は可能性のことを話しているわけではないのだ。イエス・キリストのような単純な人間に、たまたま道理があるなどということはありえない。道理はあるかないかどちらかなのであり、ゾラはイエス・キリストの言葉をすべて正しいと認めているのである——結局ゾラのすべての判断は、イエス・キリストの側にあるのだ。『大地』の作者は、この根のない人間〔ジャン〕の介入を、次のように説明する。「はなはだ冷静なこの青年の、はなはだ賢明なこうした注意は、たちまちイエス・キリストをとりしずめた。彼は再び椅子にかけて、要するに、こんなことはすべてくだらぬことだと明言した。」謎に満ちたエクリチュールだ。酔っ払いが、たちまちとりしずめられたりするだろうか。しかしまた、真実を語るエクリチュールでもある。大地がもはや存在しないと言ってしまったとき、たまたま道理を語っているとき、本質や真実を述べてしまったとき、人は、根づくことを信じている人間の言葉を真に受けないことができるし、とにかく何も重要ではないのだ——ビュトーやジャンのような鈍感な敵と戦うよりは、酒を飲むほうがましなのである。根のない人間ジャンがなぜイエス・キリストの言葉に憤慨するのか、答えは明らかだ。彼が渇望する大地が存在しないなどと、どうしてもジャンは認めたくないのである。

大地は存在するか。古くからの形においては、大地はもはや見かけとしてしか存在しない。不幸の純粋な源として、悪夢となった長い夢として。人間の手がもはや直接大地を耕さなくなったゆえに、失われてしまった大地——ゾラが描くのは、鋭い円匙、あの最初の耕作機械だ。ほかにも、大きな農耕馬がいなくなったなど多くの理由があるにはあったが、しかし第一の理由はなんといっても、多くを望みすぎて大地を瀕死の状態に陥らせた人間の愚かさなのである。見かけとなった大地は、ヨーロッパ意識のなかで崩壊するにいたった。かつて所有すべきものとして、おそらく大地は真実の存在だった。対立においても愛の関係においても、大地は人間の真実だった。大地は母であり、そしてまた、妻であり、姉妹であり、子供でもあった。だがこの本来の第一義的な関係は、深淵に消えてしまったのである。このことを言うのにゾラだけで十分でないというのなら、——たとえばフーアン爺さんの根こぎにおいて——ヘーゲルの快楽と必要の弁証法がたやすく見てとれることを指摘しておいてもよいだろう。

シェストフの根こぎの哲学よりも、ある意味ではヘーゲルよりもさらに深い苦悩の問いを、ゾラの本は発している。人間は本来そうあるべきものの外で生きられるのだろうか。最も高いレヴェルでの所有がまず描かれ、しかしそれは根こぎと根づきの失敗との弁証法のなかで、否定されてしまう。人間は最初に結ばれた関係を失って良しとしうるのだろうか。「大地は存在するのか。」「われわれは十全に存在しているのか。」これらの問いに答えることはできない。ヨーロッパ意識は一つの崩壊を蒙り、——一〇〇〇年来の労働は失われた。機械の大地ではない、人間の大地が、死に瀕していると、ゾラは言う。そうやってゾラは、悲劇的な一つのゼロ・ポイントを定めたのである。「わが息子よ。農民のことなど、考えるではない！」

Ⅳ　意識と現実

より速く、より高く、より強く——再創造された神話

『オデュッセイア』を少しでも読んだことのある人ならば、一人の英雄がなし遂げた肉体的努力が、ヨーロッパ意識の記憶のなかにいかに深く根づいているか心得ていよう。それ以外にも、『ローランの歌』、アリオステ〔一四七四―一五三三、イタリアの詩人、『狂乱のオルランド』の作者〕、『解放されしイエルサレム』〔トルクァート・タッソによる、第一回十字軍をうたったバロックの叙事詩。一五八〇年〕などをわれわれは読むことができる。なんと素晴らしい活躍、なんと荘厳な英雄たち。そしていまや人々はスポーツを語る。いやな言葉だ。「スポーツ。男性名詞。単数。体操、フェンシングなどのように、屋外で行われるあるゆる運動を指し示すために用いられる英語。フランスでは、しばしばスポーツと競馬が混同されるきらいがあるが、競馬はスポーツの一種にしかすぎない——語源、古フランス語、desport：娯楽」（エミール・リトレ、『フランス語辞典』第七巻、四八八頁）。だが博学のリトレも、ほとんどの場合屋外ではなくホールのなかで行われるボクシングを、失念したらしい。スポーツ的という語となるとさらに耐えがたいが、「スポーツ的な。形容詞、新語。スポーツに関係のある」。スポーツの愛好家たちに向かって、「先週の日曜日は、シャンティ競馬場だけが唯一のスポーツ的な出会いの場だったわけではない」（『イリュストラシオン』紙、一八七六年一〇月二八日付、第三版）と言ったら、さぞや彼らを驚かせることだろう。

かなり古代から（おそらく紀元前七七六年）、オリンピック大会は重要な運動の祭典の一つであり、そ

れは原則として、都市国家相互が繰り広げている戦争にさえも中断を強いるほどのものだった。紀元三九三年、すでに衰退していたオリンピックは、異教の祝祭を禁じるテオドシウス大帝〔三四七―三九五、ローマ帝国最後の皇帝〕の勅令により廃止された。今後は触れないので覚えておいていただきたいが、ピンダロス〔前五一八―前四三八、古代ギリシャの抒情詩人。『競技祝勝歌』(四巻)の作者〕の証言(『オリンピック』第一〇歌)によれば、(1)競技は当初、スタジオン走〔一周約一八〇メートルのトラック走〕、レスリング、拳闘、戦車競走、槍投げ、そして円盤投げの六種目に限られていた。ピンダロスの時代になると、一三種目に増える。そのうち一〇種目が成人男子用であり、三種目が青少年用である。すなわち、スタジオン走つまりトラック一周、二重走(トラック二周)、長距離走、重装歩兵走(走者は最初の頃は、武具一式を身につけて走ったが、のちには盾のみをもって走った)、レスリング、拳闘、パンクラチオン(レスリングと拳闘とを組み合わせたもの)、五種競技(幅跳び、円盤投げ、槍投げ、競走、レスリングの五種目よりなる)、そしてきわめて評価の高かった四頭立て二輪戦車競走であった。青少年たちには、トラック走で競い合い、レスリングと拳闘で真価を発揮する場が与えられた。ただ一つ注釈を加えておけば、オリンピック大会に参加する資格があったのは唯一自由人だけであり、奴隷にはその資格はなかった。(2)モラス〔シャルル・モラス、一八六八―一九五二、王党派の文人、後に対独協力〕は、オリンピックの理念ではなく、その現実を次のように一文で要約している。「古代ギリシャ人は、アルフェ川沿いに、自分たちの言語を話すすべての民族を招請しており、そこにはマケドニア人まで含まれていた。やがて彼らはラテンの征服者に競技場の門戸を開かねばならなくなった。現代アテネ人はこのオリンピックの協約をさらに広げた。ギリシャ人やギリシャ―ローマ人に対してだけでもなく、ヨーロッパ人に対してだけでもない、地球全体に対して開いたものとしたのである。(3)」

この神話を再創造したのはピエール・ド・クーベルタンであった。全世界の若者が四年ごとに、栄誉と誠実さを基本理念として掲げながら、ヒロイズムに到達するために集い合うこととなったのである。時として《神話》は《歴史》と遭遇する。私が見たモノクロの映像――カラー以上に簡潔で感動的な。雪で掃き清められた演壇の上に突如力強く立ち上がったフランス共和国大統領シャルル・ド・ゴールが、「第一〇回冬季オリンピック大会の開幕」を宣言したのだ。輝かしい生命に満ちた冬が、古代からの重々しく荘厳な声に後押しされて、冬季オリンピックのかたちをとって、彼ド・ゴールの唯一の情熱である自由に対して、敬意を表していた。あらゆる商業上の問題点は影を潜めた。なぜなら彼ド・ゴールがそこにおり、自分が多くを尽くしてきた世界を褒め称えていたからだ。そして無限にまで拡大された彼の映像は、テレビジョンのおかげで、《東》と《西》、《南》と《北》を埋め尽くしていた。

オリンピック大会ではさまざまなチャンピオンたちが相争う。

だがチャンピオンとは何なのか。

私はオリンピック大会に出場できなかった二人のチャンピオンについて語ろうと思う。

一人目はジーン・テュネーといい、ヘビー級のボクサーであった。私に言わせれば、あらゆる時代を通じての最高のヘビー級ボクサーである――ジョー・ルイスやマックス・シュメリングをはるかに凌駕しているし、巧者マックス・バエルよりもさらに巧く、おそらくカシアス・クレイをも上回っていただろう。二人の優れたヘビー級ボクサー、ジョー・フレージャーとジョージ・フォアマンについては何も触れないでおこう。事実ジーン・テュネーは最高だったたし、二度にわたってあの輝けるデンプシーを倒したことでそのことを証明した。

彼は貧しい家庭の出身であり、卓越した生徒ではあったが、これが世の常というものだろう、学業を続けることはできなかった。彼はスポーツを、あらゆるスポーツを愛好する立派な青年だった。YMCAにも頻繁に通った――アメリカ人なら誰でもこれが何を意味するか知っているはずだ――、そしてさまざまな活動を通じて見事な運動選手へと成長した彼は、まだ年若いせいもあっていくらか痩せ型だったものの、ボクシングを始めるにいたった。彼はみずからの『回想録』[4]のなかで、彼にとってボクシングも最初は野蛮な行為にしか映らなかったと述懐している。とはいえ、さして気乗りもしないままいくつかのアマチュアの試合に出場した。彼のうちには早くから良い素質が認められはしたものの、まずはそれだけのことだった。クラブを助けるために彼はボクシングを続け、すべての試合に勝利を収めはしたが、それを自らの天職とする気にはなれなかった。彼は乱暴者たちにちょっとした制裁を科してやるだけで満足だったのだ。おそらくちゃんとした指導を受けていれば、テュネーは十二分に頭角を表し、オリンピック大会のアメリカ代表に選抜されていたことだろう……。だがいずれにしても一九一四―一九一八年の戦争〔第一次世界大戦〕が勃発する。オリンピック大会は開催されず、われわれとしてはテュネーも、ライト・ヘビー級のカシアス・クレイやヘビー級のジョー・フレージャーのように、オリンピックチャンピオンになったのではないかと自問することができるだけだ。

軍隊に召集され、テュネーははじめて本気でボクシングに取り組む決意をする。もはや選択の余地はなかった。二者択一を迫られたのだ。歩哨に立つか（しかも彼の当番以外のときにも――まじめな性格が災いした!）、軍隊でのトーナメント試合に出場し連隊の名誉を守るために戦うかの、二つに一つだった。おまけに後者の場合、彼はただボクシングとトレーニングをしてさえいればよかった。テュネーがどちらを選択したかは一目瞭然だろう。ボクシングに対する信仰はなかったにしても、雑役係や歩哨を信奉する気にはさらになれなかったからである。とはいえ、彼はこの選択をするにあたって、やはりそれなりの恐怖心があったことを認めている。ただでさえ冷酷な男どもが、馬鹿げた賭のせいでいっそう冷酷になって挑みかかってくるのを、非情な試合というかたちで迎え撃つのが怖かったのだ。彼はその『回想録』のなかで、戦いを長く繰り返すうちに自分のクラスのアメリカ軍のチャンピオンにつきはしたが――彼はパーシング将軍自身から表彰されている――自分がとりわけ学んだのは、戦わずに勝つことがいかに必要かということだったと、述べている。テュネーは知性のほうが力よりもはるかにまさっていることを悟ったし、彼の相手たちが敵を観察する術を知らないことを真っ先に見てとった。

テュネーにとっての敵、それはたんに試合相手にとどまらなかった。敵はそこにある現実の総体であり、こうして彼は試合前必ずリングのロープの張り具合を確かめたほどだ[5]。彼が講じた予防策の数多さは前代未聞である。やがて対戦する試合相手の戦いの模様を、フィルムで最初に科学的に研究したのは彼だといわれている。また、「観察すれば、勝ったも同然だ」という彼の言葉も伝わっている。ヘビー級世界選手権の挑戦者に指名されるまでの彼のプロボクサーとしての歩みぶりは、まさに完璧といってもいいくらいだ。たしかに衝撃的な勝利こそほとんどなかったが――ボクシングの名手としてのテュネーは、本来の意味での黄金の腕、いわゆる「パンチ」はもっていなかった――多くの活躍はまさに優雅と呼びたくなるほどだ。彼はまた勇気も十分に持ち合わせていることを証明した。

やがてジョー・デンプシーとの二度の対戦が訪れる。デンプシーはすでにボクサーとしての名声を博していた。ヘビー級の世界チャンピオンである彼は、凶暴な力の化身そのものだった。たくましい背丈、筋肉の盛り上がった長い腕、見事に発達した広い胸、圧倒せんばかりの肩。無論のことデンプシーはボクシングのテクニックも身につけていた。たんなる暴れん坊というだけだったら、とてもこの輝かしいタイトルを保持することはできないだろう――少なくとも当時はもうすでにそういう時代だった。おまけにフェイントショット（ラビット・パンチ）を随所に盛り込んだデンプシーのボクシングは、危険きわまりないものだった。誰一人としてテュネーの勝機を信じた者などいなかった。だが最初の対決のあいだ中、彼は嵐の激発を抑え込み、デンプシーのパンチに空を切らせつづけることに成功した。これは多大な疲労を誘い、筋肉の損傷を引き起こさせかねない。周囲があっけにとられるなか、冷静な視線を維持しつづけたテュネーは、チャンピオンのなかのチャンピオンと目されていた男をついに翻弄しきった。デンプシーは自らの敗北を認めようとせず、当時このレヴェルとしてはきわめて異例なことに、彼にはリターン・マッチの機会が与えられた。観客は極度に興奮していた——スタジアム中が電気に打たれたようになっていた。レフリー（であり主催者の）テックス・リチャードは、片手に拳銃を手にして、最初に重大なルール違反を犯した者の脳天をぶち抜くと、二人のボクサーに警告を発した。彼は今日では当たり前だが、当時はまだ多くのボクサーが守っていなかったルールの一点に言及したのだ。つまり、選手の一人がパンチを受けて床に倒れた場合、対戦相手は即座に反対側のコーナーに引き下がらねばならない、という点である。第二ラウンド、デンプシーの粗削りでわけても偶然に助けられた右がテュネーを打ち倒した。まさに狂乱状態だった。デンプシーは反対側のコーナーに戻ろうとはせず、対戦相手のそばに立ちつくし、好機を見計らってさらにもう一撃を叩き込もうとしていた。やがて意識を取り戻したテュネーは、楽な姿勢で座り込んだまま、何人もの男たちが——警告に反して発砲しなかったレフリーの要請を受けて——例の野獣をしかるべきコーナーに連れ戻そうと悪戦苦闘しているのを観察する。デンプシーは男たち相手に格闘することで大いに疲労消耗していった。冷静なテュネーは彼に与えられた時間を活用する。ついにレフリーも、ダウンした男に対してカウントを数える。戦いの模様を伝えるフィルムは、テュネーがリングに三四秒間倒れたままでいたことを示している——これは法外な時間だ。たけりくるった観客の怒声を含めて、何一つテュネーを動揺させることはなかった。彼を八百長だと非難する者さえいた。彼は、ルールをよく「見なければ」ならないと答えただけだ。一方、自分が勝ったものと思い込んでしまったデンプシーは、その出来事で一切の集中力と士気を喪失してしまい、そのあとの戦いでは、くりだしたパンチは最初の対戦にもまして空を切りつづけた。

テュネーの戦歴はほどなく終わった。彼にとってはさして重要でもない試合の最中、意図してやったわけではないが、第一ラウンドに彼のパンチで相手の眼球が飛び出してしまったのだ。テュネーとてもはや若造ではなかったが、恐ろしくなってしまい、急いでリングの外へと姿を消してしまった。それがすべてだった。彼は、自らを鍛えるために自分で考案したこまごまとした運動、たとえばたえずゴムボールを握りしめることにより拳を固くして骨折を防ぐ、といった運動をもはや実践することはなかった。テュネーはボクサーのトレーニング概論を著すこともできただろうし、著すべきでもあっただろう。

彼の生涯は明るかった。金銭も手にしたし、学業を続けることも可能だった。実際彼は学業を修め、神学の博士号を獲得し、下院議員に選出され、数十年にわたり議席についたのであった。ボクシングの歴史が、いつもこのように美しいとは限らないが。

ジェフ・ファレルは水泳選手だった。

水泳は模範的なスポーツである(6)。競泳が引き金となって、まれにではあるが筋肉の損傷を引き起こすこともある。だが本来の意味での水泳で、死亡事故が発生するようなことはない――ほかのほとんどすべてのスポーツでは、そうした事例が見受けられるのに。東側の女子水泳選手のケース――コルネリア・エンダー(7)――を別にすれば、水泳選手は申し分のない体格をしている。どちらかといえば大柄だが、均整のとれた筋肉質な体つきを有している。ひとことで言えば、ボディー・ビルが今日にいたるまで生み出してきたような怪物は、プールの世界では無縁である。体操競技のように地味な存在である水泳は、四年に一度のオリンピックでしか陽光に浴さないし、そのうえ水泳を語るためには水泳をよく知っていなければならないが、それでも私は、オリンピックでついに日の目を見ることのなかったジェフ・ファレルについて語ろうと思う。

ジェフ・ファレルは何の苦もなくアメリカ代表の地位を獲得していた。周知のようにアメリカ人は——いまではこの点に関して他国もまねをしているが——二度の選考会を行う。第一次選考会は代表の門戸を開き、そして第二次選考会はオリンピックの競泳に出場するための門戸を開く。時あたかもローマ・オリンピックが開催されようとしており、第二次選考に取りかからなければならなかった。ファレルは、その資格からして人々の心に一点の疑惑も生じさせなかった。その当時世界で、一〇〇メートル自由形を五五秒以内でカバーすることのできる唯一の男だった。オリンピックの競技ということで仮に「舞い上がって」しまっても、五三秒に近い数字で優勝を飾るだろうとさえ思われていた。それ以外の競泳も考慮に入れれば、いくつもの金メダルがファレルを待ち受けていた。ところが第二次選考のほぼ二〜三日前、ジェフ・ファレルは虫垂炎の激しい発作に襲われた。アメリカのコーチ陣は途方に暮れてしまった。第二次選考会を回避するわけにはいかないし、さりとてファレルがそれに参加できるなどとは誰も夢にも思わなかった。だが彼は選考会に出場したのだ。

ここで細かな事柄をいくつか心得ておかなければならない。腹部を損傷している者にとって、一〇〇メートル自由形は三つの困難な契機を含んでいる。第一に、一メートルの高さの台の上から行う飛び込みであり、それを成功させるには体全体を伸ばすことが必要だ。ついで五〇メートル地点でのターンだが、そのさいにもまた体を激しく伸ばさなければならない。最後に、当然泳ぎそのものである。この最後の点に関しては、体を伸ばすための力の入れ具合は個人差があり、泳ぎのフォームにもよる。ファレルは「両腕の上で」泳ぐ、と聞いたことがある。このフォームなら目いっぱい体を伸ばす必要はないが、それでも体を伸ばすこと自体は変わりない。このときのファレルのレースについては、ほとんど詳細は残されていない。彼は選考から漏れたものの、最下位というわけではなかった。彼は自ら包帯をはずし、かわりにたんなる粘着性の布を巻いたことが伝わっている。彼が飛び込みのさいの「苦痛」に耐えられようとは、誰一人思わなかった——だが彼は、ふだんより多少はぎこちなかったものの、見事に飛び込みをやってのけた。彼はありとあらゆる苦痛に耐えた——ターンも、泳ぎも、そしてとりわけ敗北にも。なぜなら、彼に言わせれば、「スポーツマン」である以上敗北も予期していたからだ。ローマ大会で一〇〇メートル自由形の金メダルは、ファレルの同胞であり、小麦のような金髪をしたラルソンが獲得した。だが彼は一〇〇メートルを五五秒でカバーしたにすぎない(8)。気の毒なファレルと言うべきだろうか。そうとはかりは言えないだろう。多くの人が彼のことを覚えている。真に偉大なチャンピオンだけが、負傷をおして戦うことができるのだ。そして誰もが、この命がけの抵抗に称賛の拍手を送るのである。

われわれの世界は、ヨーロッパをはじめとして、それがどの程度明確かは別として、スポーツを二つのカテゴリーに分類してきた。記録と勝利によって規定されるスポーツと、たんに勝利によって規定されるスポーツとが存在する。一方は数学的なスポーツ(たとえば、水泳や陸上競技、自転車競技など)であり、他方は非数学的なスポーツ(サッカー、ラグビー、ハンドボール)である。だが記録という概念からしてただでさえわかりにくいのに、それが皮相な発言によってさらにあやふやのものにされてしまう場合が多々ある。よく、カーレーサーが最多勝利の記録を樹立したといわれる。だがこれは、マシーンが優れていたことと、自然の障害が少なかったことを前提としてはいないだろうか。そのレーサーの偉大な才能を考慮に入れても、彼はほかのレーサーよりも運が良かった、と言ったほうがよいのではないだろうか。たとえば、いわゆる大西洋横断記録と称されるものは、なるほど大衆に感銘を与えはするが、つきつめれば滑稽なものでしかない。あらゆる条件がどの程度まで同じだったかなど、誰一人、何一つ言えはしないからだ。語られるべきは活躍であるのに、世間では記録という不可解な語を使いたがる。

　私は判断を下すことを長いあいだためらってきた。記録ほど曖昧なものはないからだ。きわめて数学的で、このうえなく紛れの余地の少ない水泳を考えてみよう。そして物理的条件がまったく同じという、実際にはありえないことをも想定してみよう。[9] ある場合には、スイマーが一人だけで記録に挑み、これを破るかもしれない。[10] その場合このスイマーの集中力をかき乱すものは何一つないわけだ。彼はほかのスイマーが立てる水しぶきによって邪魔されることもない。またこれとは対照的に、実際競泳の場でよく起きるように、競争心理がスイマーに良いほうに作用して、自分の能力以上のものを発揮して記録が破られることもある。そしてそのさい公正を期すなら、記録は幾人かによって破られたと言うべきである――実際何人ものスイマーが一緒に記録を破ったことさえある。いったい真実はどこにあるのか。[11] そのうえ水泳においては、電気計時の導入以来、記録は一〇〇分の二秒差でも破ることが可能だ。人間の目に見ることのできない記録とはいったい何だろうか。われわれが感知することができ、それなりの意味をもつある種の幅を設けるべきだろう――少なくとも一秒、あるいは一メートルを泳ぐのに必要とされる速さ、といった具合に。それにより多くの混乱が取り除かれ、記録のもつ心理的側面は、かつてのより正しくより真実な意味を見いだすことができるだろう。

　これまでにもよく指摘されてきたことだが、あらゆる記録のうちにはある神話的な部分が含まれ、記録が真に乗り越えられるためには、その神話的な部分が打ち破られねばならなかった。フランスにおいては、これは一〇〇メートル自由形の場合にとりわけよく当てはまる。神々と同じくらい近づきがたい、アメリカの伝説的なスイマーたちを度外視すれば、この一〇〇メートルという距離をまさか一分以内で泳げようとは、かつてはとても考えられなかった。一分というのがいわば心理的障壁ともなっていたのだ。だがついにあの有名なタリスのコーチであるエルサンが——ついでに言えば、彼は私をかなり上手に泳げるようにしてくれ、また水泳好きにもしてくれたのだが——、タリスに五九秒八のタイムで泳がせることに成功した。その瞬間、心理的障壁は崩れ去り、多くのスイマーがあとに続いた。今日五五秒台をマークする少年たちは、タリスが誰なのか知りもしない。だが彼らの前史とも言うべきタリスがいなかったなら、彼らは現在の地点にはいないだろう。そしてこれはハイ・ジャンプの場合にはもっとよく当てはまる。ソヴィエトの学校の出身であるあの有名なヴァレリー・ブリュメルが、最初に二メートル二五の心理的障壁を越えたのだ。現在の記録は——それもこの論考が書き上がるころには破られているだろうが——二メートル四一である。今後破られなければならないのは二メートル四五の壁である。

記録は文字どおり哲学者を当惑させる。なるほど哲学者も、理に適った努力や、忍耐強い自己規律、禁欲的な生活を疑いはしない。ある行為の究極の目標に際限がないからといって、行為そのものに異議を差し挟むものではない。だが世間がよくやるように、これを人類の進歩として語るべきなのだろうか。むしろ記録やスポーツ全般に伴う危険性について語るべきではないだろうか。なぜなら、ある記録を樹立したあとで、運動選手が気の緩みから自堕落な生活に陥ってしまう例は決して珍しくないからだ。大記録を乗り越えることは、二〇歳で人生を終えてしまう危険を背負うことである。ハイ・ジャンプで一メートル四三を越えたとしよう——だがそのあとは。スポーツ選手としての過去の財産を管理する術をいったい誰が教えてくれるのか。何年にもわたって続けられた極度の集中は、致命的な代償不全を引き起こしはしないだろうか。競走馬は改良に改良を重ねてきたという。おそらくそれは真実だろう。だが馬にとって幸いなことに、馬は考えたりしない。[12]人間は明らかに馬とは別ものであり、皆が皆ジーン・テュネーであるわけではない。人間と記録の関係に関して、われわれは何一つ正確なことを知らない以上、しばらくはまたボクシングの歴史に話を戻すことにしよう。

　ロラン・ドテュイユは素晴らしい選手だった。「ビュザンヴァルのターザン」という異名をとっていた。実際、彼は初代ターザンのジョニー・ワイスミュラーと同じ古着を身にまとって、木に登るのを好んだ。先が思いやられたが、時代が好意的だった。有名なボクサーのコンビ、プチ・ルイとロベール・シャロンは、家々の窓の真下でシャンパンの瓶の栓を抜いては、モンマルトル一帯を騒ぎに巻き込んで喜んでいた。[13]プチ・ルイはフランスのライト級チャンピオンであり、シャロンは恐ろしくかつ実際恐れられたミドル級ボクサーだった。よく振ったシャンパンの瓶の栓を飛ばしては気の毒な世間の人を叩き起こす――そのシャンパン、というか残りのシャンパンは飲み干すのだったが――、これまた先が思いやられた。[14]だが時代の風潮にも助けられて、シャロンはその全生涯を模範的なかたちで築き上げることに成功した。そして心から身を捧げ尽くしてしまった一九五〇年代の「スポーツ選手」と違って、彼は私がこうして筆をとっているあいだにも依然として生きつづけている。彼はボクシングをしながら生きることができた。ドテュイユはその術を知らなかったし、そうすることができなかった。

　とはいえ彼は卓越したボクサーだった。厳しいトレーニングを積んだ彼は、前へ前へと打って出ては試合を進めたが、ロベール・ヴュイユマンや気の毒なジャン・ストックのように「血の海」と化すことは決してなかった。彼は一歩一歩階段を登っていった。そして訪れたのが、ミドル級世界チャンピオンの座を賭けての、(15)セルダンを打ち破ったジャック・ラ・モタ(16)との一戦だった。その試合は一五ラウンド制で戦われることになっていた。ドテュイユは、第一四ラウンドが終わって自分のコーナーに戻ったとき、ポイントの上でずっとリードしていた安心感から、集中力が途切れ警戒心を欠いてしまった。世界チャンピオンはもらったと思った彼の気持ちは、満足感でみちていた。だがまだ一ラウンド、第一五ラウンドが残っていた。そしてこの油断に乗じて、殴られていたラ・モタ、「殴られきって」いたラ・モタが、——ビデオテープが示すようにドテュイユはもはや警戒さえしていなかった——、文字どおり致命的な、一発のフックを放つ。金髪のロランは、崩れ落ちた。運命のテンカウントが終わるまで起き上がることができず、ノックアウト負けを喫した。アメリカ人のチャンピオンがその晩マジソン・スクウェアー・ガーデンで思いもよらなかったこと、それは、彼がドテュイユの肉体ばかりではなく、その精神までも打ち砕いてしまったことだった。

この敗北のあと、ドテュイユは自信を喪失したままいくつかの試合に臨んだ。一敗地にまみれたとはいえ、それらの試合すべてに敗れたわけではなかった。だが避けられない事態がやって来た。まもなく彼はサーカスに出演するようになった。自分の大試合の最終ラウンドをまねてみせたのだ。彼にはいくばくかの金が投げ与えられた。やがてさらに、避けがたい事態が訪れた。今度はカフェで自分の最終「ラウンド」を演じてみせるようになったのだ。すると彼には小銭とグラスにつがれたワインが与えられた。酔っ払ったチャンピオンの仕草とともに、ヨロヨロと弧を描いてはテーブルに顔をしたたかぶつけ、ただでさえあざだらけの顔にさらにあざをこしらえた。血を流せば流すほど、彼には多くの小銭が投げ与えられた。死ぬ一年ほど前、似つかわしくないテレビ番組に出演した彼は、つぶれたような声と、むくんだようなひどく醜い顔で、「高貴な技」であるボクシングは彼にすべてを与えてくれたと繰り返すのだった。

ロベール・シャロン――ドテュイユを嫌っており、彼と対戦したこともあったそのシャロンが、棺を運びたいと願い出た。この獅子の心をもった男は、問題はボクシングにあるのではなく、まずもって一人のチャンピオンが敗北を乗り越えることの困難さにあり、ついで、何事につけても貪欲で、意地悪で、心に受けた傷を癒すことのできない人間自体に問題があるのだと、心得ていた。冷酷で鳴るシャロンも、当日は、慈悲と精神力とごく普通の人間性がなければ、いかなる努力もいかなる記録も何にも値しないこと、またスポーツに身を捧げた人間は、何らかの支えがなければ屈辱的な死を迎えることもあるのだと、断言した。チャンピオンとはその多くが脆いものなのだ。

だがこのようなことはオリンピック大会では目にしない、と言う人がいるかもしれない。

たぶんそうだ。だがちょっと待ってほしい。

心理的な障害は、そうはいってもやはり拡大しつつあるのだ。オリンピック大会が最も大きなスポーツ行事である以上、私はオリンピックで傷つけられたケースを一つだけあげて、次の考察に移りたいと思う。かの有名なカシアス・クレイは、最も偉大なヘビー級チャンピオンだとみなす人もいる――私に言わせればそれはテュネーだ――が、その彼もかつてはライト・ヘビー級のオリンピック・チャンピオンだった。彼は自分の見事な金メダルを撫でるのが好きだった。彼があまりに撫でまわしたものだから、金メダルは一角がくすんでしまった。彼が何を使ってそのくすんだメダルを磨いたかは知らない。だが金がすべて剝げ落ち、自分の手にしているのがつまらない金属片にすぎないことを認めたときの、彼の失望がいかばかり大きかったかは、測り知れよう。白人どもは彼を欺いたのだ。カシアス・クレイも、光るものすべてが金ではないことぐらい心得ていたが、まさかオリンピックのメダルまでがそうだとは、思ってもみなかったのだ。彼はつまらない金メッキのために戦いつづけたことになる。そこで彼はどうしたか。自宅の近くに流れていた川に「自分の金メダルを投げ捨てた」。そしてそのときからあの感動的なモハメド・アリの物語が始まる。真実を、愛そうではないか。メダルはもっと小さくてもよいから、本当の金であってほしい。オリンピック大会では、選手たちに不正をしないように誓約させるが——まずもって、自分たちが選手を欺かないようにしてほしい。

モラスは、一八九六年の四月六日から一五日まで、再興されたオリンピック大会を観戦した——彼がずっと観戦していたという確証はないが、少なくとも彼はそう述べている。『アンティネア』のなかで彼は、おぞましくはあっても残念ながらきわめて現実的な感情を、見事な筆致で——このことだけは認めないわけにはいかない——述べている。以下がその例である。「大会にやって来たまえ。実に見事だ。だが来てすぐに、プロシアの三人の体操選手の勝利を見る羽目になったのにはうんざりした。競技場の上に白と黒の国旗が三回掲げられた。言っておく必要があるが、一回目は怒号に包まれたのだ。観衆全員が立ち上がっていた。誰もが口々に〈アディカ、アディカ〉(不正だ、不正だ)と叫んでいた。審判員たちがきちんと採点しなかったようだ。プロシア・チームに与えられた勝利の栄冠は、本来ならギリシャ・チームに返還されるべきものだったのだ。とはいえ、あの野蛮なプロシア人やゲルマン人たちのうち二人ないし三人の活躍が、ついには満場の称賛を獲得するにいたった。それというのも、彼らの眼前にはフランス人のライバルがいなかったからだ[17]」。そもそも、国粋主義——「フランス人」——とナショナリズムとが、オリンピック大会のもつ普遍的概念を押し潰し、多くの国家元首や大統領の列席が、協和をもたらすどころか、反目を煽り立てていたのがはっきりと見てとれる。モラスが描くこれら要人たちの姿は、現実を彷彿とさせるものである[18]。

彼はオリンピックのもたらす効果に関しても、辛辣な判断を下している。「コスモポリタニズムに関して言えば、この面では何ら心配ない、などとは私にはとても思えない。というのも、今日では、いくつもの異なった人種が居合わせて交流を余儀なくされると、彼らは打ち解けたと思った瞬間からもう反発しあい、互いを遠ざけ合うのだから。[19]」人種という概念は、この時期にはモラスのうちでまだ後年ほど十分に展開されていたわけではない。人種、それは彼の思考のなかではたとえばフランス人――革命という大きな過ちを犯したとはいえ、最良のもの――であった。モラスは当時は国籍というかたちで考えていた。やがて彼はユダヤ人種[20]について語り、手酷い自己撞着をきたすことになるだろう。だが一人の作家が多くの人の目に恥ずべき存在に映るからといって、彼の言うことすべてが馬鹿げているかといえば、そうではない。モラスが、オリンピックのコスモポリタニズムなど国家間の対立に抗しきれない脆弱な観念であると断を下すとき、彼は完全に正鵠を得ている。コスモポリタニズムはきわめて非力なので、大国が、ある年には参加を取りやめ、またある年には参加を決めても（この選択は政治上の理由によってなされる）、オリンピック機構はそれに対して何ら制裁を（たとえば、以後三回の大会から閉め出すとか）科することができない。処罰を下し大会をとり行うのは国家であり、その逆ではない。

モラスが抱いた二つ目の概念は、おそらく時代遅れになってしまったが、次のようなものだ。もしオリンピック大会にもなにがしかの真実があるとすれば、それはある種の横暴を暴き出すことにある。モラスがとりわけ大会初日の頃に見たものとは何か。アングロ・サクソン人種の優越性だ。「つい最近まで」と彼は記している、「イギリス人とアメリカ人とは、暗黙のうちに世界を分割してきた。今日においても、アングロ・サクソンがいたるところで支配者になっているというのに、誰一人彼らの実際の力を測ろうとしない。これら世界征服をたくらむ輩は、彼らが何者であり、何をし、また何をしようと夢想しているのか、われわれが正しく見ようとしないのをいいことにしている。近代オリンピック大会が利点をもつとすれば、それはおそらく、厚かましくも横暴を企てるこうした連中の、その数や力強さ、影響力、さらにはその弱点や泣きどころを、ラテン民族に示してくれる点にこそあるだろう。〔……〕われわれが、もし恐怖を抱くことを恐怖するようになれば、すべての後塵を拝す民族になってしまうだろう。危険を察知すれば、その危険に屈服する機会も少なくなろうというものだ。」(21) したがってオリンピック大会におけるアメリカの弱さは、その力を見せつけてしまう点にある。(22) 長い注釈はここでは不要だろう。横暴と能力を発揮することとは、はっきりと異なる二つの概念だ。だがアメリカの覇権が時として不興を買うのは、事実である。

ピエール・ド・クーベルタンによれば、個人としてのチャンピオン同士の友愛のみならず、観客同士の友愛が、コスモポリタニズムという考えをより強固なものにするはずだった。なんという錯誤！

だが最悪のケースは、国家がオリンピック大会をそのプロパガンダに利用したことだろう。それは一九三六年に起きた。ヒトラーは大会をナチス・ドイツの称揚の場に変えることを望み、そしてまんまとやってのけたのである。第三帝国総統は限られた資金力しかもたなかったが、それでいて、彼は部下の者たちにほとんど無際限の予算を与えた。実を言えば、そのなかから素晴らしいものがいくつか残っている。レニ・リーフェンシュタールの映画、『民族の祭典』がそれだ。あるいは、建築家としての大いなる教養を身につけていた、天才的なアルベルト・シュペーア〔一九〇五―八一、ナチス・ドイツの政治家、建築家、軍需大臣〕の功績である。(23)

「ガラスの大聖堂」〔一九三四年ナチス党大会の「光の大聖堂」のことか？〕を成功させて頭角を現したA・シュペーアは、一九三六年の大会が繰り広げられたスタジアムの規模を正確に伝えている。「一九三六年に建設されたベルリンのオリンピック・スタジアムは、二八万立方メートルの容積しかもたない。[24]」第三帝国が千年王国として栄えるだろうと確信していたヒトラーは、ニュルンベルクに——これこそ彼の誇大妄想の最も明白な表れだが——ドイツ〔allemand＝すべての人〕・スタジアムが建設されることを望んだ。A・シュペーアがそのデータを要約している。「紀元前二五〇〇年に建てられたケオップのピラミッドは、縦横二三〇メートル、高さ一四六メートルで、二五七万立法メートルの容積を有している。ニュルンベルクのスタジアムは、長さ五〇〇メートル、幅四六〇メートルで、完成したあかつきには八五〇万立法メートルの容積を有することになっただろう。[25]」ヒットラーがひそかに、世界中にそれほどの容積のスタジアムは存在しない以上、これ以降大会はニュルンベルクで開催されつづけることになるだろうと、冗談抜きで本気で考えていたことは明らかである。一九三六年のこのエピソードは、呼び水を必要とした。そのために、「ドイツ労働戦線議長ロベルト・レイの提案に基づいて、喜びによる力と称されたレジャー団体が[26]」利用されることになる。A・シュペーアも労働の美部局の指揮をとらなければならなかったが、その呼称は喜びによる力という標語に負けず劣らず嘲笑を誘った。[27]周知のように、これらの標語は Kraft durch Freude〔喜びによる力〕というほとんどそのままのかたちで、絶滅収容所の正門に掲げられ、誰もこれを見て笑いはしなかったが、多くの人はその由来を知らなかった。だがこの計画によってナチス・ドイツが何を望んでいたかは、よく見てとれよう。オリピック大会を詐取することである。それこそピエール・ド・クーベルタンの思想の対極にあるものだった。ロサンゼルス大会においては、莫大なドルの力に物をいわせて演じられた芸術的開幕式によって、アメリカ人は芸術的観点から大会を詐取しようとした。以上が、大会を操作しようとした実例のいくつかである。

その結果はどうなったのか。A・シュペーアは次のような言葉で一九三六年のオリンピックを述懐している。「ラインラント進駐作戦成功の数カ月あとで[28]、ヒトラーは、オリンピック大会を包んでいた和やかな雰囲気、国際間のあらゆる不平が消え去ったことを示していたあの和やかな雰囲気にご満悦の様子だった。彼は列席した大勢の人々が、平和維持に邁進するドイツという印象を抱くよう、さまざまな指示を与えた。競技も彼を夢中にした。だがドイツ人選手の活躍の一つ一つが、誰も彼らにはさほど期待していなかっただけに、それだけいっそうヒトラーを喜ばせた一方で、アメリカの驚異の黒人ランナー、ジェス・オーウェンスが続けざまに獲得した栄冠は、彼を酷く不機嫌にした。その祖先がまだジャングルで暮らしているような連中は、と彼は肩をいからせながら主張した、文明化した白人に比べて原始人としての優れた運動能力を有している。やつらは別の選手なのであり、したがって今後はオリンピック大会とあらゆる競技会の場から排除されてしかるべきなのだ、と。ベルリン市民はフランス・チームがオリンピック・スタジアムに入ってきたとき、熱狂的な歓呼でもってこれを迎えたが、これまたヒトラーに酷く悪い印象を与えた。フランス・チームは総統のいる表彰台の前を、腕を前方に掲げて行進し、その仕草を見た観衆から称賛の嵐が期せずして湧き上がった。だがヒトラーは観衆の鳴り止まぬ歓呼のうちに、西洋の隣国とのあいだに、和平と友好を求めるノスタルジーとしての民衆の声を嗅ぎつけていたのだ。そのとき観察した光景に対する自分の解釈が正しいとするならば、あれらの狂喜に沸くベルリン市民たちは、ヒトラーに喜びよりもむしろ不安をもたらしたはずだ[29]。」

ピエール・ド・クーベルタンは十分長生きをしたために、自らの営為が崩れ去ってゆくのを目の当たりにする羽目となった。一九一四—一九一八年の戦争は、一八九六年以来展開してきた彼のあらゆる努力がいかに無意味であったか——コスモポリタニズムの地平上で、いかに自分がこれっぽっちも前進できなかったかを、彼に開示してみせた。彼は何ぴとであれ、人間が《人間》を称えることを望んだが——人間はたんに自分の国を称えるにすぎないことが判明した。クーベルタンとの苦汁に満ちた対談を書き残しているモラスは、事実のレヴェルでは正しかったことになる。オリンピックが開催されるたびにどこでも新聞が売り切れになるが、どの国においても新聞の紙面でまず注目を浴びるのは、同国人の活躍であり、テレビはテレビで「本日フランス選手は……」「本日ドイツ選手は……」とわめきたてるのだ。

そのうえクーベルタンは、実際的にみても異論の余地の多い理想から出発していた。事実彼の基本的視点は把握しづらい。鷹揚な性格のせいか、彼の著作は正確さに欠ける。このヘレニズム研究者の思想の何行かを要約してみることにしよう。プラトンの作品のなかで主要な著作は『共和国』であり、そこには有名な洞窟の寓話が見いだされる。われわれの主題にとって重要なことは、プラトンの描く哲学者は洞窟を抜け出し諸《イデア》の世界へと上昇してゆく点だ。諸《イデア》は形相の単一性によってそれ自身に結びつけられている——そしてこれらの諸《イデア》を支配するのが、本質や存在の上位に位置する《善》の《イデア》である。その上昇を通じて、哲学者は知を獲得する。この知は完全なものであり、哲学者に、洞窟から抜け出せないままでいる人間たちを良導する力を与える。哲学者のこの道程全体はパイデイアという語によって表される。クーベルタンによればオリンピック選手に関しても事情は同じである。プラトンの描く哲学者同様、オリンピック選手は十分汗水を流すことにより、その修養を通じて何が正しく何が良いかを見きわめることができるようになる。そしてその勝利により、彼には統治することが可能となる。勝利を収めた運動選手は冠を戴いた教育者となることだろう。プラトンにあって、哲学者が知の闇のなかに埋没している人間たちを統治するよう要請されている——それが洞窟の意味である——のと同様、オリンピックの勝者も、たんに立派な身体だけでなく、わけても精神的な美徳と指導力とを生み出すことを目的とした体育を良導していかなければならない。だがプラトンの理想に従っているつもりが、誤った道を歩んでしまっていることがすぐにも明らかになった。(30) プラトンにおける将来の哲学者-王は、理想の都市国家によって、ただ一つのこと、すなわち教えるという責任を負わされている。だが自らのコスモポリタニズムがつねに念頭にあったクーベルタンは、運動選手を可能なかぎり国家から引き離すことを望む。したがって彼はプラトンの原則を忘れてしまい、チャンピオンはアマチュアであるべきであり、国家によって扶養されてはいけないと決めてしまう。ここにコスモポリタニズムとプラトニズムの矛盾が現れ、アマチュアというステータスは最も誤ったものの一つとなった。

かくしてクーベルタンは、たんに空虚なコスモポリタニズムを夢みていただけでも、かなり混濁したやり方で民主主義的な理想を支えつづけようとしただけでもなく——、長きにわたってスポーツを台無しにした。彼の時代には、まだトレーニングという概念は曖昧だったにしても——どれほど多くの愚行が瞬発力という名のもとに繰り返されたことだろう——、成功に到達するには、いっさいの物質的な気苦労や辛い仕事から解放されることが不可欠なことは、すでに明らかであった。根本において二者択一であることは明白だった。生計を立てるために働くか、働かなくても済むだけの十分な金を手にして、少し練習を積んで成功に到達するかのどちらかだった。競技レヴェルが上がれば上がるほど、この二者択一は苛酷なものとなった。そしてそのときある腐敗が訪れたのだが、プラトン主義を標榜するあの馬鹿げた偏執がなかったなら——それは間違って解釈されたプラトン主義に端を発しており、その点アリストファネスは賢明だったことになるが——その腐敗は存在理由さえももたなかっただろう。なるほどオックスフォードやケンブリッジでもボクシングは行われていたし、それは純粋にスポーツを愛好してのことだ。クーベルタンが称賛していたのもそれである。だが思い違いでなければ、あれらの大学に鉱夫の息子は一人もいなかったはずだし、クーベルタン男爵お得意の民主主義的な理念は、それらの場所には宿ってはいなかった。クーベルタンはいったいどうやって自分の理念に整合性をもたせられたのだろうと自問するとき、当惑を覚えずにはいられない。民主主義的なアマチュアリズムなどいったい誰が目にしたことがあるだろうか。クーベルタンの考え方が、どのような教育効果を生むというのか。以下のような例を見てほしい。一九四〇年の戦争以降一五〇〇メートル競走の記録保持者であったスウェーデン人ランナーのラルソンは、あるとき、運動選手としての生活と――それは多くのランナーの脳裏を離れなかったある厳格な規則に基づく生活態度だった――、馬鹿げた賭によって自身の生計を立てていく必要との、両立を迫られる事態に陥った。もちろん、立派な規則に縛られた連盟のほうでは、そのような賭は予想すらしていなかったのである。ラルソンは、ある競走で彼と同じくらい有名な同国人のランナーと必死になって競り合い、なんとか勝利を収め、そのあとで大会主催者に会いにいった。大会主催者は彼に、君にはもう椅子の上に跳び乗るだけの余力も残されていまい、なんなら一万ドル賭けてもいいがね、と言った。そのあとの経緯は察しがつこう。非常に複雑な手続きを経て、ラルソンの資格剥奪が決定されたのである。彼はスタジアムから引退した。だがいったい、より多く苦しんだのはのはどちらだったろう。アマチュアリズムの規則に拘泥するあまり、きわめて偉大なチャンピオンを排除してしまった偏狭な「役員たち」か、それともむしろチャンピオン本人か。彼は、生活面での気苦労から解放されトレーニングをきちんと続けるために、あのような馬鹿げた賭に応じることを余儀なくされる状態にあったのだ。そしてその賭が、のちに彼自らが語っているように、彼を憤らせ、彼の選手生命を奪ったのである。クーベルタン流のアマチュアリズムの祭壇に捧げられたラルソンという犠牲は、スポーツが生み出した最も下劣なものといえよう。それはさらに、私に言わせれば、間接的にせよヒトラーに正当性を与えることにもなる。文明の頂上に位置した豊かな者たちだけが、勝利に値したというのだ。クーベルタンには、自分がはたして貴族主義者なのかそれとも民主主義者なのか、いっこうにわかっていなかった。彼が貴族主義的なやり方で、民主主義的なスポーツを拵えたがったと言うことだけはできる。そしてつまるところ、すべては次の点に集約される。オックスフォードの原理は民主主義的理念を決して認めはしない、という点である。今日のロシア人たちは、この問題にきっぱりと片をつけた。ロシア選手は公務員なのだ(31)。

これらの文章を書いているのは、スポーツを敵視する者ではない。その反対だ。多少強い言い方であることは確かだが、ここに書かれていることは、大したことは何も知らないくせに指導的立場に立っている者たちにこそ向けられている。一つのスポーツをかなりのレヴェルまできわめた者なら、一般論がいかに危険かは心得ていよう。抽象概念から出発して水泳を論じようというのは、危険きわまりない試みである。何一つ互いに似通っているものはないのだし、無意識的動作(oubli)にいたってはなおさらである。水泳におけるトレーニングは、リーダーのあとについてある距離を泳ぎ切ることから成り立っていた。この泳ぎの繰り返しを正確に同じリズムで、一六秒を越すか越さないかのほとんど同じタイムで行うのがよしとされた。われわれは自分が何をしているのかを、身体でもって十分に心得ていなければならなかったので、動きの一つ一つを計算しながらこのうえなく完全な正確さに到達することができた。だが最終的に計算していたのは身体であり、それは私に無意識的動作という根源的なモメントを教えてくれた。ごくわずかなこと、たとえば、ストロークを最も長く、最も効果的で、なおかつある種の休息を与えるようにするには、手の位置どりをどこにしたらよいか、といったことを除けば、すべては何も考えないということに帰するのだった。この訓練をほかの何かに比較しようとしても困難である。おそらく『アンナ・カレーニナ』のなかの、干し草刈りの描写に共通のイメージを見いだすことができるだろう。哲学的にみれば、こうしたことは理解しがたいかもしれない。すべての哲学者は、われわれに身体を忘れ去るように命じる。だがわれわれの念頭にあるのは、ただ身体に住まうということ、身体のうちにわれを忘れること、筋肉の意識だけが存在するようなそうした地点に到達することだけであり、それは身体のなかへの身体の内向と呼ぶにふさわしい。したがって努力は、肉体的な消耗というよりも――この無意識的動作なくしては考えられないことだが――突如としてわれわれの身体の主となった、われわれの身体のなかへのこうした沈潜にこそあったのである。スポーツがわれわれにとって最後は抽象的で動機づけをもたないもの、いわば精神の領域に属するあらゆるものの否定の原理として映るのも、おそらくスポーツが身体の完全な深層部におけるこのような運動にほかならないからだろう。なるほど知性は失われたわけではない。だが知性は、身体を利用する代わりに、身体に仕えるのである。ある種の観点からすれば――忘却（oubli）の弁証法とでも言おうか――、スポーツほど純粋な意味で物質的でないものはない。ついでに言えば、トレーニングは日曜日ごとではなく、毎日行われる。自分を維持することを、学ぶのである。

水泳に関する記述――そしてかなり時代遅れとも言えるトレーニング概念――を持ち出したのはそれなりの考えがあってのことだ。いっさいのノスタルジーは別にしても、このような特殊なタイプの努力は、ひととき苦痛に対して無感覚にさせてくれる忘却（oubli＝無意識的動作）のモメントだけを取り上げてみても、はたしてそれと同様のものがほかにあるかどうか疑わしい。一つのスポーツと別のスポーツとのあいだには、動作を比較対照し表にすることはできるが――その表とて努力の特殊な経験（vécu sui generis）を明示することはできない――、埋められない溝が存在する。なるほど芸術のどうしようもない多様性を前にしたフランス人哲学者E・スーリオーのように、統一を欠いたまま芸術間の比較対照を確立しようと思いつく人がいるかもしれない。だがスポーツ間の比較対照はおそらく幻想であり、それぞれのスポーツはそれ自体についてのみ語られなければならない。

モントリオール・オリンピックでは、ナディア・コマネチが、いとも退屈な演技から成り立っていた体操を、その闇から解放した。それはわれわれの群島における、一つの輝かしい時であった。この痩せた少女のなかに、人々は突然気品と優雅さを見いだしたのだ——それは魔法にかけられたも同然だった。彼女の仕草は完全に自由でありながら完全に必要なものに思われた。光に包まれた華奢な妖精は、課題とされていた動きも自然に生じたものに感じさせた。だが彼女のあとには早くも新たな怪物たちが続いていた。スポーツ界における怪物とは、たとえばその長身のおかげで非常な高さまでジャンプすることができる者を指す。一メートル六〇の身長しかないナディアの場合、たとえ死ぬほどトレーニングを積んだとしても、シモーヌ・シメオニを負かす可能性はゼロに等しかった！　というのもこのイタリア人ジャンパーは背が高いからだ……。怪物とみなされるほど高いわけではないが、まあそれに近い。反対にS・シメオニは、体操で表彰台に上るのを期待するにはあまりにも背が高すぎた。このように一つのスポーツと別のスポーツとのあいだには、埋めがたい深淵があるのだ。そしてソヴィエト体操学校は、それがどの程度自覚的かは別にしても——というのも最初に実践しだしたのは底辺層だと思われるからだが、女子体操選手が小柄であればあるほど、その選手は障害をクリアしやすいという事実を思いついたのだ。ナディアが勝利を収めたあとの大会では、ソヴィエトの女子体操選手の身長は一メートル三五から一メートル三七のあいだにすっぽり収まった。これら小柄な怪物たちは、彼女たちの身長に見合った体重を備えていた——三五キロから三七キロである。それはおぞましかった。小娘でもなければ成人女性でもない彼女たちは、高度の正確さで動きまわり勝利を手にしたが、そこには未発達からくる気品と優雅さの欠如が歴然としていた。スタジアムの女神たちは、小人になってしまったのである。[32]

とすれば、たとえば水泳のように選手が自然に映るスポーツと、怪物が登場するスポーツとのあいだに、どのような対応関係を築いたらよいのだろうか。そしてあれらの怪物たちは、どのような規則の条項を設ければ公の場から排除することが可能になるのだろうか。ほかの例を提供することはいくらでもできよう。だがここでは話は体操競技だけにとどめよう。まさにナディアと小人たちをあのように対置すれば、それだけで考察する材料としては十分だからだ。大詩人であり有名なスイマーでもあった、バイロンの無邪気さと優雅さを取り戻したいという思いがごく自然に湧き起こるが、いったい水泳界においてさえ増殖してきた怪物たちに対して、どういう対処をしえよう[33]。興奮剤一般の使用は抑止可能だ——少なくとも、その気になりさえすれば可能だろう。だがスポーツ界がいわば自然に輩出するああした怪物たちに対しては、何一つ手立てはないだろう。ここで、その原理からして今後もつねに最低限の人間の美を維持しつづけるだろう唯一のスポーツ、すなわちフィギュア・スケートに目を向ける必要があろう——、これについて一言しないかぎり、スポーツというかくも苦悩するヨーロッパ意識の大事な島に関する考察を、終えられそうにないからだ。

あの狂乱の歳月〔一九二〇年代〕きわめて評判の高かったソニヤ・ヘーニー〔一九一二—六九、ノルウェーのフィギュアスケーター。ダンスの要素をはじめてとり入れた。オリンピック優勝三回、世界チャンピオン一〇回〕は、ここに引用するだけの価値がある。というのも、彼女はフィギュア・スケート界に決定的な変化を刻印したからだ。多くのチャンピオンは彼女がいなかったなら存在しなかっただろうし、二度のオリンピック・チャンピオンという最高の栄誉に輝くカタリナ・ヴィットも、彼女に多くを負っているからである。当然のことながら、フィギュア・スケートは運動選手としての完璧な条件を必要とする。フィギュア・スケートのフリーの演技で使われる体力は、陸上の一五〇〇メートルのレースに比較されてきた。所要時間という点ではほとんど同じだからだ。ただこの競技においては、女子は小人であってはならない。フィギュア・スケートの大切な側面の一つとして、空間全体を占める能力が要求されるからだ。この競技ではスケーターは男子も女子もいくつものフィギュア、たとえばトリプル・サルトといったフィギュアを描くが、そのすべてが正確にそしてはっきりと演じられなければならない。カタリナはこの点で卓越している。明らかに超自然的な何かが彼女を際立たせている。彼女はほかのスケーターと同じように、氷の上で滑ると言ってはならない。氷が彼女のスケートの下で光り輝く、と言うべきなのだ。それは、彼女の芸術のもつ不思議な輝きである。フリーの演技はつねに、競技者が念入りに選んだ音楽に乗せて行われる。その曲が自分に最も合っていると判断するからだ。だがこの点でもまた、カタリナは他のスケーターとは異なっている。彼女がそれにあますところない意味を付与しつつ踊れないような音楽など、存在しないからだ。彼女がモーツァルトの『葬送行進曲』に伴われて、むしろそれを伴って、踊る姿を見てみたいと思うほどだ。私がカタリナ・ヴィットをこれほどまで持ち上げるのは、多少とも不公平かもしれない。だが事実、スケート界で偉大なチャンピオンが見事なタイトルを獲得するのを目にする機会はあっても、二度のオリンピック・チャンピオンとして受賞者名簿に名を連ねているのは彼女だけなのである。

これ以外に、カタリナについて言及しなければならない事柄が一つある——しばしば危険な愚か者と化す役員たちの趣味には適わなかったところの事柄だ。彼女は踊るとき、自分が女性であり、自分の官能性が十二分に発散されるのを心得ている。そして彼女はとても美しいので（偉大な女子フィギュア・スケーターはみな美しいが）、これはたぐいまれな効果を発揮する。審判員たちにはこれがお気に召さない。観衆のほうは大歓迎だ。そしてカタリナはとても実力があるので、彼女の芸術のもつほかの部分の美しさをどれ一つとして無視するわけにいかない審判員たちを、深く悲しませる結果となるのだ。おそらくニーチェなら――私がおそらくと断るのは、ニーチェのことは誰もわからないからだが――自分の『ツァラトゥストラ』のなかの次の一節を、カタリナのことを語ったものだと言ったことだろう。「私が高尚さのイメージを語りうるのは、ダンスにおいてだけである……。」[34]

だがカタリナが何をしてみたところで、彼女は自分がオリンピック大会の全歴史を通じて最も有名な光景を消し去ることはできないのをよく知っている。それは一九六八年、二〇〇メートル競走の覇者スミスが、表彰台の一番高い壇上で示した光景である。彼の背後、少し下がった壇上には、三位になったカルロスがいる。アメリカ国歌が鳴り響くなか、彼らは頭を垂れたまま腕を振りかざす。そして握りしめた手には黒い布が巻かれている。スミスは右手を掲げ、同じ志のカルロスは左手を掲げる。スタジアムの両側からよく見えるようにするためだ。そのうえ、彼らは自分たちの着衣から白色のものをすべて剝ぎ取っていた。したがってスポーツシューズは履いておらず、黒いソックスのままだった。黒っぽいトラックスーツは着たままだった。ただしそれには――意図したことだろうか――黄色と赤の、もしこう言ってよければ金色と血の色の細い折り返しが付いている。世間ではこの光景のなかに、「ブラック・パワーの反抗」を認めたがった。そう考えてもいいだろう――、だが私の考えでは、これはそれ以上のことを意味していた。これらの男たちは、ヒトラーが考えていたような猿の子孫ではなかったのである。彼らは長いこと懸命になって努力を積み重ね、その結果オリンピックという神話に名を刻むことができたのである。どんなに素質に恵まれていても、膨大な努力なくしてあのように金メダルを獲得することなどできようもない。おそらくカタリナは、自らの《絶対》の探求のなかで、彼らが何を望んでいたかを理解していた。彼らが望んでいたもの、それは、ピエール・ド・クーベルタンが望んでいると標榜していた当のものだ。自由と、自らに打ち克つことによって証明される人種間の平等――、あるいはこう言ってよければ、人間としての威厳である。よくオリンピック・チャンピオンを呼ぶときの言い方に倣えば、あれらの超人たちは、人間でありたかったのだ――「劣等人間（Untermensch）」ではなく「人間（Mensch）」でありたかったのだ。無論のこと、あのような「常軌を逸した」行動に対して、「役員たち」は「記録」的な早さで彼らの資格剥奪を宣言した。そしてこれを知り、怒りに駆られた別の黒人ボブ・ビーモンは、大量のアドレナリンの流出に後押しされたのか――これ以外に説明がつかないからだ――、その後長いこと走り幅跳びのあらゆる記録を寄せつけないような大記録を打ち立てた。それまでは八メートル三〇の力しかなかった彼が、八メートル九〇を越えたのである。役員たちも、怒りが力を与えることは知っていた。これが、「ブラック・パワー」がその意図に反して役立った例である。スポーツを改革するには、まず「役員たち」の改革に着手しなければならない。

世界の精髄

想像上の祖母の思い出に。

伯爵夫人であった私の祖母は、ピアニストとして大変才能があり、かつ評判の高い人だった。私の祖父母はポルタヴァ——一七〇九年、ピョートル大帝がスウェーデン王カルル一二世に対して大勝利を収めた場所だが——の大邸宅で、ウクライナ地方の憂鬱な冬の気晴らしになればと、友人たちのためにリサイタルを催したものだった。人々はとても遠方から集まってきた。道に迷わないようにするための必需品である鈴の音を楽しげに響かせながら、いくつもの橇に山積みになって。無論のこと、それはご婦人たちにとって美しい装いをするための絶好の機会だったし、殿方にとっても同様だった。気ままな性格の祖母はピアノを何台も所有していた。だが彼女のお気に入りの一台は、落ち着いた木の色調が美しいシンプルなアップライトピアノだった。言うまでもなくピアノの左右には、蠟燭を立てるための突端の付いた銀のお盆が、精緻な彫刻を施されて取り付けてあった[1]。私の父——いつも愛想の良かったトロツヤーに言わせれば、冒険家ということだ[2]——の説明によれば、多くの理由から祖母はいっさいの明かりを消して演奏するのを好んだらしい。もちろん、ピアノの両脇の燭だけは別だが。

一〇月一七日〔一九一七年ロシア革命のこと。一一月一七日勃発。当時のユリウス暦で一〇月革命と呼ばれていることからの混同だろう〕がやって来た。

それはポルタヴァにまで押し寄せた。

「革命家たち」は私の祖母をとらえた。祖母を中庭へと引きずりだすと、まず手始めに銃床で両手を砕いた。

ついで祖母をしたたか平手打ちしたあと――ほかのことは触れないとしても――、あと二時間だけやる、あと二時間だけくれてやるから、この世の名残に人民の敵をさんざん喜ばせるのに使った品々をとくと眺めておくがいい、と言い残した。

二時間後彼らは戻ってくると、祖母を壁に磔にして銃殺した。

祖母の愛用したピアノはどうなったかというと、どの一台が人民の敵を喜ばせるのに用いられたのか誰もわからなかったので、そのすべてが燃えさかる火のなかに投じられた。

こうしたことのいっさいは、恐ろしくなってすべてを打ち明けた、一人の気弱な「革命家」の口を通じて知ったことだ。とはいえ、この話はあまりにも型どおりであって、全面的に真実であると信用するわけにはいかない。それに事実を物語ったのはウクライナ人であり、ウクライナ人はロシアにおけるマルセイユ人なのだ〔マルセイユの人々は話をおおげさに言う傾向が強い〕。いずれにしても、ことはいわゆる小事の枠を超えるものではない。だが私の見解では、これから見てゆくように、こうした革命家たちの思想や感情は決して根拠のないものではなかった。心は、そうたやすく癒されはしないが。

繰り返すが、こうした蛮行にもそれなりの根拠がある。だが主観を交えないまま書きつづけるのは困難なことだし、読者の側でイメージを思い浮かべる努力をしてくれるほうが良いし、適切でもあろう。第一次世界大戦前の当時、ポルタヴァは、ケーニヒスベルク――カントに関連してしばしば言及したが――と同じく、冬の長い夜などは憂鬱な町だったにちがいない。なるほどケーニヒスベルク同様、美しい邸宅や、おそらくは舗装された道路もいくつかはあったであろう。そのほかは、泥と根雪だらけの粘りつく道ででてきており、春には夜ともなればかなり危険だったはずだ。私は一軒の野外音楽堂があったのを知っている。そこでは天気の良い季節には、日曜日になると、駐屯部隊のオーケストラが流行の楽曲を演奏しようと試みたものだ。何が流行していたのか――私にはわからない。私は、夏、野外音楽堂のまわりで、明るい色の晴れ着を着込み、カノチエ〔平らなカンカン帽に似た帽子〕を被ったブルジョアたちが、足元まで届きそうなオーガンジー〔細番手の綿糸を用いた薄手の透ける織物〕の白いドレスに身を包み、黒や赤のベルトを締めた若い娘たち――きれいに髪を結い、手で藁の帽子のリボンをもてあそんでいたにちがいない娘たち――の隣に座っている光景を思い浮かべる。また日曜の朝には礼拝式があり、司祭たちが、海の深い動きにも似た重々しい賛美歌の先唱を務めるのだった。そして教会の上部に円天井があれば、幼い少年たちがそこに登り、澄んだ声で歌ったにちがいない。歌声は、ギリシャ正教の本格的な教会同様、高みから、底知れぬほど深い海へ、各人の声が希望と真理とを語っていたあの底知れぬほど深い海へと、天使たちの合唱のように響き渡り降りてくるのだった。韓国で死んだ私の兄弟の葬儀のさいがちょうどそんな様子だった。やはり天使たちの合唱が、その重たげな声が地上にいることを意味している、沈鬱で動揺はしているもののそれでも希望に満ちた人々の心のなかに、たぐいまれなほど沁みとおってゆく様――少なくとも私にはそう感じられた――がうかがわれたものだった。

民衆も、ポルタヴァではたしかに歌ったはずだ。われわれの手元には、そうした美しいロシア民謡がいくつか残っている。それらはつまるところ、もっぱら畑仕事のためのものだった。きっとそれらは、たとえばフランス人のようにトルストイの言葉を知らない耳が――私がトルストイをあげるのは、彼が農民の近くにいることを自ら望んだからだが――、そこから限りない郷愁に満ちた異国情緒とでもいったものを、そうたやすく引き出せるようなたぐいのものではない。そしてなによりも、農民たちがたえず「一二人の悪党たちの伝説」ばかり歌っていたなどと思ってはならないだろう。よりシンプルかつより軽快で、それでいてよりメランコリックな他のメロディーが存在したのだ。そしてまた、ウラジミール・ジャンケレヴィッチ〔一九〇三―八五、哲学者、音楽に関する著作で有名〕の幸福の形而上学を信用するならば、ロシア人だけに可能な深い倦怠を表した歌謡もおそらくあっただろう。だがジャンケレヴィッチを信用しすぎてはならない(3)。たしかに偉大で有名なメロディーは保存されたが、他方、自然で真実なものはすべて消失した。上流階級がそうしたメロディーをおそろしく退屈で卑俗だとみなしたからだ。わかりきっているではないか。

というわけで、ポルタヴァでも次のような機会には音楽を耳にすることができた。

1　祖母のリサイタルにやって来ることによって。ただし誰もがそこに立ち入りを許されていたわけではない。

2　教会に行くことによって。ただし、音楽や歌声が――音響効果という点で――その本来の強さを発揮するまさにその場所に、誰もが席を占める権利を有していたわけではない。

3　野外音楽堂のまわりに席を占めることによって。そこでは殿方たちが耳をお留守にしながら、優雅に着飾った若い娘たちの姿に、将来の花嫁像をダブらせていた――こんなことはたまたま遅れてやって来た農民には思いもよらないことだった。

4　干し草作業の辛さを忘れようとして。そのさいには歌が歌われていたらしい。

見てのとおり、音楽は社会階層をはっきりと線引きしていた。だがこのことをより良く理解してもらうために、話を私の祖母に戻そう。

用意がすべて整い、脇燭に火が灯され、最後に大シャンデリアの明かりが消され、消された蠟燭のいくぶん重たげな香りがまだ空中を漂うなか、各人が喉を鳴らし、しっかりと鼻をかみ咳をしおえると、祖母は完全な静けさのなかで、闇に沈んだ一同に目をやることもなく、おもむろに始めるのだった。彼女は念入りに自分の「プログラム」(自分の演奏しようと思っている楽曲を示すため祖母が好んで用いた表現だ)を選んだ。だがいつも真っ先に弾いたのは、ベートーヴェンの『エリーゼのために』だった。皆はそれが祖母の気まぐれだと思って大目に見ていた――名人には多くのことが許されるものだ。祖母はこのことを知ると怒りでいっぱいになり、この件に関してはなんとしても釈明してやらねばと思った。祖母はまず第一に、誰も音楽が何一つわかってはいない、その証拠に多くの「小僧っ子」が『エリーゼのために』をあまりに簡単だとみなすものだから、初心者にさえめったに弾かせようとしない、と言った。彼女にしてみれば、その曲は反対に、音楽世界の最も絶対的で最も強烈なモメントだった。というのも、心の愛をあまねく表現し、またそれを通じて単純な本質に還元された生を表現しているその曲は、精髄であり、生と死を分かつ根源的な一線だったのだ。

死ハモノゴトノ究極ノ一線デアル (Mors ultima rerum linea est)

と同時に、祖母の考えではあらゆる難しさもその点にあった――単純な旋律線を通じて、心と世界の豊かさを再現しなければならなかったからだ。ついで彼女は付け加えた――だてに名手といわれてやしない――、多くの音楽テクストのなかには、最良のもののなかにさえも、作曲家が排除すべきであった不要な音符が混ざっているのに自分は気がついた、建築術はシンプルなもののなかでしか光り輝かないものなのよ、と。祖母は(これは確かなことだが)あまり読書が好きではなかった――、つまるところ、ごくわずかしか好きではなかった。そのかわり、彼女は音楽を聴くのが大好きで、そのために楽譜を読むこと、彼女にとってそれは聴くことだった。だが祖母の楽しみはよけいな音符に出会うと損なわれるのだった。反対に、――これが祖母が何時間も強調しつづけた第二の点なのだが――、『エリーゼのために』の各音符はすべてどうしても必要なものに彼女には思えるのだった。楽譜という再現された書面でこのことを理解するためには、各音符を閉ざされていると同時に開かれた全体性として現出させなければならない。それぞれの音符は一つの個として、つまり内的な全体としてまずもってそれ自身のために存在しなければならない。だがそれと同時に、この内部性からある呼びかけ、別のまだ見ぬ全体に向けてのある呼びかけが現れなければならない。それは人生が個人に対して、その内奥と内密から外へとむけて自分自身をあますところなく自由に開示し、別の個人を現出させるよう要求するのに似ている。こうして『エリーゼのために』には、彼女にとって、人生のもつ純粋で単純な真理が表明されていた。世界と宇宙の無限が、愛と死のもつ永遠の意味――実際『エリーゼのために』には絶望的なモメントが存在する――を再現する旋律線のうちに映し出されていたのだ。最後に祖母は、自分がいつも『エリーゼのために』から弾きはじめるのは、自分のプログラムをはたしてうまく演奏し切れるかどうか知るためでもある、と言った。そして、付け加えておかなければならないが、この作品だけを聴きにくる人もなかにはいたのだ。

祖母が生前暇な折には、ショーペンハウアーを読んでいたのは知られている。ヘーゲル[4]の思想が崩壊したのち――この崩壊に関してはジャコウェンコが見事に述べている――、トルストイがその『日記』のなかで思想の強者にして思想の擁護者と呼んで支持したショーペンハウアーは、ロシアや、あらゆる外国語、わけてもフランス語とドイツ語を話す貴族階級のあいだですさまじい勢いで広まった。ショーペンハウアーの思想に関しては、私たちはほとんどそれを継承しなかった[5]。だが彼の美の形而上学だけは別である。

彼は、各芸術は――下は空間や石で表現されるものから始まって上は時間のなかで表現される歌曲にいたるまで、といっても純粋音楽はさらにその上をゆくが(6)――あらゆる物質性の表皮を剝ぎ取られた世界を表現しているということを、示している(7)。世界の真理にまで昇華された音楽は、たんに世界の本質を表すだけでなく、本質のなかの本質的な部分、すなわち精髄を表している(8)。そして『エリーゼのために』は、おそらくわれわれにこの本質的なものという感情を与えてくれるのだろう。われわれはそこに何を見いだすだろうか。何を把握するだろうか――旋律の背後に、その旋律によって逆に霊魂を付与されつつ、薄暗いテーブルに向かって書きつづけている男の姿が浮かんでくる。そして彼の手は、愛と人生に対する静かな感情のもつ力強さでつき動かされている。突如としてその手がこわばりだし、筆はせわしげに先を急ごうとする。あたかも、世界の精髄がそこに自らの姿を映し出している絶対線から遠ざかってしまうのを恐れてでもいるかのように。それまでの優しさに代わって、苦しみと、早くも嫉妬をうちに含んだ所有の願望が浮上する。ポルタヴァの薄暗がりのなかで、イメージでもなければ形態でもない、まして影でさえもないものを通じて、あらゆる生涯の悲劇的な真実、無限性のなかの生涯全体の悲劇的な真実が、神聖な炎のようにはじけていた。そのとき、自己のうちに《絶対》を内蔵しつつ、ヨーロッパ意識がその群島のはるか遠い土地で自己を実現していたのだ。ポルタヴァとそこに生きていた音楽に関しては、大したものは残されていない。ただチュニス〔北アフリカ、チュニジア共和国の首都〕経由でもたらされた、モーツァルトの『ソナタ』のある版「ライプツィヒ市、ブライトコップ・ハーテル社の刺繡ならびに印刷」(日付なし)だけがどういうわけか残っている。「ピアノ・ソナタ八番:イ短調ケッヘル三一〇番」には鉛筆書きの、時として奇妙なしるしがいっぱいに書き込まれているが、それらもまた生とそして死を、表しているのかもしれない。

　私よりも博学の作家ならば、こうした悲劇的なイメージをとおして、社会階級を映し出す鏡としての音楽、という観念を描き直そうとするだろう。事実、農夫たちは伯爵夫人のベッドに入り込めないのと同様、かの伯爵夫人のコンサートにも出入りを許されていなかった。彼らはただ――彼らがおそらく使ったであろう言い方をしてみれば――「音楽の夕べ」が行われているとわかっていただけだ。この点に関して、彼らはそれ以上のことを知らなかったし、美しいご婦人方と立派な殿方とが邸宅のなかへ笑いながら上機嫌で入ってゆく一方で、自分たちが排除されているという意識をとりわけもっていたことは、認めることができる。召使いたち自身も排除されていたのだから――彼らはすべてを整えたあとはただ退出するだけだった――、ある種の不可解さの感情と優越への凶暴な感情とが、彼らの精神のうちに宿ったとしても不思議ではない。このあとに続いて起こった出来事がおぞましいものだとしても、それはある種の観点からすれば論理的である。私はつねづねあのようなリサイタルは、たとえ意識されないにせよ、それ自体が恐ろしい挑発行為であったと思いつづけてきた。

このような世界は消失してしまったのだろうか。イエスでもありノーでもある。私はまだ若かった頃、ある非常に閉鎖的なサークル内で、ベルギーの女流チェンバロ奏者がスリジー＝ラ＝サルで行ったコンサートに出席する機会を得た。『ゴルトベルク変奏曲』が見事な才能で演奏された（だが私は心底退屈してしまった）。それからまた、あるいはパリで、あるいはニューヨークで、富豪たちが押し寄せるコンサートがあった。だがそうしたピアニストたちの多くは故郷を喪失した人々だった。最も有名なピアニストは私の誕生以前にロシアを離れていた。こうしたことのうちには否定的な契機が含まれる。もはや自分の国で演奏しないこと、不滅だと信じる祖国の大地で演奏しないこと――それは言い換えれば、その音楽が脅かされると考えさえもしないことだ。そのときノーはイエスを凌駕する。人々は、それが可能な場合には、私の祖母に花々を返礼として送ったが、決して金銭を送ったりはしなかった。時として「貧しい人々のために」といってお金を置いてゆくことはあったが。音楽の社会的機能は変質してしまったのだ、各社会階層が音楽に対して抱くイメージの地位と同様に。

私はポルタヴァのことを考えながら、音楽を——歌は別として——いっさい耳にすることなく存在した人間がはたしていたかどうか、自問したものだった。音楽学の優れた書物は、互いにまさるとも劣らないほど古い楽器が多様に存在することをわれわれに示してくれているし、ジャック・アタリ(9)やその他の多くの人々の哲学的考察は、この問いをきっぱりと具体的に否定しているように思われる。とはいってもこの問いは、ルソーがその『言語起源論』のなかで、「語らない男」と「文明化された野蛮人」とがメランコリックな歌に感情をかきたてられて、透明な泉のまわりで踊る様を描いて以来の、避けることのできない夢想だ。したがって夢想だけを語ることにしよう。ポルタヴァでは(10)音楽圏がとても限られ、音楽自体もきわめてまれであったにちがいない点に、おそらく留意すべきなのだ。私の知るかぎり、ポルタヴァにはオペラはなかった——キエフには無論あったけれども。私の祖母のリサイタルは小さな出来事にすぎなかった。そのほかには、教会（たぶん大聖堂だろうか、よくは知らない）があり、野外音楽堂があり、そして田園が広がっていたのだ。

音楽を一度も聴いたことのないような男という夢想から、ポルタヴァでは音楽がきわめてまれであったという考えに移りながら、次のような観念、すなわち音楽が——当然それは技術的進歩のおかげなのだが——過剰になってしまったという観念に、無意識のうちに心はとらわれてしまう。なるほど音楽の本質は変化していない。だが実生活が変容し、それが音楽の本質をその最も深遠な部分で取り囲んでしまったのだ。たとえば私はある気まぐれに駆られ、まだ朝の九時にしかすぎないのに、バッハのカンタータ第五一番『すべての地にて歓呼して神を迎えよ』を聴きながら書き物をしている。無論のこと、メランコリックな瞬間ののち、私は「ハレルヤ」にたどりつくだろう。朝の九時に自分の書き物机に向かってカンタータを聴くというのは、何かしら後ろめたくて不自然なところがある。ポルタヴァでは、聖なる時間に待ちわびるようにして音楽空間に入っていったものだが、私の家では待ちわびるような思いは微塵もない。スイッチを入れるだけだ。いかなる瞬間にも世界の精髄に接近することができる。かつてはライプニッツを筆頭として、音楽がその係留から解き放たれることはありえない、たとえば演奏にはそれにふさわしい部屋が必要とされる、と言われたものだ。音楽からその最後のしがらみを取り除くことによって、音楽を解放するにいたったとてつもない技術を叙述するのは私の役割ではない。私はただ二つのことだけ言及しようと思う。一つは、人間の耳が今では技術以下になってしまったことだ。技術はあまりにも完璧だから、識別は不可能なのだ。他方、音楽は——ある日、ある時、ある場所で——かつての束縛から解放され、具体的な遍在物になってしまったために、いつでも手に入るものとなり、その結果過剰になってしまった。私は郵便物をとりに階下へ降りてゆく。私の家の扉に懸命にニスを塗っている職人たちは、トランジスタ・ラジオをかけて、ある芸術家の非常に美しいメロディーが歌われるのを聴いている、——私が長生きを願っている芸術家——、彼は哲学者にちがいない、それほど死が彼にまとわりつき、彼はそれをいかにも優美に表現している。こうした事態はどのように説明されよう。世界の精髄としての音楽の真実は無論のこと何ら変化しないまま、技術という手段によって、ヨーロッパ意識がその全体において音楽的になったと言うべきだろうか。あるいはむしろ、ヨーロッパ人は音楽によって侵食されていると言わざるをえないのだろうか。本質の内部において、何か新しい関係が生じている。この新しい関係は、一見したところ月並みなもののように思われる。だが、音楽には良い音楽も悪い音楽もないということ、つまり前者はクラシック音楽で後者は現代音楽のことだが、このことを心得ている人は、不可思議で奇妙な秘密の最も内奥で、何かしら新しい世界が生じているのではないかと、問うてみることになるであろう。

先ほど問題にした夢想を、逆転させてみる必要があるのだろうか。先ほどは、一度も音楽を耳にしたことのない人ははたしているだろうかと問うてみたが、今度は、一日という限られた範囲のなかでも、音楽全般から免れているような人がはたしているだろうかと、問うてみる必要がある。たとえば大都市の通りを歩くだけで、時として耳をつんざくような音楽の一節が聞こえてくるし、夏のポリフォニー〔多声音楽〕などはもう、反論の余地がない。こうして、かつてのポルタヴァにおいてとは異なり、音楽はもはや何かしらこちらから近づくようなものではなく、多元的な全体性――すべての人の心にとって――となったのであり、誰もそれから逃れられないのである。ポルタヴァの薄明かりのなかでの音楽への聖なる接近という本質は、もう消失してしまった。もはや、準備する必要はない。機械が準備してくれるのだ。ほとんど無意識な動作一つで、カンタータ五一番はあらためてその魅力を展開してくれる。音楽はとても強力なので、それはおそらく、現実を打ち消すことのできる唯一の力となった。この点では、大河の合流を表すバッハの『世俗カンタータ』以上に明白なものはない。人はそれにより、ライン川の水の運命と死とを忘れる。音楽は、永遠の忘却の役割を果たすのである。

何を真っ先に忘れなければならないのか。つねづね言われてきたことだ。労働である、と。歌いながら働け、という命令以上に普遍的なものがあろうか。絶滅収容所の囚人たちは、苛酷な労働に向かうときにも歌ったにちがいない。何らかのやり方で、人はつねに労働の時間を音楽の時間のなかで紛らわせてきたのだ。月並み事を馬鹿にするのは哲学史家にはふさわしくない。思うように浮かばない文章に頭を痛めて、書き物机を離れ、ピアノに向かって文章を捻り出そうとする哲学者はまれではないはずだ。アリストテレスを翻訳する者にとって、音楽を演奏するのは半ば生理的な必要事だと考える人は、ごまんといる。しかしながら哲学者は哲学者でしかない……。一方で、かつての建築塗装工が楽しみもなく口ずさむ流行歌には、単調であるばかりでなく、どことなく惨めで本能的なところがあったものだ。しかしいまでは建築塗装工ももっと高尚なものを聴くことができる。ここに、ある種の閉鎖（Aufhebung）が生じたのだ。私は、否定と同時に保存をも意味するこのドイツ語の単語を使わざるをえない。私の考えを表現するのにほかに適当な語が見当たらないからだ。われわれは、最も高尚で最も気難しい音楽さえもが、労働に伴うことができるところにまできたのだ。かつての労働の苦しみを伴う大衆音楽だけが、世界のひそやかな生を表現して救いになる、などと思ったら大きな間違いだろう。ここで私の考えをより良く理解してもらうために、私は自分の半生のいくつかの光景を思い起こすことにする。

私は自分の学業のほとんどを静寂のなかで行ってきた。私の子供たちはそうはしなかった。彼らの仲間のなかには、ベートーヴェンやベルリオーズをBGMに聴きながら理工科学校の入学試験を準備する者もいた。私の息子もそれらの音楽家を聴きながら、同じ入試を準備していた。だが彼はジャズ（なるほどたいへん洗練されてはいたが）のほうを好み、彼の部屋からは大音響が漏れてくるのだった。静寂をよしとする男（たしかに私も時にはカンタータを聴きはするが）である私は、どんなに嘆き悲しんだことか。そしてあれほど何度も叱り諭した（無駄だった）あとで息子の合格を祝わねばならなかった私の心は、どんなに浮かなかったことか。せめて一回目の入試だけでも失敗してくれていたら……。私はすっかり恥をかいてしまった！

こうしたことのすべては、私には謎めいて思われた。謎の核心をなしていたのは、結局のところ息子の行為が同時に自然でもあり不自然でもあるように思えたことであった。それは私には自然にみえた。なぜなら、実際に息子の善良な精神は、ただ単純な内的必然性に動かされていたとしか思えないからである。だが他方、それは私には不自然に思われた。私も微分方程式を解くことはできるが、それには誰かがジャズを大音響で演奏しないという付帯条件が必要だからだ。見てのとおり世界は変化する。この謎のなかで問題になっていたのは、意識の自由のかたちなのであった。私は、そんなものはほとんど把握しがたいものだと考えてきた。だがそのなかに入り込み、意識――知性という語ではあまりにも弱すぎるだろう――の本質が、変容しないまでも発展してしまったのではないかどうか、知る必要があったのだ。そして一連の月並みな諸事実を見いだすことができたが、それらを並べてみて、大変意義深いことに気づいたのであった。

最初の月並みな事柄は、次のようなことであった。一方において、内的必然性――ほとんど麻薬同然――となった音楽と、他方は、自己喪失もせずこの必然性のなかに埋没することもしなかった意識とのあいだの、微妙な交錯に出会ったのである。この特殊な（sui generis）交錯に定義づけを与えようとしても無駄だ。それは言わずもがなの記述しか受け入れない。なぜなら、何が問題になっているかは自明だからだ。哲学は必然性と自由との関係――これこそはベルクソン哲学の最も深い契機の一つである(11)――を認めることをしばしば余儀なくされてきたが、まさに自由と必然性という相反物、新しい世界の根幹をなすこの相反物のあいだに、あの綜合的な統一を打ち立てることは決してできていない。というのも、この交錯のもつ月並みさこそがまさに、想像力の程度に応じてなされる、静かで生産的なあの綜合的な統一にほかならないからである。

だがこの交錯は理解するのが難しいというか、より正確には直観するのが難しい。というのも、それは第二の別の月並み事によって自らを限定づけるし、限定づけられもするからだ。人は一度にただ一つのことしかできない、と主張したキケロはつねに正しいとされてきた。これは、おおかた当たっているにすぎない。音楽を聴くことはおそらく世界の精髄を把握することであるが、ほかのことに打ち込みながらも行うことのできる、唯一の活動である。ちょっと心理学的に観察してみれば、読書することと書くことを同時にこなすのが困難なのは納得がいこう。読書と絵を描くことを同時にこなすのは不可能である。だがほんの少し慣れるだけで、聴きながら何かをすることは可能だ。

だがここに三つ目の月並み事が加わる（これについてはまた触れるつもりだ）のだが、それは明らかにポルタヴァでは存在しなかった可能性であり、この交錯の解釈をより複雑にすることになる。ここでは音楽の量の可能性が問題になっており、それは三重の関係のもとに与えられる。まず第一に音楽は、同一ジャンルのさまざまなメロディーの連続的表明として展開されうる。次に音楽は、意識がずっと聴いていたいと思うような、同一メロディーの無限の繰り返しとして与えられうる。最後に、自由にジャンルを変えうるという本質的可能性が与えられている。とすればここに、四つ目の月並み事を介在させなければならない。意識——活動中の——は音楽とともに自分自身のなかに入り込み閉じこもって孤独のなかに身をおくが、その孤独は、旋律線のなかに表現されている世界の生の無限さによって満たされるのである。

五つ目の契機は、これら相互に決定づけ合う四つの関係の綜合であり、この五重の綜合は、はるかポルタヴァの時代には思いもよらなかったような、いわば意識の新しい色彩を決定するのである。この綜合をどのように記述したらよいのだろうか。間違いなく困難なことだし、無味乾燥な命題を立ててみたところで、たんに関係を指摘しそれらの相互決定を明確にすることにはなっても、「ハレルヤ」を聴きながら積分を解いている意識の色彩を直接把握——色彩の概念を把握するには直観が必要である——することにはつながらない。今日音に結びついたこの色彩――白黒は昔の音楽専用である――は、労働の時間を紛らわすさいの行為の心的構造をすっかり一新してしまっている――、かつては単調な気晴らしにしかすぎなかったものが楽しみとなり歓喜となっているのである。いまや、ヨーロッパ意識の新しい次元が表明されているのが見てとれよう。それは音楽によって捕捉されながらも、そのなかに自由に浸っているのである。その色彩は、《自我》の本質を歓喜として定義づけることである。

したがって以上が、世界の精髄としての音楽がもっている絶対的不変性のなかにあっても、それでも変化した部分であり、その記述はきわめて難しい。労働の時間を紛らわすことはいつの時代も変わらぬ現実であったが、それはもはや単純でありふれた気晴らしのための努力ではなく、奥深い歓喜となったのである。ポルタヴァはなんと遠くなってしまったことか！　もう了解いただけたと思うが、私は抽象概念を使用することより、現実について語るほうを好む。音楽に内在する社会関係を直観してもらうためには、あの町の音楽について描写するだけで十分だったのである。いずれにしても、断絶を感じてもらうために付け加えるならば、私の父はサンクト・ペテルブルクの海軍理工科学校の入学試験の準備中、祖母が父の勉学を助けるためにピアノを弾いたかどうか、一度も私に語ったことはない。そして父がそれを一度も私に語らなかったのは、当時そのようなことはとても考えられないことであり、歌いながら絵を描くことはできても、勉学は絶対に静寂なものでなければならなかったからである。そしてさらに言うなら、勉学は人間の静寂の最も高次な形態だった。したがって私の父は、ジルの『レクイエム』を聴きながら積分を解くときに感じる知的強烈さを、一度も味わうことがなかったのである。客観的にみれば、耳の不自由な人にとっては当時のほうが今日より嘆くべきことが少なかったともいえよう。ジルの『レクイエム』の論理と、数学の計算の純粋な必然性とを接合することは、何を意味するのだろうか。それは最も高次な度合いにおいて、感じると同時に思考することである。そしてこの両者の綜合の特性は、反省する判断力と決定する判断力との根底的な一体性にある。

ここで、ヨーロッパ意識群島のなかでも不可欠のものとなったこの思考空間に入り込むことのできなかった、偉大な精神の持ち主たちに思いを馳せて、いくらか胸を痛める人もいよう。とりわけカントがそうであった！『判断力批判』の著者は、ケーニヒスベルクの野外音楽堂の軍隊音楽しか知らなかったのである。[13] 一般には彼がその軍隊音楽を――それなりに――歓迎していたとされている。だが生涯その小さな町を離れることのなかった（はたして彼はリガへ行ったことがあるかどうかさえ知られていない）カントの、音楽に関する知識はかなり貧弱である。そして、彼が最後の『判断力批判』のなかで傾けた称賛すべき努力にもかかわらず、カントの注釈者のうち最も博学な人たちでさえ、彼の強固な思想のなかから一片の音楽理論をも引き出すことができなかったのである。カントがこの主題について言いえたことはすべて、哲学史の最深部に沈んでしまった。われわれはカントを引き合いに出したが、どれほど多くの偉大な精神の持ち主たちが――ほんのわずかな技術上の手段を持ち合わせなかったために――音楽について一度も考察する機会に恵まれなかったことか。だがついに、感じることと思考することは、それぞれのうちに融合したのだ。無論のこと、以上の考え方がある種の不明瞭を免れていないのを、残念に思う人もいよう。だが寛容さは必要だ。月並みな考えは一般的に明白だと思われがちだが実はその反対であって、月並みな考えは、悟性の網をすりぬけ直観だけが排除できるような不明瞭さを含んでいるものなのである。

だがさらにいくつかの月並み事について考察を重ね、どうしてもある種の不明瞭を解消しておく必要があろう。ここで問題となるのは現前（présence）である。

書物と同様に、というより音楽は、形式とイメージを越えた理解と体験のうちに世界の精髄を表現する以上書物よりはるかに奥深い部分で、過去の時代においてもつねにそれ自体が十全な可能性としてありつづけてきた。リストはその演奏によって、シューベルトという薄幸な天才の透明な魂を蘇らせた（この言葉はここ以外では何の意味ももたない）――少なくともそう想定することができる。われわれは断固たる演奏（geste）で、死を無効にする偉大な演奏者たちを何人も知っている。かく言う私も、音楽家リストを通じて、もはや芸術家ではないモーツァルトその人を聞いた――、突如として彼はいまここに、反論の余地のない生と根源的な現前のなかに入ってきたのである。書物も時としてこのような経験を与えてくれはする。だがそれが、ショーペンハウアー言うところの真の現前――聖なる現前（heilige Gegenwart）の根底をなす音楽のもつ力強さを伴うことは、まれである。このうえさらに、音楽はたんにわれわれを死者の魂の最も奥深くへと導くだけでなく、死者の世界の建造物（世界としての世界 Welt als Welt）のなかへ導いてくれると、付け加える必要があろうか。書物は保存するが、音楽は蘇生させるのだ。それは少しばかり、違うことなのである。

無論のこと、この点に関してあまりに断定的であってはいけない。かつて私はボドマー財団（スイス）で、デカルトの手紙を原本で読み直す機会を得たことがある。職業柄もう諳じてしまっているそれらの手稿に目を通しながら、私は本来なら、何ら心を動かされることもないはずであった。だが実際は、まったく反対であった。デカルトがいまここにいたのだ。私の感動は、デカルトの手紙の原本を手にしているという事実からきているのではなかった。哲学史家ならこういう経験にはとうに慣れっこになっている。デカルトが現前していたのは、まさに彼の筆跡のなかであり、その筆跡は私にはたぐいまれなほど特異なものに思われたのである。『方法序説』の著者の筆跡は、明晰と気品のお手本であり原型である。いかなる書き損じもない——草稿を書き写すだけのときでも起こりうることなのに。各行はいわば均等を保っているのだ。そして手紙の全体はどうかといえば、正確に書き付けられているというだけでは不十分で、とても表現しきれていない。手紙は論理的にデッサンされていたのである。それを目にすると、並外れてコントロールされた所作としての筆跡のうちに、ある卓越した何物かが現前していることが、感じ取れた。優れた写譜者であったルソー——彼は楽譜を書き写すことによって生計を立てており、八〇〇〇枚にのぼる写譜を残したとされている——でさえ、同じような現前の印象は与えてくれなかった。彼のエレガントな筆跡は、偉大な精神を伝えていることは確かだが、ずっと非個性的だった。だがある日私は、ブラームスがそこにいると、感じ取ったのだった——こんなふうに、何の気兼ねもなしに——肘掛け椅子に肘を乗せて。彼は現に生きて、そこにいて——フッサールのように話しかけてきた。モーツァルトも、しばしば私の祖母の肩越しに身をかがめたことがあったにちがいない。いまや彼はいたるところにいる、「中国に」さえもいる。そしてこの、ヨーロッパのなかでも最もヨーロッパ的な音楽の上に、陽が沈むことは決してないのである。

この現前の可能性において、世界の精髄としての音楽の本質は何ら変わらないまま、ある大きな変容が生じた。だがそれを把握する前に、われわれの存在の奥深くには死の国への関係が潜んでいることを思い起こしておくべきだろう。死者の国への旅は三つの決定要素に基づいて繰り広げられてきた。最初の要素は『オデュッセイア』(11、三二六〇以下)に描かれている。オデュッセウスは、死者の王国があるとされる国に近づく。つまり死の国をめざす動きであるが、やがてそれとは別の動きが必要となる。死者たちを召還するために、彼は黒い羊の喉をかき切る、すると血に飢えた死者たちが、闇のなかから立ち返ってくるのである。厳密な意味での交霊術とは言えないが、多くの点で類似点がみられると言えよう。二つ目の要素は『アエネイス』〔ウェルギリウスの長編叙事詩、前二九—前一九〕のなかに描かれている。そこでもまた主人公は、死者の王国があるとされる国に近づいてゆくが、ここには本来の意味での二番目の動きはみられない。というのも旅人、この場合はアンキセスの息子でありローマの基礎を築いたアイネイアスのことだが、彼は地獄とエリゼの園へと降りてゆき死者たちの運命をアンキセスにより説明してもらうが、死者たちを召還することはないからである。ヨーロッパ意識は長いこと、この二つの接近のあいだで漂いつづけてきた。そして三つ目の要素が提示されるには、ダンテを待たねばならなかった。オデュッセウスは死者たちを立ち現させ召還した。アンキセスに導かれたアイネイアスは死者たちのもとへと降りていった。ウェルギリウスに導かれたダンテはといえば、オデュッセウス同様死者たちを召還しはするが、しかしそれを、自らがそこにいること（présence）を通じて、あるいは死者たちにじかに呼びかけながら行うのである。『神曲』——本来は『劇』（Comédie）と言うべきだが（その成功のおかげでダンテは《神聖な詩人》（Divin Poète）と称されるようになり、その結果『劇』（Comédie）も『神曲』（Divine Comédie）と呼ばれたが、本当のタイトルは『劇』（Comédie）である）——にあっては、召還と下降のおりなすあの弁証法、それぞれのモメントが他方を引き出してゆく（たとえば「地獄篇」第二六歌におけるオデュッセウスの演説を見よ）あの弁証法ほど巧みなものはない。『オデュッセイア』や『アエネイス』と同じく、『神曲』もたんにその詩情ゆえに音楽的な作品というだけではない。それはまた、たえず音に関係しつつ繰り広げられている。『神曲』全体が絶対的な音の旅となっているのだ。つまり、洗礼を受けることのできなかった魂たちの、混沌とした騒音が反響する地獄の入り口に始まり、煉獄へと導かれた魂たちが先唱を務める歓喜の賛歌を経て、天国における至上の音楽にたどりつくのである。

　われわれの意識の最も内奥に刻み込まれたこれらの神話的概念は、われわれの死に対する関係の根源を構成している。ターン・テーブルの上にレコードを乗せる、あるいはカセット・デッキを挿入する――われわれはそれらをいわば磨り減らさせ傷つけ死にいたらしめている（égorger）――、そしてしかじかの音楽家を召還し、彼が深淵の奥から表現してくるのを聞くが、これは黒い羊の喉をかき切る（égorger）オデュッセウスの行為に多少とも似ているではないか。あらゆる巨匠よりも暴君的に、私はたった一つの動作で、礼拝堂の楽長J・S・バッハをオーケストラごと召還することができる。するとそれらの全存在が抵抗もせずに現出するのである。ポルタヴァでは、このようにいつでも好きなときに蘇生の手続きを行うというわけにはいかなかった。もしこうして生じたたぐいまれな変化を理解したいと思うなら、必然性には二つの側面があると知ることがどうしても必要である。すなわち必然性は、その純粋さ（Reinheit）において合理的なものであるか、あるいはそのあらゆる非純粋さゆえに根源的な生であるかのどちらかである。ところでわれわれはここで、合理的な必然性に導かれるような領域にいるわけではない。ここには、二つのはっきりと対照的なモメントのあることを押さえておこう。一方において明らかなことは、技術の進歩のせいで、少なくとも音楽に近づく手間については、音楽はかつての神聖な性格をすっかり失ってしまったらしいことである。われわれの行為は、オデュッセウスのそれにいくらか似通っているとしても――結局のところ死者たちが歌うようにするためにはわれわれも多少の材料とエネルギーを犠牲にするのだから――、信じがたいほど容易になってしまったその性格上、オデュッセウスのそれとはやはり全面的に異なる。われわれは、死者の王国へ近づくことさえ前提としていないのだから。オデュッセウスの神聖な行為に対応するのは、恐ろしいほどの月並み化である。古き時代においては、神聖な側面があった。すなわち、人はたんに耳を傾けていただけではなかった――楽譜を読みさえしていた。それもまた音楽への近づき方の一つであったのだ。だが他方、いつでもどこでも音楽の本質を生み出せる道具が存在する今日、われわれは思いのままに死者を召還し、彼らに無限を要求することができる。この観点からすれば、世界の精髄としての本質は何ら変化しないまま、音楽は未知の力を見いだしたことになる。ヨーロッパ意識は——私はこの点を強調したいと思う——皇帝然としたものになったのだ。おそらくわれわれは、死者に対してほとんど凶暴な専制をふるっているのだ。だがよく検討してみれば、ここで最も興味深い現象は、反復という現象である。私はモーツァルトを二度でも三度でも好きなだけピアノの前に連れ戻し、同じソナタを演奏してもらうことができる。譬えようもないほどの陶酔、譬えようもないほどの権力。国王たちでさえも、これほどの権力は決してもってはいなかった。そしてまたこの権力には、なんという愛の躍動があることだろう。反復を通じての愛は決して生きつづけることをやめない。感情の増大、感情の高まり(Steigerung)のなかで、神聖なるものは時の流れに永遠の血を吹き込むことによって、明らかにかつての力を取り戻すのである。これが対照的な二つの運動である。死者を召還するにあたってのわれわれの容易さが月並みさを招いた一方で、その同じ容易さが反復行為を通じて、心の神聖な知の証となるのである。この点においては証明すべきものは何もない。というのもここでの感覚=意味(sens)は、概念とは別ものだからである。九月の雪に覆われたポルタヴァは、われわれにはなんと遠く思われることか!

だが次のように抗議する人もいよう——死者に関して言いうることはみな、生者に関しても当てはまろう、と。まさしく空間ほど生者を隔てるものはないのであって、離れれば離れるほど、その人はわれわれにとって死んだも同然となる。大西洋を越えて愛し合うことはできないし、大陸間の接吻というのもまだ発明されていない。だがこれらの小さなカセットは、時間同様空間をも消滅させてくれる。危険な月並み事の話をさらに進めてみよう。私が思うには、実のところ、死者も生者も同じ平等の関係の内部に包含されており、記憶の永遠性のなかで交流するように運命づけられている。死者が真に蘇生しうるのも、彼らが生者を支配し生者と肩を並べることができると同時に、生者によって肩を並べられもするからである。音楽家たちはつねに彼らのあいだで闘いを繰り広げてきたのだ——それが彼らの人生であり、宿命である。モーツァルト全集[14]はたしてロックの巨匠たちを凌駕できるか。これは無理のある質問であるが、どうしても尋ねてみたい気にさせられるではないか[15]。

だが、われわれが生者や死者のほうへと向かうこの運動において、とりわけ強調すべきは、もはや何一つとして忘却のなかに埋没するものはないということだ。人間は死の根底に忘却があるとたえず心得てきた[16]。人は忘れ去られないかぎり、真に死んだことにはならない。実はこのことはダンテを読めば素晴らしくよく理解できる。完全に死んでしまった人、それは地獄で苦しんでいる人々ではない。なぜなら彼らはダンテに歌われることにより、物語のなかに生きつづけるのだから[17]。本当の死者、それはリンボ〔冥府〕に埋没してしまった名もなき人々である。われわれはもはや彼らについて何も知らないし、今後とも知ることは決してないであろう。というのも根源的な忘却が、知られてもいないし知ることもできない深淵のなかへと、彼らを吸い込み飲み込んでしまったからだ。しかし音楽は、誰にも平等な死との関係のなかで、忘却に対して断固として身を閉ざした世界となり、宇宙となったのである。われわれはたんにモーツァルトを聴くだけでなく、グールドによる解釈を聴くことができるし、さらには時間という制約がなければ、あらゆる解釈を聴くことができるのである。いまやわれわれが待ち望んでいるもの、それはあらゆる芸術家の演奏を系統的に示してくれるようなフィルムのみである。録画や録音は忘却を完全に否定する方向へと向かいつつある。ヨーロッパ意識は、自己の本質でありつづけるという点において、死者と生者を完全に所有するところにまでいたったのである。

それはある晩のジュネーヴでのことだった。カント哲学についての討論形式の講演のあとで、いまは亡き私の師F・アルキエと私は、Wホテルの広間でグラスを前に休憩をとっていた。F・アルキエと私とのあいだには、いったん講演が終了するや、もうそれを蒸し返さないという美点があった。そこでわれわれは音楽について語っていたのだが、彼は私にネッテスハイムのアグリッパ〔一四八六—一五三五　ケルン生まれの人文学者。魔術論、女性論、学問論、神学論等〕の次の一節を引用して聞かせた。「フィリップ王は自分の息子がある場所で見事に歌ったのを知ると、息子を呼びつけて言った。〈お前はそのように上手く歌えて恥ずかしいとは思わんのか。王子たるものだな……他人の歌うのを聞くために余分な時間があればそれでよいのじゃ〉。」[18] F・アルキエはこの話の政治的な意味を説明したあとで、国王たちがわざわざ時間を割いて歌ったりすれば、彼らは自らの不死を信じていないことになると、付け加えた。このことはおそらく一般には知られていないが、卓越した精神の持ち主であり、『デカルトにおける人間の形而上学的発見』の著者であるF・アルキエは、素晴らしい音楽家でもあった。彼が主張していた二つの説を私は信奉している。第一に彼は、音楽においては各モメントが論理的な連鎖というかたちで結びつけられることはまずありえない以上、哲学者の記述は、観念の結合というレヴェルにとどまってはならず、イメージを単純に感情面から結合させることにまでこだわらなければならない、と信じていた[19]。そしてこれこそまさにこの章のなかで私が行ってきたことだし、今後とも行おうとしていることである。彼は漠然とではあったけれども、まさに音楽は本質的なレヴェルにおいてのみならず、感性的で単純なレヴェルにおいても発達してきたので、たとえばそれが生の肯定というかたちをとっていたにしても、あらゆる音楽のうちには死へのひそやかな関係が内包されている、と考えていた。第二に彼は、これも一点目に劣らず重要なのだが、音楽には良い音楽と悪い音楽とがあるものの、現代音楽が必ずしも悪い音楽でもなければ、クラシック音楽が必ずしも良い音楽というわけでもないと、みなしていた。だが人それぞれに自由がある以上、なにもすべてを理解できる必要はないと、彼は付け加えるのだった。まさにあの時期あの会話を交わしていた頃、一つの出来事が起きたのだが、明晰で、古典的であると同時にシュールレアリストでもあったアルキエは、それを他の誰よりもよく理解したのだ。ヨーロッパ意識の空を照らし出したあの目もくらむほどの稲妻、そう、ビートルズがリヴァプールでコンサートを開いたのである。[20]

無論のこと、あのグループ[21]が最初というわけではなかった。ニュー・ミュージック――私はこの表現を使おうと思う――にはそれ以前にも英雄がいた。エルヴィス・プレスリー[22]――「黒人のように歌ったあの白人」――を知らない人がどこにいよう。その男は自身のうちに、たぐいまれなカリスマ性と、彼が触れるすべてのメロディーに価値を与えてしまうという、魅力的な才能とを秘めていた。彼がまさしく《キング》と呼ばれたのも、ある日予期されぬまま、このうえなく隔たった人の心までをも鼓動させてしまうことができたからである。こうした事柄については、「趣味と色とは議論無用」(de gustibus et coloribus non est disputandum)――蓼食う虫も好き好き……――という格言が当てはまるし、またよく考えれば皆思いは同じという願望ぐらいは要求してもかまわないだろうから、私自身突如として彼の魅力の虜になってしまったことを告白しなければ、誠実さを欠くことになろう。《キング》は「ハレルヤ」を、というよりも彼のハレルヤを、胸の張り裂けるような、そして死を思わせるような美しさで歌っていた。そしてそこから己の死を支配しつつ、彼は自分自身になっていったのだ。音楽にあっては論理的触覚という、きわめて矛盾していると同時にきわめて真実なもの(カント)を利用することができるので、絶対的原理として、良い音楽、美しい歌声とは心に残るメロディーを指す、ということにしよう。真の音楽――あの「ハレルヤ」――とは、記憶の扉を開ける音楽のことである。あなたの心に残る音楽を言ってご覧なさい、そしたらあなたがどんな人か私が当ててあげます、というわけだ。したがって、良い音楽がその価値証明書を受け取るのは、悟性からではない。そうではなくて、音楽においては記憶が力を発揮するのである。幸い記憶は厳格であり、とどめるに値しないものはすべて深淵へと追放してしまう地獄の裁判官に似ている。音楽においては記憶が選別の機能を果たすのである。もしここでわれわれの主題からさらに離れることが許されたなら——これまでも離れてばかりいたが——価値創造の領域に踏み込んで、体験された美と、神秘的な記憶とのあいだの、超越論的関係（それがものごとを可能にする）について検討したことだろう。無-時間性という面での悟性は、理性の冷徹な行動を形式的全体として書き留める書記官にしかすぎない。そこから期待できるものはほかには何もない。だが一方において、世界の精髄がそこで自らを主張している、旋律線の直観のなかで体験された美と、他方における、永遠の源としての記憶の絶対的神秘とは、完全な綜合を構成するのである[23]。私は《キング》の「ハレルヤ」を決して忘れることはないだろう。それはある年の九月七日、私のラジオから——理由もなく——現れ出た。

　そしてそのとき、あのたぐいまれなコンサート——リヴァプール——、膨大な数の若者たちの群衆の前で催されあらゆるテレビ局が中継放送したあのコンサートの、最初の側面があらわになった。意見交換をしたわけでもないのに、誰もが、まさに誰もが信じていた、というよりむしろ知っていたのだ、あの夜、世界でこれ以上に重要で必要なものなど何もないと。誰もが絶対の確信をもって知っていた、幾千幾万の人々にとって、美と記憶のあの完全な綜合が生み出されつつあること、そしてそれにより永遠の瞬間をうちに秘めた数限りない思い出の誕生が約束されていたことを。そして今日、まるで一つの世代が自分たちの出自を取り戻したがっているかのように、あの出来事を称える美しくノスタルジックな歌が聞こえてくる、すべての町がいつの日かリヴァプールに似るだろうと、あるいはリヴァプールよ永遠なれと。

こうした観点からすれば、あのコンサートをごく詳細な部分にいたるまで検討するのは、音楽史家の仕事である。それが一つの世界を生み出したこと、そのことは誰でも心得ている。したがって、それが卓越した音楽であった、と言うだけでは不十分だ。いわば星々のあいだに書き込まれたあの出来事については、それを可能にした条件の膨大な連鎖を探究することが必要だろう。あのコンサートが、ヨーロッパ意識にとって広島と同じくらい重要な歴史的出来事となったのはどうしてなのか、説明する必要があろう。私から見れば、ジャック・アタリの次のような思考を導きの糸として採用することが必要と思われる。「かくして、どの側面からそれを扱うにしても、われわれの社会における音楽は、必ず死の脅威へとつながってゆく。」リヴァプール、生命、反・広島、死。

なるほど、ポルタヴァでのたまさかのコンサートと異なり、あの音楽があらゆる階層に影響を与えたこと、そしてまた音楽的にはいまもなお影響を与えうることは、強調しておかなければならない。根本的なゼロ・ポイントであるリヴァプールは、いかなる社会階層も映し出していない。リヴァプールは、あのザルツブルク、ウィーンの見事なカリカチュアにモーツァルト神の残映を追い求めるだけの財力をもった者に限られ、その葬送の様は――あれを葬送と呼べればの話だが――ヨーロッパ意識の恥ともなっている、あのザルツブルクではない。リヴァプールでは、ザルツブルクのマニキュアをしたエリートたちが理解できないし理解したいとも思わないことが、成り立ったのだ。記憶のなかに、具体的普遍のなかに、音楽のコミュニズムが到来したのである。金銭という境界は、地理上の境界とともに崩れ去り、あとにはただ一つの境界、言語という形而上学的な境界だけが残っていた。

だがその境界もまたすぐに、乗り越えられたのだ。その結果ヨーロッパ意識の本質は新たな境界を見いだすこととなった。私もすぐにはすべてを理解したわけではないことを、認めざるをえない。私も多くの人々と同様、やっとのことで――私の場合ドイツ文化を研究し比較言語学をかじっているだけになおさらだったが――英語によるあの侵略、あの帝国主義に気づくことができたが、それはリヴァプールのあとで、途轍もないうねりとなって広がってゆき、このうえなく馬鹿げてこのうえなく暴力的な歌――ミック・ジャガー――を次から次へと生み出して、その歌い手のなかには、英語を理解しないまま英語で歌っていた者もいたのである。無論のこと、そのグループが何を言っているのかほんのひと握りの聴衆しか理解できないような見世物を前にしては、最初は狐につままれたようになってしまうものだ。だが、現実をきちんと見つめよう。どれだけ多くの人が、ただの一語も理解できないままモーツァルトの『ドン・ジョヴァンニ』を聴いてきたことか。さらに極端なこんな話もある。レポレッロ〔ドン・ジョヴァンニの従者〕の歌うのを聴いていた私の耳に、魅力的で申し分のないご婦人が――彼女は私がドイツ文化の研究者であることを知っていた、また私は誓って真実だけを述べている――「ドイツ語ってなんて美しい言葉なんでしょう」と囁いたのだ。私についていえば、ドイチェランズベルグ〔オーストリア中部の都市〕である歌手が一九世紀のリードを歌うのを聴いていたときのことを思い出す。彼がずっと「私はお前を愛している（Ich liebe dich）」とばかり繰り返しつづけたので、私は冒頭の部分で何が歌われたか忘れてしまったし、いつエンディングにたどりついたのかもわからなかった。だがそれでもそれはとても心地よいものであった。私がリヴァプールでついに理解したこと、それは音楽の歴史のなかではじめて、言語がもはや重要性をもたなくなったということであった。そしてまさにこうした理由で、英語があらゆるうねりのなかに浸透していったのである。ショーペンハウアーならばこれを十分うまく説明することだろう。リズムが意味を凌駕していた、あるいはリズムが唯一の意味となっていたのだ――だからこそ言葉（parole）の価値が崩壊することともなったのである。[24] 言（dire）は即自的にも対自的にも無価値の地点に到達した。小エビについて話そうが、伊勢エビについて話そうが、イエローサブマリン〔ビートルズ主演の映画名〕について話そうが、いかなる重要性ももたない。言葉から意味が追放されたのである。

おそらくこのような理由から、多くの人が、あのニュー・ミュージックを聴くと未知の暴力に侵入されるような、困惑した感じをもったのだろう。リヴァプールの天才たちの暴力性に続いて、さらにより貪婪な暴力性が現出したが、私はこういったことについて文字どおり個人的な説明づけ――カント的な意味でのたんなる美的判断――を行おうと思う。

たしかにあらゆる音楽的地平はそれ自身がおそらく何らかの暴力性を秘め、好きなだけまたできるだけ過去へとさかのぼれば、音の強さを抜きにしても、暴力的なメロディーが見いだされはするだろう。だが私はリヴァプールと同じ線上で話を進めたいので、古典主義の作品を参考にしようと思う。あの険しく深遠な繰り返しを伴ったペルゴレーズの『スターバト・マーテル』〔悲しみの聖母〕を取り上げることも可能であろう。だが私は、悪い例だと判断されそうな例を取り上げることにしよう。ジルの『レクイエム』についてで語りたいのだ。きわめて奇妙な作品である。私に言わせればジルの『レクイエム』を性格づけているもの――もちろん別の見解も可能だが――、それはその明晰さ、その完成された均衡にある。ところでまさに、もしこう表現することが可能ならば、あのまるでアポロン的な均衡こそが暴力なのである。あれほど純粋な心の平静さをもってジルが言わんとしているもの、それは、死が何物でもないということだ。だがそのように言うことは、死に脅える意識を底の底まで侵犯することである。死とは何物かであると信じ、存在においても本質においても自分は死の恐怖と一体であると了解している意識から、その恐怖を剝奪してしまうことである。「みいつの大王」(Rex tremendae Majestatis)〔モーツァルト『レクイエム』ケッヘル六二六、Ⅲ―二〕におけるモーツァルトは、より真実をついていた。

とすれば、数学的なまでの清澄さを秘めたあの作品を書きながら、ジルは本当に真摯であったのだろうか、という疑問が生じてくる。狂おしいほどのエネルギーを傾けて全力で死の力を抑え込みながら、はたして彼は恐ろしい真実を、包み隠すことで語ろうとしたのだろうか。いやおそらく、彼はまずもって自らに対して暴力を用いたと言えるだろう。というのも死に関するあのような言説は、自らの存在の純粋さから、臨終の絶対的恐怖を放逐したのちはじめて考えつきもし可能にもなるのだが、臨終の絶対的恐怖を完全に否定することなど、やはりできはしないのだから。

だが少なくとも、ジルの凍りついたような『レクイエム』のうちにさえあの暴力性が認められるとすれば、それはおよそいたるところにあるということになろう。とすれば私はここで、『エリーゼのために』のなかのあれほど純粋な旋律の流れのうちに、なぜあのような神経質なこわばりの表現が存在するのかについて、もう一度言及しておきたい。それは、プラトンがその著作『饗宴』のなかで説明している《イデア》の概念に照らせば、愛に関する言説はあたかもエネルギー（énergie）でなければならない、ということと似ている。一種絶対的なエネルギー、つまり、憑依であり、悪魔的存在であり、狂信者（énergumène）の立ち現れであり、そして狂信者とは、悪魔に取り憑かれた者を意味する――、ベリュル枢機卿の『悪魔憑き論』は、いまでも読んでみるべき本である。この枢機卿は、デカルトの良き相談者、彼に哲学の道を歩むよう励ました人物であった。

クラシック音楽のなかにも、ニュー・ミュージック――われわれのなかにすっかり溶け込んでいるとはいえ、この新たな音楽を定義づけるためにはこの用語を維持することが必要だと私は思う――のなかにも等しく現れるあの暴力性については、その土台を明白にするのは明らかに音楽学の役割である。というのもあらゆる音楽は、ほぼ明確なひとつの枠組みの内部で変動しているからである。道具〔楽器〕を記述すること、そしてこの点における系統関係を示すことが大切である。わけても身体の役割を記述することがきわめて重要である。間違いなく、身体はニュー・ミュージックのなかで重要な役割を演じている。たぶんその一因は、たとえばこの音楽のルーツが黒人奴隷の歌のなかに見いだされるということにもあるだろう。この点での分析の仕事は、音楽学者の領分に属する。リヴァプールのはるか以前にも、身振りが意味作用を担い、音と言葉とのあいだに入り込んだことはあった。だがジルやモーツァルトに耳を傾けるときにとる不動の姿勢は、それ自体がすでにいくつかの原則を前提としている。ミック・ジャガーやその他いろいろとなると、事情は明らかに違ってくる。さらに逆の場合を覚悟しておく必要もある。私は「Dies irae〔怒りの日〕, dies illae〔かの日〕」という早口言葉を、とある「ブーグラン〔安っぽい音楽喫茶〕」で耳にしたことがある。そこで若者たちが歌いながら踊っていたものは、彼らにとってはなにかしらとても明快ではあっても、私にはわけのわからないものであった。ニュー・ミュージックは何でもやってのけることができるのだ。

だが、こういった分析のさい哲学者に課せられるのは、ニュー・ミュージックにおける究極的な意味の暴力の根源性――起源ではない――を示唆することである。誰もニュー・ミュージックの攻撃性を否定はしないであろう。ただしどのような方向でラインを読み取るべきかだけは、知っておく必要がある。死はものごとの究極ラインである(Mors ultima rerum linea est)。芸術全般における暴力、とりわけ音楽、なかでもニュー・ミュージックにおけるあらゆる暴力は、置き換えと否定である。一般にこれは、抑圧からの解放と呼ばれているが、それは正しい。実際『エリーゼのために』のなかにおいてさえも、表現法のあの突発的で神経質なこわばりのうちに、抑圧からの解放が見てとれる。私は、ニュー・ミュージックにとってのラインも、抗議の反映というかたちで読み取られるべきものだと思う。というのもそこには、たんなる生のありのままの爆発だけではなく、戦争に対する防御という内奥からの反応こそがみてとれるからである。現実の具体的な形態をとった戦争への反応、そして、意識をその内側から不安にさらす核の脅威に対する反応。ニュー・ミュージックがその激発ぶりにもかかわらず、平和主義運動に広く迎えられているのはたんなる偶然ではない。イデオロギーについて語るのはやめよう――なぜならイデオロギーは何らかの政策を前提にするが、最終兵器の地平、別言すれば「物（chose）」の地平における唯一の政策とは「眠らせること」だからである。その眠りを、リヴァプールとその子孫たちは、魔力的な抗議を敢行することで打ち破ってきた。この世界‐内暴力は、クラシック音楽には見られないものである。

とはいえ、最も純粋な暴力性はモーツァルトの『レクイエム』のなかで表明された、と言う人もいよう。私もそう言いたいし、さらにその暴力性は、巨匠モーツァルトの最後の作品作りを取り巻いたきわめて奇妙な環境によっては真に説明づけられるものではない、とさえ付け加えたい。音楽の分析家なら、多くの要素が――たとえば「アニュス・デイ〔神の子羊〕」にとって――すでにモーツァルトのほかの作品のなかで準備されていたことを、たやすく示せるだろう。平静であると同時に神経質なその表現法のなかに、われわれは救済の希望だけでなく、ジルが消し去ることを望んだ、生への根本的な抗議を見てとる。その生への抗議はおそらく希望よりもっとはっきりと、神の超越性によって決定された死への関係を際立たせている。あらゆる哲学的なテクストのなかで、モーツァルトの究極にして最後の言説は、事物（objet）の時間性のなかにおける意識の最も純粋で激しい興奮として立ち現れるのだ。だがニュー・ミュージックは、意識が脅かされているのはもはや永遠によってではなく、最終兵器により起こりうる強烈な閃光によってであり、事物（objet）ではなく「物（chose）」によってだと考える。時間形態と空間形態が変貌したなかでの死への関係――「物」の爆発が生じうるのは、《北》も《南》も《東》も《西》も何の意味ももたないようなメタ空間のなかである――、ニュー・ミュージックは《絶対》に対する伝統的な関係を喪失してしまったのである。神さえもニュー・ミュージックの《絶対》たりえず、それゆえ暴力性が同じ事柄を意味することもない。もはや神ではない一つの《絶対》、神だけがそこからわれわれを救い出してくれるであろうような一つの《絶対》、それが、生の、単純さの、すなわちヨーロッパ意識に特有の概念である純粋さの表れとしてニュー・ミュージックがもっている純粋な本質なのだ。あの、脅威の前にはっきりと対峙される熱狂的な生のざわめきは、そこから由来するのである。

このニュー・ミュージックは無神論なのだろうか。これは、自らを神と分かち、神のうちにもはや不能となってしまった救済の原理しか認めない、最初の壮大な音楽形態なのだろうか。無神論とは何かを知る必要があるだろう。私はこの主題についてあるテクストを書いたことがあり、そのなかでは、無神論とは神が意識に宿ることとの拒絶であると同時に、意識の拒絶でもありうることを示した。だがこれまで、つねにこうした微妙な点にまで立ち入って考察が進められてきたわけではなく[25]、無神論は、あらゆる超越性を攻撃し否定するまさにそのかぎりにおいて、存在の相対性への回帰であると、つねに考えられてきた。無神論と相対の哲学とは、多くの人にとって同一物である――カントの場合のように。だが私はここで自分のテクストを持ち出して、このテーマを展開するのは差し控えることにしよう、話があまりにも遠くへ行きかねないからだ[26]。話をいまの主題に戻せば、私が主張したいのは、あの二重の暴力性（超越性の拒絶、「物」の脅威に対して立ちはだかること）のうちには死への関係が見いだされるが、そこではまさにフィヒテの言った意味での無限の関係――今回だけは私も無限性を強調することによって絶対弁証法を使用する――のなかに、情念が、いわば純粋情念（passio pura）が表現されている、ということである。ニュー・ミュージック――その暴力性の根源的な意味――は、神なき音楽である。ヨーロッパ意識はこの点で、発展を遂げたのだ。それは、そのときまで知られていなかった境界を、越えたのである。

それゆえここに、根本的な問題が浮上する——、われわれは自分たちが、概念から徹底的に見放され、完全な恣意性に直面しているのに気づくのである。自己の歴史性のうちに具現化したニュー・ミュージックは、そうとは知らないまま悲劇的な音楽となっているのだろうか。そしてそれは悲劇のどのようなラインを読み取るように促しているのだろうか。この問題がいかに混沌としたものであり、F・アルキエの説いたイメージの連合さえも大して役立ちそうにないことは、見てとれよう。実際、いまやポケットから聖画像を取り出し、袖でこすって磨き上げ、四〇回(あるいはそれ以上)跪いて「ゴスポーディ・ポリモイ」〔ロシア語〕——神よ、われを憐れみたまえ、と繰り返すべきときである。音楽について書くこと、それはショーペンハウアーが心得ていたように、どのようなエクリチュールをも超え出る一つのモメントについて書こうと欲することである。

とはいうものの、ある種の方法によれば悲劇的なラインも容易に明らかにすることができる。ニュー・ミュージックのもつ悲劇的な苛立ちは、(ものごとを可能にする)超越論的決定性としての時間との関係で、意味づけられる。生きるためのわずかな瞬間といえども失われてはならないのだ。したがってわれわれは身体に戻る必要がある。身体だけがわれわれに、時間のどのような決定のなかで悲劇的な本質が展開されているのか、教えてくれるからだ。ここでまたもや、身体のもつ最初の関係を定義づけるのは音楽学の領分となる。音楽学はたとえば、ニュー・ミュージックのもついまだ宗教的なルーツのなかには——たとえそれがゴスペルのなかであっても——特殊な(sui generis)身体表現(頭を振ること)、そして楽器のなかにまで刻み込まれた身体表現があることを示してくれるだろう。最も古典的で、明らかに神との関係を有している音楽も、身体との独自な関係を前提としており、それも記述されなければならない。だが結局、仮に可能だとしても——私は「怒りの日（Dies irae）」を歌っていた「ブーグラン〔二七六頁参照〕」のことを念頭に置いている——、ジルの『レクイエム』が——とりわけその出だしの、荘厳さにあふれたティンパニーの部分が——ダンスのなかで体験されるのは、想像しがたいだろう。ジルを聴くためには、自己のうちに不動の身体、自己の生と死のうちへ抑え込まれた身体を作り出すことが必要であり、それによりはじめて、唯一残存している思惟のうちに救済が出現するのである。私の生身の体験に、身体を凝固させ無化させてしまう不滅の光、あのLux perpetuaが対置されているといえよう。そしてまた音楽学は、現象学的社会学と結合することにより、それぞれの音楽に固有な身体表現を描き出し、それをその真の世界観（Weltanschauung）のなかに置き直さなければならない。だが哲学もまた自らの立場から語らねばならず、音楽の本質について困難な言説を展開することになる。哲学は、ニュー・モダン・ミュージックのあの身体表現を、その形而上学的な側面で把握しなければならないのである。ところでニュー・モダン・ミュージックは、もはや神にではなく最終兵器に相対しており、かつては思いもつかなかったこの別の《絶対者》への関係のうちに死を見いだすのであれば、身体というものの即時更新をはっきりとうち出すことになる。この身体は、舞踏としての身体以外には考えられない。錯乱した様相のもとの、あくまで精妙な（savante）自己浸透としての、舞踏の身体。もちろん精妙なといっても、思索の精妙ではない——ここでの精妙さは、暴力と熱狂に満ちた明白な陶酔のうちに立ち現れるそれである。かくして「物」の拒絶を通じて、身体による身体の所有（possession 憑依）が練り上げられてゆく。それは私がすでに悲劇的な抗議として記述したところのものだ。だが話をさらに先に進めなければならない。ニュー・ミュージックが要求する身体の爆発のなかで問われているのは、時間性かつ全体性としての身体以外の何物でもない。フォイエルバッハは書いている。Im Leib sein bedeutet in der Welt sein（「身体の内にあるということは、世界の内にあるということを意味する」）。あえて言うならこの形而上学的定理が、この反論の余地のない定理が、「物」の弁証法のなかで仮そめのものになってしまったのだ。仮そめの定理などというのは言わずもがなの（in adjecto）矛盾だが、それでもやはりこれ以上に明白な定理はない。腕を差し出しながら、自分が腕を差し出しているかどうかわからないなどと言ったところで仕方ない。懐疑主義者たちならそう言うだろうが、トルストイによれば彼らはわれわれを退屈させるだけだ。ニュー・ミュージックが望んでいるもの、それは身体にその本来の意味をいやというほどつめこんでやり、身体が自分に確信をもてるようにすることによって、あの仮そめさを追い払うことである。いわば無の上に宙吊りになった、自己の身体の仮そめさを、人間がこれほどまでに感得したことはかつてなかった。肉体化（incarnation）はもはや絶対的確実性としてあるのではない。それは「身体の内にあること」として、舞踏と暴力的なサウンドのうちにあるべきものであり、「物」の絶対の攻撃に対抗するかたちで明示されなければならない。こうして悲劇のラインがはっきりする。それは前代未聞の、肉体化への意志なのである――、肉体化、世界への関係としての、それ自体が本質であるような。一つの全体性（totalité）となる肉体化、基準方位を廃絶したメタ空間の発生以来、つねにいつでも脅かされてきた全体性だ。この本質的な身体表現のなかで表明されている悲劇的な要素については、次のことを心得ないかぎり何一つ理解したことにはならないだろう。すなわち、この世界、この住まわれた具体的現実の純粋カテゴリーとしての空間を廃絶しかねないメタ空間の出現以来、若者たちの――世間の馬鹿な言い方を用いれば――せわしなく体を動かしたいというごく自然な欲求のうちに、脅かされた肉体化としての自分の身体を所有したいという、不安に満ちた思いが立ち現れている、ということを。リヴァプールで天才ミュージシャンたちが、無限にひそやかな意味を含んだ身体表現と、完璧にこのうえなく明白なサウンドによって、存在を支配していたとき、ニュー・ミュージックはその根源的な歴史性を獲得したといえる。というのも、若い娘たちが熱狂して腕を振り揺するその動きのただなかに存在への身体的な意志が炸裂していたという点で、それは、そこになおありつづける空間による、エネルギッシュで純粋な抗議だったのだから。メタ空間に立ち向かう空間。それは、「身体の内にあることは、世界の内にあることを意味する(28)」という定理の絶対的要請としてである。

あれは魔法だったのだろうか。明らかにそうだ――だが私はそれをヨーロッパ意識のなかでの新しい経験だとみなしたい。この点について私はもう少し自分の考えを説明したい、少なくとも私がどのような方向でラインを読み取っているのか述べてみたい。私には大したことはわからないから――私はこの点では祖母の足元にも及ばないだろう――、私がこれから書く事柄が、かなり主観的な内容になるだろうことをあらかじめ断ったうえで、再びモーツァルトの作品を援用しようと思う。また、本来であればブラームスの『ドイツ・レクイエム』を参考にすべきことは百も承知のうえで、バッハの作品の一部にも触れようと思う。

話がながびいてはいけないし、またキリスト教的意味での神のない音楽についても語る必要――ある比較対照の概略を示すために――があるので、私がこれから若干の考察を進めるのはモーツァルトの『葬送行進曲』に関してである。もう一度繰り返すが、私には音楽学に取って代わるだけの知識の持ち合わせはないし、また周知のようにフリーメーソン流の構成をとっているこの曲が、どのように他の作曲活動と(無論のことながら、『魔笛』のいくつかのテーマと)かかわっているかを明示するのは、音楽学の仕事である。ほかの曲にも見いだされる、三重和音の価値がどのようなものだかも知られている。つまるところ、『フリーメーソンの葬式曲』に関しては多くのことが書かれてきたし、考察されてきた。一般的に何と言われているのか。衆目の見解が一致しているのは、この作品がある意味で特異な性格をもっているという点である。一つにはこの作品は極端に短く、あたかも死についての真の言説は、心と魂の緊縮でなければならないかのようだ。この点は妥当だと思われる。他方、世間ではこの作品のなかに『レクイエム』の序文を見ようとしてきたが、この点は、一点目ほどはっきりとは言い切れない。ただ、死に対する瞑想は常に、死の無限さに対する瞑想の準備となる、ということを意味するのであれば妥当と言えるが。そして最後に、表現法自体が印象的だという点だ。「オーケストラ編成が」と識者たちは書いている、「例外的な様相を呈している。弦楽四重奏のほかに、オーボエが二つ、クラリネットが一つ、ホルンが二つ、バセットホルンが三つ、コントラファゴット一つが組み合わさっている」。彼らは続ける、「礼拝式のテーマ（まず最初の全音に抑揚が置かれる。ついで全音は第七音階というより第六音階に類似しているようだ）を、五ページ分の楽譜のなかに当てはめて考えることが必要だが、その五ページ分の楽譜は、このうえなく大胆なほど現代的な精神で構想されている」[29]。そして注釈は次のように続く、「さらに言えば、モーツァルトがこれほどの強烈さと、また同時にほとんど古代的な瞑想でもって、避けられないことを前にしての彼の魂の内奥の感情を表現したことはかつてほかにはなかった」。

さて、この注釈が誤っていると考えても差し支えはない――おそらく「ほとんど古代的な」という表現だけが価値をもつだろう。表現法に関して、識者たちが礼拝式のテーマの当てはめを強調するとき、彼らは正鵠を射ている。だが彼らはそこから何の教訓も引き出しはしなかった。同様に、避けられないことについて語るとき、彼らは意味あることは何一つ言っていない。仮に『葬送行進曲』におけるモーツァルトの言説を、たんに避けられないことについての言説だけであるとするなら、それはあまり興味深いものではないし、あまり独創的なものでもない。おそらく次の二点を指摘するのが正しかったのだろう。一つには、フリーメーソンの哲学、それもモーツァルトが認識しえた範囲でのフリーメーソンの哲学にあっては、《偉大なる建築家》の存在が重要であることは変わりがないにしても、霊魂の不滅に対する信仰はいささかも必要とはみなされていなかったし、霊魂の不滅を考慮に入れるような場合であっても、それはキリスト教の観念とはまったく違った意味においてであったということ――この哲学にとって不滅であるとは、自らの生を意義(signification)あるものとして生きることであり、自らの生を署名(signature)に値するものとして鍛練することであった――。他方、この哲学は、ヘレニズム世界よりもはるかにローマ世界に由来するイメージやシンボルに結びついていたということ。多くの生は――すでに見たようにダンテもまたそのことを教えているのだが――署名されて(signées)いない。きわめてまれには署名されている生もあるが、それらは戦闘や芸術や思想の英雄たちの生である。

『葬送行進曲』は英雄的な頌歌だ。礼拝式のテーマが挿入されていることによって、まるでわれわれはある上昇に立ち会っているかのようであり、あたかもモーツァルトは、火刑台に一つまた一つとくべられた松明が、激しい炎となってやがて彼自身をも焼き尽くす様を示したかったかのようである。ここでは、自らが生み出し、そしてついに自ら署名(signer)しようとしている意味に向けての、英雄の最終的な歩みが表明されている。こうして天国やキリスト教徒の神がなくても、次の点だけで――まさに次の点だけで――成り立つ救済が存在する。すなわち、戦闘や思想やそれに労働を通じて、人間は自らの運命に署名することができるのである。『葬送行進曲』は署名の哲学である。ある意味で署名は彼の性格の一つの特徴であったのだから、大音楽家モーツァルトは若い時分から早くもこの署名の哲学という観念にとらわれていた、と言うことができよう。彼の書簡のなかに、一見したところ謎めいて見える一節を指摘することができる。「たしかに、信じる者は幸いです。そして信じない者も天国へと行くでしょう。だが真っ直ぐにであり、私が曲を書くようにではありません。ご存知のように、私は自分が望むとおりに、良くも悪しくも、そして真っ直ぐにも捩れながらも書いているのです[30]。」信じない者も天国へ真っ直ぐに行くという。だがおそらく、この天国は天使たちの住む天国とは異なるのではないだろうか。ローマの騒乱のなかで、マルクス・アントニウスはカエサルの火葬台に最後の松明を投げ入れて、永遠の署名を際立たせた。そしてまさに署名があるからこそ、人間がこの世の天国で到達することのできる救済も存在するのだ。もちろんモーツァルトの言は、キリスト教的な彩色を施して読む必要もあるだろう。とはいえ、救済としての署名という秘儀には異を唱えないでいただきたい。

こうしたすべてはじっくり検討するに値するが、ここで少し、キリスト教音楽のなかでの救済の観念について述べたいと思う。バッハに関して——どうしても避けるわけにはいかないバッハに関して——『聖ヨハネ受難』のなかの二行の旋律線だけ指摘しよう。十字架に磔にされながら、キリストは実際、われわれを抱きとめるために（um uns aufzufassen）両腕を広げたと言われている。ゴルゴタの丘という外在性において、あるいはこう言ったほうがよければ、神性の内部で磔にされた肉体によって表される「絶対精神の頭蓋骨[31]」という完全な無限において、決定的に見放された状態のキリストの孤独——「わが神よ、なぜに私を見捨てたもう」——が、普遍的で具体的な共同体へと変貌し、その共同体が彼の広げた腕のなかに留めおかれる。その様が、バッハによってもたらされているのである。たぶんこの観念を最もよく図象化しえたのはダリであったろう。彼が描いたキリストは、十字架に磔にされながら、世界の上へのそして世界に対する共‐受（com-passion）——無論のこと受難のなかでの救済の情（compassion）——を示す頭を垂れた動作のうちに、世界を見下ろしている。

したがって以下が、このように長い、とはいえ欠かすことのできない回り道を経てたどりついた難解な問いかけである。ニュー・ミュージック、空間とメタ空間の対立であり、自己の身体を所有したいという志向と同時に、自己の身体によって所有されたいという志向の生成でもあり、「身体の内にあることは、世界の内にあることである」(im Leib sein als in der Welt sein)と考えているニュー・ミュージックは、はたして救済のメッセージの担い手たりうるのだろうか。時と死と「物」が織りなすこのような恐ろしい弁証法のなかにある音楽は、はたしていまなお救済を語っているのだろうか。

私には否と答えざるをえないように思われる。たしかにこの答えはぞっとするけれども、これ以外に答えようがないのである。音楽の本質はなにも救済を語ることだけではないと主張して、異を唱えるむきもあろう。それに対しては、音楽は必ずしも救済を語らなければならないものではないにしても、救済を語ることができなければならないのだと答えよう。ここで外在性という罠に陥らないようにしよう。ニュー・モダン・ミュージックが救済を表現できないのは――救済のいかなる言葉も発していないのは事実だが――、音が意味に優先するとか、言葉自体が意味を欠落しているとかいう理由からではない。ニュー・モダン・ミュージックに救済を禁じているもの、それは身体に対するその否定的な関係である。その身体から、フォイエルバッハの主張する単純な心理が奪われてしまったのだ。強い不安によって引き起こされる不可避なダンスにおいては、肉体と筋肉とを再‐備給してやるために莫大な努力が必要である。それゆえ、自らが存在することを知るためには、疲労やら何やらで倒れ果てなければならない。疲労した存在こそが最後の綜合的統一であり、それは取るに足りずはかなく沈滞した瞬間にあっても、まさに苦悩を通じて「物」の時間性に抗しつつ、自己の具現化としての身体、たとえその具現化が永久に不安定で仮そめのものになってしまったとはいえ、自己を具現化したものとしての身体とのあいだに、新たな関係を切り結ぶのである。永遠が不在となった人間が、これほど悲劇的な困難にぶちあたったことはない。空間とメタ空間の弁証法のなかで、身体、——哲学者たちがそれについて何を言いえたにしても——かつてはあらゆる確実さと明白さの場であり、惜しみなく与えられた直接性であった身体は、衰弱した確実性へと変貌してしまった。そしてニュー・ミュージックがいかなる署名にいたることもないまま、ひたすらうちたてようと躍起になっているのも、この衰弱した確実性なのである。五六歳の男であるこの私、ドストエフスキーが『白痴』のなかで言っているように男としての真の年齢にある私はといえば、後悔と呵責の念でいっぱいである。こうしたことのすべてはただたんに悲劇的というにとどまらず、宿命（fatum）——おそらく中世のストア学派の意味で解釈すべき語——としての事実、限りなく苦痛に満ちた事実として存在している。すなわち、世界中の若者たちのなかにこの救済の欠如が開花しているという事実である——そして五六歳の男もそれに対して一部は責任を負っている、少なくとも一人の男としてできるかぎりの責任は負っているのだ。ということは微小な責任にはちがいないが、この微小さだけでも余りあるほどだ。

もし私を恣意的であると非難するむきがあれば、それは当然といえよう。もし私が音楽という主題にことかりて、自分の感情の中身だけを書き、音楽を科学的な方法で取り扱っていないと非難するむきがあれば、私は謙虚なたちだから、それについては半分しか自己弁護はしない——だがつまるところ、音楽というものは、その唯一の存在理由を音楽学のなかにのみ見いだすものではないのである。私が他の芸術、わけても絵画を等閑視してきたという非難もあたっている。ただ、ポーとゾラに関して考察することで、文学には触れておいたが。

絵画が——許してもらうために少し絵画について語ろう——いくつもの重要な作品をうみだしてきたにもかかわらず、音楽のようにはヨーロッパ意識の奥の奥にまで浸透しなかったのは、その物質性からして、まさにそれが限定的なものにとどまるからである。たとえば、〔ピカソの〕『ゲルニカ』は巨大なものであり、その大きさのなかにこそその意味を保持している。同じことが当てはまる作品はまだほかにもある。たとえ複製にせよそれらを所有するためには、宮殿が必要となる。それゆえ、絵画はカンタータやソナタのようにはヨーロッパ意識の世界に入り込むことができないのである。結局のところ、よく考えてみれば、音楽のもつ、きわめて小さな対象のうちに自らを具現化する——皇帝ミサやシャンソンの場合がそうだ——という力のなかには、大変不可思議な何かが存在するのだ。音楽とは他のいかなる芸術もなしえないあのライプニッツ的な関係である。すなわち、最小の素材のうちに最大の意味を込められるのだ。このことは自明のことのように見えても——形而上学的には一つの謎である。小さくまとめられた〔バッハの〕カンタータ第五一番『すべての地にて歓呼して神を迎えよ』がその意味を余すところなく解き放てるのに対して、縮小されてしまえば絵画はその真理をすべて失ってしまうのはなぜなのか。絵画が表現できるのは世界の本質ではあっても、世界の精髄ではないといえよう。このことを納得するために、もう一度『エリーゼのために』に耳を傾けてみよう。もしそれに飽きたというなら、『フリーメーソンの葬式曲』〔『葬送行進曲』〕に耳を傾けよう。

つまるところ、主要な絵画作品は特異な場所に保管されている。それらのもつ空間性が限られた空間を必要とするからだ。だが同時に、時間ももうひとつの限界としてあらわれる。世界で最も有名な絵画である『モナリザ』を夜中にどんなに眺めたいと望んでも——そして欲望とは時間を知らないものだ——美術館の扉が閉められているのに出くわすのは、つねに深い悲しみがつきまとう。このことは即自的にも対自的にも忌まわしいことだ。なぜなら、芸術の言説は、いついかなる時間にも、形而上学的な思考と回路がつながっていなければならないからである。レオナルド・ダ・ヴィンチは、夜中に蠟燭の光のなかで自分の作品を眺め、そこに新たな筆を加えることができた。そうやって彼が多くの物を見ることができたのは疑いの余地もない。だがそういったことはわれわれには絶対に禁じられている。記憶の美術館、永遠の美術館、などなどについては語られたことがある。だが夜中に開館されている美術館などは存在しない。絵画芸術は日没とともに眠りにつく。一方、永遠の音楽は、黎明から次の黎明にかけて耳を傾けることができるのである。

哲学

ヨーロッパ意識において哲学は、その簡明さ、素朴さを失ってしまった。哲学はある分裂（scission）を体験したのである。一方には哲学史がある。他方には科学の世界に自らのアイデンティティーを求める、まさに新実証主義的な――私はこの表現を便宜的に用いているが――動向も存在している。エピステモロジーという批判の余地もあり危険もはらむ言葉がこの動向を定義づけているが、この言葉もすぐさま意味が漠然としたものになってしまった。たしかに、これまでもしばしば哲学は、その時どきの理由で自らを分割してきた。だからこそ、神学は一度たりとも哲学と折り合ったためしがないわけだ。が、それにしても昨今の哲学の分裂には強烈なものがある。古典的な哲学教育を受けて育ちながら自分の思想の原点が哲学にあることを認めない学者たちがおり、哲学について、とりわけその「無用なる」歴史について、ひたすら憤慨している人々もいる。はじめのうち人々は、（現場に身を置くことなく）医学を研究した哲学者や（何の発見もせずに）数学をあるいは化学や古生物学を研究した哲学者たちを称賛とともに受け入れた（そして、いまもそう考えている人々はいる）が、次の段階では新実証主義もお蔵入りという考えが現れ、まだ少しずつではあるが、今度は科学の論理学――エピステモロジーが意味するところのもの――が何の根拠もないままに生け贄にされた、というわけだ。

この巨大な分裂で、文字どおり哲学の空間は吹き飛んだ。なかには、哲学史とエピステモロジーのあいだに滑り込んで、文学好きへと姿を変えた賢明なる哲学者たちもいて、時には彼らの仕事にも優れたものはあるが、しかしそれは哲学と比べるなら副次的なものにすぎない。敬うべき哲学的な建築術は、崩壊してしまったのである。

とはいえ、ものごとを悲観的に考えるべきではなかろう。すでに述べたように、これまでも哲学は重大なる分裂を体験してきているのである。一九世紀には、諸科学のみならず社会・宗教の理論家であるオーギュスト・コントが、ほとんど語の本来の意味において離教者（schismatique）とみなされていた。反主流（déviationniste 分派活動）という言葉を許してもらえるのならば、いつの時代にもオーギュスト・コントのように、哲学に新たな糧を与えるための反主流の人物たちがいた、と私は確信している。そもそも哲学とは、自分の子供たちから冷たく振る舞われるものであり、そうした分裂をおのずと引き起こすものなのだ。天才のごとく誉めそやされた者も、死んでしまえばおとしめられる。サルトル思想の威光は――論考においても小説においても――劇的に衰退してしまったではないか。生き延びるは難し。私は、生き延びるなど微塵も望んではいないないが。

首尾一貫した哲学にとっての最初の難関は、たえず世界と肉迫しながら、なおかつ自らの言説をしっかりと締めくくることである。自由であること、それはたんにカントが望んだように何事かを開始するというだけではなく、結論づけ（conclure）ができるということなのだ。ところが、世界は急速かつ、しばしば理解不可能な変転を呈して、実現の途上にある試みを無情にも突き崩してしまうのであって、結論づけることは簡単ではない。人口統計学上の見地から言えば、地球の人口は三五年おきに倍になる。知識も同じ速さではないにしろ、似たような進展で追いかける。長きにわたって練り上げられてきた学説は、自らの結論としての諸原理を提示しようとする頃には、すでに時代遅れとなった科学的現実や、まったく異なった人間世界の上に依拠していることになってしまう。意図的に慎ましい題名がつけられた『構造に関する哲学試論』という大著は、このようにして頓挫したのである。そのうえ、さらに具体的な政治も思想に影響を及ぼす。歴史的にみて少し前までは、マルクス主義学説の言表の一貫性を保つことは基本的な責務であった。だが、いまとなってはマルクス主義の理論家たちが、マルクスの基本的な言表は曖昧で一定しないものであることを認めているのである。

われわれの時代にはある一つの誘惑が根強くあって、何人もの偉大なる精神の持ち主たちは、哲学史上の連続性が可能となるように、単純に定義される問いの自由——たとえば、存在とはどのようになっているのか、という問い——と引き換えに、自ら結論づける自由を放棄することを望んできた。F・アルキエは、結論を蔑んで、永遠なる問いの立場を選んだ。つねに変わらぬ（toujours）問いと言ったほうがさらに賢明であったろうが、永遠なる問いと言ってしまえば、永遠性の次元が、それまであえて「舞台裏」へ押しやっていた宗教的な文脈とともに、こっそりと議論に持ち込まれてしまうからである。また、ハイデガーが対比の道ではなく、同一化の道を歩んだことも、容易に証明できる事柄だろう。彼のニーチェ解釈は、自分の了解する《存在》の問題をニーチェにおいて再認するためなのであった。避けがたく、ある意味では賢い選択だったが、問いを問いに付し、問題提起（questionnement）を問題に付したのである。ここで懸念すべきことは、無限後退してしまうことではない。それよりもむしろ、結論づけの自由としての自由に対する、新たな断念が姿を現していることだ。実際、アルキエや特にハイデガーにも見られるように、問うということの本質がずらされているのであって、問うた結果の結論が新たな評価対象にならねばならないのであるが、奇妙にもそうはならないように心がけられてきたのであり、その結果哲学は基本的な意味における自由――結論能力なき自由とは何なのだろうか――を遠ざけるか、あるいはハイデガーの幾人かの弟子たちにみられるような存在論の一つの問い、もしくは存在論的問いそのものを定式化する権能のみに限定された、きわめて狭い別の自由を考え出すだけにとどまったのである。こういった方策からもたらされるであろう利点とは、ある種の知的な安楽さの土台であろう。永遠の問いへと心を奪われた哲学者は、自分が世界に帰属していることには何の重要性も置かずに、判断ができる。哲学は生活〔人生〕から身を離すかぎりにおいて存在する、というわけだ。この意味で、思索者を待つものは、ある種の沈黙である。ハイデガーの著作が重要であるのは、そうした方向性で実現された彼の著作が驚くべき沈黙の泉であるからだ――言葉のうちでなされる言葉のための言説が二重の沈黙しか生み出せない、そういった言葉のただなかに哲学が錨を下ろそうとする、まさにその瞬間にこそ根拠を置くような沈黙。だが、言葉は意味というものを含み持たなければ言葉ではない。そして、その意味も、意味作用の体系立てられた全体性から切り離されては存在しえず、またその全体性も、思想がそのうちに体系的で機能的な性格を見いだせないようなものであれば無に等しかろう。全体性をこのように理解すること、それが、結論づける能力としての思想を活気ある生のなかに取り戻すことなのである[1]。

　哲学は、問いに関する問い――それは絶対的に悪というわけではなかったのだが――よりもむしろ、結論という考え方について検討すべきであった。たしかに結論という考え方には、不安で不意をつく何かがある。しかし少し思いをめぐらすならば、結論の観念に対する超越論的な視点からの検証の拒絶は、ただ経験的で感情的な印象に帰因しているだけということが理解されるだろう。アルキエのいくつかのテクストを読んでみると、結論を提示するような哲学は、ただちにリストから抹消されているように思われる。その形式にもかかわらず、アルキエ思想の一般的主題は、結論を導くたぐいのものとはまったく対極をなすものであった。彼は好んで、自分の哲学全体は次の公式に集約されると述べた。《存在》は対象ではない、と。だが《存在》——なぜ大文字なのだろう——が《行為》であるのか《実体》であるのか《運動》であるのか純然たる《静止》であるのか、いかなる点においても明示されていないのであれば、そこにあるのは純粋な否認なのであり、一つの結論とは正反対のものであった。しかも、その否認の構造は、曖昧のままであった。とはいえ、最終的には、真の結論という強迫観念が勝利したのではあったが。より高名なハイデガーも(超越論的な観点からみれば明確に規定されてはいない)現象学の小道から身を離してからというもの、同じような道筋を歩むことになった。

それでもなお、われわれがたえず立ち戻らなければならないのは結論の観念だ。われわれは、ある企てが達成されてしまったとき、もはや自分たちが当の企てやそこから導き出されたあらゆる決定とは心理的にかかわりがないように感じられてくるものである。また誰もが経験上、未完成の仕事——われわれがここで語っているような未達成の事柄であっても——が人を苛つかせるものであることも知っている。どんなに控えめであっても何らかの結論にいたれなければ、われわれはいかなる自由も獲得することはないであろう。無論、現実とはそれほど単純なものではない。われわれは、最終的な結論がはるか彼方の未来にあるとしても、数々の問題を解決するために努力を傾けなければならない。だが、それでもわれわれがたえまなき努力を続けるのは、結論にいたるのを望むからである。問いとは重要なものであり——結論はそれにもまして重要なものであるのだ。結論、あるいは結論づける希望なくしては、知の内なる意志は崩壊してしまうことだろう。カントの言葉を借りるならば、哲学は目的なき合目的性に左右されてはいないのである。とすれば、はっきりと規定されない用語を含む問いへと精神を閉じ込めるのは、悪しきことである。それでは、知に対して生命を拒否することになってしまう。

ここで、終わり（fin）と結論（conclusion）の区別をしておくべきだろう。すべての生命には、一つの終わりがある。が、すべての生命に、一つの結論があるとは限らない。同じことが哲学的な思考についても言える。死が意味をもつとすれば、一本の抹消線を引き、一つの終わりをもたらして、墓というシステムがなければばらばらばらで脆い断片を一つにまとめ上げるという意味においてなのであって、それというのも墓とは残された者たちを一緒につなぎとめるという意味で一つの sys-tème［「sy ともに・同時に」と「thème主題・テーマ」］であるからだ。人生と同様に哲学においても、終わりはしたが、もはや死骸以外の何物でもないような事柄がゴロゴロしているではないか。結論なき未完の思想は、われわれを深刻で重苦しい気持ちにさせる――それは、そのまま凍てついてしまった死骸であり、死の烙印が押された純然たる挫折なのである。そこにもおそらくは、つねに変わらぬ問いが命脈を保っているとみることはできる。しかし、つねに変わらぬ問いを問い直すなかで、誰が思想に体系性を要求すべく気を配っているだろうか。かなり疑わしい。その結果、事態は突如、惨劇へと変わる。詩的な自由が哲学空間を侵略するという惨劇へと。終わりの弁証法から逃れるために、哲学者たちは詩人になり、詩人たちが哲学者に姿を変える。厳密さがない場所に厳密さを求めようとする知に、突然訪れる代償不全である。ここに、ヨーロッパ思想における根深き崩壊ラインの一つがある。そのラインは、哲学が一つの戯れとなってしまうときに、はっきりと姿を現すことになるだろう。

いや、もしかしたら、こうした用語で問題を立ててしまうのは誤りかもしれない。ここで強調されている困難さは、われわれが意味したい困難さとは少しずれているかもしれない。

われわれは、哲学とは一つの知であり、知は数々の結論を含むべきであるが、その結論というものがこの簡単なエッセーで明らかにしてきたような心理的な結論にとどまらないことを認めよう、――そしてそのことを、これまでほとんど分析が施されてこなかった具体例をとおして説明していこう。シェストフ〔一八六六―一九三八、ロシアの哲学者・批評家。『ドストエフスキーとニーチェ――悲劇の哲学』、実存主義思想の先駆的存在〕のような傑出した哲学者が退けるものは、まさにそうした前提なのだから。シェストフ思想の第一の力線は、理性を拒絶することであった。(2) さらに端的に言えば、彼は論理に実存を対置した。シェストフは、強靭な洞察能力をもって魂の各瞬間へと迫っている歴史的著作においても、それと比べれば重要さでは劣るテーマ研究においても同様に、デラシネ〔根こぎ〕状態(Bodenlosigkeit)において強まるのは、知ではなく明白さ(lucidité 明晰さ・明敏さ)であることを示そうとする。そうした根こぎの状態を経由して、人間は自分が形而上学的に脆い存在であることを意識し、その脆さゆえ己がうちに深淵をうがたれ、そこに神の恩寵が降りてくることができるのだ。シェストフは、存在論的かつ実存主義的な結論の不可能性に、知の可能性の原理をみるわけである。こうして、彼はしばしば自らの論証において懐疑論的な一面をみせ――たとえば因果性の原理を問うてそれをヒュームのように習慣や想像力へと還元させるような場合――、哲学や知はたった一つの結論さえも提示しえないと断じ、しかしさらに、そうした断定から出発しつつ、実存のなかにこの否定〔たった一つの結論さえも提示しえない〕を置くことを望む。無根拠で不安に満ちていると知れば知るほど明白となる否定を。たしかにシェストフは完全に結論の観念を避けえたわけではなく、議論のなりゆき上その言葉を使わなければならないこともあったが、しかしシェストフ特有の倫理的思考では、結論はむしろ告白というかたちで把握されているのだ。シェストフにとっての告白とは、人間自身によって支配・貫徹できるような人間固有の意味の不在を、承認することである。そんなわけで彼は、大地にも、現実にも、人間の世界にも根を張れないと告白するトルストイをわれわれの前に差し出すのだ。その一方でシェストフは、死を前にして哲学の教訓を垂れ(ああ! 師というものは)死というものをごまかしたソクラテスに対しては、(3) 知とはつまらぬものであり（それは何も知らないと言うこととは別ものである）、生やその終わりこそが最も重要であると告白しなかった点で非難する。プラトンについても、その政治システムの理論にみられるような、完璧な知的構造の磨き上げに才能を発揮した結果、思考の次元で知に結論づけが許されるという誤った観念をもたらしたと、責めるのである。

超越性に道を譲るため人間的なことすべてを押しのけることを原則とする哲学に、人間的な視点から反駁することはできない。これまでほとんど実践されてはこなかった結論の哲学（後段で少し言及するつもりだ）とシェストフ流の待機（attente）の哲学とのあいだにある隔たりは、おそらく、問いの哲学とのあいだにある距離よりもさらに大きい。問いの哲学は問いという場にとどまりつづけ、理性の場に身を置き、あるいは少なくとも、かの無意味（non-sens）を拒否するからだ。シェストフがまさにそれをこそ恩寵と考える無意味を。だが、われわれがシェストフについて述べる理由もそこにある。今世紀において、理性という中心軸から最も遠くに歩み出た人物がシェストフなのである。少なくとも、それを哲学と呼びうるとして、シェストフの哲学は、Bodenlosigkeit の布教としての哲学、根が不在の、告白の、そして待機の哲学として宗教的な意味だけをもつ。それは実存の究極的な終わりである死を、その唯一の形而上学的な瞬間として決定づけ瞑想することで、あらゆる生きた哲学（philosophie vivante）にとって障害物となる。しかしシェストフは、その巧みさにもかかわらず、あるいは巧みさゆえだったたか、知に関するすべての問いから身を離して、あまりにも遠くへと行きすぎてしまった。せいぜいが非‐知の知でしかない理論上の懐疑主義にいきつくだけの理性を打ち捨てて、シェストフは哲学とのあらゆる対話を打ち切り、神秘主義へと入り込んだ。シェストフに対しては、返答することも反論することも不可能である。だからこそ、彼の言説は人の心を深く揺さぶるものではあった。シェストフにとって他者の思想はつねに反駁すべきものとなり、対話することも他者の思想を真摯に取り入れることもできずに、彼は自他の区別なき独白へと陥って、かくして彼の魂の物語はたった一つの映像（image）しかもたない一本の映画となった。それを彼は根気強く続ける。いつまでも続く独白は奇異であることをやめ、結論の不在を結論づける永続的な断言となるのである。(4)

　にもかかわらずわれわれは、ある一点において、シェストフとの意見の一致をみる。彼の偉大なる瞑想は、われわれは理性を信頼すべきか否かという一つの問いに立脚しているのである。これがシェストフの実際上の出発点なので、われわれは廻り道をする前に、彼の思考パターンを示しておくべきであったろう。シェストフはその性向として、問いに対し否定的な答えを出すのである。その否定的な返答にわれわれは、たとえ古典哲学の偉大なる全伝統が覆されると不本意ながら理解しても、即座に異議を中し立てることはできない。シェストフ流の答えがきわめて力強いのは、それが二つの軸、つまり一方では理論的な軸と、他方では重要性（importance）として規定される価値概念の下にある道徳的な軸をもっているからである。理論的観点から――ある意味でパスカルを受けて(5)――シェストフは、技術的（technique 専門的）知性の産物で、人間がそれなしでは済まされないと思っているような対象物に対して、その価値評価を引き下げる。その対象物と技術的知性への過小評価はまた、技術的知性の観点からすれば、道徳的自由の潜在力(6)としてとらえられる理性の価値の、引き下げということにもなる。技術的対象物、知性的な行為、知、そういうものは、はたして重要か。続いて、ここがシェストフにとって大切な点なのだが、彼はわれわれに、究極的な問いとりわけ死を前にして、理性は理論的にも道徳的にもいかなる支えももたらしたためしはないと納得（persuader）――彼は理性を用いて説得（convaincre）しようとはしない――させる試みに出る。そして、《悪魔》が「私も論理学者であることをお忘れなく！」と声高に叫ぶ話を喚起して、二つの軸をまとめ上げるのである。

こうした問題に対しては数ページの紙面では答えられないし、そこまで古典的で――カント哲学はこの問いなくしては意味をなさない――なおかつ今日的でもある問題は「一時停止」にすべきだと考える諸氏もいることだろう。実際、ヨーロッパ意識群島のいくつかの島々では、こうした問題は姿を消してしまった。論理学は、どのような点において自らが理性の債務者であるのか、などといったことは追求しないまま発展を遂げてきた。哲学上、理性に執着することは、時代遅れの行為であるとさえみなされる。このような傾向は、さして目新しいものではなかろう。これまでと異なるのは、一方でエピステモロジーによって再編成されてゆく諸活動が、次第に直観的な性格を帯びているという点である――あたかも問いを解決するためには病の進行を計測し、骸骨を計測する等々、計測する（mesurer）だけでこと足りるかのように、理性の問題などいつでも先送りできる問題に属しているかのように。他方、技術的知性を優先させた、道徳の全面放棄も目新しい事柄だ。《悪魔》は論理学者である。《悪魔》の強大な力とは、《悪魔》がいるということを忘れさせることであり、それとともに本質的な問いと、そして根本的な結論とを、忘れさせるところにあるのだ。

われわれが設定した考察のレヴェルでは、シェストフの解決策に異議を申し立てることはできない。さしあたってわれわれは、少なくとも自らの弱さを見積もって、同時にわれわれの力を結集させるぐらいのことはできるだろう。

そこでまず、カントとフィヒテが的確にも悟性と理性を切り離して峻別していたことに注目してみよう。カントにとって、またとりわけフィヒテにとって、悟性の告発は決定的なものではなく、また必ずしもそこからおのずと（ipso facto）理性の告発が導かれるわけではなかった。フォイエルバッハがそうした区別を廃棄し[7]、その重要性を無化しようとしてはいたが――そこに彼の弱さがある――、いま再び考慮に入れねばならないのは、この理性と悟性の区別なのである。哲学の偉大なる節目節目に思いを馳せてみるならば、この区別にこそ、大いなる力があることが理解できるだろう。だから次のことを理解し、また危惧しなければならない。つまり、悟性が完全に解き放たれてしまっては、無分別な道をたどって、怪しげな勝利を呼び込んでしまうということだ。ゲーニュの著書――『新軍事辞典、陸軍を編制する全軍隊用、このジャンルにおいて今日まで出版されたなかで最も歴史的かつ完全なる』、パリ、ルヴァシェ書店、共和暦一〇年（一八〇一年）――は、悟性の見事な勝利の一つである。ヨーロッパ意識が、悟性に対置される理性の価値に疑念を抱くことがあったとすれば、それはこのような辞典を開いたときだったのであって、実際この辞典はとても良くできていて完璧に近いと言ってもよい。理性は、たんに告発する能力をもっているだけだ。それだけでも大したものだと言えるだろうが、しかし理性は、人間に、悟性に、人間を破滅させる新たなる手段の創造を決して禁止することはできなかった。いままでのように構築ではなく、破壊を進歩として想定してみれば、つまりただ力だけを考慮に入れてみるならば、理性は隅へと追いやられ人間は多大なる進歩も果たしてきたことになる。悟性の見事だが偏狭な活動が示しているものは、物（choses）が人間に及ぼす力である〔「世界の精髄」の項のニュー・ミュージックの件を参照せよ〕。ゲーニュの辞典をめくってみるならば、兵器が次々と他の兵器を産んでゆくことが理解できる。一つの兵器が、別の兵器を製造せよと悟性に命令する。槍すらがそうやって進化してゆくのだ。物が一つの問いを立て、悟性は結論ももたないままに、その問いに解決をもたらす。ゲーニュが自らの著書のタイトルに、「今日まで」と記しているのは意味深長だ。悟性を規定するのは物のもつ恐るべき論理なのであって、それはまさに告発の力を理性に期待しなければならないときに、われわれが理性によせるべき信頼を打ち壊してしまい、理性からすべての能力を奪っているように思われるのだ。悟性とは、理性の弱点なのである。

かつて私は、『カントの歴史理論』と題された著書において、カントに宿るいくつかの疑念を示そうと試みた。悟性は物の力に突き動かされて対象を構成するのであるが、それをどのように用いるべきか、そもそもそれは用いられるべきか、といったことについて最終的な結論を出されたことは決してない。とはいえ、カントはフィヒテと同様理性に信頼を置いていたし、彼の同時代人たちのように進歩を信じたいと考えていた。[8] カントとフィヒテの時代では、理性を信じることは進歩を信じることを意味していたのである。だがここに、奇妙な対比が生じる。悟性や悟性による技術の進歩は、さまざまな疑惑を生み、その疑惑は、人によれば、理性が前代未聞の破綻をきたすほど深刻なものだったのである。とすればシェストフのような人物が、あらゆる戦争と流血の世界を拒否して、ただ超越性だけを中心軸とする否定的〔消極的〕な哲学[9]に閉じこもったのも理解される。必然のように転倒が起こり、理性は自分の位置を明け渡し形而上学的な問いかけ能力となるに甘んじて、理に適った結論などないとするのが最良の結論であると信じ込み、対象物への考察を捨てて《存在》あるいは《存在》に関する問いに取りかかったのである。しかしこのような弁証法的動きに、異議を唱えたり、無意味な責任放棄だとして退け、厄介払いするように追い払ってしまっては、重大な誤りを犯すことになるだろう。ライプニッツは「私はほとんど何も蔑んだりはしない」と言っている。われわれも彼を見習って、そうした動きを軽蔑するのはやめることにしよう。

理性の二番目の弱点は、われわれが理性との関係において哲学自体について作り上げる観念である。われわれは、哲学が問いかけ的[10]（interrogative 質問）あるいは包括的であること――実存的あるいは体系的であることを望み、そのいずれの場合も網羅的であるように望んでいる。ある瞬間から次の瞬間へ、つねに無際限に言説を繰り広げねばならないという考えに取り憑かれ、しかも当たり前のことだがすべての対象はとらえきれないがために、哲学は一つの対象を選んでおのれを定義する〔se définir 限界づける〕ことになる。かくして『貨幣の哲学』（ジンメル）をはじめとして無数の生の哲学が出現した。それらは当然ながら、せめて規範としての資格を要求し――あらゆる考察のもつ帝国主義的傾向だが――、したがってまた、理性についてではなく合理的〔理性的〕なものについての第一哲学および陳列展示としての、つまりは即自的な理性としての値打ちを要求してくる。先ほど示した弁証法的な動きと同様に、ここでも見失われているものは、限定的だが絶対的な確信（certitude 確実性）の観念である。いかなる場面でも哲学は、一つの対象だけに固定されるべきではなかろうし、一つの対象から出発して形而上学的な帰納法〔推論〕を求めるようなこともあってはならない。事実上、そうした推論はどんな場合でも、『貨幣の哲学』に見られるように、議論の出発点で保持していた価値さえも打ち壊していってしまうような問いかけに支配されているものなのである。全体化への意志、――弁証法的転回を経由し空虚な問いかけへといたる行程、――対象へと向かう移動、――モデルという考え方の構造に従って弁証法的にさかのぼり合理へと至りその合理をとおして哲学的な帰納法による突破の試みがなされるがそれは結局たんなる問いに反転し議論の出発点を打ち壊してしまう、これが、お互い支え合いながらつじつま合わせをしてきた、さまざまな哲学的試みのとった道筋なのである(11)。

偉大なる古典哲学は、別の着想を示していた。たとえば、カント哲学に問いかけてみれば、それは、芸術、法律、歴史等々の学問やその可能性の条件といった人類全体にわたる総合的な考察を含み込む巨大な体系としてわれわれの前に姿を見せる。そして、カントが抱いた最初の意志は、そうした体系の絶対的な一貫性なのであって、そのうちの一部分が取り除かれただけでも、すべてが瓦解して挫折するような一貫性であった。だが、このカントの最初の意志は、彼の最終的な意志ではない。彼が、驚嘆すべき二つの事柄――星々が瞬く頭上の天空と心の奥底にある道徳法則――を告げるとき、実は、大切なのはこれら二つの事柄だけであると、カントは主張しているのだ。そして、おそらく彼は、道徳律の点でさらに先まで突き進んでいるのであり、二つのうちの後者のみが本質的であると言いたいのである。[12] カントにとってSollenつまり《当為》への確信は、自己に閉じられているという意味では完全に限定されてはいるが、哲学に対する決定的かつ絶対的な確信なのであり、理性に対する信頼なのだ。シェストフは、そうした実践理性の優位へと導くカント哲学の原理を正確に把握していた。シェストフの待機の哲学は、哲学の死んだ歴史を無用な贅沢品として反駁することもできたのだ。Bodenlosigkeit〔デラシネ状態〕つまり土地の不在に苦しむ魂にとって、あらゆる「脱構築」の弁証法――エピステモロジーの弁証法やたんなる文学的分析も含めて――は、退けてもかまわず、また退けなければならないものだったのであり、というのも、そうした論法は増殖するばかりで――しかも理性をどのように考えればよいか答えを出さないままだったので――どれもが重要性をもつものとはなりえなかったからだ。それらすべては、人間の気がかり〔配慮〕の外にあり、それゆえになおさら、退けておくべきことだったのである。重要なのは、気がかりをも巻き込んだうえで一つの決断をすることであり、まさにカントのSollenとはそのようなものなのであった。かくしてシェストフは、理性に対する際限なき戦いのなかで――人はシェストフを乗り越えることができないゆえに彼を蔑んでいるが――弛むことなくカントへ、Sollenへ、《当為》へと立ち戻った。カントが絶対的であると信じた唯一の結論へ、道徳法則に定式化され理性への信頼を確固たるものとしている唯一の結論へと、立ち戻ったのである。シェストフは――周知のように――カントの方法が堅固かつ独創的であるゆえに、Sollenという主題はスピノザ主義における知恵の観念のようには反論できないものであることを知っていた。カントは、一つの観念を発明し、構築し、練り上げようなどとは微塵も思っていなかった。彼が登攀しているSollenは、「純粋理性の唯一の事実」(das einzige Faktum der reinen Vernunft)という性格をもつものなのだから[13]。それでもなお、シェストフは弁明的な論述によって、カントに反論しようと試みた。悲劇『ジュリアス・シーザー』に注釈を施す『シェークスピアにおける倫理的問題』は彼の書いた最も大胆なテクストのうちの一つであるが、そのなかで彼はSollenがたんに心の動揺を引き起こすこともあり、それが親殺しにさえ発展しかねないと説明しようとした。だが、論証は成功していない。彼の論証は弁解にしか聞こえず、好意的にみたとしても細部には不十分さが残されている[14]。それに、具体的事件における倫理的挫折は、純粋観念としての倫理にとっては何の意味ももたないのである。

このように、われわれの弱さは絶対的なものではない。

そこで、二つの態度が可能となる。

まず、カントの場合のように、たとえそれ自身は限定づけられていようとも完全なる結論に値するような絶対的確信こそが、理性とその全展開を有意義なものとする、という判断がある。この判断をとるならば、カントの視点を再び取り上げ、その解説を試みて、それをさらに精緻にすることこそが、なすべきこととなる。これがマールブルク学派の視点である。コーエン、ナトルプ、カッシーラーの合言葉は、「カントへの回帰」であった――フォイエルバッハが思弁的思想の到達点とみなしたヘーゲルを飛び越えて。現在でも哲学全体に影響を及ぼしつづけているこうした動向の独創的な点は、目的なき合目的性のなかで哲学体系を生気ない建築物に仕立て上げるような死との戯れとしての哲学史ではなく、未来へと向けられた生きた活動領域としての哲学史への回帰を含み込んでいるという点であり、それは驚嘆に値することである。一般に哲学は、過去を乗り越え、過去を生気のない状態に押しやるためだけに、過ぎ去った昔に目を向ける。しかし、マールブルク学派が望み、彼らがカント倫理学の基礎づけから出発して達成したものは、カッシーラーの『象徴形式の哲学』において頂点に達した創造的反復であったのだ。

二番目の態度は、より繊細であるように思われる。それはフィヒテの態度だ。

フィヒテは、Sollen《当為》こそ、カント哲学がそこから出発して統一され、もろもろの結論においてとらえ直される基礎であることに絶対的な確信を抱いていたが、またそのカント哲学が、死〔刑〕の問題のように、理性よりもむしろカント自身の性向(nature 自然)によった議論においてしばしば修正を蒙っている――その点ではヘーゲルもカントをはっきりと批判している(15)――こともわかっていた。フィヒテも同様に自分の性向に沿った議論をしているとマールブルク学派が批判の矛先を向けてこようとも、フィヒテ自身も自分の性向に逆らおうとはしなかっただろう。彼のライプニッツに対するかかわり方のダイナミズムを見てもわかるように、この『知識学』の著者は哲学史のとらえ返しを生きた運動とみなしていたのだから。

とはいえ、フィヒテはさらに別のことへと目を向けた。そして、おそらくいまだ達成されていないある企てを作り出したのである。

カントはSollenをパラドックスな形式のもとに表現していた。すでにみたように、彼はそれを「理性の唯一の事実(fait)」(16)と呼んでいる。この表現のなかに、フィヒテやヘーゲルと同時代人のヤコービは、一つの矛盾を指摘した。すべての事実は経験に由来するが、理性は観念しか所有していない、という指摘だ。だがフィヒテは、この矛盾で立ち止まりはしなかった。彼は自らの企図について批判的な基礎を打ち立てたあとに(17)、事実ではなく、事実に関する思惟を理解しようと試みたのだ。われわれはSollenを、一つの絶対的結論として所有している。そこに本当に起こっていること(le vrai 真実)があるということを、確固たる保証をもって把握し知ることのできるような思惟とは、どのようなものか。われわれは、自分たちの思惟の起源にまで分け入って、そこで思惟が、純粋理性の唯一の事実として、そこで本当に起こっていることに対し一貫した絶対的視線となって自らを直観する、そんな地点で思惟をとらえることができるだろうか。この問いに対してフィヒテの最初の基礎づけ作業は、真理の綜合理論を練り上げながら返答しているが、しかし彼はさらに先へと進まねばならなかった。われわれに最も根源的な結論をそのまま提示するのを可能にしてくれる絶対的な知を得るために、絶対知としての知に関して考察することを停止せねばならなかった。知それ自体が、認識における直観と思惟の綜合としての知それ自体が、自らに分け入って自分自身を直観しなければならなかった。そして、哲学者は、絶対的結論への思考として自らを思考するような思惟の運動を前にして、自らを消し去らねばならなかった。

古典哲学は、こうした方向性を知らなかったわけではないが、マルブランシュやしばしば彼と近い考えをするヘーゲルにおいてみられるように[18]、思惟についての思考は、神の悟性においてのみ可能であると信じていた。古典哲学は、人間の有限な悟性には不確実なものしか見いださず、デカルトのように永遠性のもとに逃げ込みでもしないかぎり、自らを思惟するための人間のあらゆる努力は挫折する運命にあると思われていた。たとえ上手くいったとしても、真理なき心理学へとたどりつくのが関の山と思われていた。つまり古典哲学は、なぜ心理学には真理がないのか、ということを理解しなかったのだ。彼らにとって心理学は、たとえば情動の記述のように、曖昧な房飾りのついた近似的な記述に必ず陥ってしまうものであって、物体という延長の明晰さや幾何学という延長の科学の明晰さに、内面的混乱を、魂から魂自身への不確実な運動を、対置するだけのものであった。そんなわけでマルブランシュは、魂を間接的に理解すべく幾何学的な思惟による延長の考え方を活用することを提案し、思惟の量という重要な概念は得ている。

しかし、フィヒテは、心理学に異議を唱えた。人々はフィヒテを心理学に閉じ込めようとしたが[19]、フィヒテの視点によれば、心理学はたんなる経験科学なのであり、真実を識別することはできない。実際、心理学的見地からは、真実の判断は一つの心理学的で精神的な出来事であり、それは出来事として他の誤った判断の出来事と明確に区別できない。心理学にとっては、真実であろうと誤りであろうと、判断はつねに出来事としてのひとつの判断なのである。規範というものは、この事実のうちにはない。

そこでフィヒテは、知が自己創設を行うように仕向け、思惟が思惟として自らを把捉し、その結果、自己（soi）を直観する思惟として立ち現れるように導く企てを行い、その企てのなかで超越論的論理学へと到達する。なんという努力が必要とされたことか！　とりわけ、Sollen が根源の結論としてあることを理解するためだけでも、それが必然である（nécessité 必然性）と感じ取れる（sentiment 感覚）高みにまで達しなければならなかった。根源的結論を直観的に把握する思惟として、自ら出現してくる真の思惟は、一つの必然的な思惟なのであり、それは必然的思惟がそうであるところのもの以外にはありえないような思惟、自己に対する危険な隔たりのなかで簡潔な自己同一として自分を直観する思惟なのだ。超越論的論理学は、Sollen から出発して、少しずつ自らを根拠づけ、その過程でもろもろの結論を提示するが、それらの結論はどれもがその時点での解放への支点であって、新たな確信を導き、理性への信頼をより決定的なものとして打ち立てるのである。そうやって超越論的論理学は、魔術的でいわばオカルト的な水準を離れて[20]、自己洞察のうちに生成的明証性を得るのである。カントの純粋理性における唯一の事実は、この明証性なのであった。しかし、この明証性、このかくも確固たる結論は、カントの fait〔事実、作られた、なされた〕という用語法が示しているようにあくまで作り物の明証性でしかなく、理性自体が一つの事実のごときものとしてとらえられており、そこでシェストフはそうした事実に疑義を差し挟むこともできたのであった。すべての factum は datum へ、すべての「事実」は「所与」へと還元することができるというわけだ。カントにおける datum と factum の区別は、はっきりとしていないのである。しかし、純粋超越論的論理学では、自らの直観の必然性と自らの必然性の直観のうちに出現する思惟が、おのれ自身をとおして、生成的明証性の力としての理性を根拠づける。カントからフィヒテへ、それは、作られた明証性から生成する明証性への道であり、事実としての理性から自由にかつ必然的に生成してくる行為としての理性への道であった。この地点から出発してこそ、理性に対する信頼が可能となり、そしてまた信頼しなければならない。そうあってはじめて理性は、理解することこのうえなく困難な現実の諸相を前にして、少なくともわれわれの導きの糸、カントの言う Leitfaden となることだろう。

ここで余談を一つ紹介しよう。とある会合に出席したフィヒテは、ゲーテがペストのごとく嫌っていた（彼一人ではなかったが）スタール大人に会場の入り口でつかまり、ぴったり一〇分で自分の学説を説明するように要求されたという。慈悲深くもこの事実を報告してくれた人物は、熱をこめつつ悪戯っぽい微笑みを浮かべて、フィヒテの狼狽ぶりを強調したものであった。フィヒテにとって、一つの結論にたどりつくまでに、数年が必要であった。一〇分――これまでわれわれが彼の探求の方向性をかろうじて素描するだけに要したのとほとんど同じ時間である。一〇分で、フィヒテの体系のすべて。彼にはそうした馬鹿げた要求が侮辱であると思えたのであろう――フィヒテはその場を立ち去った。ひと息つく必要があったのである。

このエピソードに、われわれは教訓を汲むべきである。純粋超越論的論理学は、ほんの数語で表現されるものではないのだ。シェストフ流の否認に抗しながら、理性が《当為》としての Sollen のなかに再び見いだされる――より正確に言えば、再び自ら見いだしてゆくような方向性をわずかでも示す意味がないとするなら、これまでわれわれが語ってきた事柄はさしたる意味をもたないことになる。とはいえ、超越論的論理学はフィヒテによって完成されたわけではなく、彼は残念なことに歴史的限界が原因で、真理に関する現象学からさほど遠くへ歩み出ることができなかった。それゆえ、ここで提起される重大なる問いとは、はたして純粋超越論的論理学は完成されうるのか否か、ということだ。たしかにフィヒテの試み[21]について完璧なる注釈を付することは可能である。そのためには、幾人かの注釈者たちが長生きするだけでこと足りる。しかし、純粋超越論的論理学が完成されるには、それだけでは不十分だ。解読されるべき超越論的諸問題の諸領域がまだそっくり残されている。注釈者たちのすべての仕事は、天才への通路を切り開くことにあるのだ。

どの地点で純粋超越論的論理学が自らの強大な力を明示したか——それによってあらゆる未解決の諸問題の意義を評価しながら——と問うならば、それは明らかに、形而上学への根本的な批判がなされた序説〔プロレゴメーナ〕においてであった。フィヒテ以前に形而上学批判は、根本的に結論づけられた真理へ到達することもないままに、部分的なものにとどまっていた。たとえば、ロックはデカルトの思惟の契機を攻撃した。カントは一般的かつ体系的に、しかもただ方法の観念に基づいてのみ批判を試みる点に功績があった。だが、そうした批判は限定的なものにとどまっており、原理的に他の方法論も思い描くことができたのである。フィヒテは、はるかに根本的である。彼は超越論的な幻想である絶対的《自我》(Moi absolu)[22]という唯一の観念から出発しつつ、生成〔発生論〕的な、つまり一方が他のものを生み出すというかたちであらゆる形而上学上の基礎的立場を敷衍したが、それは、各契機がつねに別の契機へと送り込まれ、そこでもまた絶対的結論が導かれるという円環を構成するものであった。すなわち、純粋意識の真理としての時間である[23]。もはや時間とは、プラトンが断言したような移ろいやすい《永遠〔性〕》の像でもなく、デカルトが明言したたんなるmodus cogitandi（思考様態）でもない――、それは生きている意識そのものなのであった。こうした批判によって、Sollenを乗り越えようとするあらゆる虚しい試みは消滅させられた。そして、形而上学の問いは、絶対的結論の真理のなかで定式化されるかぎりにおいて、次のようなものとなった。すなわち、時間は《永遠〔性〕》に対して語るべき何かがあるのか、あるいは、超越論的論理学に不慣れなむきには逆説的な観念かもしれないが、時間とは意識を横切って《永遠〔性〕》がそれ自身と対話することではないのか。(24)

超越論的論理学は、完成にはほど遠い。この超越論的純粋数学は、このうえなく困難な様相を呈している。完成にいたるには、すべての思惟の活力、抽象化への無条件の力が捧げられなければならない。『純粋理性批判』のように、「知識学」としての純粋超越論的論理学は、たとえ通俗哲学を照らすことはできようとも、決して通俗化されはしないだろう。(25)だがだからといって、通俗的な思惟にとっての障害が、言語にあるなどと考えるべきではなかろう。知識学――超越論的論理学の別名――は、その根本からしてあらゆる言語、あらゆる表現形式に開かれており、それゆえにデカルトの遺産のなかで最も貴重なものを引き継いでいると言えるのである。

デカルト哲学における真に歴史的な偉業は、ギリシャ・ラテンの言語上の専制を打ち破ったことにある。『方法序説』は、哲学者の母語によって記述された最初の哲学作品である点において決定的であった。(26)デカルトが自分の試みを、いかに慎重に行ったかは周知のとおりだが、それは、それぞれの思想家に自分の言語で思考する権利を与えるという――モンテーニュの『エセー』によって準備された――驚嘆すべき解放の行為なのであった。カントが、デカルトに続く。ヴォルフ〔一六七九―一七五四、ドイツの法学者、数学者、哲学者〕の『存在論』はまだラテン語で書かれていたが、『純粋理性批判』はドイツ語で書かれ、ドイツ語に哲学上の地位を与えたのである、――イギリスの哲学者たちはカント以前にも母語で思考してはいたが、彼らの著作には『純粋理性批判』と肩を並べるようなものは一つとしてなかった。なるほど、ラテン語は（ギリシャ語も同様に）勢力を保持していたし――ここではラテン語からのヘゲモニーの奪取が問題なのであって、言語としてのラテン語を攻撃しているのではない――、デカルトと同じくカントもラテン語で直接思考することはできた。さらに、カントの翻訳者はラテン語的な言い回しのドイツ語にしばしば直面しもするが(27)、ともあれデカルトもカントも、ともに母語で書くことによって、ラテン語の専制独裁を打ち壊したのである。彼らはバベルの塔の混乱を増大させようなどとは思ってもいなかったし、かえって彼らの目には、複数言語に通じた哲学者を蔑むべきなどとはとうてい思えなかった。実際、ジョゼフ・ド・メーストル〔一七五三―一八二一、フランスの思想家・政治家。神的秩序としての国家概念に基づいて近代個人主義や合理主義を批判〕は、ドイツ語を学び、『純粋理性批判』を読んだのである。

だがここに、重大な帰結へとつながる決定的な危機が生じる。その危機の到来は――ことの真実を述べなければならないが――極度に特殊な事情に置かれていたフィヒテ自身によるものであった。不幸にしてドイツ観念論と呼ばれる、この時代のあらゆる偉大な哲学者のなかでも、フィヒテのみが真に文筆家でありうる唯一の人物である。その点では、カントも、ヘーゲルも、シェリングも、フィヒテには及ばない。一八〇〇年に刊行された『人間の使命』は、詩的な美しさにおいて他の言語に移し変えることが困難な、哲学の、かつ文学の傑作である。が、やがて始まる危機を理解するために、いささか詳しく立ち入ることにしよう。フランス革命を大いに崇拝したフィヒテは、それがナポレオン独裁へと後退し退廃してゆくのがどうしても受け入れられなかった。彼にとって専制独裁政治は憎むべきものである――フィヒテは真の民主政治しか好まなかったのだ(28)。そのナポレオン帝国軍が、ドイツを占領する。その瞬間をとらえてフィヒテは、あらゆる危険をものともせずに、かの名高き『ドイツ国民に告ぐ』を書く。そのなかで彼はとりわけ——フランス人に対抗するかたちで——ドイツ語とその哲学的価値に極端な称賛を与えたのである。すでにフィヒテは研究をとおして、ドイツ語がいかに哲学的可能性を秘めた言語であるかを、了解していたのだ。だが多くの人々の目には、『ドイツ国民に告ぐ』のドイツ語への称賛が、ドイツ語を純粋な哲学言語として、あるいは哲学そのものの言語として、神聖化しなければならないと促しているものと映った。こうして、現在まで生きつづけている新たなドグマが登場した。哲学におけるドイツ語のドグマである。結局ここで、ラテン語から出発して幕が開けられたデカルトの遺産〔いくつもの母語での思考〕は忌避されて、現実的な基礎づけもないまま幕が引かれてしまったように見える。フィヒテは『ドイツ国民に告ぐ』で、すべての言語に対抗しているわけではないということは付け加えておきたいが、文化的には、事実はまさにかくのごときだったのである(29)。

フィヒテの意図を絶対的なものに取り違えることで、一つの基本的な事柄が忘れ去られてしまった。純粋超越論的論理学の著者とは違い、『ドイツ国民に告ぐ』の著者は、哲学者ではなく、何よりも一人の愛国者、ナポレオンを名もなき人間（homme sans nom 言語道断な人間）としか呼ぼうとしない一人の抵抗者である。『ドイツ国民に告ぐ』は、純粋な省察からではなく、戦争から生まれたものであり、極端に自国の言語を称揚するのは、しばしばみられる抵抗の行為だ(30)。超越論的論理学にどんな場合にも課せられているのは、そうしたドイツ語の聖別化が、いかに狭隘な考えから生まれ、哲学的にも異論の余地あるものかということを示すことである。だが、『ドイツ国民に告ぐ』——そのタイトルは有名なルターの『ドイツ国民のキリスト教貴族に告ぐ』にちなんでいる——は一人の愛国者によって書かれたが、その人は哲学者であることをやめず、またそうみなされつづけたのであった。こうして、知ではなく、哲学におけるドイツ語の、絶対的優越性の神話が誕生した。それは、いまでもいたるところで目にできる。時には、フィヒテの国家哲学を扱ったヴィンデルバント〔一八四八―一九一五、ドイツの新カント派の哲学者〕の『ドイツ国民に告ぐ』論に見られるような、揶揄めいたものさえある。

この神話は今日、ハイデガー思想で頂点に達し、弁護人を得るにいたった純粋超越論的論理学とハイデガー哲学とのあいだには、一つの大論争が始まる兆しがみえる。ハイデガーは、あらゆる具体的な状況の外にあって――とりわけ抵抗のコンテクストには身を置かず[31]――ドイツ語の哲学的かつ絶対的な威厳を高らかに宣言した。そこから、出自の特権をもって、ドイツ語で考え、ドイツ語で書き、ドイツ語で読む者のみが哲学者でありうる、と信じるまでにいたっている。哲学的意識のヨーロッパ空間が、またしても強引に閉ざされる。さらには、《古典古代の作品》を翻訳できるのは、唯一ドイツ語のみであるとされる。プラトンの優れた翻訳は、必然的にドイツ語なのである[32]。たしかに、国際的な学会では英語が話されているという指摘もあろうが、哲学的創造の場面においてはドイツ語にこそ尊敬の念が注がれている、というのだ。ハイデガーの著作を検討して、彼がドイツ語やギリシャ語について述べている箇所を参照してみるならば、そうした指摘が誇大なものではないことがわかるだろう。

では、こうした神話の価値とは、どのようなものか。

その邪悪な影響は、どのようなものなのか。

そこに賭けられているものは、何なのか。

われわれに出生証明の知られているこうした神話の大きな価値は、おそらく、言語学を超えた次元で言語を分析するような特別な努力を要請し、その結果、真面目な人たちが「自分の言葉をよく吟味する(bien peser ses mots)」ようになることであろう。だが、自らの言説そのものに注意深くあらねばならないことを説明するには、ハイデガーを待つまでもなかった。たしかに、彼は見事な洞察力を伴う例証を示すことで、斬新で豊かな哲学の世界を展開しえた。そうやってハイデガーは、ドイツ語がこのうえなく豊饒な貴婦人であることを示しはしたが、その貴婦人を女王の座につけることはできなかったのである。かくして、不当にあてがわれたドイツ語の優越性は、現実の提示であって権利上のものではなく、提示が証明にでもならないかぎり、『言語への途上にて』と題されたハイデガーの著書には、たった一つの新たな要素も見当たらないことだろう。ハイデガーの偉大なテーゼ――ドイツ語の優越件ではなく、象徴形式としての言語の哲学的重要性（フンボルト－カッシーラー）を基礎づけるテーゼ――は、「言語は思惟以前に思考する」というものである。当然のことながら、それはたんに心理学的な決定としてのみ理解されるべきではなく、根本的な原理としてもとらえられるべきものだ。つまり、自らを思考するためには、思惟は、思惟以前に思考している言語のなかに、反映されていなければならないというのだ。思惟に白らの純粋直観の総合的起源へとさかのぼるよう命じる超越論的論理学にとって言語はその媒介でしかないのであってみれば、ここでハイデガーは超越論的論理学に対して、このうえなく単純明快に、かつ劇的に、対立しているのである。そうやってしばしばハイデガーは、さらに先へと突き進み、単純に思惟を言語に従属させ、その結果、思惟を自分にとって他なるものに依存させてしまうのである。こうした神話、（語源的意味〔物語、作り話〕で）神話と呼んでかまわないだろうが、こうした神話は、――これが最も注目すべき点だ――古典哲学のあらゆる言表に修正を加えるように仕向ける。[33] そして、その方向に向かうならば、あらゆる言表は言語の領域において高次元の説明を与えられるものとなるのである。

邪悪な影響は、数多い。

一つの語のなかにそれ固有の意味の世界を発見するという傾向が、最も優れた哲学者たちには見受けられる。その語が翻訳不可能であればあるほど、あたかもその語によって、そしてその語によってのみ、ある一つの根本的な意味が語り出されうるかのように、めざされている基本的な意味作用が単純にありうるかのように、意味の豊かさが強調されてゆく。こうして、多弁であるがゆえにもはや何も語らないようなGeistという語をもって、チュートン〔古代ゲルマンの一種族、（軽蔑的に）ドイツ人〕の、あるいはチュートン化したがる哲学者たちが、われわれの頭を麻痺させてしまうのだ。邪悪な影響——その理由はもう理解できるであろう。そこでは、もはや論理は何の価値ももたず、異議申し立ても不可能である——そして、しばしばそれがきらめきに満ちたものであるだけに、なおさらその影響は邪悪なものとなるのである[34]。プラトンがそこから思惟を解放しようと望んだ言葉のなかに、思惟は宿るものとなり[35]、また同じ流れであるが、語を分解したりして異様な構文の文章を作る努力もなされることになる。そこにあるのは、思惟の見せかけをした、エクリチュールの幻惑にすぎない。

もう一つの邪悪なる影響は、右のことから派生する原則だが、哲学者のエクリチュールには、哲学が表明しようとしている考え以上のものが含まれている、という原則のもとに、あらゆる哲学的著作に解釈を施してしまうことにある。が、そこにはいかなる正確な方法論も見いだせないのだ。ある人々はこうした動向を、脱構築と名づけた。偶然は何物をも全面的に悪とすることはないのだから、優れた著作を生み出したこの企図〔脱構築〕について、ここでは論及しない。しかし、あまりにも人々は、作者の真の才気や霊感に基づく行為と、知と呼ぶのがふさわしい方法論とを、混同してしまっている。いずれにせよ、右に言及してきた人々は、邪悪な影響が少なくとも彼らのうちの幾人かに存在していることに同意するだろう。その影響を、好意の人物は模倣と呼び、私のように悪意の人物は猿まねと呼ぶことだろう。言うに悲しいことではあるが、ハイデガーは数多くの猿を生み出した。もっとも、名高き思想家であり、ドイツ語を知り尽くしていたジョージ・スタイナーという人物――彼はハイデガー以上に優れた文献学者であった――が privacy という英語、とりわけイギリス的なこの単語を分析したとき、事態は一変した。そのときから、神話とその邪悪なる影響はあとずさりを始めたのだ。ジョージ・スタイナーの教訓に、耳を傾けるべきであろう。そのとき、大いなる幻惑はその力を失うことになるだろう。

賭けられているものは、何であるのか。

つまり、どのような地点で、ハイデガーの解釈学は、決定的に乗り越えられるのだろうか。

ハイデガーの解釈学が最終的に選択した領土の上でないことは、明らかだ。ハイデガーが何の根拠もないままに、哲学の言語はドイツ語であると断言して、そうした断定を議論の余地なきメタ‐歴史的な事実のごときものとして扱うとき、彼はある意味で、存在しないがゆえに攻略できぬ砦のなかに身を置いている。つまり、人は風とは闘えないし、根拠なき理論の根拠を打ち壊すことはできない。必然性の一形態である恣意性にも、抵抗することはできない。夢のなかで私の投げた槍が一回転して私の胸を射貫くとき、私は、自分では変更しえない最も恣意的な必然性に直面して生きているのであって、私は思惟することなく夢を見て、槍を再び投げ直すこともできずに、完全に夢へと従属している。夢は説明される――即自的に、生きている夢として、それは完璧に必然であって、誰一人夢に反駁しようと試みた者はいない。形而上学におけるドイツ語の絶対的威厳とは、一つの夢である。もちろんこう断定しただけで、その夢に反駁できるわけではない。ただ、目を覚まさねばならず、言語上のポリフォニーを再認せねばならない。言語それぞれの威厳の計測――ヘルダーが好んだ観念である――は、差し控えるべきであろうが、今日、ベルクソンのように言語のなかに形而上学の障害物を見てとる人々と、言語に（しかしどの言語に？）形而上学の支えがあると信じている人々のあいだに、尽きることなき論争が行われている。実は、そうした対立にこそ、原理的な、「中心軸にかかわる」とでも形容できるような重要な問いが、宿っているのである。

それゆえ、問題は、ハイデガーや他の人々のSprachphilosophie（言語哲学）である。超越論哲学には、いくつかの問題を提起すべき明確な権利があるだろう。まず第一に、超越論哲学は、ハイデガーによって提案された哲学上の学説を再読するための諸原則が、決定的な突破口を開くものにはなりえていないことを、示してしかるべきだ。たとえば、カントの超越論的図式に対するその――何と言ったらいいか――愚かな解釈に、用語上のレヴェルで、反駁の余地も残さず異議を唱えることができるし、そしてさらに、カント主義の評価に対するあらゆる学説上の論点についても同様である。残念ながらハイデガーの『カント書（Kantbuch）』〔ハイデガーの『カントと形而上学の問題』の通称名〕はいまや話題にもならないが、それはハイデガーの弱点を最もさらけ出した書物であった。そして第二に、哲学は国境を越えるべきであり、ヨーロッパ意識は乗り越えられるべきであるのか、あるいは反対に哲学は、メランコリーや郷愁（Heimweh）に突き動かされてルターの言語に戻り――ドイツ語はまずルターの言語で次いでハイデガーの言語なのだから――失われた起源へとさかのぼるべきであるのか、といった問いを提起してしかるべきだ。ハイデガーの大いなる思想、彼が秩序なく達成した再読を支えている思想は、唯一ドイツ語のみが古代の知を、プラトンの思想よりもさらに古代の知を復元することができる、というものであった。こうした思想は、基本的に秘密主義的なものである。ハイデガーの思想は、閉域の向こうの神話的世界へとさかのぼろうとするのだ。しかしながら、超越論的論理学が存在している以上、それは開示（ouverture）の可能性を示すものとなりうるのであるが。

　一つの困難がある。ハイデガーはフランスで大変広まっているという点だ。ドイツでは同じような影響力があるのだろうか。私の知り合いに、（厳格な考えをもつ）偉大な学者でありながら、フィヒテの編集者で、医学の知識にも精通する優れた一人の哲学者がいて、彼はハイデガーがドイツでは重要視されていないと言い、他のドイツ人も同じようなこと言う。しかし、いつも私は彼らの言葉に嫉妬の念が混じっているのを感じてしまうのだ。ハイデガーは、彼らの言葉にかかわらず、偉大なる影でありつづけているのだ。その証拠に、彼の初版本がいかに高価であるのかを見てほしい。実のところ、われわれは、いったい自分がどこにいるのか理解していないのである。(36)

かといって、スズメバチには気をつけるべきであり、議論はなされねばならない。ハイデガーは、必然的な秩序もないままに、プラトンからカントへ、カントからプラトンへと諸学説を読み直しながら――ハイデガーの秩序は愛読の秩序だ――、超越論的論理学を攻撃して、マールブルク学派というその最後の形式へ執拗に顔をそむけつづけたのである。超越論的論理学がドイツ語優越の理屈に何もなしえなかったのと同様に、ハイデガーの Sprachphilosophie のすべても彼には何の助けにもならなかった。ハイデガーがカントの再解釈を試みるのはまったくもって当然のことであったが、彼は自らも認めるように――自分の『カント書』のなかで――主著『存在と時間』でカント的主体について誤った解釈をしてしまった。(37) その結果、いわゆる実存論的と称される基礎的な諸分析は、実存の考え方のレヴェルで崩壊してしまい、主体について凡俗な着想しか得ることができなくなる。不器用者のハイデガーは、いくつかの破綻を別の破綻で取り繕っていったのであった。その点を指摘するのは、時間と興味があればできるだろうし、私が指摘しなければいずれ誰かが指摘することであろうが、もはや私は粗捜しをするような年齢をとうに越えてしまっている。いずれにせよ、真のカント――(ハイデガーのよく知らなかった)科学のカント――と、考古学的な宝庫ではあるが知によって乗り越えられたソクラテス以前の哲学者とのあいだで、選択がなされなければならない。私の選択はすでに決まっている。使用言語などどうでもよいのだから、私がめざすのはカントである。

それゆえ、未来は、そして真理は、純粋超越論的論理学の側に探さなければならない。それは大変長く険しい道であり、その任務もたんに自らの基礎を構築し、それをつねにはっきりと確保するだけで終わるわけではない。さらにその道のりは、自らの創造によって偽りの哲学を打ち壊し、思考の自由のうちにさまざまな大いなる哲学的努力が――哲学史に集う人々であっても、エピステモロジー等々であっても――交流（commerce）できる方向へと向かわなければならないのだ。超越論哲学の優れた成果の一つは、生において機能する間主観性という概念を基礎に据えたことである。その概念は、根拠においては純粋だが、適用においては実用的である。もし、この間主観性が本当に打ち砕かれてしまったら、人には不幸が訪れ、そしてその不幸はどんなコンテクストにあろうとも、つねに孤独として規定される。このような経験的な反省は、通俗哲学（philosophie populaire）として構築されうるだろうし、この試論もそうした契機に接近するための不完全な試みにすぎない。そうした私の試みは、超越論的論理学――繰り返しておくが、その達成にはまだほど遠い――からは、ある種の問いかけの流儀――つねに共同体と孤独の二律背反のなかでの問いかけという流儀以外には、まだ何も受け取ってはいないのである。

　このように、メンデルスゾーンが創始した道筋におけるように概略的なやり口で把握されないかぎりは――ここでのやり口がそうだったように――、まだ通俗哲学は多くの修正と反省がなされねばならない流れのなかにあることが理解される。実のところ、通俗哲学は純粋超越論的論理学にとって必要な補完物ではあるが、それよりさらに進んでいるわけではない。理性への信頼により活気づけられ、自由の原則の上に基礎づけられ、いくつかの弁証法――共同体と孤独――によって補強され、さらなる体系的な形式を付与されるのを待ちながら、文化の思想〔理念〕としての通俗哲学は、不幸が見いだされるいたるところで、すなわちあらゆる場所で、不幸の目録作りとその追跡をしていかなければならないのだ。ルソーが、その好例である。

だから、困難さを列挙してカタログ作りに時間を浪費するようなことは、やめておこう。たとえば、哲学の経験はまだ経験の哲学にはなっていないとか、あるいは、思考は無理やり科学的意匠を身にまとう――それが通俗哲学の最大の幻想だが――ことなく、ただ人を行為に導くべき明確な考えを提示するために、どこまで体系化をめざして進むことができるか、とか。純粋超越論的論理学は間主観性を打ち立てる一方で、いかなる媒介も通すことなく、人間が同時に〔共に〕(zugleich) かつ基本的に、自由で幸福でなければならないと強く主張する。フィヒテの偉大なる超越論的論理学は、幸せと自由を再統合しつつ、Sollen を拡張することでカントの着想を拡大化し、ついでに、『人間の使命』に見られるように、実践上の観点から通俗哲学にも変形を加えた。フィヒテは『人間の使命』の第三巻で、戦争や飢饉[28]の不幸、病疫の不幸、そしてとりわけ、幸せのために努力しないことで人の幸せを妨げるゆえに根本的な悪と彼がみなす怠惰の不幸を、告発しているのである。

第一哲学でもあり通俗哲学でもある超越論的論理学は、弁証法的な旋回が不幸に対して何の役にも立たないということを知っている。超越論的論理学は、理解されることを思い描いたりはしない。ユートピアの最も陽の届かぬ地平へと押しやられ、最も徹底した孤独のなかでしか展開できない、哲学の不幸というものもあるのだ。おそらく、そこからさらに先へと歩み出すべきであろう。哲学の不幸が不幸の本質の中核であるとすれば、そこにおいてこそ思考は、あらゆる怠惰を追放して、忍耐強く強靭であらねばならず、失望のただなか、このうえもなく強烈な失望のただなかで、自由というたった一つの岩礁がすでに一つの広大な領土なのであると確信しつづけねばならないのである。

そのとき、第一哲学かつ通俗哲学である超越論的論理学は、もはや何も失うものはない。ユートピアのなかへと押しやられ、最も完全な失望に追い込まれ、すでに述べたように不幸の踵にはさらに他の不幸が訪れるのが常であると知っている超越論的論理学は、今後はただ労働（travail）だけを頼るべき手がかりとするであろう。そして、その高度な基礎づけから通俗哲学の試みまでを含め超越論的論理学の全体を押し潰しうる最も哲学的な考えがあるとするならば、それは、人間労働が本質的に無益であるとする考えであることだろう。(39)

進歩についての対話

ロラン　われわれは、ヨーロッパ意識群島のことごとくを探検してきたわけではありませんね。あなたは死や愛について、考えてみればこの本のすべてがそれらに言及していたとも言えますが、しかし間接的にしか論じませんでしたし、たくさんのこと、本質的なたくさんのことが検討されなかったようです。医学に関して少し触れておく必要がありはしなかったでしょうか。

アンドレ　おそらくそうでしょう――でも残念ながら、言わなければならないことがありすぎますし、かといって断じて百科全書的な記述をしようという気にはなれなかったのです。しかし、われわれが少しばかり医学や進歩に関して話し合ったらどうか、そうあなたが望むのもわかります。それほど確かに医学と進歩の用語は心理学的にみて似通っているのです。しかしながら、もはや、医学を単一のものとして話題にしてはいけないという私の意見に、同意していただけないでしょうか。私はたんに鍼療法といったような付属的な治療方法のことを言っているのではなくて、分岐に分岐を重ねた古典医学のことを言っているのです。たとえば癌学を例にとってみれば、肝臓の専門家、肺の専門家などがいるわけです。一般医学の教授資格がある以上、一般医学だって一つの専門になっています。

ロラン　その考え方を支持しますよ――けれども私はその考え方のなかに、一つの法則を見たいと思います。一九世紀において塊をなしていた諸科目が、爆発を起こしばらばらになったということです。物理学の場合も医学と同様です。そして最先端の研究という観念は、知が現在崩壊している状況、互いに懸け橋もなく分岐を重ねて発展してゆくという進歩の逆転現象を、よく表しています。

アンドレ　そのことはおそらく避けがたいことだったのでしょう。だけれども最も重大なことではありません。

ロラン　どうしてですか。

アンドレ　変化したのは臨終という観念なんです。一般に、最後の細胞が消えてしまわないかぎり、死んだとは認めません。延命療法のやりすぎが話題に上ることもしばしばです。死にかけた病人を数多くの専門家が取り巻いている、そういう状況を見ることだってまれじゃありません。そういったことは機械的に行われ、的確な判断に基づくものではないのです。そして病人は、至れり尽くせりの心遣いのおかげでたぶん延命されるのでしょうが、前途にはさらなる苦しみの一ページしか残されていません。これが高じて、瀕死の人間をまだ十分に生きている存在とみなすまでにいたっています。こういったすべてがもたらす結果とはほかでもない――道徳的＝精神的苦痛（souffrance morale）を延ばすことだけです。

ロラン　しかし結局以前より苦しまなくて済みます――そう言えませんか。

アンドレ　そのように言われると困惑します。おまけの日々は、必ずしも幸福な日々というわけではありません。さらにあなたが軍事年報を読んでみるならば、ちょっと思いがけないことを発見するでしょう。せいぜい二世紀前では、人間は、特別な勇気を持ち合わせていなくても、ぞっとするような怪我や残酷な手術を耐え忍んでいたのです。人々はむごい手術やぞっとする切断手術を耐え忍んで、呻くこともせず、それで時には死なずに済んだのです。歯科医学の歴史もまた多くを物語っています。男も女も、親知らず、あの埋伏歯である親知らずの切除をどうやって耐え忍んだのでしょうか。苦痛の意味作用がいまとは別で、それで、苦しみはいまよりいっそう受け入れられていた、そうだと思わずにはいられません。しかしかつての医学、特に外科には、本当に興味をそそられます。外科の仮定する苦痛の概念がまったく他とは違っているからです。万事が一変するゼロ・ポイントは、一八六〇年から一八七〇年頃のことで、麻酔薬とモルヒネを夢心地にさせるほどの分量使用しはじめたときです。いまや人間は苦しまずに腕一本なくすことに慣れっこです。たぶん西欧ではつい二〇〇年前まで苦しみは自然なことでした。もはやそうではありません。苦しみの伴わない生が夢なのです——というか、われわれ皆が時折夢見るものなのです。こういった夢は、おそらくわれわれのもつ脆さを物語るものでしょう。

パスカルは——彼はずいぶんと苦しみました——まったく別の考え方をしています。彼は苦痛の位置を、変えるのです——「私に十分に教えて下さい、肉体の害悪が、魂の害悪に加えられた罰であり、その形態にほかならないということを」。こういった転換によって苦痛は受け入れられていたのです。われわれは薬物を使って苦痛を取り除こうとし、そう願うあまり、われわれはもはや何物も受け入れられなくなっています。死は乳白色の靄と化すにちがいありません。

ロラン　しかしあなたの言うことによると、自分のうちに苦痛を、たぶん精神的な苦痛さえ、熱心に求める必要が出てくるでしょう。明らかに、宗教だけがそこから利益を得ることでしょう。あなたがいま引用したばかりのパスカルのテクスト、それは病気の有効な使い道に関するものですが、そのテクストは苦痛を宗教的に求めることであり、かつて書かれた最も強力な求め方といえます。マシヨン〔一六六三—一七四二、聖職者・説教家〕すらそこまで過激ではありません。モルヒネが苦痛に対する特効的な治療法と考えるならば、宗教はその最初の犠牲者ということになるでしょう。そしてあなたならさらにきっと先に進むでしょう。あなたの考え方に従うならば、宗教にとっての最強の敵は医学にほかなりません。

アンドレ　どんな医者だって病人が聖書を読むことを禁じたりはしません……。

ロラン　ねえ、ご冗談でしょう。モルヒネを使い出してからというもの、病人が心待ちにしている救済とは、手術によって得られるのであって、痛悔や改悛によってではありません。

アンドレ　今日、救済という概念が完全に混乱しています。私はしばしば自問してみるんです、パスカルにおいて救済は、桁はずれに大きな（énorme）希望を意味していたのだったろうかと。希望が桁はずれに大きくあるには、問題となっている事柄が桁はずれに大きなものである必要があります。ところで、永遠の生への希望が桁はずれに大きかったパスカルが、この世の生や苦痛には相対的な大きさを与えているだけなのですから。それでもやはりご存知のように、パスカルは歯痛を患い、落ち着こうとして数学の問題を解いたのでしたが。しかしいまや大きな希望が現世に提出されたのです。医学だけが、多くの人にとって、その希望に応えることができます——たとえばモルヒネを使用することで。モルヒネを使えば生命世界は耐えうるものとなるのですから。あなたもご存知のとおり、世上に上る話題の一つに、人々にとっての安楽の医学というのがあります。しばしば医者は安楽の医学の話となるとこう語ります——彼らは自らの発言に配慮すべきでしょうが——患者たちは不治なのだから、と。それゆえここには、「知的安楽」のあとにやって来た、「医学的安楽」があります。

ロラン　そしてあなたの番が回ってきたとき、あなたはこの「医学的安楽」を要求しますか。

アンドレ　もちろんです！　たとえ考えうるすべてのことを断念しなければならないとしてもです。しかしそうはいっても、自らの行為と思考とが一致しないからといって、その人間は無価値だと完全に決めつけるわけにはいきません。行為と思考が一致するなら、それはそれで当然一致しないより素晴らしいにちがいありません——しかし凡庸さや、明らかに脆さだとわかることを、受け入れる術を知る必要があります。心臓発作を夢想することもできるわけです。モルヒネがなくたって死ぬことができるじゃないですか、そうでしょ。

ロラン　カトリックやプロテスタントの説教に関してあなたはどうお考えになりますか。宗教に関してどうお考えになりますか。あなただってお認めにならないわけにはいかないでしょう、宗教の敵が医学であるということを。宗教の敵はほかにないのでしょうか。

アンドレ　いろいろな問題点があります。もちろん医学は宗教的要素を排除しました。しかしカトリックやプロテスタントの説教に含まれていた宗教的要素も、その無力さを露呈させてしまいました。それで宗教はものすごいスピードで王位から転落しました。ここかしこ宗教界には、宗教を懐かしんでばかりで悔い改めようとしない人々が存在していて、しかもそういう人々は慰めとなる演説をすることもできやしないのです。しばしば「教養豊かな馬鹿ども」でしかない、こういった宗教を懐かしむ人々はそうと信じているようですが、教会を本当に混乱させてしまったのは第二バチカン公会議〔一九六二—六五〕ではありません。私の意見では、その会議はさまざまな実際上の構造の変革をめざし、その変革によって思考が別のところに導かれ、召命の危機が引き起こされたのです。そのうえ宗教の敵は医学のうちにだけ求められるべきではありません。哲学体系も考慮に入れる必要があります。それも、無神論、例えばフォイエルバッハのあまり知られていない無神論を公言する人々ばかりでなく、宗教を擁護しようとするつもりが反対に宗教を揺るがし、自分たちの堕落した状態そのものに宗教を道連れにしてしまう人々も考慮に入れる必要があります。省察というものはどれも間接的な疑問の呈示である、そうヘーゲルが考えたことは間違いではありませんでした。ただし、どうやって省察をやめるのでしょうか。われわれの世界とは省察でできた世界であり、省察はコミュニケーションの媒体を通じて直接伝達されます。築き上げるとは批判することになったのです。聖フランソワ・ド・サル〔一五六七―一六二二、カトリック神秘家〕のような教会博士たちですら、宗教倫理に対して益するより害を与えたのでした。

こういった見地からみると、宗教は進歩の流れに取り込まれ、その流れに逆らうことができずに衰退の道をたどることになったのです。

ロラン　それでも聖書にこう書かれてあります、もしも町にたった一人でも義人が存在していれば、町全体が害を免れるだろうにと。

アンドレ　そういった質的命題は理論的には必要なものです。しかし現実には、ほとんど意味をもちません。その命題には、キリスト磔刑へのプレリュードしか見てとれません。たとえばカトリック教会が（それはさまざまな宗教的形体の一つにすぎないのですが）未来展望の方向性を示せないのは、自らのうちにたった一人の義人をも示すことができないからなのです。義人たちの光は消えています。

ロラン　思うに、最も深刻な事態は、唯一の義人という考え方に従ってものを考えられずに、宗教が大衆現象として思い描かれていることなのです。あたかも、教会が健康であるには、太っていなければならないかのように。それからもう一つの深刻な事態、これもまた量的観点に結びついていますが、それはカトリック教会の感覚主義（sensualisme 享楽主義）です。教会の要求するものは、ただたんに魂ばかりでなく、肉体もなのです。人間まるごとこそが要求されているのです。知らず知らずのうちにフォイエルバッハの原理に従っているわけです。im Leib sein bedeutet in der Welt sein、「世界にある、存在するとは、肉体のなかにあるということだ」。法王の偉大なミサでは肉体の数が数えられるのです。

アンドレ　あなたの意見に賛成です、私もカトリック教会の感覚主義を告発するつもりだっただけにいっそう同感です。たとえば、聖堂商人というものまでルルドに存在している以上、手の打ちようがないのです。ところで、宝石、メダイ、聖スルピス会風の安っぽい美術品——そういったすべてが重要性をもっていて、カトリック教会は、貴金属でできた衣装や高価な絵画を、教会からいまだ取り去ることができないでいるのです。さらにカトリック教会では宗教が宗教自身に害を招き、結局のところ宗教が宗教の最初の敵です。私の法王冠の放棄に関する考えは、スキャンダラスですが、真実です。パウロ六世〔一八九七―一九七八、法王在位一九六三―七八、「旅する法王」といわれた〕が法王冠を捨てた理由は、首が痛くて、もはや冠をつけていられなくなったからです。実際はそれが別の精神的な原則、すなわち清貧の誓いのためであったとされたのは、そのほうが法王に都合がよかったからなのです。こういった非難のすべてが新しいものではなく、おまけに世論はそれらの批判に冷淡です。それほど宗教はどうでもよくなっています。しかしその無関心な態度のなかに、またはその反対の態度のなかに、まさに欺瞞〔mauvaise foi 悪い信仰〕が見いだされうるのです。

ロラン　しかしわれわれは、世にいう進歩をこのように検討してみて、こう言ってみることができるのではないでしょうか、哲学は宗教よりいっそう退廃的であると。哲学の見事な原理の数々は、いったい何の価値があるのでしょうか。いったい哲学の進歩とはどういったものなのでしょうか。たとえば、レオン・ブランシュヴィク〔一八六九―一九四四、フランスの哲学者〕が西欧意識の進歩について書いた本は、第二次世界大戦直前、つまり絶滅収容所の直前に出版されましたが、その本は哲学の挫折の証拠となっているのではないでしょうか。

アンドレ　どう答えてよいものやら。レオン・ブランシュヴィクは、第三共和制の公認哲学者でしたが、第三共和制が間違ったのと同様の間違いを犯したのです。哲学は、ドイツの殺人者たちの思い出とともに、困難のなかを生きねばなりません。私の考えでは、フッサールが『危機』〔『ヨーロッパの学問の危機と超越論的現象学』のこと。一九三六年〕において述べた事柄は説得力に欠けていたのです。哲学が挫折でないとするならば、哲学は何らかの進歩であるはずです、または数々の進歩を確認することであるはずです。戦後フッサールは翻訳されましたが、たぶんすべきことは別にあったはずです。しかしたぶんある一つの進歩というものはあるでしょう……。

ロラン　どういう進歩なんでしょう！

アンドレ　思うに、われわれの過去への理解は以前よりより良くなったし、この過去がわれわれの過去であるかぎりにおいて、われわれは互いをより良く理解しあえます。たぶん、いちばん興味深い問題は、誰がヨーロッパに祝福を授けたのか、さらにこの祝福は祝福に値するのかということでしょう。

ロラン　あなたはいったい何をおっしゃりたいのですか。

アンドレ　ヨーロッパ史上最高の天才二人といえば、ダンテとレオナルド・ダ・ヴィンチですが、ダンテが世界を切り開いたのでないことは確かです。レオナルド・ダ・ヴィンチが、専門的な小道を大道に変えました。彼の手稿を調べてみればわかることですが、たとえば、水力学や地質学、鉱物学といったものを、彼はいずれも科学とみなしています。彼にとって科学のもつ知的な価値は、神学に直面しても失われるどころか、たえず明確に現れるのです。世界に関する言説が、神に関する言説の周辺に発展し、神に関する言説をますますいっそう侵食してゆきます。こういった言説を使いはじめたことが、無限の進歩を約束しつつ、ヨーロッパの奇妙な（singulière 単一の）祝福となったのです。奇妙な祝福、その祝福が人間と事物すべてに及ぶ以上そうだと言えるでしょう。ダ・ヴィンチの主要観念は次のようなものです。人間にとって秘密のままなものがあってはならない。特に人間の肉体に関してはそうなのだから、肉体を切開し記述しなければならない。彼が解剖学に割いた紙片には、明らかにしようという根本的な力が満ちています。ダンテに関して言えば、彼にできたのは、もはや存続していない神聖ローマ帝国の消滅を嘆くことだけで、彼自身そのことを『君主制』のなかで吐露しています。以上のように理解することは、哲学の進歩の一例ですが、はたして渦巻きの秘密を見抜こうとした男にヨーロッパが従う必要があったのか、それはまた別の話です。

ロラン　調停者となる人々は存在しなかったのでしょうか。

アンドレ　いましたよ、デカルトがそうです――そしてデカルトが挫折した最初の人物だったのです。そのことのもつ重みを、われわれは理解しはじめています。

ロラン　しかしあなたのおっしゃるすべてのことは、哲学史の統御を前提としているのではないでしょうか。

アンドレ　哲学史は大いに進歩しました。哲学史を十分に知らなければ、哲学することに意味はありません。ルイ・ラヴェル〔一八三三―一九五一、フランスの哲学者〕の著書にざっと目を通してみて下さい。ごくまれにしか引用文がないことにお気づきになるでしょう。ラヴェルのエクリチュールは思いのままに広がっています。しかしながら、彼の発言を十分に分析すればおわかりになるでしょうが、彼の基づいている哲学史の認識は見事で豊かなものです。

ロラン　それでも哲学はまだ神話に取り巻かれているようです。

アンドレ　あなたがおっしゃりたいのは、私が何でも五つに分類してしまう癖のことですね。その癖はフィヒテから受け継いだものでして、フィヒテ自身もまた遠い過去のピタゴラス派の人々から受け継いでいます。プルタルコスがデルフォイのEに捧げた対話を思いだして下さい。このように、いろいろな能動的構造、たとえばヘーゲルの三幅対があります。これらの構造はそれ自体非常に難解なわけですが、それらの構造に後押しされる格好で、人間はある明瞭さに到達するのです。たしかに、自らの思考を数化するやり方は――その由来も知られずに無意識に用いられているにしても、一般に思われている以上によく見かける方法で――ある実体なのです。これが進歩か否かなどと、問う必要はありません。それは人知の構造なのです。手には五本の指があります。思考のレヴェルがどうあろうと、そのことは変わらないでしょう。重要なことは――余談ですが――これらの序列システムがメタ論理学的起源をもっているということなのです。実際に考えさせることなく――つまりこうだからこうなんだといった具合で――これらのシステムのおかげで、思考と組織化が可能になるのです。こうも言うことができるでしょう、内容が神話的でなくても、われわれの分類のすべては神話的であると。それゆえ、神話と同じくらい安定した枠組みの内部でなら、さまざまな思考が進歩していると思うことができるのです。存在するのはただ、五つからなる綜合や三幅対だけ、また二元的様態です。ピタゴラス派の人々に反対してプラトンは非常に意識的に二元的モデルを選択したのですが、プラトンのこのお気に入りのモチーフは、判断力の管轄にでなく、論理的枠組みの管轄に属しているのです。しかし余談はやめにしましょう、言わなくてはならないもっと重要なことがあるのですから。

ロラン　お聞きしましょう。

アンドレ　ある進歩が哲学の力でなし遂げられる可能性はあります。

ロラン　どんな進歩ですか。

アンドレ　人間の世界が考察され、文化哲学がさかんに議論されるときに、人々が口の端にのせる進歩です。つまり、不幸の観念のことを言っているのです。

ロラン　ほんとうにそのとおりですね。しかし反論があります。カントはこう言っているのです、幸福はただの経験的な概念にすぎないと。不幸についても事情は異なるでしょうか。不幸もまた、不幸が経験的に多様であるせいで、理論ではとらえきれないのではないでしょうか。
アンドレ　おそらくそうでないと思います――出発点に戻ることにしましょう。不幸は絶対的なものを含んでいます。すなわち死です。それはたんに経験的なものにすぎないというわけではありません。それは固定概念なのです。われわれが知らねばならないのは、われわれが死をどのように考えるかということです。そもそも、ここが根本的な点ですが、死は自然的要素として出来しました。しかしすべての社会学者が明らかにしたこと、それは死が次のように考えられてきたということです――しかもまだそう考えられているのですが――、この出来事の原因は自然的なものではなく超自然的なものだと。未開人は人の死の原因を自然的な理由に求めることなく、不吉な意図に求めるのです。こういったすべては繰り返され、再－思考されていくにちがいありません。そうやってたぶん五つか六つの世代を経たあとで、文化のおかげで死の原因を自然的なものに求める観念が獲得されるのです。
ロラン　しかし人は死を大いに話題にしてきたし、カントはまさにこの方向で議論を進めました。不幸のカテゴリーでその他別のものは存在しないのでしょうか。
アンドレ　あります。一つの根本的な形式が存在していて、それはそもそも死を個体的で自然的なものと考える観念に結びつけられます――つまり孤独です。しかし死と同様、孤独も、たとえばバイロンは孤独から不幸の原理を作り出したのですが、既成概念の一つです。元となるのは、個体性でなくて、集団です。その集団から多少とも切り離されているということなのです。個人の完全な孤独とは、理性が生んだ一つの《イデア》です。その《イデア》に到達するために人間は死をよりどころにしなければなりません。
ロラン　しかしそうするとショーペンハウアーに向かうことになります……。
アンドレ　私はよそでショーペンハウアーをたびたび話題にしてきました。それは不幸の理論であるというよりむしろ不幸のエクリチュールなのです。

ロラン　どこに違いがあるのでしょうか。

アンドレ　ショーペンハウアーのものの見方は悲劇的で、ペシミスムはその別様の表現でしかありませんが、そういったものの見方とは関係なく、ショーペンハウアーは不幸のあらゆる契機を突き止めようとします。しかし彼は意志という概念を持ち出し、そこにおいてのみそれらの契機を統一しますが、意志は、生を望むために、表象に無と差異を持ち込むものです。しかしこういった統一は、あまりに粗雑にすぎます。必要なのは、不幸のあらゆる契機を関連づけること、たとえば死と孤独がどのように結びついているかを示すことなのです。

ロラン　しかしそういったすべては経験的なものにとどまるでしょう。そこからは現象学的な記述が得られるにすぎないでしょう。

アンドレ　たぶんそうでしょう。いずれにせよ、不幸の存在論というものは存在しません。問題となっている事柄は、全然存在論的でありません。行為している人間が問題となっているのです。存在を本質とみなすカテゴリーは捨て去らなければなりませんし、倫理学（éthique）が存在論に取って代わらなければなりません。取って代わるのが道徳（morale）だとは言いません、倫理学と道徳はわれわれの言語では同じことを意味していますが。不幸の諸形式の理論をさまざまな意味作用として解釈し直すなら、哲学における根本的な進歩の一つとなるでしょう。そもそも、パスカルやキルケゴール、シェストフ〔一八六六―一九三八、ロシアの思想家〕といった先人たちが存在していますから。しかし彼らを統合することは難しいです。なぜならば彼らはみな、理性を指導原理とみなすことを拒絶しているのですから。

ロラン　不幸を主題とした最も偉大なテクストは何でしょうか。

アンドレ　カントの手になる実践理性の三つの要請の論述です。
ロラン　なぜですか。
アンドレ　なぜならば、カントは実存を不幸なものと仮定して、単純な嘆きに終わることなく、どのような条件で哲学が考えうるかを自問しているからです。それは彼の三番目の問い、すなわち「私は何を希望することができるのか」に対する答えなのです。
ロラン　しかしカントの提出する条件、すなわち魂の不死性、神の実存、自由は、法外なものではないでしょうか。
アンドレ　そう、まさにこれら三つの要請は法外なものですね。不幸の思考は次のような諸原理に基づいているのですから。魂は不死ではない、神は存在しない、自由だからといってどんな結論でも下せるわけではない。
ロラン　ぞっとしますね……。
アンドレ　たぶんね。われわれ自身の奥底でわれわれが考えている事柄ですけれどね。しかしそもそもそこまでいかなくても、絶対的な不幸のうちにあると明言することはできます。ルソーがそうでした。孤独を絶望に結びつけ、その孤独というカテゴリーに基づいて、絶対的不幸を明言しました。
ロラン　ルソーを私は学んだものでした。この主題に関する長々しい本がありますよね。パスカルはといえば明白です——私ならヘーゲルを付け加えておくことにしましょう。個人にとって真の救済はないのですから。ヘーゲルほど人の気を滅入らせるものはありません。ヘーゲルでは、個人が決して過渡的段階以外でありません。それがアンティゴネに関する彼のテクストの教訓なのです。
アンドレ　しかしヘーゲルの哲学は簡素な古典哲学です。個人は《絶対者》のために存在するのですが、

《絶対者》は個人のために存在するわけではないというわけです。マルブランシュ〔一六三八―一七一五、哲学者・オラトリオ会修道士〕が明言したことも同じことで、彼はどうにかこうにか十字架の愚〔十字架の教えも不信仰者にとっては愚かに思われるかもしれないこと〕と折り合いをつけていましたが、しかしマルブランシュにとっても、有限は無限のために存在するはずであって、その逆ではなかったのでした。

ロラン　あなたがこういった不幸の哲学をお書きになったらいかがですか。

アンドレ　いまのところ、書くことはないでしょう。不幸の哲学＝哲学の不幸、というのは避けがたいジョークですが、それが理由というわけではありません。私はむしろ次のことを恐れているからです――それはたえまないヘーゲル的な反論と言えますが――、観念を保有しているつもりでいながら、自分の生来の性格に負けて主観的になってしまうことを。

ロラン　しかし、さまざまな意味を表現してゆけば、その時点から、主観主義という非難は免れるものです。

アンドレ　たぶんそうでしょう――しかし私にはその自信がありません。結局のところ、文化哲学において、直接与件、つまり西欧における死を超えて進もうとするや否や、人は道に迷う恐れがあります。

ロラン　幸福とは何でしょうか。

アンドレ　忘却を免れることです。

ロラン　あらゆるかたちの忘却をですか。

アンドレ　あらゆるかたちの忘却をです。第三世界で起きていることをご覧下さい。それは忘却現象なのです。いまわれわれの世界の個人は、忘れられないように願っています。私は、パリからジュネーヴに行く道すがら、いつも恭しくその記念碑を眺めたものでした。その記念碑とはニセフォール・ニエプス

〔一七六五—一八三三〕、写真の真の発明者を記念して建立されたものでした。肖像写真のなかから不動の死者たちがわれわれを眺めるのは、彼のおかげでありますが、たぶんそれは素晴らしいこととは言えません。ああ！　彼らは動きませんが、いまでも彼らは、彼ら自身が望んだ現存、往時の現存を、いまとは違う装身具や衣装をまとって保有しているのですよ。こういった多数の写真や映画と比較すれば、絵画などなんでもありません。

ロラン　しかし何かを残す仕事はいろいろあります……。

アンドレ　おそらくそうでしょう。画家、音楽家、作家、今日彼らのいずれもが忘れられることはありません——いつでもあとに何かが残されるでしょうし、それは本についてだって当てはまります。私の書いた本のすべてが、かの有名なアンリ・ボルドー〔一八七〇—一九六三、フランスの作家、法律家〕の本のごとく、忘れ去られてしまうかどうか知るよしもありませんが。アンリ・ボルドーといえばいまや誰もその本を読む者がいませんが、かつてはアカデミー・フランセーズの一員だったのです。しかし私の本のなかで少なくとも一冊は将来に残るような本があります。まったく単純な本が一冊。しかしそうはいっても、一八世紀の二流作家のような言い方をするならば、流れ出しひろがってゆく水でなくて、その水の流れ出た水源こそが重要なのです。作家の幸福な運命とは——罵られるためであってさえ、沈黙というこのもう一つの不幸のカテゴリーを通過して生き延びることでしょう。

ロラン　では、ひとつの問いで話をしめくくりましょう。書くこととは、仕事をすることなのでしょうか、また仕事をすることで倫理的な進歩をなし遂げることなのでしょうか、一つの努力を達成することなのでしょうか。

アンドレ　ある人たちは即座にそうだと答えることでしょう。あたかも（想像するに）数々の真新しい観念をもたらすことが何らかの成果であり、肯定的なことであるかのように。この意味でなら書くことは仕事をすることであり、進歩することでしょう。しかし私はむしろこう思うのです。作家は自分の時間に住んでいて、仕事をするというより自分の時間を過ごしているのだと。積極的に自分の時間に住むことは、正確には仕事をすることにあたりません。それは、虚しさや空疎な雰囲気から逃れ、気を紛らわせることなのです。

ロラン　しかし書くことで人はさまざまな観念を伝達します……。

アンドレ　伝達するとはおおげさな言葉です。ドイツ語でなら、分かち合う、すなわち Mitteilung〔通知・報告〕です。それによく言われるように、意味を内包するような観念がごく少数しかないとすれば？　ヘルマン・コーエン〔一八四二―一九一八、ドイツの哲学者。新カント学派のマールブルク学派の始祖〕が二度にわたって主張していますが、主要な観念は、ギリシャ以来、つまり哲学と芸術の分野でのわれわれの精神の師たち以来、変化していません。作家が自分の時間を過ごさなければならないのは、とても狭い枠組みのなかでなのです。いくつかの基本形態のなかで類似の意味を見つけ出す、これは時間に住むことであって、仕事と言えませんし、また自己に対してイロニーとなる側面をもっています。

時間に住むこととしての真の作家の活動は、忘却から逃れることを可能にしますが、それは自己と諸観念に対してイロニー的な距離を保つことによって支えられているのです。イロニーとは、主観的な形式をとった弁証法です。弁証法は客観的なものであるべきという考えを理由にして、イロニーを断罪してはなりません。実際、自分の仕事は時間に住まって不幸に腐心することだと言い切ることで、主観的弁証法に導かれた文化哲学としての哲学は、一つの安定点を得るのです。重要でありまた脆くもある安定点を。

ロラン　レテ〔黄泉の国を流れる忘却の川〕の水を飲みに行きましょう……。

アンドレ　水源がどこにあるのか知っているのですか、それにそれを飲む必要があるのですか……。
ロラン　知っていますし、試してみたいのです。これらすべての観念を忘れることが私に可能かどうか知りたいのです……。
アンドレ　観念を忘れたがる人は、観念にとらわれていると言ってよい。観念は運命であり、運命は忘れることはできないのです。ヨーロッパの不幸についても同じことです。その不幸は、グリーンランド人等々とともに始まってしまったのですから。

解説

本書はAlexis Philonenko, *L'archipel de la conscience européenne*, Grasset, Paris, 1990. の全訳である。

著者のアレクシス・フィロネンコ氏は、一九三二年生まれ。現代フランスの哲学者・哲学史家で、特にカント、フィヒテを中心としたドイツ哲学研究の第一人者として知られる。ジュネーヴ大学、カーン大学教授を経て、一九八五年以降ルーアン大学教授を務め、現在はルーアン大学名誉教授。おそらく、フランスの哲学者でありながらドイツ哲学の専門家であるという氏の経歴が、その膨大な業績にもかかわらず、また昨今フランス現代思想がさかんに日本で翻訳・紹介されてきたにもかかわらず（「エピステモロジー」、「脱構築」に批判的立場をとるだけになおさら〔本書第四章「哲学」参照〕）、いまだ日本で一般に知られる機会をもたない所以かと考えられる。フィロネンコ氏の日本語訳は、今のところ本書の他には、中村博雄氏の翻訳による『カント研究』（東海大学出版会、一九九三年）があるのみ。中村氏はルーアン大学で実際フィロネンコ氏の教えを受けているだけに、フィロネンコ氏の詳しい経歴と人柄、およびドイツ哲学研究者としての業績を知るには、中村氏の訳者あとがきをぜひとも参照していただきたい。ここでは『哲学者事典』（*Dictionnaire des philosophes*, 2e éd., PUF, 1994）の一部を訳出して紹介に代えさせていただく。

「ドイツ批判哲学の注釈者、特にその創設者エマニュエル・カントとその後継者フィヒテ、またショーペンハウアーの注釈者として知られる。フィロネンコは原則として彼らの哲学思想の生成過程を描く（そうすることで彼自身の方法論の力線が示される）。『ひとつの未来をひとつの過去に映し出すことなくして生成がもたらされることはありえないし、過去において何が優れていたのかをわれわれに教えてくれるのは未来である』からである。ある思想の実際上の出発点について奥行きのある概観的な視野を獲得しようとしても無駄であり、出発点が存在すると考えることも無駄である、と彼は強調する。フィロネンコは、始まりにおける哲学思想をまだ中心を持たない図形に譬えており、最初にあるのはおそらく多様性であると見てとっており、この多様性を組織し重心をとらえようという試みはその試み自身を疑わせるに至るとわかっているのである。フィロネンコの功績は、カントの後継者のなかでフィヒテこそが最も明晰に、批判哲学の統一原理、すなわちカントのコギト〔我思う〕は多元的コギトだとすることでフィロネンコが定義している批判哲学の統一原理を見抜いたと、明確に証明したことである。」

このような生成過程と多様性に重きをおく氏の主著は、次のとおりである〔原題は後掲の著作目録を参照〕。『フィヒテ哲学における人間の自由』（一九六六）、『一七九三年のカントとフィヒテの道徳及び政治思想における理論と実践』（一九六八）、『カントの業績』（二巻、一九六九、七二）、『ショーペンハウアー——悲劇の哲学——』（一九八〇）とその続編『カントの批評家としてのショーペンハウアー』（二〇〇五）、『カント研究』（一九八二）、『フィヒテの業績』（一九八四）、『ジャン゠ジャック・ルソーと不幸の哲学』（三巻、一九八四）、『カントの歴史論』（一九八六）、『マールブルク学派』（一九八九）、『フォイエルバハの青春時代』（一九九〇）、『超越論と近代思想』（一九九〇）、『ヘーゲルの「現象学」を読む』（一九九三）、『デカルト再読』（一九九四）、『ベルクソンあるいは精密科学としての哲学』（一九九四）、『カントとフィヒテにおける形而上学と政治学』（一九九七）、『プラトン講義』（一九九七）、『不幸の哲学』（三巻、一九九八—九九）、『ヘーゲルの「現象学」注釈』（二〇〇一）、『アリストテレス講義』（二〇〇二）、『プロティノス講義』（二〇〇三）など。

古今の哲学者を逍遥するフィロネンコ氏の著作は、しかし専門家のみに閉ざされたものばかりではない。本書を一読されれば、これが研究者のみが近づきうる研究書ではなく、該博な知識と多様な話題にあふれた、一般の読者にも十分開かれたものだとお分かりになるだろう。実際、本書の第二章で扱われる戦争と殺人に関するテーマについては『戦争の哲学に関する試論』（一九七六）と『殺人者』（一九九九）を著し、本書第四章で扱われるスポーツのテーマでは『スポーツと人間について』（一九九九）、特にボクシングに関しては『ボクシングの歴史』（一九九一）を著し、いずれもフランスの一般読書界で好評を博し現在も版を重ねている。その他、『両世界評論』誌の連載記事をまとめた『季節が過ぎて、命が終わる』（一九九五）や、本書第二章でジャガイモの話に登場するルイ十六世の生涯とその時代を描いた『ルイ十六世の死』（二〇〇〇）といった著書もある。フィロネンコ氏の著作はこのように、哲学、文学、歴史、社会、スポーツ、音楽など多岐にわたっており、様々な関心を抱く読者のためにも彼の「通俗哲学」（本書六頁）的著作のひとつとして本書を紹介することは十分意義があると思われるのである。

著者は本書の序において、「ヨーロッパ意識の成立の決定的モメントとなった単純明快な諸事実を映し出す鏡を、当のヨーロッパ意識に対して提示する」（八頁）という意図を明確に説明しているゆえ、訳者の任務はその「鏡」に映し出されたものを、できるだけ歪めることなく日本語に移し変え読者に提示することにある。そしてそこに映し出された多様な事実を読者がそれぞれの関心に沿って読み考える契機となれば、本書には著者紹介以上の解説など無用であろう。ただ、一九九〇年にフランスで刊行された本を、いま日本語で翻訳出版する意義について少しばかり付け加えることは必要かも知れない。

近年、「ヨーロッパ」に対する関心が日本でも大きくなってきている。もちろん、二〇〇二年にユーロ通貨が実際に流通し巨大な単一通貨市場ができたこと、さらに二〇〇四年に東欧諸国が加盟しＥＵが拡大したことが直接的な原因として挙げられる。アメリカ合衆国に政治的依存度の高い我が国でも、すでに産業界をはじめEUの影響はますます大きくなってきている。今や国際政治学や社会学、経済学の様々な分野で「ヨーロッパ」が話題にされている。この潮流から鑑みて本書は実にユニークな「ヨーロッパ」論のひとつとして読まれうるだろう。政治、社会、経済の面から「ヨーロッパ」を解明することは十分に意義のあることだ。だがそこには、「たんなるかりそめの利害集団」(三頁)の姿が浮かび上がる恐れがある。そして根本的な問いにぶつかる。「ヨーロッパ」の定義はいかなるものなのか？　この問いはヨーロッパ以外の人間にとってばかりでなく、ヨーロッパに住む人々自身にとっても定義し難い問題であって、とりわけ現在では、EUへのトルコの加入問題として噴出している。「イスラム教国」トルコは果たしてヨーロッパに含まれるのか？　そのような状況にあって、ヨーロッパを「形而上学」を基盤とした「思考空間」と定義する著者は、政治学や社会学、経済学、さらに歴史学の観点とも違う、哲学による「ヨーロッパ」像を提出して新鮮である。このユニークな視点を通して多様な主題が扱われ、他にはない形而上学的「ヨーロッパ」論が浮かび上がる。本書を読みながら、非ヨーロッパに住むわれわれは、その「思考空間」に入り込み多様な島々の風景に出会うことができる。

「意識」は他者と自己を対象とする。ヨーロッパがその他の地域に対して抱いた意識、そしてヨーロッパ自身に対して抱いた意識が本書を構成している。ヨーロッパ意識に対してヨーロッパ意識を映し出してみせる著書の意図は、自己批判を含む。それゆえ暗い風景を映し出すことをいとわない。本書の全体を貫くUntermensch「下等人間」のテーマは、ヨーロッパ意識の誕生とナチスによるユダヤ人強制収容所の問題の根本的な結びつきを浮かびあがらせる。このテーマは、ヨーロッパが非ヨーロッパに対して抱いた意識の記述では、グリーンランド人、アラブ人、黒人、原住民に対する意識、ヨーロッパ自身の内側では、精神薄弱者（原語のニュアンスをとどめるためあえてこの訳語をあてる）や老人、農民に対する意識となって何度も現われる。この問題は今現在もヨーロッパの移民問題として現われ、大変デリケートな問題であることに変わりない。非ヨーロッパに住むわれわれは、「ヨーロッパ意識」をそのまま共有することはできない。著者はヨーロッパ人としてヨーロッパの読者に向けて本書を著している以上、われわれはいわば遅れて参加した観光旅行客であり、そもそも著者はわれわれの案内役をつとめる意図はなかった。本文に現われる「われわれ」に日本語読者としてのわれわれは含まれていない。しかしそれでは本書を読みながら、われわれは「ヨーロッパ意識」に対して観光旅行客気分でいられるのか？　われわれは「ヨーロッパ意識」から見た場合何なのか？　それを考えたとき、必然的にわれわれも「ヨーロッパ意識」になんらかのかたちで刻まれているだろうことを「意識」せずにはいられない。われわれがヨーロッパに含まれないとすれば、われわれはグリーンランド人の側、「下等人間」の側に含まれているのではないか。ビュフォンの描いたグリーンランド人の肖像と運命にわれわれの戯画を見て取れはしまいか。それゆえ、本書を日本で刊行することは、著者の意図を超えた二つの意義を持つだろう。第一に、非ヨーロッパが「ヨーロッパ意識」を知り理解するため、第二にヨーロッパが非ヨーロッパに対して抱いた「意識」を、非ヨーロッパの側から「意識」するため。

本書は、二〇〇一年九月十一日に起きたニューヨーク同時多発〈テロ〉をまだ知らない。九月十一日は著者の言葉を借りれば、大きなゼロ・ポンイトであったといえるだろう。このゼロ・ポイントは、アメリカ合衆国ばかりでなく、ヨーロッパを巻き込み世界を巻き込んでいる。イラク戦争に対するEU諸国の分裂からマドリッドやロンドンの〈テロ〉の悲劇を見ても、この未曾有の経験が「ヨーロッパ意識」に与えている影響ははかりしれない。各国に広まった〈テロ〉の恐怖、移民排斥感情や反ユダヤ感情、イラクでの米軍による捕虜虐待と出口のない戦後イラクの混乱など、これら世界を取り巻く現在の状況は本書の知らないものである。しかしこの状況は、本書で著書が提出する鏡にすでに別の形で映ってはいなかったか。著者の提出する鏡は単にヨーロッパの過去のみを映し出すばかりか、世界の現在と未来を映し出すことも可能となっている。話題のレヴェルを変えても、第四章「より速く、より高く、より強く」を読みながら、二〇〇六年ドイツワールド・カップの決勝で、フランス代表ジネディーヌ・ジダンがイタリア選手に放った頭突きの意義を考えることは、あながち的外れではないのではなかろうか。

本書第四章「哲学」において著者が哲学における言語の専制を否定するように（三一一頁）、今後いかにEUが世界のなかで影響力を増そうとも、世界における「ヨーロッパ意識」の専制は否定されなければならないだろう。本書を読むと、この点に関して当のヨーロッパ自身が自らの歴史を省みて、そういった専制を恐れているのではないかと考えさせられる。すなわちEUが推し進める多文化共生・多言語主義が、新たな理想を掲げるというより、「ヨーロッパ意識」の発生とともに刻まれずにいなかった「下等人間」を、ヨーロッパの外にも内にも生み出さない努力であると思い至らされる。いささか個人的な経験談を述べれば、二〇〇六年八月に、在日フランス大使館・日本フランス語フランス文学会・日本フランス語教育学会の派遣によりフランス・ブザンソンのフランシュコンテ大学応用言語センターで夏期フランス語教員研修に参加した際にも、現在の言語学習のためのEU基準（Cadre européen commun de référence pour les langues）を、ヨーロッパ内だけでなく世界に広めようとする努力が強く感じられた。日本人がその基準に従うことが必要なのかいささか懐疑的になる向きもあるだろうが、すくなくとも「英語」の専制がさらに強まるばかりの我が国で、それ以外の言語と文化を学ぶ自由と権利を考えるひとつの道筋をつけるものであることは間違いないであろう。ある言語の専制と政治的・イデオロギー的専制が結びつく危険は本書でも語られる通りだ。それゆえ現在のヨーロッパの努力を、翻訳者自らの側からも理解し批判することは必要不可欠の作業であると、われわれも肝に銘ずるべきであろう。

著者は「哲学」の章の最後で、フィヒテは「戦争や飢饉の不幸、病疫の不幸、そしてとりわけ、幸せのために努力しないことで人の幸せを妨げるゆえに根本的な悪と彼がみなす怠惰の不幸を、告発している」（三二一頁）と記している。この根本的な悪に対抗して、人間の自由と権利と義務を考えることは、単にヨーロッパ的な形而上学的命題にとどまることなく、ヨーロッパと非ヨーロッパを含む世界全体に住む〈われわれ〉にとって実際的なものである。本書の翻訳が「ヨーロッパ意識」を「非ヨーロッパ意識」に開き、相互的な理解と批判を通して、共に〈われわれ〉と呼び合える契機のひとつとなればと考える。ともあれ、著者の鏡が映し出す多様な事象が、日本語読者に、各自の興味に応じて「思考する」ことを促す一助となれば訳者の望外の幸せである。

アレクシス・フィロネンコ著作／翻訳書目録（刊行年順）

著作（単著のみ）

La liberté humaine dans la philosophie de Fichte, Vrin, 1966, 3e éd. rev. et augm., 1999.

Théorie et praxis dans la pensée morale et politique de Kant et de Fichte en 1793, Vrin, 1968, 3e éd., 1988.

L'œuvre de Kant : la philosophie critique. 1, La philosophie pré-critique et la critique de la raison pure, Vrin, 1969, 6e éd., 1996.

L'œuvre de Kant : la philosophie critique. 2, Morale et politique, Vrin, 1972, 5e éd., 1997.
Essai sur la philosophie de la guerre, Vrin, 1976, 2e éd. augm., 2003.
Schopenhauer : une philosophie de la tragédie, Vrin, 1980, 2e éd. corr., 1999.
Études kantiennes, Vrin, 1982.（日本語訳『カント研究』、中村博雄訳、東海大学出版会、一九九三年）
L'œuvre de Fichte, Vrin, 1984.
Jean-Jacques Rousseau et la pensée du malheur. 1, Le Traité du mal, Vrin, 1984.
Jean-Jacques Rousseau et la pensée du malheur. 2, L'Espoir et l'existence, Vrin, 1984.
Jean-Jacques Rousseau et la pensée du malheur. 3, Apothéose du désespoir, Vrin, 1984.
La théorie kantienne de l'histoire, Vrin, 1986, 2e éd. augm., 1998.
L'École de Marbourg : Cohen, Natorp, Cassirer, Vrin, 1989.
L'archipel de la conscience européenne, Grasset, 1990.（日本語訳、本書）
La Jeunesse de Feuerbach（1828–1841）, introduction à ses positions fondamentales, Vrin 1990.
Le Transcendantal et la pensée moderne : études d'histoire de la philosophie, PUF, 1990.
Histoire de la boxe, Critérion, 1991, Nouv. éd. rev. et augm., Bartillat, 2002.
Qu'est-ce que la philosophie? : Kant & Fichte, Vrin, 1991.
Lecture de la "Phénoménologie" de Hegel : préface-introduction, Vrin, 1993.
Relires Descartes, Grancher, 1994.
Bergson ou De la philosophie comme science rigoureuse, Cerf, 1994.
Passent les saisons, passe la vie, Hallier, 1995.

Nietzsche : le rire et le tragique, Librairie générale française, 1995.

Leçons platoniciennes, Les Belles Lettres, 1997.

Métaphysique et politique chez Kant et Fichte, Vrin, 1997.

La philosophie du malheur. I, Chestov et les problèmes de la philosophie existentielle, Vrin, 1998.

La philosophie du malheur. II, Concepts et idée, Vrin, 1999.

Tueurs : figures du meurtre, Bartillat, 1999.

Du sport et des hommes, Michalon, 1999.

La mort de Louis XVI, Bartillat, 2000.

Commentaire de la "Phénoménologie" de Hegel : de la certitude sensible au savoir absolu, Vrin, 2001.

Leçons aristotéliciennes, Les Belles Lettres, 2002.

Leçons plotiniennes, Les Belles Lettres, 2003.

Schopenhauer, critique de Kant, Les Belles Lettres, 2005.

翻訳書（共訳を含む）

Immanuel Kant, *Qu'est-ce que s'orienter dans la pensée ?*, Vrin, 1959, 7e éd., 2001.

Johann Gottlieb Fichte, *Œuvres choisies de philosophie première : doctrine de la science : 1794-1797*, Vrin, 1964, 3e éd. augm., 1990.

Immanuel Kant, *Critique de la faculté de juger*, Vrin, 1965, Ed. revue avec des notes nouvelles, 1993.

——, *Réflexions sur l'éducation*, Vrin, 1966, 8e éd., 1993.

——, *La Dissertation de 1770 : texte latin : suivi de la ; Lettre à Marcus Herz*, Vrin, 1967, 3e éd., 1995.
——, *Métaphysique des mœurs. 1, Doctrine du droit*, Vrin, 1968, 5e éd., 1993.
——, *Métaphysique des mœurs. 2, Doctrine de la vertu*, Vrin, 1968, 4e éd., 1996.
——, *Fondements de la métaphysique des mœurs*, Vrin, 1980.
——, *Œuvres philosophiques*, Gallimard, Bibliothèque de la Pléiade, 3 tomes, 1980–1986.
Johann Gottlieb Fichte, *Doctrine de la science 1801–1802 : écrits de philosophie première et textes annexes*, 2 vol., Vrin, 1987.
——, *Essai d'une critique de toute révélation : 1792–1793*, Vrin, 1988.
Georg Wilhelm Friedrich Hegel, *Foi et savoir : Kant, Jakobi, Fichte*, Vrin, 1988.

清水　まさ志

訳者あとがき

本書の翻訳のお話をいただいたのは、原著が出版されてほどなくのころだった。カント学者の著書ではあるが、彼の基本的立場はフィロネンコ自身が「通俗哲学」（本書六頁、一二〇頁など）と本書中で名付けているように、ヨーロッパ意識の群島をめぐりつつ最も日常的な直感のレベルで最も率直な生への信頼の可能性を語ろうとするものであり、当時定期的に集まりをもっていたわれわれに哲学畑は少なかったもののみな本書に大きな関心を寄せ、共に翻訳にとりかかることとなった。だが当初の意気込みにかかわらず、さまざまな事情により完成まで心ならずも十数年の歳月がかかってしまった。まずは著者フィロネンコ氏と法政大学出版局、また本書の出版をお勧めくださった宇京頼三先生にお詫び申し上げたい。

ただ、ひとつ指摘しておかねばならないのは、本書の内容はその「通俗」性において、十数年の時間を経てもいまなお色褪せていないということだ。

原著出版の一九九〇年は、周知のようにドイツ再統一の年だった。直後の九一年には湾岸戦争とソビエト連邦解体が起こり、さらに同年ユーゴスラビア社会主義連邦共和国が解体しバルカン半島情勢は以後何年にもわたるテロ・内戦へと泥沼化、二〇〇一年には九・一一事件、アメリカは対テロの戦いと称し同年末アフガニスタンへ、〇三年にはイラクへ侵攻する。そして、世界各地に勃発する〈民族〉衝突。その一方で〈ヨーロッパ〉は一九九四年に「欧州経済地域」を成立させ、九九年ユーロ導入決定、二〇〇四年には欧州連合加盟国が二七カ国に拡大した。不安定化するグローバリズムのなかで、安定した地歩の拡大を模索しつづける〈ヨーロッパ〉。しかし世界がこういったすべての変化を経過した後でもなおフィロネンコのヨーロッパ論が色褪せないのは、彼の語りのひとつひとつが、変化のなかのそれぞれの事件を、それぞれ個々の実体として歴史的に意味づけようとするのではなく、先述のように、最も日常的な直感を最も率直な生への信頼の可能性へ結びつけようとする同じひとつの意志をもって、見定めようとしているからである。それら諸々の語りから通底して浮かび上がってくる一つの視点を、彼は本書全体をとおして提示しようとしているのだ。

もちろんフィロネンコが語るそれぞれの事件は、一九九〇年以前のヨーロッパ史上の諸事件にすぎない。だが、九〇年以降のわれわれにとってより身近である故により巨大にも見える出来事の底には、たとえば九一年のソ連邦の解体と冷戦の終結といったある種決定的とも思える時の断絶を超えて、九〇年以前から、いやさらに前の諸世紀からヨーロッパ意識として連綿と継続してきた諸々の思考のかたちが流れ来たっている。そういったかたちのうちから、とりわけヨーロッパ意識に決定的な痕跡を与えることになったものの始まりの事件（＝ゼロ・ポイント）の数々を、フィロネンコは本書で、批判的な語りをもって、ということは事件をつねに生への信頼の契機へ反転させる意志をもって、とりあげているのだ。そしてこの反転への意志がフィロネンコの語りを、九〇年以前か以後かという画期を超えて、有効なものとしているのである。

たとえば、啓蒙の一八世紀の思想家たち、ビュフォンやメンデルスゾーンら（瞬間的にはカントさえ——三三二〜三三五頁参照）が立ち現れさせたUntermensch＝下等人間（人間以下の人間）という発想をめぐる、すでにして「言語を絶する恐怖と歴史を告げて」（三三三頁）いた言説の数々。フィロネンコはそれらの言説を丹念に拾いあげ、ひとつひとつ覆して、〈下等人間〉を無根拠な概念へと反転させようとする。その姿勢は、アルジェリア戦争（フィロネンコがこの戦争に批判的であったことは付言しておく）に「国防科学活動委員」として「随行した」（四七頁）際の著者の姿勢にも通底する。Débiles＝精神薄弱者（原語のニュアンスをとどめるためあえてこの訳をあてる）を員数補充として戦争へ動員する作業に立ち会った彼は、精神薄弱者についての言説のいかに無根拠かを喝破するのだ。いわば精神「強靱」（？）者を基準としてつくられた「ビネー・シモンの検査」等（八二頁）を精神薄弱者たちに対して行い、その結果から彼らの（無）適性を考察しようとしても、ベースとなる諸概念は精神強靱（？）者の側にしか根拠をもたないのだから、考察は精神薄弱者の実際に一指も触れえないだろう。そこで著者は、強靱者ベースの「くだらない御託」（八八頁）しか示し得ない既存の言説をうち捨て、精神薄弱者と見なされている人々の日常の経験（たとえばどんな仕事についているか）を根拠としてもうひとつ別の論理を起こし、その論理をたどった結果をもとに彼らに最適と思われる働きの場を割り振ってみた。そして実際その場に身をおくことで、「ビネー・シモン」流の論理に従えばたんに「無知」としかみなされない精神薄弱者たちは、みずからの働きどころを得、安心を得たのである。単純な、視線の反転だ。できないことをではなく、できることを、つまり実際に生きうることを根拠として労働のシステムを考え、仕事の場を創り出しただけのことなのだ＊。

＊ もちろん、このフィロネンコの視線の反転が、「精神薄弱者」を戦争に送り込む言説を新たにつくりだす危険をはらんでいることを、無視はできないが。

この反転はだから、思考の論理を整合的に導けば得られるといったものではない。むしろ論理の整合云々以前の、論理の方向付けのベースとなるいわば原・発想のレベルでなにを選択するかを、フィロネンコは問うているのだ。精神「薄弱」について思考する者は「ビネー・シモン」型の検査結果から整合的に論理を推して、ある一群の人々を「無知」だと結論づけるが、しかしじつはその思考の論理が、ある一群の人々を「無知」だとみなす原・発想によりすでにして方向づけられている。そもそも他者に対する原・発想を「無知」に置くこと自体、思考の怠慢であって、思考はさらなる原・発想へとおもむくことができ、またそうすべきなのではないか。おそらくそのようにして思考のおもむく先の、フィロネンコ自身の原・発想が、彼が「信頼」(八八頁)と呼ぶもの、そして究極的には、(この上なく「通俗」な)「生きる義務」「殺さない義務」(九二頁)と呼ぶものなのであろう。生きる〈権利〉を行使するのではなく、生きる〈義務〉を〈信頼〉すること。これが、本書におけるフィロネンコのあらゆる推論の、「結論」(出発点としての、かつ到達点としての)といってよい。この「結論」を、あくまで堅持すること。それが、フィロネンコが「結論の哲学」(二九八頁ほか)と呼ぶ、彼自身の思考の根本の姿勢なのだ。本書はこの「結論の哲学」にいたりつく、あるいはそこから出発する、語りの数々としてこそある。

とすれば、本書における著者の姿勢は、本書に言及される個々の事件だけでなく、あらゆる事件における、あらゆる他者に対する思考に、通底すべきものとしてあるといえる。たとえば、ある事件におけるあるる他者を「悪」と断定してそこから強引な論理を展開し行動に移る以前に、なによりもまずとってみるべき姿勢として……　本書が出版から十数年を経てなお色褪せないのは、この根本姿勢ゆえであるといえるだろう。

本書の翻訳は、左記のように分担した。全体をとおしての見直しや文体・語句の統一等は、本文に関しては川那部が、後註に関しては西原があたった。不統一な点、また、読み違えてチェックしきれていない箇所も残されていることであろう。諸兄のご叱正とご教示をたまわれば幸いである。

序		川那部保明
Ⅰ　記憶		清水まさ志
Ⅱ　黙示録の馬	白き馬、青ざめた馬	西原英人
	火の馬、黒い馬	藤井陽子
Ⅲ　忘れられた世界	海	大出　敦
	大地	藤井陽子
Ⅳ　意識と現実	より速く（…）、世界の精髄	大庭克夫
	哲学	栗原　仁
進歩に関する対話		清水まさ志

最後になりましたが、本書の翻訳をわれわれに勧めてくださりつねにお励ましくださった宇京頼三先生に心よりのお礼を申し上げますとともに、作業の遅延にもかかわらずあたたかく見守ってくださり、また校正などの進行上なにかとご助言いただいた法政大学出版局の藤田信行さんに、心より感謝の意を表したいと思います。

二〇〇七年一月

川那部　保明

訳者紹介

大出　敦（おおいで　あつし）
1967年生まれ
十九世紀フランス文学（ステファヌ・マラルメ）
慶應義塾大学法学部専任講師

大庭克夫（おおば　かつお）
1954年生まれ
筑波大学他非常勤講師
二十世紀フランス小説（アンドレ・ジッド）

川那部保明（かわなべ　やすあき）
1949年生まれ
筑波大学教授
フランス近現代詩（ランボー，ジャコテ）

栗原　仁（くりはら　ひとし）
1965年生まれ
埼玉大学他非常勤講師
フランス思想

清水まさ志（しみず　まさし）
1967年生まれ
フランス近現代詩（シャルル・ボードレール）
富山大学非常勤講師

西原英人（にしはら　ひでと）
1968年生まれ
埼玉大学非常勤講師
二十世紀フランス文学（小説），草稿研究

藤井陽子（ふじい　ようこ）
1972年生まれ
ピカルディー大学博士課程在学中
フランス十七・十八世紀文学（聖地巡礼記）

アレクシス・フィロネンコ
(Alexis Philonenko)
1932年生まれのフランスの哲学者・哲学史家．カント，フィヒテを中心としたドイツ哲学研究の第一人者として知られる．ジュネーヴ大学，カーン大学教授を経て，1985年以降はルーアン大学教授を務め，現在は同大学名誉教授．カント，フィヒテ，ルソーなどに関する著書多数（本書「解説」に付した〈アレクシス・フィロネンコ著作・翻訳書目録〉参照）．邦訳書に，『カント研究』（東海大学出版会）がある．

《叢書・ウニベルシタス　863》
ヨーロッパ意識群島

2007 年 3 月 15 日　　初版第 1 刷発行

アレクシス・フィロネンコ

大出敦／大庭克夫／川那部保明／栗原仁
清水まさ志／西原英人／藤井陽子　訳

発行所　財団法人　法政大学出版局
〒102-0073 東京都千代田区九段北 3-2-7
電話03(5214)5540／振替00160-6-95814
製版，印刷　平文社／鈴木製本所

Printed in Japan

ISBN978-4-588-00863-4

註

序

1．M. Bouvier-Ajam, *Attila*, Paris, 1894.

2．もろもろの内容物が勝手気ままに堆積しているという点からすれば，思考の空間はカッシーラーが，「神話の空間は数学の〈機能空間 espace-fonction〉とは逆の〈構造空間 espace-structure〉としてたち現れる」と言った意味での神話の空間を思わせる．Ernst Cassirer, *Philosophie der symbolischen Formen*, 2e éd., t. II, p. 110.［邦訳：エルンスト・カッシーラー『シンボル形式の哲学　第二巻　神話的思考』，生松敬三・木田元訳，岩波文庫，1991 年.］

3．A. Philonenko, *La Jeunesse de Feuerbach*（*1828-1841*）, *Introduction à ses positions fondamentales*, Vrin, 1989, を参照のこと．ヘーゲル批判については，Ludwig Feuerbach, *Sämtliche Werke*（Bolin et Jodl éd.）, t. II, p. 180.

4．L. Feuerbach, *S.W.*, t. X, p. 12.

5．本書の出版は，わが友アラン・ルノーに負うところまことに大である．彼の友誼を私は心から頼りにした．彼があってはじめて本書は完成にいたったのである．

I　記　憶

1．Léon Poliakov, *Histoire de l'antisémitisme*, t. III : De Voltairte à Wagner, Calmann-Lévy, 1968, p. 477.［邦訳：レオン・ポリアコフ『反ユダヤ主義の歴史　第Ⅲ巻　ヴォルテールからヴァーグナーまで』，菅野賢治訳，筑摩書房，2005 年.］

2．とりわけ『トレヴー辞書』の最も普及した版（1743 年）が，「野蛮な Barbare」と「野蛮 Barbarie」の項目で明示していることである．例えば，「野蛮，女性名詞．残酷さ，理性と人間性に反して加えられた行動［……］.〈野蛮〉，海洋用語で，他国に由来する外国の品物や商品に関していわれる……」

3．中国思想においても事情は同じことだと指摘されうるだろう．ポール・グラネは類いまれな鋭さで中国思想における野蛮の概念を分析した．

4．『トレヴー』誌［18 世紀のイエズス会系の文学雑誌］ではただの一度も，野蛮人は下級の存在であるなどとは言われていない．

5．Emmanuel Kant, *Critique de la faculté de juger*, tr. par A. Philonenko, Vrin, p. 189.［イマヌエル・カント『判断力批判』，A. フィロネンコ仏訳.］

6．L. Poliakov, *op. cit.*, p. 154 sqq.

7．カントの人種に関する考察に関しては，A. Philonenko, *Théorie kantienne de l'histoire*, Vrin, chapitre VI, を参照されたい．

8．すなわち，darum-weil（……の理由は，……ということだからである）の関係を，als ob（あたかも）を原理とする内省的判断の領域に適応すること．さらに詳細な検討には，A. Philonenko, *Œuvre de Kant*, t. II, Vrin, §34, を参照．

9．〈北方〉に関しては，ルソーの『言語起源論』と私の注釈書 A. Philonenko, *Rousseau et la philosophie du malheur*, Vrin, I, p. 19. を参照．私は 147 頁で「寒さだけが，死という恒久的な観念を与える」と明確に述べた．

10．和解の概念に関しては，K. Barth, *Dogmatique*, IV, 1, p. 295–297.

11．L. Feuerbach, *S. W.*, t. I, p. 15.

12．Buffon, *Œuvres complètes*, Paris, 1851, t. III, p. 101. 傍点はすべて私が付したものである．傍点を付した語については，今後もしばしば註で説明を加えることにする．

13．フィンランド人，アーリア人の目は青い．すなわち，「目は他のどの器官よりも魂に属するものだ」（*Ibid.*, p. 245）．

14．幅広な口（*Ibid.*, p. 247）は，グリーンランド人の〈動物的〉性格を示す第一のしるしである．目と口に関しては，ビュフォンの言説をうまく説明しているフィヒテの次の文章を参照．「口，自然はそれを最も低次元で最も利己主義的な働き，すなわち栄養摂取に割り当てていたのだが，それ自身の発達を通じてコミュニケーションの器官となるや，あらゆる社会的な感覚を表現するものとなった．個人あるいは，ここでは安定要素が問題なので人種といっておくが，人種がまだ動物的なままであり（傍点は私による），まだ自己の利害しか知らない場合，口は突出している．一方人種が高尚になると，口は思考する額の湾曲の下で引っ込むのである．」Johann Gotlieb Fichte, *Gesamtausgabe*, I, 3, p. 383.

15．獣性への第二のほのめかし．猿の「口」が想い浮べられる．

16．ビュフォンは人間の平均身長を 5.5 ピエ［約 178.7 センチ］としている．

17．ロシア人のような高尚な人種（Buffon, *op. cit.*, t. III, p. 343）では，身長は高い．ピエール大帝は 6 ピエ 5 プス［約 208.5 センチ］あった．

18．グリーンランド人の女性は，それゆえ女性的美の諸基準を満たしていない．男女の混同は絶対的な劣性である．

19．だからグリーンランド人の社会を一つの市民社会と認めることが困難になるわけだ．

20．獣性への第二のほのめかし．ヒヒの雌はこのように乳を含ませる．

21．フィンランド女性の乳房はばら色真珠のような光沢がある．

22．獣性の第四のほのめかし．ヒヒの尻！

23．五番目のほのめかしだが，これは最も深刻だ．なぜなら，その言葉によって，グリーンランド女性は結局雌だと理解されるのだから．

24．両手の小ささは美の諸基準とは正反対のものだ．ここでディアーヌ・ド・ポワティエ［1499–1566 アンリ二世の愛妾］の両手が思い出されるだろう．

幅広な顔と小さな目の対比で起こる不愉快さを指摘してもよい．グリーンランド女性はブタを連想させるからだ．「カルムックはカスピ海沿岸に住んでいるのだが，［……］人間ではあっても，この世で最も醜く不格好な人間である．彼らの目は驚くべきほど小さく，わずかな鼻はあまりに平らなので，鼻孔の代わりに二つの穴が見受けられるばかり．」（Buffon, *op. cit.*, t. III, p. 303.）ラヴァーター［1741-1801 スイスの詩人・哲学者．観相学を創始］の図版のなかの人間-ブタを見よ．

25．*Ibid*., p. 301-302.

26．Buffon, *op. cit.*, t. V, p. 193.

27．Lion Feuchtwanger, *le Juif Süss*, rééd., Paris, 1978, p. 282 sq.

28．Gobineau, *Essai sur l'inégalité des races humaines*, Firmin-Didot, 1884, II, p. 374.

29．Buffon, *op. cit.*, t. III, p. 302.

30．*Ibid*.

31．ヴォルテールは「冷たいラップランド人」と書いている．「黒檀の木」を不正取り引きすることで，すなわち黒人売買に投資することで，莫大な財産を作り上げた一人の人権擁護者による，辛辣かつ下劣な冗談．

32．さらなる獣性のほのめかし．塩がなければ，人間もない——逆もまた同じ．

33．Buffon, *op. cit.*, t. III, p. 302.

34．注意しておこう，ランプのようなものであって，ランプではないことを．

35．Buffon, *op. cit.*, t. III, p. 302.

36．食物に関する別の一節．「オスチャック族はサモイエド人に属しているように思われる［……］．小さくて不格好で，［……］彼らは魚と生肉を食べて生きていて，あらゆる種類の動物の肉を加工もせずに食べ，水より好んで血を飲む．」（*Ibid*., p. 303）お分かりのことだが，血をよく飲むユダヤ人はここからそれほどかけ離れてはいない．

37．水面下で起こることは明白．すなわち近親相姦．

38．最後にやっとグリーンランド人の得点．ヒムラーは〈サウナ風呂〉が大好きで，雪の中を転げまわったり，カバノキの鞭でたたかれるのが大好きだった．彼はそのことによって次のことが高まると信じていた．フィヒテが Kaltblutigkeit im Urtheile と呼ぶもの，すなわち冷静沈着な判断力．冷淡の歴史を，特にナチスの場合の歴史を，書かなければならないだろう．絶版になり裁断された一冊の本，しかしその数部はいまだ残っていて，その本のなかにかなりのことがすでに見出される．*Die deutschen Freikorps*, Munich, 1936.

39．Buffon, *op. cit.*, t. III, p. 343.

40．E. Kant, *Fondements de la métaphysique des mœurs*, A. Philonenko éd., Vrin, 1980, p. 105, note 98. 序 30 ページ以下も参照.

41．それゆえ〈文化〉はない．
42．Buffon, *op. cit.*, t. III, p. 343.
43．*Ibid*.
44．*Ibid*.
45．Buffon, *op. cit.*, t. IV, p. 56–57.
46．*Ibid*., p. 60–64.
47．*Ibid*., p. 60.
48．*Ibid*., p. 66.
49．Rousseau, *Œuvres complètes*（Gagnebin et Raymond éd.）, La Pléiade, IV, p. 952. A. Philonenko, *Rousseau et la pensée du malheur*, Vrin, t. III, p. 199–256.
50．Moses Mendelssohn, *G. S.*, III, 2, 198. ヤコービとの論争がこのテクストを明確なものにしている．その論争に関しては，拙編 Kant, *Qu'est-ce que s'orienter dans la pensée, Vrin,* を参照されたい．
51．AK, VIII, 159–184.
52．A. Philonenko, *Théorie kantienne de l'histoire*, p. 40；A. Philonenko, *Études kantiennes*, Vrin, troisième étude［邦訳：A. フィロネンコ『カント研究』，中村博雄訳，東海大学出版会，1993 年．］；A. Philonenko, *Œuvre de Kant*, Vrin, II, §45 sqq.
53．E. Kant, *Critique de la faculté de juger*, §26.
54．拙訳 *E. Kant, La Religion dans les limites de la simple raison, Œuvres philosophiques de Kant*, La Pléiade, III, p. 48 sq. そして 46，49，51，53 頁の註を参照．

II　黙示録の馬
（白き馬）
1．フォイエルバッハ：「さまざまな生活条件が与えられていないところには，道徳の諸条件も与えられてはいない．」L. Feuerbach, *S. W.*, t. X, p. 267.
2．この手紙には日付が付されていない．1960 年 2 月のものであろう．
3．軍当局は郵便物の調査を行っていた．
4．この覚書のコピーは四部あったのだが，どうしてこの覚書が騒ぎを引き起こしたのか，私にはそのわけがまったく分からなかった．（つまるところ私は一人の敵の気持ちを報告しただけなのだ．）そして私は大変な苦労をしてそのうちの一部を手にしていたのだが，その読みづらいオニオンスキン紙には，あらゆるところにスタンプが押されており，紙にインクがしみとおっていた．私の対話者は，彼が資料に署名していて，そういった供述で多大な危険に身をさらしていたにもかかわらず，1959 年 9 月の初めに自由の身になった．釈放の命令は，上層部から，真理を好むある人物によって命ぜられたようである．彼の釈放に関するある長い記事が 9 月 7 日付『パリ-プレス』紙，3 ページに

掲載された．

5．この冗談は雰囲気を和ませるのに寄与した．

6．ド・ゴールが「反逆者たち」に「勇士たちの平和」を提案したのが思い出される．巷で言われていたこととは裏腹に，このアピールは単に拒絶されたわけではなかった．FLNのメンバーたちは動揺したのだ．私はFLNのいかなるメンバーも（いてもおかしくない狂人を除けば）自分の死を望んでいなかったと思う．

7．ボルジョーは，「植民者たち」の最悪な例には程遠いが，葡萄園の大所有者で評判のワインを作っていた．

8．書類ではここから続くことになっていた用紙が欠落している．が，私はその正確な内容を要約できると思う．

9．選挙民制Aは「ヨーロッパ人」の投票する選挙であった．選挙民制Bは残りの住民に当てられていた．選挙民制Aの有権者は，それ相応に数の上では少なかったが，選挙民制Bの有権者より以上にその意見が反映された．

10．ここでH.はケネディに関する省察を提示している．この件にあまりに驚いた私は，私自身がその省察をでっちあげたと思い込んだほどだった．だが私は日記に次のような彼の発言のメモを見つけることができた．「ご存じでしょう．アメリカ人が自分たちを世界の憲兵だと思い込んでおり，ケネディの立派な演説（われわれにとっては良かったけどね！）も，結局のところ，愛想のいい憲兵の演説で，お説教だってことは．でもいつの日にか，大統領になったケネディが自分にとってのアルジェリアを見出しても，私は驚かないでしょうね.」申し分の無い予言であった．ケネディは一万人の軍事顧問を置き，ヴェトナムに賭け金を張ったのだ．不屈の農民で狭量なテキサス人であるジョンソンは，賭け金を倍倍にし続けた．だがなぜアルジェリアの戦争，〈ヨーロッパの最後の征服戦争〉は，人々の精神の中で抑圧されたのだろうか――当時かくも激しくわれわれフランス人と口論していたドイツ人たちにおいてすらそうである――，その一方でヴェトナムに関する映画は次から次へと撮られているのだが？

そこに戦争学の精神分析的研究の重要なテーマがあるが，マルクーゼの著書『エロスと文明』はここでは何の助けにもなってくれない．

（青ざめた馬）

1．A. Philonenko,《Aperçu sur la santé mentale de toute une classe d'âge》, *Revue du corps de santé militaire*, 1959, n° 3.

2．A. Philonenko,《Le débile mental dans le monde du travail》, *Bulletin du CERP*, 1959 ; rééd., 1978, in : Ph. Husson, A. Philonenko et M. Verdalle, *l'Insertion du débile mental dans le monde du travail*, CERP.（筆者の論考はこの巻の前半の194ページにあたる）．

3．Léon Robin, *Platon*, 2e éd., 1955, p. 193.

4．ロバンがここで言っていることはプラトンの命題を良く表出している．だが，1945 年以降に出たこの再版では文章をもっと別様に書けなかったものだろうか？

5．筆者は，Goldstein,《Uber die Plastizität des Organismus》, *Hdb. d. norm. u. path. Physiol*., XV, 及び，W. Stern, *Die differenzielle Psychologie in ihren methodischen Grundlagen*, Leipzig, 1913, の深く洞察されたページに着想を得た．あまりにも謙虚に『正常と病理に関するいくつかの問題についての試論』と題されたカンギレムの医学博士論文 Canguilhem, *Essai sur quelques problèmes concernant le normal et la pathologique*, Paris, 1950, は筆者の大いなる助けとなった．

6．エミール・ゾラ，『大地』．

7．中国では，娘たちは土に埋められていた．そうするほうがまだ慈悲深いものである．少なくとも，ことは迅速に行われ，彼女たちは遺棄されて寒さや暑さに苦しめられることがなかったのだから．

8．強調は私による．私はここである神話，V. ジャンケレヴィッチの作家としての価値，を打ち壊したいと思う．彼は，自分のエスプリの鋭さの証となるような気取った表現や言い回しを絶えず探し求めており，シンプルで明快な文章を書くことができないのである．後世が判断を下すであろう．

9．René Le Senne, *le Mensonge et le Caractère*, p. 54–55.

10．Vladimir Jankélévitch, *le Je-ne-sais-quoi et le presque rien*, p. 215. この題名に関して，E. ジルソンが辛辣ではあるが当然の言葉を投げかけた．「結局のところ，彼が知らないことに関しては，われわれも殆ど何も知ることにはならないだろう！」

（火の馬）

1．ジュール・ミシュレの『虫』［1857］を楽しく読み返せるだろう．Jules Michelet, *Œuvres complètes*, Viallaneix éd. t. XVII, p. 261 sq.

2．Joseph de Maistre, *les Soirées de Saint-Pétersbourg*, Paris, Vitte, 1924, t. II, p. 26 sq.

3．プラトンの初期の対話（「ソクラテスの」といわれるもの）においては，〈無知の知〉が支配していた．『メノン』で第二段階が始まった．つまり〈知〉の段階である．

4．Byron, *Poetical Works*, éd. de Leipzig（Tauchnitz）.

5．よく知られたテーマである．ノアの洪水以前には，人間は果実しか食べなかった．しかし洪水のあと，大地は老いてしまい，大地の果実だけではもう人間を養うには足りなくなった．そこで人間は生きていくために動物を殺し，動物の血を流さなければならなかったのである．Bossuet, *Œuvres complètes*,

Lachat-Vivès, t. XXVI, p. 265-266.『カイン』のなかでバイロンはアダ［フィロネンコはアダムの台詞としているが，バイロンのテクストではアダ（カインの妹）の台詞になっている．ここはバイロンのテクストに従った（第三幕第一場）.］にこう言わせている，「大地の恵み，新しい鮮紅色の花，甘い果実．これが主に捧げる聖なる奉納物になるのです．その奉納が従順で悔悛した心でなされたときは（第三幕第一場）」．しかし殺人の弁証法（神と人間との血の関係）にとらわれていたバイロンは，洪水の前に血塗れた犠牲があったことを認めている（第三幕第一場）．

6．ここには『ゴルギアス』493a と，とりわけ 523b 以下からの援用がみられる．

7．A. Philonenko, *l'Œuvre de Kant*, t. I , p. 101.

8．アベルは最初の不寛容な人間である．善き宗教倫理学は，不寛容を徳とし，寛容を罪とする．他人が自分とは違うように考えたり行動したりすることを認めるということは，自分の行為にも信仰にも異論の余地があることを認めることだからである．

9．G. W. Leibniz, *Mathematische Schriften*（Gerhardt）, Bd. IV, 50.

10．E. Kant, *Critique de la faculté de juger*, tr. par A. Philonenko, Vrin, p. 54.［邦訳：カント全集第八巻『判断力批判』，78-79 ページ，理想社，1977 年.］

11．*Ibid*., p. 51.「快適とは，感覚において感官の意にかなうところのもののことである.」［邦訳：同書　72 ページ.］

12．「説得（persuasion）」（Uberredung）という語はカントにおいてはつねに否定的・不道徳な意味で用いられている．「納得させる（convaincre）」（Uberzeugen）は肯定的・道徳的価値をもっている．

13．*Ibid*., p. 56.［邦訳：同書，77 ページ.］

14．普通に〈人（personne）〉という語を用いるときには，カントはただ他の人間だけを考えているのではなく，神・故人・精霊を含めて考えている．要するに，人々と名付けることのできるあらゆる理性的な存在，を考えているのである．

15．*Ibid*., p. 54.［邦訳：同書，71 ページ.］

16．*Ibid*. カントの 1789 年 12 月 18 日付けラインホルト宛ての手紙を見よ．これらのテクストはすべてサルトルの想像認識に関する本質的な定理に結びつけられるだろう．［邦訳：カント全集第一七巻『書簡集 I 』，340-344 ページ.］

17．*Œuvres philosophiques de Kant*, La Pléiade, t. I, p. 1104.［邦訳：カント全集第五巻『純粋理性批判』，188 ページ.］

18．E. Kant, *Critique de la raison pratique*, tr. Picavet, p. 105.［邦訳：カント全集第七巻『実践理性批判』，278 ページ.］

19．E. Kant, *Doctrine du droit, tr.* par A. Philonenko, p. 214.［邦訳：カント全集第十一巻『人倫の形而上学』，203 ページ.］

20. *Ibid*., p. 215.［邦訳：同書，204 ページ.］

21. *Ibid*., p. 216.［邦訳：同書，205 ページ.］

22. *Ibid*., p. 217.［邦訳：同書，207 ページ.］

23. この不幸な女性は運がなかった．彼女が最後にギロチンにかけられたという理由からだけではなく，現在では彼女の罪は執行猶予つきの数か月の投獄ですむからである．住んでいる世界や時代によって事態は変わるとは言っても，慰めにならない．

24. F. Dostoïevski, *l'Idiot*, La Pléiade, p. 25-26.（仏訳の際に，まったくおかしい一語のみを変更した）．

25. R. Lauth, *Die Philosophie Dostoievskis in systematischer Darstellung*, Munich, 1950，を見よ．

26. F. Dostoïevski, XXVIII, 719（R. ロートの分類）．

（黒い馬）

1．ウェルナー・クラットは 2000 カロリーと言っているが，かなり基準値を高く設定している．一般的必要栄養量は 1800 カロリー以下だと考える人もいる．しかしこれはあくまで平均値である．肉体労働者は明らかに，作家よりも多いカロリーを必要とする．

2．W. Klatt, *Food and Farming in Germany*, International Affairs, vol. XXVI, n° 1.

3．Hippolyte Taine, *les Origines de la France contemporaine*, 2e partie, t. I, 4.

4．*Ibid*., I, 1, 5.

5．栗の木が損害を受けたことは恐ろしい大災害だった．当時は栗の実で，フランスで 1945 年から 1947 年まで食べられていたとうもろこしのパンよりも，ずっとおいしいパンをつくっていたのだ．

6．コンドルセは自分の作品のなかで，何度も穀物の自由取引について述べている．*Œuvres de Condorcet*, Paris, 1847, t. V, p. 105. ルソーはコンドルセと反対意見だった．A. Philonenko, *Rousseau et la pensée du malheur*, I, p. 260 sq., を参照のこと．

7．Agrippa d'Aubigné, *Œuvres complètes*, Reaume & de Caussade, Paris, 1878, t. I, p. 215.

8．A. d'Aubigné, *les Tragiques*, *Ibid*., t. IV, p 47. 侮蔑的な軽騎兵とは武装騎兵のことで，税金を意味している．間違えないでほしいのだが，ドービニエが 100 歳の農民と言うのは，残酷な皮肉からである．この時代の農夫の一生がどれほど短いかを知りながら，ドービニエは農夫に 100 歳という年を与えたのだが，それは惨めさが 100 年続くだけのことである．

9．H. Taine, *op.cit.*, I, 1, 5.

10．H. Taine, *Philosophie de l'art*, Paris, 1909, t. IV, p. 228. 主要な語「孤独，

沈黙，動物的充実」の強調は筆者による．

11．H. Taine, *les Origines de la France contemporaine*, I, 1, 16.

12．*Ibid*., I, 1, 16. クロード・マンスロンは「小麦粉戦争」の間に同じような小競りあいが起き，16 歳になったばかりの子供が逮捕され間髪をいれずに絞首刑にされ，そしてこの事件をきっかけに商人たちの店の戸が破壊されたケースについて報告している．Claude Manceron, *les Hommes de la liberté*, t. I, p. 201.

13．E. Kahane, *Parmentier ou la dignité de la pommme de terre*.

14．ドイツ人はこのことをよく知っていて，戦時中にはジャガイモを〈収容所送り〉にしようとした．

15．Guyot, *Origine des plantes cultivées*, 39. カアヌの前掲書による注釈．［邦訳：ギィヨ『栽培植物の起源』，徳田陽彦訳，八坂書房，1979 年．］

16．Roze, *Histoire de la pomme de terre*, Paris, 1898.

17．*Ibid*., p. 238.

18．Sainte-Beuve, *Causeries du lundi*, t. XIV, p. 453.

19．《Éloge de Parmentier composé à partir des Instructions prodiguées par Parmentier dans ses ouvrages》, couronné par l'académie d'Amiens, *Gazette de Santé*, 1823.

20．「私の農民」などとは，ヴォルテールの思い上がりも耐えがたいほどである．サント・ブーヴなら〈被創造物を介して（*per le creature*）〉と言ったことだろう．

21．Bernardin de Saint-Pierre, *Œuvres posthumes*, Paris, 1836.

22．*Ibid*., p. 202.

23．*Ibid*., p. 205.

24．*Ibid*., p. 216.

25．Josué de Castro, *Géopolitique de la faim*, p. 281.［邦訳：ジョズエ・デ・カストロ『飢えの地理学』，国際食料農業協会訳，理論社，1955 年，264–265 ページ．］

Ⅲ　忘れられた世界

（海）

1．Marcel Acerra et Jean Meyer, *la Grande Époque de la marine à voile*, éditions Ouest-France, juin 1987, p. 70. この本の叙述はたいへん明晰であり，かつ，重要な指摘が数多くなされている．文献表は不可欠なものを過不足なくおさめてあり，おおいに参考になった．

2．Nicholas Monsarrat, *la Mer cruelle*, Le Livre de poche, p. 38–39.［邦訳：ニコラス・モンサラット『非情の海』上下巻，吉田健一訳，至誠堂，1992 年．］

3．地図の訂正は必要なことである．というのもある意味では海は生きているのだから．例えば火山活動の結果がどうなるかお分かりだろう．

4．Robert Challe, *Journal d'un voyage fait aux Indes orientales*, texte publié et commenté par Frédéric Deloffre et Melahat Menem, seconde édition mise à jour et augmentée, Mercure de France, 1983.［邦訳：ロベール・シャール『東インド航海日誌』，塩川浩子・塩川徹也訳，岩波書店，2001年.］

5．F. ドゥロフルはこのテクストを当然のように，ルイ十四世治世下に書かれた文章の珠玉の一つだと紹介している．R. シャールは実証的な観察によってさまざまな先入観を取り除こうとしているが，今では笑いを誘うようなこともいくつか書いている．例えば彼は真面目に次のように記すのだ．「地面の中は暑いというより寒い．それは洞穴やその他地下の場所での経験から証明される．そこでは夏でも涼しく，冬感じる温度を下回っている」(I, p. 159)．明らかに火山活動は彼にいくつかの困難をもたらした．ヴェジュヴの説明を見よ (I, p. 160)．また，地図の不正確さにも注意 (I, p. 94)．

6．John Costello, *la Guerre du Pacifique*, éd. Pygmalion, 1982, t. I.

7．スプルアンスの本は，戦術理論の概説書として主要なものである．書名は, Admiral Raymon A. Spruance, *A Study in Commande*, US Government Printing Office, Washington, 1966. この本は，スプルアンスの残した資料をもとに海軍少将 E. P. フォレステルがまとめたものである．

8．もちろん原子力潜水艦もある．しかし水面の艦隊は非常に脆い．マルビナス［フォークランド］紛争［1982年アルゼンチン軍がアルゼンチン沖のイギリス領フォークランド［マルビナス］諸島へ侵攻して起こった紛争］時，エグゾセ［アルゼンチンの保有したミサイル］がいとも簡単に艦船を沈没させたのは，周知のことである．巨大戦艦はわれわれに夢を抱かせてくれるが，所詮はスクラップになる運命なのだ．

9．シャールは〈漂流島〉や，遭難者だけが知っている島についても語ろうとしない．I, p. 236. こうした島々は帆船時代での海の神秘について雄弁に物語っている．

10．未知のもののうちでも最も未知なるものは，南方である．いつの時代でも南極の内側には温暖な海があると夢想されてきた．ジュール・ヴェルヌは，『アテラ船長』でこのことを空想している．南方については，後述する．

11．この空間は，たいへん狭小である．どの程度狭小かを知るには，*la Grande Époque de la marine à voile*, p. 41 et sq.,［本節註1参照］を見よ．イギリス船は11ノットで航行したことも注記しておこう．

12．これらについては，よく知られている．最も有名なのは，鞭打ちの刑である．しかもどうしても海水をかぶってしまうので，懲罰はさらに残忍さを増す．別の厳しい懲罰（それは極度に厳しいものだが）は，船の龍骨の下を受刑者にくぐらせることだった．時には人間を船べりに立たせ，鮫に脚を食いちぎ

らせることもした．労働刑も，つまるところたいへん危険なものである——いつまでも一本の手で仕事し，もう一方の手で船にしがみついていることはできなかったからだ．墜落すれば間違いなく死ぬのである．

13．例えば，E. A. Poe,《le Mystère de Marie Roget》, *Histoires grotesques et sérieuses*, in *Œuvres en prose d'Edgar Allan Poe*, traduites par Ch. Baudelaire (La Pléiade).

14．『黄金虫』を見よ．しかしポーはしばしばどんなに巧妙な暗号で書かれたテクストをも読解できると請け負っている．彼はほとんどいつもその賭けに勝っている．ポーの物語は，暗号にたとえられるだろう．それを彼はわれわれと一緒に解いていくのである．『アーサー・ゴードン・ピムの冒険』には，しばしばこの秘密めかした調子が見られる．

15．E. A. Poe, *les Aventures d'Arthur Gordon Pym, op. cit.*, p. 514.

16．正確な情報がないので，一人当りに相当するトン数［1トン＝2.83 m^3］からわりだす（最小値を使った，つまり戦艦のトン数である）ことで，船のトン数を計算した．一人当り3トンである．

17．E. A. Poe, *op. cit.*, p. 515.

18．*Ibid*., p. 517.

19．*Ibid*., p. 518.

20．*Ibid*., p. 519.

21．*Ibid*., p. 524.

22．*Ibid*.

23．*Ibid*.

24．Ludwig Uhland, *Werke*, t. I, p. 110. 死についてのウーラントのすべての詩の中で，それが断然最良のものである．

25．この小説は死の理論によって書かれているのではないが，しかし死こそが，小説全体を統べている．この想像世界において，死が，変わることのない唯一の，それゆえ究極の，イデーなのだから．

26．Charles Baudelaire, *Edgar Allan Poe, sa vie et ses ouvrages*, in *Œuvres en prose*, p. 1038.

27．E. A. Poe, *Ibid*., p. 531.

28．水と食糧の品質以上に船上で重要なものはなかった．そこから走行距離，行動半径ばかりでなく，乗員の生までも計測できる．これを主題にした物語（や歌）は数多くあり，作品のリストを作ることができるが，どのテクストが最もすばらしいかは簡単には判断できない．

29．E. A. Poe, *op. cit.*, p. 532.（新たな精神分析にとってすばらしいテクストである．）

30．*Ibid*.

31．反乱者たちはもちろん，人間の共同体から排除された人々であった．捕

まれば，吊し首にされるのだ．だから，船をどこに向けて進めるかは，とても重要なことだったのである．

32．E. A. Poe, *op. cit.*, p. 559.

33．*Ibid*.

34．*Ibid*., p. 551.

35．*Ibid*., p. 565.

36．ポーはここで，はっきりと良識を示そうとしている．しかし「船の欠陥を生み出す」可能性のある木綿の積み荷について彼がいっていることは，非常に不確かである．

37．この船長にしてこの船ありと言えるだろう．ただこれは正しくない．おそらく次のように言えるだろう．このルートにしてこの船長ありなのだ．本ものの荷物を運べない競争用あるいは遊覧用の今日の船舶については言及しないでおこう．

38．E. A. Poe, *op. cit.*, p. 565.

39．幽霊については，私の書いた次の本を参照のこと．A. Philonenko, *Théorie kantienne de l'histoire*, p. 244-245.

40．E. A. Poe, *op. cit.*, p. 597.

41．*Ibid*., p. 600.

42．ボードレールは，一片の肉の塊について誤訳をしている．*Ibid*., p. 1131, n. 13. 私はその後の出来事にはコメントを控える．船の中から見ると，黒い人は歯を出して微笑んでいるように見える．しかし近くから見ると，その黒い人は死んでいたことに気付く．ポーにとって手で触れられる生のみが真実なのであるといえるであろう．

43．*Ibid*., p. 599.

44．*Ibid*., p. 620.

45．*Ibid*., p. 627.

46．Robert Challe, *op. cit.*, t. II, p. 250.

47．*Ibid*., p. 22. 他にもある誤りの一例．

48．*Ibid*., p. 236.

49．E. A. Poe, *op. cit.*, p. 638.

50．*Ibid*., p. 697.

51．*Ibid*., p. 660.

52．*Ibid*., p. 698.

53．これは細かいが重要なことに思える．これが，トゥアラルの住民との最大の違いを示しているからである．

54．それ故，この時から，自然と人間の本性の善良さに関する論争が生じる．ラ・ペルーズ［18世紀フランスの探検家］が書いている．「私は野蛮人たちそのものに対するよりも哲学者たち［ディドロ／A.P.］に対する怒りの方が千倍

もある．彼らに虐殺された不幸なラマノン［18世紀フランスの博物学者］が私に，野蛮人たちはわれわれよりすぐれていると，死の前日に言ったのである．」Comte de La Pérouse, *Journal*, 1965.

55．E. A. Poe, *op. cit.*, p. 653-654.

56．*Ibid*., p. 652.

57．*Ibid*., p. 653.

58．*Ibid*., p. 658.

59．*Ibid*., p. 659.

60．*Ibid*., p. 671.

（大地）

1．Balzac, *Œuvres complètes*, Calmann-Lévy, *les Paysans*, dédicace.［邦訳：『バルザック全集』第十八巻『農民』，水野亮訳，東京創元社，1974年，8ページ.］

2．*Ibid*., p. 57.［邦訳：同書，51ページ.］

3．*Ibid*., p. 131.［邦訳：同書，102ページ.］

4．*Ibid*.［邦訳：同書，102ページ.］

5．*Ibid*., p. 207.［邦訳：同書，153ページ.］

6．*Ibid*., p. 392-393.［邦訳：同書，277ページ.］

7．*Ibid*.［邦訳：同書，277ページ.］

ほんのすこしの人間的慈悲心がそなわっていたならば，ここでバルザックは歩をとめたはずであるが――しかし彼のどの作品も，貧者に対して，一瞬たりとも寛大さを示すことはない．

8．ヴィクトル・ユゴーの判断には用心すべきである．ユゴーはバルザックの死と関連して以下のように書いている．「みなさん，いまヨーロッパはひとりの偉大な精神の持ち主を失おうとしています．」（『私の見聞録』「バルザックの死」）しかしユゴーは何より自分自身について語っているのだ．ユゴーは，自分がフランス貴族院の肩書きを放棄したこととバルザックが掲げた反論について，説明しているのである．だが，ユゴーの判断が率直なものであるとすることは可能だし，どのような場合でも彼はバルザックの作品には感嘆の念を抱いていたようである．

9．ゾラにとって失われたもの，それは人間の大地との関係である．農業そのものに関しては，産業革命の成功に確信を抱いている．

10．1886年5月8日，ゾラはヴィルルーの農場にあるギュスターヴ・エノーの家にいた．この訪問の話はきちんと残されており（Zola, *Carnets d'enquètes*,［ゾラ『調査ノート』］p. 579 sqq, に収録），ゾラは農地の地図を描いている（*Ibid*., p. 581.）．«l'Intégrale», Paris, 1970,（6 vol.）中のローニュの村のデッサンを見よ．ここで物語は展開するのだ．ローニュは，実際はクロワイエの東四

キロメートルのところにあるロミイー・シュール・エーグルの村のことである．ゾラは村の名前を変えたが，川の名はそのまま残した．（«l'Intégrale»V, p. 223. このあと五巻および他の巻を引用する．）この作品の最初の数ページは『調査ノート』のなかにある．また作品の意図について述べている部分も参照のこと．V, p. 227.

11．V, p. 282.［邦訳：ゾラ『大地』，田辺貞之助・河内清訳，岩波文庫，1953年，上巻，213–216 ページ．］

12．ゾラはウジェーヌ・ボンヌメールの本を使用している．Eugène Bonnemère, Histoire des paysans, 1re éd. 1857, 2e éd. 1874.

13．V, p. 256.［邦訳：上巻，120–121 ページ．］

14．V, p. 237.［邦訳：上巻，53 ページ．］

15．V, p. 237.［邦訳：上巻，55 ページ．］

16．ウールドカンの証言は重要である．彼は，遺産相続によって所有地が分割されるという悪を否定しないでおきながら，この悪を過小評価し，耕地の整理統合を強調し続けるのだ．ウールドカン（失墜した）という人物を通して表現されたこの観点は批判されうる．というのも彼は最大の地主なのであり，また彼だけが，大地を大事に手入れするために努力しているのだから．しかしゾラは，他の登場人物を通して同じような説明を与えながらも，問題はそこにはないと考えている．もっと重大なことは，新世界が仕掛けてくる競争なのである．

17．V, p. 282–283.［邦訳：上巻，218 ページ．］

18．V, p. 411.［邦訳：下巻，83 ページ．］

19．V, p. 398.［邦訳：下巻，37 ページ．］

20．『潰走』の始めの部分を見よ．«l'Intégrale»，t. VI.

21．V, p. 416–417.［邦訳：下巻，103 ページ．］

22．V, p. 419.［邦訳：下巻，110–111 ページ．］

23．V, p. 419.［邦訳：下巻，111 ページ．」

24．フィヒテの有名な言葉を適用する．

25．ギー・ロベールは三人の子供がいる農村の日雇い労働者の世帯の支出を当時で 513 フランと見積もっている（『フランス統計』）．フーアン爺さんの，この基本額より高く見積もられた手当は少ないものではない．

26．V, p. 277.［邦訳：上巻，195 ページ．］

27．*Ibid*.［邦訳：上巻，196 ページ．］鉄屑として投げ捨てられた機械との比較は，機械を知らないこの世界では奇妙なものである．

28．*Malheur, mauvais destin*, Revue des études slaves, André Mazon, 1951.

29．V, p. 306.［邦訳：中巻，15 ページ．］

30．V, p. 344.［邦訳：中巻，150 ページ．］

31．*Ibid*.［邦訳：中巻，150 ページ．］

32. *Ibid*.［邦訳：中巻，153ページ.］

33. V, p. 353.［邦訳：中巻，184ページ.］ゾラは改めて書いている.「…お前が機械の主として，ぴんぴん働いている時には，それでもよかったが.」彼は導入され受け入れられた脱穀機のことを考えているのだろうか，それとも最初にジャンが使った新しい機械のことをだろうか．この文章からはどちらともいえない.

34. V, p. 353.［邦訳：中巻，184ページ.］

35. V, p. 395.［邦訳：下巻，27ページ.］

36. V, p. 396 sq.［邦訳：下巻，32ページ.］

37. V, p. 397.［邦訳：下巻，36ページ.］

38. V, p. 400.［邦訳：下巻，40ページ.］

39. V, p. 402.［邦訳：下巻，47ページ.］

40. V, p. 435.［邦訳：下巻，172ページ.］

41. V, p. 388.［邦訳：中巻，310ページ.］

42. V, p. 429–430.［邦訳：下巻，151ページ.］

43. E. Zola, *La Débâcle*, «l'Intégrale», VI, p. 230.

44. これは『潰走』の痛ましい教訓である.

45. A. Philonenko, *Rousseau et la pensée du malheur*, t. II.

46. V, p. 327 sq.［邦訳：中巻，89ページ以下.］

47. V, p. 406.［邦訳：下巻，65ページ.］

48. V, p. 304.［邦訳：中巻，8ページ.］ボース地方の絵画については，ゾラの『調査ノート』の下書きを参照のこと.

49. V, p. 311.［邦訳：中巻，36ページ.］殺人は計画的なものではない.

50.「血がのぼった」は，明らかに殺人のほのめかしである.

51. V, p. 311.［邦訳：中巻，37ページ.］

52. V, p. 427.［邦訳：下巻，144ページ.］

53. V, p. 428.［邦訳：下巻，145ページ.］

54. V, p. 435.［邦訳：下巻，172ページ.］「親戚も友人も知己も，みなその意見に賛同した．まったくその通りだ，ビュトーのいみじくも喝破したように，骸骨と骸骨が地面のなかで食らいあうだろう….」

55. V, p. 323.［邦訳：中巻，73ページ.］

56. イエス・キリストの周縁性は，彼の家があばら家そのものであることに象徴されている――このあばら家はかなり壊れているので，持ち主に気苦労を与えず，持ち主が自由でいられるのである.

57. V, p. 317.［邦訳：中巻，59ページ.］

58. V, p. 318.［邦訳：中巻，63ページ.］

59. もう一度繰り返すが，ジャンはイエス・キリストが間違っているとはいっていない．ジャンはイエス・キリストに黙るように勧めているのだ.

Ⅳ　意識と現実

（より速く，より高く，より強く）

1．Pindare, *Olympiques*, Introduction d'Aimé Puech in éd. Belles Lettres, p. 4.

2．奇妙なことに，カトリック「教会」はみずからの機構に縛りつけられていた奴隷たちを解放した最後の機構だった．というのも教会はだれにも帰属していなかったために，何者も教会からその財産を奪い取ることができなかったのである．

3．Charles Maurras, *Anthinéa*, 1923, p. 263. モーラスは天才であると同時に，誤った精神の持ち主であった．私が彼を引用して彼のテクストに準拠するのは，彼がオリンピック大会再興の目撃者だったからである．

4．フランス語では，正確なタイトルは『わが生涯は闘いなり』である．だがこのタイトルはふさわしくない．

5．四角い平面を指すのに，「輪」を意味する〈リング〉という呼び方が用いられる．私はこの奇妙な呼称の由来を推測してみる．当初，ボクシングはその多くが倉庫のような場所でおこなわれており，われわれは，賭け好きな連中が格闘家の回りを取り巻いて，輪すなわち〈リング〉を形成していたのを知っている．ボクシングが禁じられていたイギリスでは，ボクシングはアパートのなかでおこなわれ，観客たちは壁沿いに四角く並ばなければならなかった．この配置がずっと続いた．そして輪は四角になりその形のまま残った．そこから「リング」が四角い平面を指すために用いられるようになったのだろう．リングは両サイドが4メートル50から6メートルの範囲の長さである．プロの大きな試合は，つねに6メートル四方の平面でおこなわれる．

6．水泳は，病人が機能回復訓練をつむことのできるきわめて稀なスポーツのひとつである．記念すべきビル・スミスの例は知られている．幼年時，脊髄性小児麻痺にかかった彼は，その後水泳の実践による機能回復訓練を受け，1948年には200メートル自由形のオリンピック・チャンピオンとなったのである．

7．あの有名な女子競泳選手のケースは最後まで解明されなかった．同化促進剤が原因だと考えられたが，私はむしろ筋肉強化をあまりに推し進めた結果だと思う．

8．この成績はたいしたことがないように思われるだろう．いくつか計測タイムをあげてみよう．ジャン・ボワトーが1952年のヘルシンキ・オリンピックで400メートル自由形を制したときのタイムが，4分35秒だった．現在の400メートル個人メドレー（背泳ぎ，平泳ぎ，バタフライ，クロール）のヨーロッパ記録が4分23秒である．今日では，13歳の子供でも100メートルを53秒か54秒で泳ぎきる．

9．不可弁別性同一の原理［すべての原理が同じで識別できない二つのものは同一物である，とするライプニッツの原理］がここでもあてはまる．オリン

ピック用プールだけに話を限るとしても，状況の違いに気がつくはずだ．ある競泳選手たちに言わせれば——はっきり〈複数の競泳選手たち〉と言おう——，建て付けが悪く風に晒されるプールもあるそうだ．たんに風で影響をうけるというのなら，ターン用のボードや排水口の状態やタイルの質に関しては，何をか言わんやである．

10．その例として，ブラジル人ドス・サントスの100メートルの試みがあげられる．

11．物理的条件を考えれば，昔の記録はもはや意味をもたない．ハワイ人デューン・ヒュナモークが樹立した最初の世界記録は何と考えよう．彼は「上手泳法」（オーバー・アーム・ストローク）が主流であった時代に，最初にクロールを用いたスイマーであった（100メートルで1分3秒）．彼のタイムは並外れたものとみなされた．またトゥーレルのプール（呪われしプール）で57秒6の記録をだしてオリンピック・チャンピオンとなった，かの偉大なジョニー・ワイズミュラーについては何と考えよう．彼は水泳の歴史のなかでもっとも偉大なチャンピオンであり，またある意味ではその唯一の犠牲者でもあった．彼が初代ターザンの役を演じた映画がどのようなものであったかは知られている．死期が近づいて気がおかしくなった彼は，あの有名な叫び声をあげて看護婦たちを追い払ったのだった．あれらの映画で，ワイズミュラーは水から顔を上げて馬鹿げた泳ぎをしているのを強調しておこう．

12．精度を上げることは，差異を増やすためであって，差異を狭めるためではないだろう．1000分の一秒など普通はどうでもよいものだが，ときには1000分の一秒を利用したいと思うこともあるのだ．

13．これは正真正銘の事実である．

14．だがその当時，アルコールが比較的大目に見られていたのは本当である．

15．今日では階級が増えすぎた結果，このタイトルはもはや何も意味しない．

16．ラ・モッタはまさにセルダンを打ち負かした男だった．彼はその巧みなサイドステップにより，セルダンを肉離れにおいやったのである．

17．Charles Maurras, *op. cit.*, p. 257

18．モーラスの誤謬は，「フランス人」を究極の拠り所とせずには物事を考えられない点にある．だが「役員たち」に関しては，彼は正当なことを述べている．

19．Maurras, *op. cit.*, p. 260 sq.

20．Maurras, *la Seule France, chronique des jours d'épreuve*, H. Lardeanchet, CMXLI, p. 205-206. 才能あふれるJ．ブータンをもってしても，その見事な著作『モーラス』のなかでこのページは救いようがなかった．さらに208ページのマンデルに関する下劣な言葉と，221ページおよび261ページの精神錯乱を呈したようなページを見ること．

21．Maurras, *Anthinéa*, p. 265.

22．モーラスの論理では，みずからの力を示すことは，それを見せてしまうことなのである．インディアンの雄叫びを上げるアメリカ人たちは，彼の目には支配者の心をもった弱者に写ったのだ．

23．Albert Speer, *Au cœur du Troisième Reich*, Paris, 1969, p. 53.

24．*Ibid*., p. 723 note 8.

25．*Ibid*., p. 99

26．*Ibid*., p. 83

27．*Ibid*.

28．これほど重要な進駐作戦にたいして，グデーリアンはわずか数行しかさいていない．H. W. Guderian, *Erinnerungen eines Soldaten*, p. 21, を参照．

29．A. Speer, *op. cit.*, p. 105-106. カイテル将軍は，その『回想録』のなかではっきりと述べている．「私は何のためらいもなく言おう，このベルリンのオリンピック競技場こそは，ドイツにとって一連の吉日となったのであり，そのただなかで世界全体が新帝国を知り，また感嘆することを学んだのである，と．」*Mémoires* in : *le Maréchal Keitel, souvenirs, lettres, documents*〔W. Gorlitz〕, Paris, 1963.

30．プラトンの真のイデアについての正確な理解のためには，W. Jaeger, *Paideia*, New York-Berlin, 1973, を参照．

31．そのいくつもの名高い勝利のあと，J．オーエンスはもはや学業を継続することができず，失業する運命だった．彼は数学が得意ではなかったので，体育を教えることができなかったのである．

32．私の推測では，この背丈は，少女時代の強度の筋肉トレーニングが彼女たちの発育を妨げた結果だと思われる．

33．無論「東側」の女子水泳選手のことを忘れることはできない．だがそれもたんなる悪い思い出でしかない．

34．F. Nietzsche, *Œuvres philosophiques complètes*, Gallimard, t. VI, p. 130.

（世界の精髄）

1．ミシェル・ソニーは，同じように調和の取れたリストのピアノを大切に保存している．

2．L. Trotski, *Ma vie*.〔邦訳：トロツキー『わが生涯』，森田成也・志田昇訳，岩波文庫，上下巻，2000年，2001年．〕

3．V. Jankélévitch, *l'Alternative*, Paris, 1938. これはジャンケレヴィッチの最良のテクストである．

4．ショーペンハウエルはトルストイに大きな影響を与えたが，トルストイのほうでは，フェットに宛てた手紙の中で，ショーペンハウエルと最初に出会ったのは『戦争と平和』を書き上げてからのことだと述べている．

5．A. Philonenko, *Schopenhauer, une philosophie de la tragédie*.

6．享楽主義者でもあったショーペンハウエルは，モーツアルトよりもロッシーニのほうを評価していたことをついでに指摘しておこう．

7．だがここには道具の重さという問題がある．もしこの重さという問題がなかったなら，彼は音楽の中に形而上学そのものを見いだしていただろう．とはいえ彼は次のように書いている．「〈観念〉のかなたをいく音楽は，現象世界から完全に独立している．音楽は現象世界を顧慮することは絶対にないし，世界が存在しなくなったとしてもいわば存在しつづけることができるだろう．」A. Schopenhauer, *le Monde comme volonté et comme représentation*, §52. 及び *Die Vorlesung über die gesammte Philosophie*, Deussen, X, 350. そしてとりわけ，「世界は意志の具現化というよりも音楽の具現化たりうるだろう．」*Le Monde comme volonté et comme représentation*, §52.

8．本質（建築など他の芸術において明らかになる法則──重さの法則）を超えたところに，本質の中の本質的な部分，諸法則の中の原理，すなわち精髄が存在する．他の芸術（建築，絵画などなど）と比べれば，音楽は形而上学（métaphysique）であるのにたいして，他の芸術は物理学（physique）にしかすぎない．

9．Jacques Attali, *Bruits*.［邦訳：ジャック・アタリ『ノイズ──音楽，貨幣，雑音』，金塚貞文訳，みすず書房，1995 年．］

10．自明のことだが，ひとつだけ補足しておきたい．祖母の音楽世界はとても狭いものであり，祖母にとって音楽を聴くことは，たいていの場合楽譜を読むことであった．私の父の場合，父は生活の中から音楽を排除しようと努めたのである．

11．ベルクソン哲学のもつ音楽的な特徴についてはこれまでも多くが語られてきた．V. Jankélévitch, *Bergson*, Paris, 1931，を参照．［邦訳：ジャンケレヴィッチ『アンリ・ベルクソン』（増補新版），阿部一智・桑田礼彰訳，新評論，1997 年．］フィヒテの哲学の解明に役立ちうる色彩観については，Fichte, *Écrits de philosophie première, Doctrine de la Science*, 1802（A. Philonenko éd.), t. I, p. 21 sq., 参照．

12．*Ibid*.

13．長年にわたるカント研究にもかかわらず，私は彼が楽譜を読めるだけの音楽教育を受けていたかどうかいまだ知りえていない．おそらく受けていなかったと思う．したがって，彼の芸術能力がいかに限られたものだったかはみてとれよう．（マルティ神父の，未刊のまま草稿状態にある論考 *l'Analogie chez Kant* を参照せよ．）

14．ここには謎がある．彼の短い生涯の中で，モーツアルトがどうしてあれほど多くの音楽を書き残せたのか，考えがつかないのである．自分では何も生みださない優秀な写譜生といえども，同じ時間であそこまで多く書くには至らないだろう．

15. ロックの巨匠たちの音楽はとても初歩的なものだ．とはいえどうしても全集を比べてみたい気に駆られてしまう．George Tremlett, *The Rolling Stones Story* を参照せよ．［邦訳：G・トレムレット『ザ・ローリング・ストーンズ物語』，石坂敬一訳，日音プロモーション，1978年.］

16. キリスト教思想にとって，この点に重要な問題があったことを想起しよう．忘却を免れるには，異教徒のように墓に気を配るべきなのか，または，「わが王国はこの世界にはあらず」がゆえに死者は死者とともに去るにまかせるべきなのか．キリスト教思想は異教的考えへと傾斜していったが，問題は看取していたのである．

17. Guy H. Allard,《Dante et la mort》, in *le Sentiment de la mort au Moyen Age*（cinquième colloque de l'institut d'études médiévales de l'université de Montréal）, édition Univers, 1979.

18. Agrippa de Nettesheime, *De incertitudine et inanitate scientiarum atque artium declamatio*, 1527, in *Opera omnia*. 不精なことに私が引用するのは1913年のドイツ語版である．Fritz Mauthner, *Die Eitelkeit und Unsicherheit der Wissenschaften*, etc., t. I, p. 83.

19. F. Alquié, *la Conscience affective*, Vrin.

20. ウッドストックもまた特筆すべき出来事であった．

21. 私がグループというものの的確な定義をみつけたのは，ルーアン駅でかつての非行少年たちが売っていた一冊の雑誌の中である．すなわちそれは感情的なつながりであり，そこでは各個人が，音楽家を自負する者たちの溜まり場である集団の中で，みずからの人格を放棄してしまっている，とされている．根底にあるのは，個人の欠落と貧弱さである．

22. 彼に関しては多くの映画が撮影された．最良の作品は，ためらうことなく主人公を半ば情緒上の精神薄弱者として登場させたものである．

23. 音楽と数学だけが全体性のもつ絶対的な意味をわれわれに与えてくれる（ひとつの問題の終了，最後の音符）．ショーペンハウエルが数学のもつこの意味を知覚しなかったのはたいへん残念なことだ．やはりこのことが，部分的ではあれ彼の音楽にたいする解釈を損なっている．

24. これが音楽と哲学とを分ける点である．

25. A. Philonenko,《Note sur l'athéisme》, in *le Discours psychanalytique*, n° 6.

26. フォイエルバッハがヘーゲルにむけているあらゆる批判を再び取りあげることが，わけても必要となろう．A. Philonenko, *la Jeunesse de Feuerbach*, 1828–1841, *Introductions à ses positions fondamentales*, t. I.

27. 私は以下の三つを区別する．1. 歴史形成（l'historialité）すなわち〈日々の生活〉（Leben und leben lassen）. 2. 歴史（l'histoire）：個人をこえた展開．3. 歴史性（l'historicité）：何の予兆もなく，それでいて果てしなく決定的

な意味をもつ出来事（山上の垂訓）．A. Philonenko, la *Théorie kantienne de l'histoire*.

28．〈世界内存在〉（in-der-Welt-sein）という表現を使用するのに，ハイデガーを待つまでもなかった．フォイエルバッハにあって興味深いのは，彼が，身体性と世界にあることとを結びつけているという事実である．L. Feuerbach, S. W., t. II, p. 193.

29．Th. de Wyzewa et G. de Sainte-Foix, *Mozart,* commentaire de K.477（Ms à Berlin, Vienne vers le 7 novembre 1784），474.

30．Mozart, *Briefwechsel*, lettre du 3 décembre 1777 à Maria Anna Thekla.

31．Hegel, *Phaenomenologie des Geistes*（Hoffmeister），p.564. J. イポリットの仏訳は誤りである．

32．L. Feuerbach, *S. W.,* t. II, p. 245, note.

（哲学）

1．この点に関して，私はG・スタイナーの『意味の意味』の後書きで述べておいた．

2．拙稿 A. Philonenko,《Chestov ou la lutte contre la raison》, *Revue de métaphysique et de morale*, 1967, n° 4, を参照.

3．死を前にしたソクラテスの誤った態度に対する告発は古くからある．最も明快なテキストとしては，ルキアノスの『死者の対話集』がある．

4．ジュネーブにおけるG.スタイナーのセミナーで行った《Morale et tragédie chez Chestov》［「シェストフにおける道徳と悲劇」］というテキストを近々出版する予定である．

5．パスカルがシェストフと身を分かつのは，数学者の側面によってである．〈賭け〉とは，数学者的な思想の産物である．

6．基本的にアルキエの思想は逆のものであった．拙稿 A. Philonenko,《Ferdinand Alquié ou de la lucidité》, *Revue de métaphysique et de morale*, 1985, を参照.

7．Feuerbach, *S.W.*, t. VI, p. 2.

8．G. Canguilhem,《La décadence de l'idée de progrès》, *Revue de métaphysique et de morale*, 1987.

9．そうした理由から，その哲学は反論が困難なものである．シェストフは二者択一を示すだけである．

10．J. Delhomme, *la Pensée interrogative*, Épiméthée. 価値なき書物である．

11．ジャック・シュランジェは「寄生の思想」と呼ぶ．

12．H. Cohen, *Kants Begründung der Ethik*, 2e éd., Berlin, 1910.

13．少し先で見るように，ここでヤコービはカントを批判している．カントとヤコービの関係の包括的分析には，E. Kant, *Qu'est-ce que s'orienter dans la*

pensée?, éd. par A. Philonenko，を参考のこと．

14．とりわけ，このテキストにおいてシェストフは，苦痛に対する経験的な概念だけにとどめている．

15．Hegel, *Foi et Savoir*, éd. par A. Philonenko，および序文の第五節を参照．

16．L．レヴィ＝ブリュルの批判 L. Lévy-Bruhl, *la Philosophie de Jacobi*:《La morale et la science des mœurs》，を参照．

17．私の *Œuvre de Fichte*，およびフィヒテに関する他の論稿を参照．

18．まだヘーゲルの影響が残るフォイエルバッハの 1828 年の論文が，最もよくそのことを示している．自分の師の思想を確証するために，彼はマルブランシュを引用している．L. Feuerbach, *S.W.*, t. XI, note 65.

19．自らのあらゆる著作において，コーエンが恒常的にフィヒテに投げかけた批判とは心理主義である．とりわけ彼は，フィヒテがそのままの人間の本性に知を依拠させている知識学の第一序文，第五節を批判している．

20．J. G. Fichte, *Sämtliche Werke*（J.H.Fichte éd.）, t. IV, p 51.

21．『全集版』〔Gesamtausgabe, Ⅱe Reihe, t. 8〕が 1804 年の正確なるテキストを提供している．私は『知識学』の 1795 年と 1801 年という基本的な二つの異本に対して解説と翻訳を行った．さらに 1804 年の異本の解説と翻訳をせねばならない．しかしながら，これらのフィヒテのテキストは，それぞれの作業の間に数年の休みを必要とするほど困難なものなのである．

22．発生に関しては，Fichte, *Écrits de philosophie première*（A. Philonenko éd.），t. Ⅱ，および私の注解を参照．形而上学に関するフィヒテの批判については，A. Philonenko,《A special double issue—Fichte and contemporary philosophy: Fichte and the critique of metaphysics》, in *The Philosophical Forum*, XXI, 2.

23．A. Philonenko, *la Liberté humaine dans la philosophie de Fichte*.

24．これが間主観性の究極的な根拠である．

25．J. G. Fichte, *Œuvres choisies de philosophie première*, p. 148–149.

26．F. Alquié, la Découverte métaphysique de l'homme chez Descartes.［邦訳：アルキエ『デカルトにおける人間の発見』，坂井昭宏訳，木鐸社，1979 年.］

27．私は，プレイヤッド版のために『単なる理性の限界内における宗教』を翻訳する際，カントの著作のボルン〔Born〕によるラテン語訳（1791 年）を参照する機会に恵まれた．

28．X. Léon, *Fichte et son temps*, II, 2.

29．A. Philonenko, *Théorie et praxis dans la pensée morale et politique de Kant et de Fichte en 1793*（3e éd.）; Martial Gueroult,《Fichte et la Révolution française》, *in Etudes sur Fichte*.

30．A.ルノーは，『ドイツ国民に告ぐ』に対する分析を示している．A.

Renaut, *Cahiers de philosophie politique et juridique*, Caen, 1989.

31．例えば〈Geist〉という言葉の翻訳は不可能であるにもかかわらず，あるいはそれゆえに，ハイデガーが宣言するドイツ語の哲学的優越性は，哲学的にも政治的にも合理的な根拠を持ってはいない．

32．ハイデガーによるならば，他の哲学的言語として（彼が思い描いたようなものとしての）ギリシャ語がある．したがって，フランス哲学，イギリス哲学，ロシア哲学，等々といったものはない．彼はシェークスピアについては一言も語ってはいない．彼の志向にとっては，ヘルダーリンの方が興味をそそる．

33．必然的に，それは〈真理〉に関するものである．アレーテイア〔ἀλήθεία〕（真理）に関するハイデガー的な読解を議論するのはやめておこう．幾人かの研究者によるならば，それはたんに空想の産物である．

34．こうしたタイプの分析を助けるものとしては，G. Steiner,《le futur du verbe》, Cadmos, troisième année, nº 9（printemps 1980）．しかしながら，そこでは英語の言葉が問題とされているので，根っからのハイデガー研究者の関心は引きえない．G.スタイナーのものではまた，G. Steiner, *A note on de Maistre, Heidegger and P. Boutang*, European Universaly Institute, Bruxelles, 1982，を参照．

35．P. Natorps, *Logos, Psyche, Eros in Plato's Idealismus*, 2ᵉ Auflage.

36．ハイデガーの著作に関するクロスターマン版は，いかなる哲学的価値もないことをここで付け加えておこう．バルドゥイン・ノル〔Balduin No. 11〕の挿話（講義にもとづいて記述されたフィヒテに関する書物）は，いくつかの巻が受講者のノートでしかないことを思わせる．とりたてて言わなくてもよいかもしれないが，その可能性はかなり高いだろう．

37．A. Philonenko,《Lectura del Esquematismo transcendental》in *Philosophia,* Barcelone, 24.

38．Fichte,《la Destination du savant》(tr. Vieillard-Baron)， Ve Conférence.

39．そうした理由から，この試論でしばしば見る機会があったように，不幸とは哲学にとっての一つの問題なのである．